MARVEL

더 마블 맨

스탠 리, 상상력의 힘

밥 배철러 지음 ─ 송근아 옮김

─

한국경제신문

나의 심장, 나의 영혼인 내 딸(이자 재능이 피어나고 있는 작가)
카산드라 딜런에게 이 책을 바친다.
또한 수제트와 소피아의 영원한 기쁨과 사랑, 웃음을 바라며
그들에게 표현할 수 없을 만큼 넘치는
내 사랑을 모두 보낸다.

2차 세계대전 당시 스탠 리의 모습. 책상 위에 〈테리툰즈 코믹스(Terry-Toons Comics)〉 25편 (1944년 10월)이 놓여 있다. 그의 왼쪽 어깨 뒤편으로 그 유명한 '성병, 난 아니야(VD Not Me)' 포스터가 보인다.

출처: *Stan Lee Papers, Box 138, American Heritage Center, University of Wyoming*

1943년, 스탠 리가 미군 통신 부대의 교육 훈련 영상 부서에서 '극작가'로 근무하던 당시의 모습.

출처: *Stan Lee papers, American Heritage Center, University of Wyoming*

자신의 책상 앞에 앉아 만화 작품을 확인하는 스탠 리.

1950년 무렵 타자를 치고 있는 스탠 리.

1940년대 말 무렵, 스탠 리와
그의 아내 조앤 부콕 리.
*출처: Stan Lee papers, American
Heritage Center, University of
Wyoming*

1974년, 저서 《마블 코믹스의 기
원(The Origins of Marvel
Comics)》을 들고 있는 스탠 리.
*출처: Stan Lee Papers, Box 133,
American Heritage Center,
University of Wyoming*

보세요. 여기 마블에는 스파이더맨과 슈퍼히어로들이 모두 있고, 무서운 닥터 둠 같은 슈퍼빌런도 있습니다.

수염 깎느라 시간을 버릴 수가 없어요.

그런데 이 남자가 나를 부르더니 이렇게 말하더군요.

"페르소나 더블 II를 써봐." 그래서 대답했죠. "좋아. 써볼게."

이 페르소나는 디자인이 아름다워요.

양쪽에 각각 날이 두 개씩 있어요. 깨끗하고, 품질도 좋습니다.

설명 들었던 그대로예요.

"이보다 더 좋은 면도 시스템은 없을 거예요." 완전히 새로운 캐릭터를 하나 만들어야겠군요.

페르소나 맨!

1976~1977년, 페르소나 더블 II 면도기 광고에 출연한 스탠 리.

출처: Stan Lee Papers, Box 7, American Heritage Center, University of Wyoming

〈인크레더블 헐크(The Incredible Hulk)〉(1978년)와 〈마블즈 그레이티스트 슈퍼히어로 배틀(Marvel's Greatest Superhero Battles)〉(1978년)이 꽂혀 있는 책장 앞에 선 스탠 리.

출처: Stan Lee Papers, Box 6, American Heritage Center, University of Wyoming

1994년, 스파이더맨과 함께.

영화 〈판타스틱 포〉(2005년)에 우편배달부 윌리 럼킨 역으로 카메오 출연했다.

출처: *20th Century Fox/Photofest*

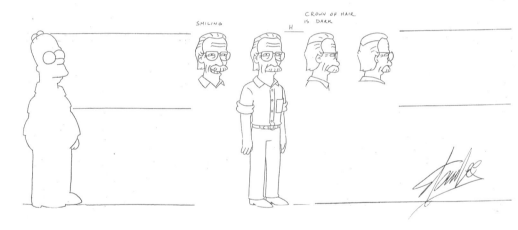

FILM ROMAN

EPISODE #	EPISODE TITLE:	MODEL ARTIST	T/O GRACIE	FINAL
DABF13	I AM FURIOUS YELLOW			
SCENE #	DESCRIPTION:	JW	9-18	10-5
79	STAN LEE			

Act I

SMILING

CROWN OF HAIR IS DARK

H

만화영화 〈심슨네 가족들(The Simpsons)〉 '화가 난 노랑이(I Am Furious Yellow)'
에피소드(2002년)에 캐릭터로 등장한 스탠 리의 스케치 그림.

출처: Stan Lee Papers, Box 125, American Heritage Center, University of Wyoming

만화영화 〈심슨네 가족들〉 시즌 25(2013~2014년) '덩치의 아내(Married to the Blob.)' 에피소드의 카메오. 왼쪽부터 코믹 북 가이(목소리 연기: 행크 아자리아(Hank Azaria)), 스탠 리(본인 역).

출처: Fox Network/Photofest

영화 〈어메이징 스파이더맨 2〉(2014년)에 카메오로 출연했다.
출처: Columbia Pictures/Photofest

CBS사의 인기 시트콤 〈빅뱅 이론(The Big Bang Theory)〉 시즌 3(2009~2010년)에 본인 역으로 카메오 출연했다. 왼쪽부터 스탠 리, 케일리 쿠오코(Kaley Cuoco), 짐 파슨스(Jim Parsons).
출처: CBS/Photofest

1990년대 무렵, 영화감독이자 만화책 서점 주인 케빈 스미스(Kevin Smith)와 함께 있는 스탠 리. 뒤편에는
〈판타스틱 4〉, 〈어메이징 스파이더맨〉의 첫 번째 발행본과 캡틴 아메리카가 다시 등장한 〈어벤져스〉 발행본
등 마블 코믹스에서 가장 유명한 작품들이 전시되어 있다.

출처: Photofest

사이파이(Syfy)사의 리얼리티 쇼 〈후 원츠 투 비 어
슈퍼히어로?(Who Wants to Be a Superhero?)〉
시즌 2(2007년) 참가자들과 스탠 리.
출처: Syfy/Photofest

2016년 9월 24일, 신시내티 코믹 엑스포에 참석한 스탠 리.
출차: 수제트 퍼시벌(Suzette Percival) 제공

THE MARVEL MAN CONTENTS

1부

타고난 이야기꾼,
만화가가 되다

MARVEL

큰 힘에는 반드시 큰 책임이 따른다

현대 미국 역사를 주로 연구하고 있는 문화역사가로서 스탠 리와 마블에 대한 책을 한국에서 출판하게 되어 대단히 기쁘다. 무엇보다 스탠의 작품과 마블이 많은 인기를 얻고 있다는 점이 더욱 전율케 한다. 한국 독자 여러분들도 스탠 리의 일과 인생 이야기를 통해 많은 중요한 메시지를 얻을 수 있을 것이다.

　2018년 11월 12일, 스탠 리가 타계하자 온 세상이 그의 죽음을 슬퍼했다. 하지만 그 슬픔은 수없이 많은 사람들의 공감을 불러일으키기도 했다. 전 세계 팬들은 이 시간을 상실감으로만 채우기보다 새로운 마음과 관심을 갖고 그의 삶을 기념했다. 스탠과 그의 업적이 주목 받자 사람들은 대중문화의 상징이자 소중한 존재였던 그가 이 세상에 어떤 의미였는지 다시금 살펴보게 되었다. 그 결과 스탠이 여태껏 우리에게 수많은 가르침을 전해왔다는 사실을 알게 되었고, 많은 사람들이 놀라움을 금치 못했다. 그를 단순히 마블 영화의 단골 카메오로만 알고 있던 팬들도 그가 미국과 세계의 사회정의와 인권에 깊이 관여해왔음을 깨닫게 된 것이다. 그의 행보 전체를 살펴본 결과, 우리는 그간 스탠이 만화 속에 담아 세상에 알리고자 했던 생각과 대중 앞에 서서 언급했던 문제들이야말로 인간 스탠 리를 움직이게 하는 뿌리 깊은 믿음이었다는 사실을 알게 되었다. 스탠 리는 세상 사람들이 존중하는 마음과 존엄성을 가지고 서로를 보살펴야 한다고 믿었다.

1960년대 초반, 현실적이며 복잡한 성격을 가진 슈퍼히어로 캐릭터들을 만들어 그들에게 생명을 불어넣은 스탠의 능력으로 인해 수많은 팬과 독자들이 스탠 리와 마블의 세계에 빠져들었다. 이것은 마치 스탠이 무에서 유를 창조한 듯 보이지만, 그가 탄생시킨 '결정적인 약점을 지닌 현실에서 볼 수 있음직한 성격의 히어로들'은 사실 1950년대의 시민권 운동부터 이후 각종 영화와 텔레비전 방송에 이르기까지 그의 주변을 둘러싼 다양한 미국 문화에서 유래한 것이었다.

캐릭터들을 변화시킨 힘과 스탠을 근 60년간 문화의 아이콘으로 만들어준 것은 현실성과 동정심을 기반으로 한 스탠 리만의 세계관이었다. 만화 속에도 실제 세상을 집어넣고 싶었던 스탠은 자신의 방식이 이야기에 더욱 긴장감을 주고 지속적으로 팬들의 흥미를 자극할 것임을 깨달았다. 당시 존 케네디 대통령이 통치하던 평화로운 미국이 무너지고 냉전 Cold War 시대가 급부상하는 상황에서 일상 속에 스며든 불안과 압박감을 무시할 수 없었기에, 작가 스탠 리는 '현실적인 인물'을 추구하며 만화책 세상을 변화시켰다. 오늘날에는 굉장히 단순해 보이는 이 방식으로,

STAN LEE

스탠의 말마따나 '비현실적인 만화가 현실'이 되기 시작했다.

마블에서 스탠이 이루어놓은 일들을 돌이켜보면 인종차별주의, 정체성 문제와 문화 그리고 성에 대한 새로운 시각을 얻을 수 있다. 이러한 시각을 담고 있는 만화책들을 통해 우리는 굉장히 중대한 2가지 힘을 갖게 된다. 바로 비판적 사고와 문맥적 분석 능력이다. 독자들은 이 능력을 통해 자기 자신과 속한 사회를 더욱 온전히 깨닫는 동시에 드넓은 세상과 서로 뒤엉킨 역사적 관계를 폭넓게 이해할 수 있다.

스파이더맨은 스탠의 손끝에서 유명한 명언을 남겼다. "큰 힘에는 반드시 큰 책임이 따른다." 작가이자 편집자였던 스탠 리의 일과 인생을 통해, 우리는 그 큰 책임 속에 인류애와 연민, 자기 존중에 대한 헌신이 담겨있음을 배울 수 있다.

《더 마블 맨―스탠 리, 상상력의 힘》은 내가 평생 동안 읽고, 연구하고, 만화책과 당대 미국 대중문화를 공부한 뒤 비로소 얻은 산물이다. 나는 스스로 읽는 법을 배우면서 〈스파이더맨〉과 〈어벤져스〉의 재미를 느꼈고, 이후에는 슈퍼히어로들의 이야기를 현실에 대입해보는 〈왓 이프 What If〉 시리즈에 점차 매료됐다. 스탠 리는 내 삶 속에 존재하지 않은 적이 없었고, "스탠 리 프레젠츠Stan Lee Presents"라는 문구는 언제나 내 마음에 새겨져 있었다.

　수많은 사람들의 크나큰 도움과 지지, 우정이 없었다면 이 책은 절대 세상에 나오지 못했을 것이다. 가장 먼저 로먼 앤 리틀필드Rowman & Littlefield, R&L의 선임 편집자 스티븐 라이언에게 감사를 전한다. 우리는 함께 일을 도모했고, 함께 창작했으며, 이 책을 함께 썼다 해도 과언이 아니다. 그의 지혜와 언어 구사 능력 덕분에 더 나은 책을 만들 수 있었

STAN LEE

다. 그리고 책 표지를 위해 수고해준 디자인 팀과 교열 담당자, 마케팅 팀, 제작 팀 직원 등 R&L에서 이 책에 도움을 준 모든 분들께도 감사를 전한다. 모두 최고였다.

철저한 기록 연구를 토대로 글을 썼기 때문에, 스탠의 경력과 그 일생의 성과들을 보관해둔 훌륭한 도서관들과 기록 보관소들이 없었다면 이 책은 제대로 된 모습으로 존재할 수 없었을 것이다. 따라서 와이오밍대학교의 아메리칸 헤리티지 센터American Heritage Center, AHC에 깊은 감사를 보낸다. 스탠의 자료들이 와이오밍대학교에 보관된 사연 그 자체도 굉장한 이야기였다. 센터장인 브리젯 버크가 이끄는 AHC의 직원들은 모두 뛰어난 전문가였으며, 나의 연구에 크나큰 도움과 호의를 베풀었다. 특히 도서관에서 나를 환영해주고 날카로운 통찰력을 보여주었던 어맨다 스토와 자료와 사진들을 찾는 일뿐 아니라 AHC에서 필요했던 모든 일들을 전적으로 도와준 존 와그너에게 특별히 감사하다고 말하고 싶다.

더불어 깊은 감사의 마음을 오하이오주립대학교 박물관과 더 빌리 아일랜드The Billy Ireland 만화 도서관의 제니 로브와 그녀가 속한 멋진 팀의 멤버들에게도 전하고자 한다. 도서관에 있던 자료들은 이 책을 완성하는 데 중요한 역할을 했다. 그리고 나는 박물관의 전시물을 보는 동안 오랜 기간 연구에 지쳐 있던 상황에서 잠시 즐겁게 쉬어 가는 여유를 가질 수 있었다. 희귀한 책들과 마블 자료들을 포함한 추가적인 만화책 자료들을 끝까지 추적한 끝에, 신시내티와 해밀턴 카운티의 공공 도서관, 스토 먼로 폴스Stow-Munroe Falls 공공 도서관, 오하이오의 옥스퍼드에 있는 더 레인the Lane 공공 도서관, 그리고 마이애미대학교에 있는 킹King도서관과 그 상호 대출 서비스 협력체에서 필요한 모든 자료들을 찾아낼 수 있었다. 마지막으로, 마블 언리미티드Marvel Unlimited 디지털 자료들을 소개해준 마블에도 잊지 않고 감사 인사를 보내고자 한다. 이 기록 보관소 덕분에 마블의 지난 카탈로그와 스탠이 수십 년 동안 해온 작업들을 추적할 수 있었다.

《더 마블 맨−스탠 리, 상상력의 힘》의 초안을 읽어주고 사려 깊게 조언을 해준 조 다로우스키와 크리스 올슨, 노르마 존스에게서 얻은 통찰력 있는 분석을 통해 더 좋은 책으로 거듭날 수 있었다. 물론 그들은 원고 작업을 도와줬을 뿐, 이 책에 잘못된 내용이 있다면 모두 나 혼자만의 책임임을 밝힌다. 매터 크리에이티브 그룹Matter Creative Group의 아트 디렉터 베스 존슨은 책의 표지와 예술적인 면에 대해 현명한 지혜를 제공해주었다.

내가 연구를 하고 글을 쓰고 편집을 하는 과정 중에 어려움을 느낄 때마다 운 좋게도 환상적인 멘토와 친구들이 내 곁에 있어 주었다. 필립 시피오라와 돈 그레이너, 게리 번스, 그리고 게리 호픈스탠드에게 깊은 감사를 전한다. 모두 나의 멋진 롤 모델이자 안내자가 되어주었다. 긴 시간 동안 곁에서 응원해준 많은 친구들이 있다. 토머스 헤인리치와 크리스 버치, 래리 레슬리, 켈리 번스, 진 사소, 빌 쉴레지크, 조세프 벤슨, 제스 카바들로, 세라 맥팔런드 테일러, 헤더와 리치 월터 가족에게 고마운 마음을 보낸다. 그동안 나를 위해 멋진 멘토 역할을 해준 로렌스 캐플런과 제임스 켈, 시드니 스나이더, 리처드 이머만, 피터 매

STAN LEE

그내니, 그리고 앤 베르네와 함께할 수 있어서 행운이었다. 그리고 나와 비슷한 마음을 갖고 있던 대중문화 마니아들의 우정으로 큰 도움을 받을 수 있었다. 브라이언 코건, 브렌던 라일리, 캐슬린 터너, 노르마, 그리고 브렌트 존스와 리 에드워즈! 얼터너티브 프레스Alternative Press의 내 친구 제이슨 페티그루에게도 고맙다. 그의 지지와 시기적절하게 제공해준 기자증 덕분에 큰 도움을 받았다. 또한 내가 소속된 마이애미대학교의 미디어, 언론 및 영화 부서에 있는 동료들에게도 감사 인사를 전하고 싶다.

우리 가족은 책을 쓴다는 것이 시간과 에너지를 요하는 일임을 이해해줌으로써 믿을 수 없을 만큼 큰 도움을 주었다. 나의 부모님 존과 린다 보엔 덕분에 우리네 삶의 모든 것이 한없이 나아졌다. 조젯 퍼시벌과 미셸 발로이스에게도 그들의 지지와 친절함에 감사한다.

수제트와 소피아('로베르토')에게 무한한 사랑과 감사를 마음 깊이 보낸다. 두 사람은 나에게 끝없는 사랑과 웃음을 주었다. 수제트의 끈기가 아니었더라면 나는 아마 평생의 꿈이었던 스탠과의 만남을 절대 이루지 못했을 것이다. 마지막으로, 나의 딸 캐시는 나의 영감이자 희망이며 심장이고 기쁨이다. 그녀가 글 쓰는 삶을 살아가는 모습을 하루빨리 보고 싶다. 캐시와 같이 경이로운 딸을 둔 나의 인생은 축복받은 삶이다!

판타스틱 마블의 시작

"스탠, 히어로들 좀 많이 만들어. 장사가 될 것 같아." 타임리 코믹스 Timely Comics(미국 만화책 출판사 마블 코믹스의 전신으로, 1939년에 설립되었다―옮긴이)의 출판인 마틴 굿맨Martin Goodman이 편집자 스탠 리Stan Lee를 닦달했다.[1]

유행의 냄새를 맡으면 굿맨은 망설이지 않았다. 전국에 있는 꼬마들의 동전을 죄다 긁어모아 금전등록기에 쓸어 담을 생각에 그의 눈이 반짝였다. 그 동전들은 결국 굿맨의 주머니 속으로 굴러들어 올 것이다. 그는 금고를 때리는 동전 소리를 진짜로 들을 수 있었다.

굿맨이 지닌 돈에 대한 감각은 신성한 영감이나 행운의 예감 따위에서 오는 게 아니었다. 훨씬 더 현실적인 사업가로서, 그는 그런 식으로 일하지 않았다. 대신 〈슈퍼맨Superman〉과 〈배트맨Batman〉, 〈원더우먼Wonder Woman〉의 고향이자 타임리 코믹스의 주요 경쟁사인 DC 코믹스

STAN LEE

의 유통 부서를 운영하게 된 동료 기업가들과 골프를 치면서, 빠른 속도로 판매되고 있는 새로운 만화책들에 대해 그들이 자랑처럼 늘어놓는 정보를 귀담아들었다. 특히 연말에 단행본으로 출시될 새로운 슈퍼히어로 팀에 대한 이야기가 시작되자, 그들은 말을 멈출 수가 없었다. 경쟁 정보를 조금이라도 흘려듣지 않으려고 노력하는 굿맨은 이 소식을 덥석 붙잡았다. 그리고 사무실로 돌아와 DC 코믹스와 대결할 새로운 슈퍼히어로 팀을 만들어야 한다며 스탠의 귀에다 대고 꽥꽥거렸다. 그것도 지금 당장!

하지만 굿맨은 자신과 오래 일해온 편집자가 좌절감과 절망으로 심리적 증상에 시달리고 있다는 사실을 모르고 있었다. 스탠은 만화계에서 일하는 것을 더 이상 견딜 수가 없었다. 그는 굿맨이 평범하게 제공해주는 고정 수입을 안정적으로 벌 수 있음에도 20년 경력을 던져버리고 싶은 마음 때문에 치열하게 갈등하는 중이었다.

"말도 안 되는 걸 쓰고 있어요. … 쓰레기를 쓰고 있다고. 그만두고 싶어요." 스탠이 아내 조앤에게 털어놓았다. "그렇게 오랜 시간을 일했는데, 갈 곳이 아무 데도 없어요. 정말 다 큰 성인이 일하기에 안 좋은 직업이에요."[2]

스탠이 어른이 된 뒤 몇십 년 동안 만들어온 다양한 작품들은 유치한 동물 이야기부터 전쟁, 로맨스물에 이르기까지 성인들 대부분이 업신여기는 만화책이었다. 그는 초기 슈퍼히어로 작품 시절 조 사이먼Joe Simon과 잭 커비Jack Kirby와 함께 일했지만, 두 사람은 인기 때문에 그만둬버렸다. 빡빡한 마감 일정 때문에 지속적으로 몰려드는 폭풍 같은 압력과 동료 기업가들에게서 소식을 물어 오는 굿맨 식의 경영 철학을 감당하기가 너무 버거워졌다. 스탠은 뭔가 다른 일에 뛰어들고 싶었다. 뭐든지, 만화책만 아니면 됐다.

그는 매디슨가에 있는 사무실에서 힘든 하루를 보내고 나서 침울하고 기운 없는 상태로 롱아일랜드에 있는 집으로 돌아왔다. 스트레스와 얼마쯤 심한 불안감에 사로잡혀 있던 그는 대체 가능한 직업에 대해 이래저래 생각해보았지만 도무지 어느 길로 가야 할지 확신할 수 없었다. 가족을 먹여 살리지 못하면 어떻게 하지? 무얼 해야 할까? 그는 조앤에게 굿맨이 내린 급박한 지시 사항을 들려주고 조언을 구했다.

"어차피 그만둘 거라면, 당신이 쓰고 싶은 방식대로 책을 써보는 건 어때요? 그동안 해보고 싶었던 걸 하는 거예요." 조앤이 덧붙였다. "최악의 상황은 해고당하는 거고, 당신도 어쨌든 그만두고 싶은 거잖아요."[3] 스탠은 필생의 작업을 시작도 못 하고 있었다. 그가 몸담은 직장 생활은 이미 20년 넘게 이어지고 있었다. 그 결과, 아버지의 오랜 실업 상태로 어려움을 겪었던 어린 시절과는 달리 스탠은 롱아일랜드에 좋은 집도 구했고, 생활비도 전혀 부족하지 않았다.

공포심과 우울함은 최고의 동기 요인이 될 만했다. 스탠은 아내의 사려 깊은 이야기를 귀담아들었다. 결국 그에게 조앤은 최고의 동료이자 가장 친한 친구였다. 좌절감을 느끼고 포기하기 바로 직전에 그는 멈추었다. 만약에, 아주 만약에 그가 운에 맡기고 도전을 해본다면 일하기가 더 좋아질 테고, 단조로움의 저주에서도 풀려날 수 있을 것이다. 스탠은 그 길밖에 방법이 없음을 깨달았다.

STAN LEE

미래에 무슨 일이 벌어질지 알 수 없었고, 직장을 떠나면 재정적인 무덤에 파묻힐 수도 있지만, 조앤은 스탠에게 필요한 자신감을 얻을 수 있도록 그를 지지하고 이해해주었다. 스탠은 지푸라기라도 잡는 심정으로 어릴 적 고등학교 졸업생 시절에 오직 안정적인 고정 수익만 바라보고 좋아했던 그 직장에서 마지막 도약을 시도했다.

그렇게 하고자 마음먹은 스탠은 굿맨의 지시를 어느 정도까지는 따르기로 했다. 하지만 굿맨이 DC나 다른 출판사에서 꺼내와 재탕해서 만든 전형적인 캐릭터가 아니라, 자신이 직접 창조한 진짜 슈퍼히어로로 팀을 만들기로 했다. 스탠의 상사는 이 새로운 팀에 정말 터무니없는 팀명을 제안하기도 했다. 바로 '정의로운 리그Righteous League'였다. 스탠은 그 팀명을 DC 작품에서 재미없는 요소들을 뽑아 나열해놓은 긴 목록 뒤에 하나 더 추가해야겠다고 생각했다.

아니, 스탠의 히어로들은 그보다 더욱 현실적인 캐릭터들이 될 것이었다. "내가 좋아하는 모든 것을 시도해볼 기회였어요. 실제 사람들처럼 행동하는 캐릭터들을 만들기 위해서는 상상력을 더 발휘해야 했고, 이야기를 현실 세계에 대입해 계속 끌고 가기 위해 해피 엔딩 이야기와 그렇지 않은 이야기도 만들어야 했습니다."[4]

스탠은 결과가 어찌 되든 위험 부담을 모두 떠안기로 작정했다. 무슨 일이 벌어지건 간에 그는 자신이 읽고 싶은 이야기를 쓰면 직장 생활에서도 기쁨을 되찾고 팬들의 마음도 사로잡을 수 있을 것이라고 기대했다. 즉시 새로운 팀을 그리기 시작했다. "굿맨에 대해선 잊어버렸어요. 힘차게 시작했지요. 재미있을 것 같았어요. 머릿속으로 모든 멤버들을 상상해놨기 때문에 너무 쉽게 써졌습니다. … 내가 원하던 스타일대로 만들 수 있었어요. 나만의 세계를 창조한 겁니다."[5]

위험을 감수하고 최대한 창의적으로 일할 수 있는 자유를 스스로에게 선사한 스탠은 "아무도 상상하지 못한 슈퍼히어로 팀"을 탄생시키기 위해 도전했다.[6] 그는 지금이 인생 전부를 걸어야 할 순간임을 깨달았다. "이번만큼은 내가 독자라면 즐겁게 읽겠다 싶은 만화책을 만들고 싶었어요." 조앤이 해준 말이 귓가에 울렸다. "더 깊이 있고 실질적인 내용을 담은 이야기를 구상하면 진짜 사람처럼 이야기하는 재미있는 성격을 가진 캐릭터들을 만들어낼 수 있을 거예요."[7] 스탠은 그녀의 말을 추진력 삼아 온 힘을 기울였다.

　수년에 걸쳐 괴물 범죄물 및 긴장감 넘치는 공상과학 이야기를 대량으로 찍어 내면서, 그는 자신이 알고 있는 지식을 활용했다. 새로운 슈퍼히어로 팀의 이야기 속에는 공상과학이나 유명한 B급 영화뿐 아니라 우주 탐사선과 핵무기를 두고 소련과 냉전 상태에 놓인 현실까지 대중문화 전반에 걸친 다양한 요소들을 집어넣고 싶었다.

　스탠이 전통적인 슈퍼히어로의 뒤통수를 때린 첫 번째 캐릭터는 팀의 리더 리드 리처드Reed Richard였다. 리드 리처드를 근육이 발달하고 심하게 잘생긴 우주 비행사로 그리는 대신, 조금 마른 데다 자신의 지적 능력을 보여주길 좋아하는 명석한 두뇌의 과학자로 만들었다. 다음

STAN LEE

으로 여자 주인공이 필요했다. 그녀는 남자 친구가 지구를 구하고 돌아올 때까지 앉아서 기다리고만 있는 전형적인 여자 캐릭터에서 벗어났다. 수 스톰Sue Storm은 정식 팀 멤버였으며, 마스크 쓴 히어로를 바라보며 그저 야위어가는 여자가 아니었다. 사실 스탠은 이렇게 생각했다. "나는 정체를 숨기지 않는 슈퍼히어로 시리즈를 만들겠다고 다짐했습니다." 그는 만일 자신이 히어로라면 세상에 그 사실을 알리고 싶어 했을 것이라고 말했다. "절대 비밀을 끝까지 지키지 못했을 거예요. 나는 심각하게 자랑길 좋아하는 사람이니까요."[8]

메인 캐릭터 둘이 완성되자, 스탠은 한 번 더 전형적인 장르에서 벗어나보자고 다짐했다. 팀 멤버들끼리 균형 있게 농담을 주고받으려면 두 명의 캐릭터가 더 필요했다. 그래서 한 멤버는 성질이 불같은 10대 소년으로 정했다. 만화에서 10대들은 언제나 보조 역할만 맡아왔지만, 여기서는 달랐다. 스탠은 수 스톰의 남동생 조니 스톰Johnny Storm을 만들어 그에게 혼자 힘으로도 싸울 수 있으며 핵심 멤버가 되기에 충분한 불을 다루는 능력을 초능력으로 부여했다. 마지막으로 근육질 멤버가 필요했다. 스탠은 저돌적이고 몸으로 밀어붙이는 강인한 히어로 벤 그림Ben Grimm을 데려왔다. 두뇌와 육체의 대결을 표현하기 위해 벤 그림 옆에 똑똑한 과학자 리더 리드 리처드를 나란히 배치했다. 그는 긴장감을 불러일으키는 시나리오를 통해 독자들로 하여금 두 캐릭터를 비교하고, 심지어는 각 캐릭터를 편들고 옹호하게 만들었다.

종이 위에 뭔가를 끼적거리다가 급하게 휘갈겨 쓴 걸 다시 지우기도 하고, 이야기와 캐릭터 아이디어 위에 줄을 긋고 고민하기를 반복하고 또 반복하면서 스탠은 이 이야기가 어린이와 젊은 독자들을 위한 전형적인 만화책과 달리 액션으로만 진행되지는 않을 것이라고 생각하게 되었다. 대신 스탠은 현실 속 가족이나 직장 동료들처럼, 팀 멤버들 사이의 관계에 초점을 맞추었다. "나는 그들을 실제로 살아 있고 숨을 쉬는 인간들이라고 생각하고 싶었고, 히어로들이 만들어가는 개인적인 관계들이 독자들의, 그리고 나의 흥미를 불러일으킬 거라고 보았습니다."[9] 그는 나이가 많은 관객들도 겨냥하면서, 만일 사람들이 슈퍼히어로들을 '인간'으로 이해해준다면 그들도 만화책을 즐길 수 있을 것이라고 믿었다. 물론 텔레비전과 영화들이 분명히 10대들과 사회 초년생 관객들에게 초점을 맞추고 있었으므로, 스탠은 그들도 목표로 삼았다.

이제 모든 멤버들이 초능력을 갖게 될 방법이 필요했다. 스탠은 한 번 더 핵무기를 둘러싼 냉전의 긴장 상태에 대해 생각해보았다. 원자폭탄으로 전멸될 수도 있다는 공포가 대중들을 사로잡았고, 그 공포는 각종 이야기와 영화 속에서 내용을 새롭게 전환하는 중심 요소로 이용되었다. 스탠의 슈퍼히어로 팀은 실험용 우주선을 타고 우주로 날아갔다. 그리고 지구로 귀환하는 도중 사고를 당해 우주 방사선에 노출되면서 초능력을 얻게 되었지만, 죽을지도 모른다는 공포도 함께 느꼈다. 그러나 얼마 지나지 않아 그들은 인류의 평화를 위해 서로 힘을 합쳐야 한다는 사실을 깨달았다.

그가 너무나 좋아하는 두운법을 이용해, 스탠은 이 초능력자들의 모임 이름을 '판타스틱 4Fantastic Four'라고 지었다. 판타스틱 4는 순식간에

STAN LEE

수차례에 걸쳐 지구와 우주를 지켜냈을 뿐 아니라 스탠 리의 경력까지 구해냈으며, 미국 문화를 영원히 변화시켰다.

타고난 이야기꾼,
만화가가 되다

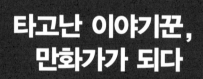

1부

MARVEL

1장

대공황
그리고 가난

크리스마스가 얼마 지나지 않은 1922년 12월 28일 목요일, 타임스스퀘어 광장에 나온 행인들은 진열된 물건들을 조심스럽게 둘러보며 거리를 이리저리 돌아다녔다. 눈비가 섞인 매서운 바람이 뉴욕 시내에 휘몰아치자, 사람들은 본능적으로 옷깃을 여미고 모자가 날아가지 않도록 붙잡았다. 추위에 옷을 겹겹이 껴입은 사람들이 만들어내는 도시 분위기가 어두컴컴한 회색 구름과 잘 어울렸다. 갑작스레 돌풍이 불자 한 여성은 길 밖으로 밀려날 뻔했고, 한 남성은 바람에 날아간 모자를 주우러 왔던 길을 되돌아가야 했다. 거대한 폭풍우 구름이 동부 지역을 가로지르면서, 크리스마스 이후 새해를 기다리며 휴일을 보내던 사람들에게 세찬 비바람과 눈 세례를 잔뜩 퍼부었다.

그러나 맨해튼 웨스트엔드 애비뉴 98번가의 작은 아파트에 사는 제이콥 리버Jack Lieber와 실리아 리버Celia Lieber는 바깥의 음울한 날씨를 미

처 알지 못했다. 이날 그들의 첫 아이가 태어났기 때문이다. 이 작은 아이의 이름은 스탠리Stanley였다.

아이는 미국 역사상 특별한 시기에 태어났다. 미국은 1차 세계대전에서 입은 타격을 수습하면서도 느리게나마 앞으로 나아가고 있었다. 종전 후, 세계 각국의 정상들은 유럽의 평화 보장을 위한 방법을 모색했다. 전쟁 당시 정신없이 군수 물품을 제조하던 미국 경제 시장은 전쟁이 끝나자 그 여파에서 벗어났다. 1922년 산업계는 다시 일상으로 돌아오기 시작했고, 제조업은 매끈한 자동차에서 새로운 패션 의상과 주방 전자 기기까지 일상에 필요한 소비자 중심의 물건들을 모조리 만들어냈다.

실리아와 제이콥은 아들이 태어난 날의 우울한 날씨가 두 사람의 앞날을 예견하는 징조일 수도 있음을 알아채지 못했다. 세계대전이 경제 대공황으로 이어지면서 나라가 비틀거렸다. 그리고 미국 경제의 붕괴는 스탠리의 가족을 빈곤과 불행으로 한꺼번에 몰아넣었다.

그러나 실리아와 제이콥은 앞으로 일어날 일은 까맣게 모른 채 아이를 들어 올리며 아들에게 밝은 미래가 펼쳐질 것이라 확신했다. 비록 아이가 직접 겪은 현실은 가난한 생활과 돈 문제로 끊임없이 싸우는 부모의 모습이었지만 말이다. 낙관주의자 스탠리 리버는 자신이 태어난 날 하늘을 뒤덮고 있던 먹구름과 경제 대공황이 가져온 가정의 불행과 어두운 시기를 극복해냈다.

이렇게 슈퍼히어로들이 탄생한 것이다.

스탠리 리버의 부모는 20세기 초 수백만 명의 이민자들과 함께 미국으로 이주했다. 1886년 루마니아에서 태어난 스탠리의 아버지는 1905년 뉴욕 항구에 발을 디뎠다. 훗날 제이콥 또는 미국식으로 잭이라고 불리게 되는 그의 당시 이름은 하이먼이었으며 나이는 열아홉 살이었다. 그의 사촌 동생(어쩌면 친동생)인 아브라함은 겨우 열네 살이었으며, 하이먼과 함께 배를 탔다. 이 소년들은 19세기 초 동유럽 국가 유대인들의 거대 규모 미국행에 합류했다. 반유대인 포그롬pogrom(유대인을 거부하는 폭력적 테러−옮긴이)이 유럽과 러시아 전역에서 수십 년간 이어지며 수천 명이 넘는 유대인이 학살을 당하자, 1880년에는 5,000명이었던 미국 이민자 수가 1907년에는 25만 8,000명으로 급상승했다. 1875년부터 1924년 사이에 유럽 전역에서 미국으로 이주한 유대인의 수는 모두 2,700만 명에 달했다.

하이먼은 유럽 남동부에 위치한 루마니아에서의 불안했던 생활을 정리하고 미국으로 떠났다. 당시 루마니아는 북쪽에는 오스트리아−헝가리, 서쪽에는 세르비아, 남쪽에는 불가리아, 동쪽에는 러시아와 흑해로 사방이 둘러싸인 국가였다. 젊은 청년 하이먼 리버가 루마니아를 떠난 시기는 1881년부터 1914년까지 재위한 카롤 1세Carol I의 통치 시대였다. 하이먼과 아브라함이 미국까지 이동하려면 각각 179루블(약 90달러로 그 당시에는 엄청난 금액이었다)이 필요했다. 그중 50루블은 그들이 새 국가에서 문제없이 새로운 생활을 시작할 수 있다는 것을 엘리스 아일

STAN LEE

랜드 이민 기관에 증명하기 위한 돈이었다.[1]

하이먼과 아브라함은 미국으로 대거 이동하는 첫 루마니아 이민자 무리에 속해 있었다. 1890년대에서 1920년까지 14만 5,000명에 달하는 루마니아인이 미국으로 떠났다. 루마니아인 대부분은 미국이 약속한 경제적 안정과 종교의 자유를 위해 이주를 결심했다. 수많은 동유럽인들과 마찬가지로, 미국으로 이동한 첫 세대들은 안정적인 임금을 저축한 다음 다시 고향으로 돌아와 땅을 사려는 계획을 갖고 있었다. 다른 국가의 이주민들에 비해 루마니아 이주민의 전체 수는 그리 많지 않았다. 1870년에서 1920년까지 미국으로 이주한 폴란드인만 해도 300만 명에 달했기 때문이다.

그러나 루마니아 유대인들에게 이민이란 전혀 다른 의미가 있었다. 그 시대 유럽 유대인들에게 이민은 매우 중요했다. 당시 유럽 전반에 드리운 유대인 차별주의가 루마니아 유대인들로 하여금 미국에 정착하도록 만든 것이다. 루마니아의 젊은 유대인은 고향에서는 제대로 된 직업을 가질 수 없었다. 루마니아 왕국은 유대인이 법조계에서 일하거나 율법 신학생이 되는 것을 금지시켰고, 의학계 진출은 불가능한 일이나 다름없었다. 조상 세대부터 얼마나 오랫동안 그 땅에서 살아왔는지는 관계없이, 루마니아 유대인은 '외계인' 또는 '이방인'으로 불렸다. 그 당시에 루마니아에서 미국으로 떠난 이들의 말에 따르면, 소수자가 된다는 것은 영원히 아첨꾼으로 살거나 종교적·민족적으로 지속적인 차별을 당해야 함을 의미했다.[2]

유대인 대상의 권력적 학대 또한 사회 전반에서 빈번하게 일어났다. 한 작가의 말에 따르면, 루마니아는 문명사회의 이목을 집중시킬 만한 잔혹하고 잔인한 행위들을 겉으로 드러내지 않도록 노력하면서도 내부적으로는 반유대인 법률을 제정하고 사용했다고 한다.[3] 유대인을 향한 심각한 정신적 학대는 계속해서 이어졌다. 이미 루마니아 고등학교 교육을 통해 반유대교 사상을 드러내놓고 가르쳤고, 1890년대에는 법을 이용해 유대인 대상으로 교육하는 것을 불법으로 처리하기까지 했다.

공공연한 비밀이었던 포그롬은 수많은 유대인 학대와 무자비한 약탈로 이어졌다. 경찰과 군대는 그런 상황을 방관하거나 오히려 더욱 폭력적인 방식으로 동참했으며 루마니아 유대인에게 폭력은 일상이 되었다. 한 역사가는 "19세기 말에 나타난 루마니아의 극심한 경제 침체는 유대인 학대 현상을 증가시켰고, 브를라드(1867년)와 부저우(1871년), 보토샤니(1890년), 부쿠레슈티(1897년), 이아시(1898년) 등 루마니아의 여러 지역에서 반유대교 폭동이 일어났다."[4]라고 설명했다. 게다가 미국으로 이동한 루마니아인의 수가 너무 적었고, 유대인에 관한 소식 대부분이 미국에까지 전달되지 않았으며, 정부 방송 매체 검열에 도전할 수 있는 유대인도 없었다.

10대 소년인 하이먼이 뉴욕시에 머무는 동안, 첫 세대 이주민 약 6만 명이 루마니아로 돌아갔다. 그 밖의 동유럽인들은 미국과 본국을 유동적으로 드나들었다. 이주민들은 미국으로 오기까지 많은 어려움을 겪었고 제조 산업에도 잠재적인 위험이 드리웠지만, 그 모든 것이 경제적 소득으로 이어지고 가족을 고향으로 돌려보낼 만한 힘이 되어주었기에 견

STAN LEE

며낼 가치가 있다고 판단했다. 첫 세대 이주는 재즈 시대Jazz Age(1차 세계 대전 이후부터 대공황 직전까지 이어진 미국 경제 부흥의 시기—옮긴이)가 시작될 무렵에 끝났다. 그리고 그 이후로 약 25년간 추가적으로 미국으로 이민 온 루마니아인은 소수에 불과했다. 2차 세계대전이 시작되고서 나치의 위협을 받을 때까지도 루마니아를 떠나는 사람은 얼마 되지 않았다.

미국에 도착한 뒤, 초기 루마니아 이주민들은 수많은 어려움에 맞닥 뜨렸고, 그런 어려움은 고향에서부터 유지해온 전통적이고 강력한 루 마니아인의 가치관을 변형시켰다. 게다가 이주민 대부분이 기술에 서 툰 노동자였기 때문에 미국의 산업도시 속 공장에서의 삶은 힘들고 위 험했다. 근무 현장에서 일어나는 부상과 사망은 민족에 상관없이 이민 자들 사이에서는 빈번하게 발생했다. 하지만 루마니아 출신 이민자들 의 뉴욕 생활은 앞으로 겪게 될 어려움에 비하면 그리 나쁘지 않았다. 비록 가난에서 벗어나 살 만한 집을 구하기 위해 노력해야만 했지만, 아메리칸 드림은 그들에게 나은 삶을 누릴 수 있는 기회를 주었다. 만 일 경제적으로 얻은 게 없다 해도, 이 새로운 미국인들은 종교적 자유 를 얻었고, 루마니아에서 겪었던 유대인을 대상으로 한 무자비한 폭력 에서도 자유로웠다.

하이먼과 마찬가지로 많은 청년들이 궁핍한 생활에서 벗어나기 위해 고향과 가족을 떠나왔다. 이 청년 노동자들은 주로 하숙집에서 모여 살 거나 다른 루마니아 이민자 가족들과 함께 생활했다. 그런 젊은 남성들 은 친목을 위해 지역 식당이나 술집, 교회 등을 돌아다니며 문화생활을 했다.

미국에서도 반유대교의 위험이 도사리고 있었기에 유대인 이주민들은 동포끼리 뭉쳐 다녔고, 이런 행동 양식은 그들을 외부의 편견으로부터 더욱 고립되도록 만들었다. 상대적으로 극소수의 이민자만이 영어를 읽거나 쓸 수 있었으므로 어려운 일이 생길 때마다 그들의 결속력은 더욱 공고해졌다. 모리스 사무엘Maurice Samuel(루마니아 출신 유대인이자 영미 소설 작가 ─ 옮긴이)은 로어이스트사이드에 있던 루마니아 유대인 식당을 떠올리며 말했다. "사람들은 유대교 음식과 음료를 먹고 마시기 위해 그곳에 모였어요. 전통 놀이도 즐겼지요." 그곳에서는 모두 루마니아 이디시어를 사용했고, 루마니아의 부쿠레슈티 지역에서 있었던 옛일을 추억하기도 했다. 하지만 그런 옛이야기들은 그들을 떠나게 만든 반유대교 포그롬에 대한 기억과 함께 슬픔으로 뒤엉키곤 했다.[5]

세기가 전환되는 시기를 맞이한 뉴욕에서 하이먼 리버와 아브라함은 모두 의류 산업에 종사하게 되었다. 그 당시 의류업계에는 일할 사람이 필요했다. 유대인 이주민 총인구의 약 65퍼센트에 달하는 많은 사람이 솜씨 좋은 기술자였던 것으로 알려져 있으나, 하이먼이 루마니아에서 어떤 일을 했는지, 고급 기술 훈련을 받았었는지는 기록된 것이 없다. 하지만 루마니아의 반유대인 교육 법률과 불평등한 사업 환경을 보면 그가 일을 했거나 훈련을 받았을 가능성은 없을 듯싶다. 한 역사가의 기록에 따르면, 이주민들은 미국에 정착하기 위해 옷을 만들어본 경험이 없는 사람들도 재단사가 되었다. 맨해튼 시장에 그 직업이 필요했기 때문이다.[6]

STAN LEE

그 시기를 살아온 수많은 첫 세대 이주민들과 마찬가지로, 리버가家의 소년 하이먼과 아브라함도 자신의 과거나 미국에 오기까지의 여정에 대해 별로 이야기하지 않았다. 이주민 중에는 민족 고유의 문화를 최대한 유지하고 지키고자 노력하는 사람들도 많았지만, 대다수의 경우 가족을 위해 미국 문화에 적응하고 새로운 삶과 기회를 얻는 일에 집중했다. 그들은 미국에 오는 과정에 있었던 힘들고 어려웠던 일들보다 앞으로 닥쳐올 미래를 중심으로 대화를 나누었다.[7]

스탠리의 부모와 가족들이 겪은 상황을 더 정확하게 인식하기 위해서는 20세기 초 뉴욕으로 이주한 더 넓은 범위의 이민자들, 즉 유대인과 유럽인 이민자들의 상황을 들여다보아야 한다. 그의 선대가 겪은 어려움과 다양한 일들은 미국 생활에 적응하기 위해 노력한 다른 유대인들의 수많은 경험과 유사하다.[8]

1910년, 제이콥과 아브라함은 맨해튼에 위치한 집에서 52세 러시아인 거쉔 모스카위츠와 그의 아내 마인츠와 함께 지냈다. 그들에겐 로지와 조셉이라는 두 아이도 있었다. 당시 인구 조사 수첩에 기록되어 있는 조셉과 아브라함의 정보에 따르면, 두 소년은 같은 장소에서 근무한 것으로 보인다. 제이콥은 그때 이미 외투 가게에서 재단사로 일하고 있었다. 인구 조사 기록에는 리버가의 청년들도 모스카위츠의 아이들과 마찬가지로 학교에 다녔으며 영어를 읽고 쓸 수 있었던 것으로 쓰여 있으나 더 자세한 내용은 기록에 나오지 않는다. 하지만 그들이 집과 그 주변에서는 루마니아 이디시어를 사용했던 것은 거의 확실하다.[9]

이후로 10년이 지난 1920년, 34세가 된 제이콥은 여전히 하숙집에서 살고 있었다. 맨해튼 114번가의 아파트에서 데이비드와 베키 슈바르츠, 그리고 그들의 세 자녀와 함께 살았다. 슈바르츠 가족은 1914년에 루마니아에서 미국으로 온 이주민이었다. 제이콥과는 달리 그들은 영어로 말할 수도, 읽거나 쓸 수도 없었다. 그 시기 이주민들의 관계는 항상 일과 개인 생활이 다 같이 얽혀 있었던 것으로 보인다. 제이콥과 데이비드는 둘 다 의류 제조업계에 종사하고 있었으며, 114번가 아파트 건물과 그 주변 이웃들은 거의 다 러시아와 루마니아에서 온 유대인 이주민이었기 때문에 영어보다 이디시어를 일상 언어로 훨씬 더 자주 사용했다. 게다가 슈바르츠가의 자녀들은 제이콥보다 상당히 어렸다(데이비드는 26세, 베키는 25세였다).

이후 2년간 제이콥의 생활은 빠르게 변했다. 1920년 슈바르츠 가족과 살았던 그가 1922년 말에는 실리아 솔로몬Celia Solomon과 결혼해서 새해 직전에 스탠리의 아버지가 된 것이다.[10]

스탠리의 아버지 쪽인 리버가와 마찬가지로, 어머니 쪽인 솔로몬가의 가계도 역시 정확하게 기록되어 있지 않다. 대가족인 솔로몬가는 1901년에 미국으로 이주했는데, 20세기가 시작되는 시기에 미국으로 이민 온 이들은 유대인 이민자의 좀 더 전형적인 모습을 몇 가지 보여주었다. 그것은 바로 가족 단위로 이민길에 올랐다는 점, 루마니아에서 빠져나올 자금을 마련하느라 금전적으로 많은 어려움을 겪었다는 점,

STAN LEE

하지만 가족끼리 뭉치는 것을 중요시했다는 점이다.

그로부터 9년 뒤인 1910년이 될 때까지 솔로몬 가족은 다른 루마니아 가족들과 함께 4번가에 있는 아파트에서 지냈다. 다양한 자료에서 실리아의 부모 이름이 다르게 표기되어 있는데, 아버지의 이름은 '샘퍼' 또는 '잰퍼'로, 어머니는 그보다는 일반적인 이름인 '소피아' 또는 '소피'로 기록되어 있다. 1865년에 태어난 샘퍼와 그보다 한 해 뒤인 1866년에 태어난 소피아에게는 자녀가 8명 있었다. 그들 중 막내인 로비는 1903년에 미국에서 태어났다.

실리아는 1892년 또는 1894년에 태어난 것으로 기록되어 있다. 1910년, 실리아와 그녀의 오빠 루이스는 잡화점에서 영업 사원으로 일했고 학교에는 다니지 않았다. 그러나 프리다와 이지도어, 미니, 로비 등 당시에 함께 살고 있던 동생 4명은 학교에 다녔다. 솔로몬 가족은 이주민으로서 성공하기 위해 나이가 많은 자녀들은 가족의 생계를 도와 일을 하고 어린 자녀들은 학교에 보내는 방법을 선택했다. 다른 루마니아 동족들처럼 솔로몬가 식구들도 미국 생활에 정착했고, 더 좋은 삶을 추구했으며, 교육으로 얻을 수 있는 기회를 잡고자 노력했고, 미국의 대중문화를 더욱 기꺼이 받아들였다. 샘퍼와 소피아는 이디시어를 사용했지만 두 사람의 자녀들은 영어에 능숙했고 새로운 땅에서의 삶에 잘 적응했다. 훗날 솔로몬가 식구들은 웨스트 152번가로 주거지를 옮겼다.[11]

스탠리는 웨스트 98번가와 웨스트엔드 애비뉴에 있던 아파트에서 워싱턴 하이츠로 이사 간 그 시기를 기억했다. 그때 동생인 래리가 태어났다(1931년 10월 26일).¹² 이사는 스탠리 가족이 행복했던 시간과 이웃을 잃게 될 것이라는 확실한 신호였다. 다른 사람들에게도 그러했듯이, 대공황은 리버 가족의 심장과 아메리칸 드림에 대한 믿음을 도려내 버렸다.

맨해튼 29번가에 있는 성공회 교회 앞에 2,000명가량의 사람들이 줄지어 서 있었다. 도시에는 살을 에는 찬 바람이 불어댔고, 사람들은 추위를 견디기 위해 옷깃을 세우고 주머니 깊이 두 손을 찔러 넣었다. 대공황 초반에는 이렇게 뱀처럼 기다란 줄들이 5번가를 메우곤 했다. 교회에서 가난한 사람들에게 음식을 나눠 준다는 소식을 듣고 식구들 먹일 것을 넉넉히 얻어 갈 요량으로 모인 이들이었다. 그러나 무료로 제공되는 음식은 모자랐고, 모인 이들 중 4분의 1은 빈손으로 발길을 돌렸다. 그런 날 밤이면 수많은 사람들이 배를 굶주리며 공포와 절망을 느껴야 했다.

　빈곤한 사람들과 비슷한 상황에 처한 수많은 이들의 모습은 뉴욕 시민들을 불안에 떨게 만들었다. 음식을 얻기 위해 줄지어 선 사람들 중에는 자신들이 이런 도움을 받아야 한다는 사실에 고통스러워하는 경우가 많았다. 그들은 빵과 구호 물품을 받으려고 기다리면서도, 나라의 경제적 어려움에 동참하고 싶지 않다는 생각에 심각한 정신적 고통을 겪고 있었다. 도움이 필요한 존재가 되고 싶지 않았던 것이다. 강인한

STAN LEE

근면 정신과 노동의 대가에 대한 믿음을 가진 미국인들은 스스로에게 자부심이 강했다. 그래서 옷이나 주거비, 음식과 의료 물품 등 여러 방면에서 제공되는 복지 혜택을 꺼리는 사람들이 대부분이었다.

월 스트리트 주식시장의 붕괴로 국가 경제가 무너지자 미국 국민들은 분노와 좌절감에 괴로워했다. 1920년대에 미국의 경제권은 미국 문화가 거머쥐고 있었다. 그 시대에는 주식 중매인들과 투자 은행가들이 새로운 영웅이자 화려한 유명인이 되었다. 만약 F. 스콧 피츠제럴드F. Scott Fitzgerald의 소설 《위대한 개츠비The Great Gatsby》에 등장하는 닉 캐러웨이(소설을 서술하는 화자이자 주식 중매인이다–옮긴이)가 실제 인물이었다면 그렇게 되었을지도 모른다. 월 스트리트의 주가 변동과 인기 주식, 거래 이득에 관한 이야기는 흥미진진한 가십거리가 되었다. 그렇게 과열된 경제 분위기는 위험한 불씨였고, 월 스트리트의 탐욕이 그 불씨를 화재로 만들어버렸다.

파산한 가장들이 음식을 받기 위해 맨해튼 거리에 늘어선 모습은 절망에 빠진 미국의 상태를 한눈에 보여주었다. 개개인의 모습 또한 재정적으로 붕괴된 가정이 얼마나 낙심하고 상처 입었는지를 알려주었다. 루마니아를 떠난 리버가는 수십 년을 지내온 미국에서 사랑을 하고 가정까지 이루었지만, 경제공황으로 심각한 상처를 입었다. 무슨 일이 일어났는지 제대로 이해하기에는 아직 너무 어렸던 스탠리는 부모의 분노와 절망이 서린 목소리를 들으며 성장해야 했다. "내 가장 오래된 기억은 임대료가 없으면 어떡하냐며 이야기하는 부모님 목소리예요. 다행히 집에서 쫓겨난 적은 한 번도 없었지만요."13 하루하루 경제적 고통에 시달리던 가정들은 긴장하며 사는 것이 일상이 되어버렸다.

1929년 말, 주식시장이 붕괴되었다. 제이콥이 미국에 정착한 지 20년이 넘은 시점이었다. 하지만 그 무엇도 제이콥과 그의 동료들을 위기에서 구해줄 수 없었다. 그가 일하던 의류시장은 순식간에 증발해 사라져버렸다. 스탠리의 말에 따르면, 그의 아버지는 식당을 차리려고 했지만 운영에 실패했고, 그 결과 평생 모은 돈을 모두 잃었다고 한다.[14]

실직 상태가 오래 이어지자 제이콥과 실리아의 결혼 생활에도 금이 갔다. 매일같이 갖가지 어려움으로 고군분투하다 보니 그 압박감 때문에 제대로 생활을 할 수가 없었다. 일곱 살도 채 되지 않았던 스탠리는 부모의 모습을 "끊임없는 논쟁과 다툼"으로 기억했다. 싸구려 음반이 자꾸 같은 구간만 반복해 들려주듯, 스탠리의 부모도 "항상 돈 문제로 싸우기를 반복"했다.[15]

역사적으로 루마니아의 가정은 엄청난 결속력으로 유명하다. 어떤 가장들은 경제공황 시기에도 자식들을 일터로 보내지 않았으며, 아무리 경제적으로 어려워도 교육만이 성공으로 가는 길이라고 믿었다. 리버가의 경우, 스탠리는 너무 어려서 경제적으로 도움이 될 수 없었다. 그는 경제 대공황으로 가장 힘들었던 몇 년 동안 겨우 버티고 있는 가정을 지키기 위해 부모가 서로 싸우는 모습을 보고 들으며 지냈다.

제이콥과 실리아의 다툼이 잠시 멈출 때가 있었는데, 바로 식구가 다 같이 모여 앉아 라디오를 들을 때였다.[16] 어린 스탠리는 복화술사 에드거 버겐Edgar Bergen이 매주 일요일 저녁 8시에서 9시까지 수십 년간 진행했던 NBC 라디오 방송 〈체이스 앤 샌본 아워The Chase and Sanborn Hour〉

STAN LEE

를 즐겨 들었다. 버겐의 나무 인형 파트너 찰리 매카시Charlie McCarthy는 재치가 넘치면서도 코미디언 특유의 풍자적 메시지를 익살스럽게 내뱉는 캐릭터였다. 라디오 청취자들은 인형 찰리의 모습을 직접 보지는 못했지만, 빠르고 우스운 말투로 매력적인 캐릭터를 만들어내는 버겐의 말솜씨에서 진짜 재미를 느꼈다.

실리아가 비좁은 아파트를 청소하거나 음식을 만드는 동안 구인 광고지를 뒤적이던 제이콥은 얼굴에 드러나는 실망감을 숨기지 못했다. 그의 어린 아들 스탠리는 아버지가 매일같이 일거리를 찾기 위해 거리로 나가는 모습을 지켜보았다. 저녁마다 지치고 상처 받은 채 집으로 돌아온 아버지는 시간이 지날수록 더욱 낙담했고 처절해져갔다. 그 아들 스탠리에 따르면, 제이콥은 힘없이 멍하니 식탁 앞에 앉아 있곤 했다. 그는 파탄의 막다른 길에서 아슬아슬하게 버티고 있는 가정의 모습에 더욱 우울해했다.[17] 가끔 제이콥은 아내에게 아들과 다 같이 산책이라도 하자고 제안했지만, 실리아의 대답은 "싫어요."였다. 스탠리는 당시를 기억하며 이렇게 말했다. "함께 다닌 적이 한 번도 없었어요."[18]

재정난에 허덕이던 실리아는 여동생에게 돈을 구하러 가기 일쑤였다. 스탠리의 동생 래리가 태어난 뒤, 리버 가족은 그나마 있던 빈약한 살림마저 줄여야 해서 더욱 좁은 아파트가 있는 브롱크스 지역으로 이사했다. 낮은 임대료를 내는 도시 아파트들은 흔히 건물 뒤쪽으로 공용 거실이 있었는데, 스탠리는 그곳 소파에서 잠을 잤다. 아파트 창문을 열면 옆 건물이 바로 보였다. 먹여 살려야 할 아이가 늘어난 상황에서 함께 지내는 공간까지 더 좁아지자, 리버 가족이 겪는 고통은 더 커졌다.[19] 스탠리는 그 당시를 이렇게 회상했다. "복도 창문 너머로 옆 건물 벽밖에 안 보였어요. 거리에서 아이들이 스틱볼(좁은 공간에서 막대기와 고무공으로 하는 야구를 흉내 낸 놀이—옮긴이)이나 다른 재밌는 놀이를 하고 있어도 나는 절대 알 수가 없었지요."[20]

어두운 색상의 선원 의상을 입고 머리에는 스코틀랜드식 빵모자를 쓴 어린 소년 스탠리 리버가 고풍스러운 책상 위에 걸터앉아 가느다란 오른팔에 몸을 기댔다. 1920년대 부모들은 자녀들에게 당시 유행하던 이 포즈를 취하고서 사진을 찍도록 시켰다. 어린아이임에도 어딘가 어둡고 매력적이면서 먼 곳을 바라보는 눈빛이 신비로운 비밀을 감추고 있는 듯했다.

집안의 어려움을 완전히 이해하기에는 너무 어렸지만, 아버지의 불안한 모습과 엄격한 규율을 어머니의 사랑으로 극복한 스탠리는 심리적으로 안정된 어린 시절을 보낼 수 있었다. 실리아의 여동생 진은 당시 제이콥을 "아들에게 매우 엄한 사람"이었다고 기억했다. 제이콥은 "이를 닦을 땐 이렇게 해라. 혀 닦는 것도 잊지 마라."와 같은 말을 하며, 자신이 정해놓은 일과를 아이들이 제대로 따르는지 항상 지켜보았다고 한다.[21] 그러나 실리아는 달랐다. 그녀는 자신의 희망과 꿈을 스탠리의 마음에 채워 넣었고, 언제나 아이들 편에 서주었다. 스탠리가 읽는 것을 배울 무렵, 실리아는 심각한 경제적 어려움을 극복하려면 교육이 중요

하다는 사실을 깨달았다. 스탠리는 이렇게 회상했다. "책을 큰 소리로 읽으라고 하셨어요. 그래서 난 마치 브로드웨이 무대에 선 배우가 된 것처럼 내 앞에 수많은 관객들이 있다고 상상하고 책을 읽었지요. 재미있었어요."[22] 실리아와 제이콥은 경제공황 때문에 힘든 생활을 겪었지만, 실리아는 그런 혹독한 현실에서 스탠리를 떼어내려 노력했다.

집이 가난해 여름 캠프에 갈 여유조차 없었던 스탠리는 친구도 많지 않았다. 하지만 그는 책을 읽으면서 집안의 어려운 상황을 이겨냈다. "책은 음울하고 어두웠던 내 일상의 탈출구였어요."[23] 더욱 중요한 것은, 소년이 책을 읽으면서 자신의 창의적 감각을 키우고 발휘할 수 있었다는 점이다. "내 오래된 기억으로는, 그때 혼자서 만화를 그리곤 했던 것 같아요. 수평선을 그리고 막대 모양 사람들을 그려 넣으면서 내 안에 있던 잡다한 이야기들을 끄집어냈지요."[24]

실리아는 아들이 학업에 열중하길 바랐다. 스탠리는 과거를 이렇게 회상했다. "나는 좀처럼 남들과 어울리지 못했어요. 어머니는 내가 최대한 빨리 학교를 졸업해서 일자리를 구해 돈을 벌어 오길 바라셨지요."[25] 어머니를 기쁘게 해주고 싶었던 스탠리는 열심히 공부해서 학년을 건너뛸 정도로 성적을 올렸고, 나이 많은 친구들의 괴롭힘에도 아랑곳하지 않고 높은 학년에서 공부했다. 그는 성숙하고 지적인 학생으로 성장했지만, 학교생활에 있어서는 밝은 성격도 소용없었다. 스탠리는 자신보다 나이가 많은 반 친구들과 함께 어울리는 것이 어려웠다.

그러나 명랑한 성격을 지닌 많은 학생들에게 그렇듯, 스탠리에게도 멘토가 나타났다. 레온 긴스버그Leon B. Ginsberg라는 이름의 젊은 유대인

교사였다. 긴스버그는 날마다 스와트 멀리건이라는 가상의 인물이 나오는 "신나고 흥미진진한" 이야기로 수업을 시작했다. 멀리건의 영웅담은 공부를 재미있게 만들어주었다. 스탠리가 초등학생 시절에는 경험하지 못한 일이었다. 그러나 긴스버그가 날마다 들려준 이야기를 통해 스탠리가 얻은 교훈은 명확했다. 바로 다른 사람들과 소통하고 싶을 땐 언제든지 편안하고 가벼운 마음으로, 최대한 즐거운 방식으로 대화하도록 노력해야 한다는 것이었다.[26]

흥미진진한 즐거움과 장면 장면이 눈앞에 생생하게 펼쳐지는 경험을 선사한 재미있는 이야기들은 스탠리의 영화에 대한 열정까지 자극했다. 1920년대 말에서 1930년대 초반까지 현실을 뛰어넘는 미래를 상상하던 스탠리는 영화계 스타 에롤 플린Errol Flynn의 등장으로 자신의 상상이 영화 속 현실로 구현되는 경험을 했다. 에롤 플린은 1935년 영화 〈캡틴 블러드Captain Blood〉를 통해 잘생긴 외모와 건장한 체격, 눈부신 매력을 드러내며 일약 스타로 떠올랐다. 이후 플린은 영화계 최고의 액션 배우가 되었고, 1938년에 개봉한 그의 첫 번째 컬러 영화 〈로빈 훗의 모험The Adventures of Robin Hood〉에서는 스탠리와 같은 어린 팬들에게 세밀하면서도 생생한 격투 장면과 검술 실력을 보여주었다. 스스로 희극 이야기를 만들고 책과 잡지를 닥치는 대로 읽어대던 어린 소년은 그런 영화들을 통해 시각적 요소들과 대사가 결합해 살아 움직이게 되는 방법을 깨달았다. "영화에는 내 마음을 사로잡는 세상이 들어 있었습니다. 마법과 신비의 세계, 그토록 바라고 살고 싶던 세상, 상상 속에만 존재하던 그런 세상이었지요."[27]

STAN LEE

스탠리는 로스 175번가 극장에서 영화를 보았다. 그곳은 1925년에서 1930년 사이에 지어진 뉴욕의 원더극장Wonder Theatres(로스Loew's 기업에서 뉴욕 안팎 총 5곳에 세운 극장 체인-옮긴이) 중 한 곳으로, 본래는 공연장으로 지어졌지만 영화 산업이 인기를 끌자 영화관으로 개조되었다. 극장에 설치된 7층짜리 거대한 로버트 모턴 원더 오르간Robert Morton Wonder Organ(당시 로스 원더극장들에는 로버트 모턴 오르간 회사에서 만든 대형 오르간이 설치돼 있었다-옮긴이)이 화려한 모습으로 관객들을 즐겁게 해 주었다. 스탠리는 액션 모험 장르뿐만 아니라 막스 형제Marx Brothers나 로럴과 하디Laurel and Hardy가 나오는 초기 코미디 영화도 좋아했다. 그는 181번가를 중심으로 반경 세 블록 안에 있는 극장 5개 중 한 곳을 골라 영화를 볼 수 있었다. 토요일이 되면 극장들은 영화를 연속으로 상영했다. 스탠리는 〈타잔Tazan〉과 유인원의 모험을 그린 영화 〈정글 미스터리 The Jungle Mystery〉를 손꼽아 기다렸다. 영화가 끝나면 72번가에서 사촌 모티 펠드먼을 만나 팬케이크를 먹으며 영화에 대해 이야기하곤 했다.[28]

스탠리는 자칭 "탐욕스러운 독자"였다. 훗날 그는 가장 큰 영향을 받은 인물로 셰익스피어를 꼽았는데, 어린 시절부터 셰익스피어의 드라마와 희극을 통해 스토리텔링과 창의성에 대한 철학을 갖게 되었기 때문이다. 셰익스피어 작품에 담겨 있는 "언어의 리듬"을 즐겼다는 그는 이렇게 말했다. "나는 항상 언어가 소리로 표현되는 방식을 좋아했어요."[29] 소년은 뭐든지 닥치는 대로 읽었다. 그는 어딜 가든 책 아니면 잡지를 들고 다녔고, 심지어 아침 식사 시간에도 그의 어머니가 고안한 나무 장치를 사용해 책을 펼쳐놓은 채 밥을 먹었다.

소년 스탠리는 독서와 영화를 사랑했고 재미 삼아 그림도 그리곤 했지만 만화책을 만들겠다는 꿈을 꾼 적은 단 한 번도 없었다. 그의 어린 시절에는 만화책이란 주로 신문에 실린 연재만화를 재발행한 것으로, 오히려 책이나 잡지에 가까웠다. 1920년대에는 흑백 만화가 인기를 끌었으며, 특히 버드 피셔Bud Fisher의 코미디 만화 〈머트와 제프Mutt and Jeff〉는 특대 크기의 만화책으로 재발행되기도 했다. 또래 아이들과 마찬가지로 스탠리도 그 책을 읽었지만, 만화책은 영화나 소설처럼 그의 상상력을 자극하지는 않았다. "어릴 적에는 단 한 번도 만화책 만드는 것을 꿈꾼 적이 없었어요. 전혀 생각조차 하지 않았습니다."[30] 하지만 스탠리도 〈페이머스 퍼니스Famous Funnies〉를 읽었다. 이 만화책은 미국 만화 최초의 현대물로 널리 알려진 작품으로 델Dell 출판사에서 1934년에 출간해 울워스백화점을 통해 각지로 배포했다. 그는 특히 남자 주인공이 악당 루돌프에게서 여자 주인공 벨리나를 지키며 경험하는 다양한 모험 이야기를 다룬 C. W. 칼스C. W. Kahles의 〈헤어브레스 해리 Hairbreadth Harry〉를 즐겁게 읽었다고 회상했다.[31]

주식시장 붕괴로 국가 경제가 쇠약해지자 미국 국민들은 삶의 의욕을 잃어버렸고, 그 결과 미국은 더욱 심각한 경제적 위기에 직면하게 되었다. 나라 경제가 빠른 속도로 무너지면서 국가 경제 시스템에 대한 국

STAN LEE

민들의 믿음도 함께 흔들렸다. 각종 사업체들은 경제 위기에서 살아남기 위해 반드시 필요한 인력만 남기고 수백만 명에 달하는 노동자들을 정리해버렸다. 뉴욕시 건설업계의 경우, 주식시장이 붕괴한 이후 거의 마비 상태가 되었고 64퍼센트의 노동자를 해고했다.

절망의 그림자가 뉴욕시를 뒤덮었다. 1933년 10월까지 실업수당을 받는 대상자 수만 125만 명에 달했다. 실업수당 신청 자격이 있는 사람들이 100만 명이나 더 있었지만 받아들여지지 않았다. 6,000명가량의 뉴욕 시민들이 어떻게든 살아보겠다고 사과라도 팔기 위해 거리로 나왔지만, 1931년 막바지에는 그런 노점 상인들마저 자취를 감추었다. 식료품점은 가격을 반값으로 내렸다. 수많은 노숙자들이 먹을 것을 찾아 쓰레기통을 뒤졌다. 기록에 따르면, 그 시기에 할렘 거리에 살던 아프리카계 미국인 아이의 65퍼센트가 영양부족으로 전염병에 시달렸고 한다.

뉴욕시에 살던 사람들 수천만 명은 거리로 내몰리거나 이스트강과 허드슨강의 강둑을 따라 형성된 빈민촌에서 살아야 했다. 이렇게 실업자들이 임시로 모여 거주한 판자촌을 일컬어 '후버빌Hooverville'이라고 불렀다. 당시 미국 대통령 허버트 후버를 비난하며 그의 이름을 붙인 것이다. 도시에서 가장 큰 빈민촌은 센트럴파크였다. 일자리를 잃은 줄타기 곡예사나 다른 예술가들이 날마다 센트럴파크 빈민촌에서 공연을 열었고, 역설적이게도 그곳은 관광객들이 주로 찾는 명소가 되었다.

1929년에는 3퍼센트에 불과하던 실업률이 1932년이 되자 24퍼센트로 치솟았다. 수백만 명이 넘는 사람들은 어쩔 수 없이 시간제 근무로 생계를 유지했다. 주식시장이 붕괴된 지 2년 뒤, 약 20만 명의 뉴욕 시민들이 집세를 내지 못해 거리로 내쫓길 상황에 처했다. 집에서 내쫓기지는 않았지만 가지고 있던 값나가는 물건들을 팔아 돈을 마련하는 사람들도 많았고, 외상으로 가구를 들여놓았다가 결국 돈을 갚지 못해 가구를 버리고 떠나는 경우도 흔했다.

리버 가족도 오랫동안 재정난에 허덕이며 어려움을 겪었지만, 그래도 지붕 있는 집에서 지냈고 휘청거리는 결혼 생활이나마 유지했다. 표면적으로 명확히 드러난 피해는 수요와 공급이라는 복잡한 시장 원리에 따라 제이콥이 직장을 잃은 것이었다. 의류 제조 회사들은 시장에서 버티기 위해 수많은 재단사들을 해고했다. 주식시장이 붕괴되고 몇 년 뒤, 제이콥은 일자리를 찾아보려 노력했지만 번번이 실패했다.

스탠리의 부모는 돈 때문에 서로 끝없이 싸우고 증오했다. 그나마 스탠리는 나이가 차면서 그런 집안 분위기를 피할 수 있었지만, 불행히도 그보다 아홉 살 어린 동생 로렌스(래리)는 긴장되고 강압적인 집안 분위기에 직접적인 영향을 받으며 어린 시절을 보냈다. 더구나 앞으로 좋은 날이 올 것이라는 희망조차 갖지 못했다.

제이콥의 계속된 실직 상태는 스탠리로 하여금 최대한 빨리 일을 구하도록 만들었다. 조금이라도 돈을 벌어 가난한 집안 살림에 보탬이 되어야 했다. 그래서 그는 10대 중반이 되면서 다른 수백만 명의 10대 청소년과 마찬가지로 일을 하거나 끊임없이 일자리를 찾아다녔다. 스탠리가 학교에 다니는 동안 상냥하게 그를 응원하면서도 일을 빨리 구해야 한다고 강요하던 실리아의 노력이 빛을 발했다. 이제 막 재능을 꽃

STAN LEE

피우기 시작한 작가이자 문장가였던 똑똑하고 진취적인 10대 소년 스탠리는 영화 극장의 안내직과 청바지 제조 공장의 사무직뿐 아니라, 아직 살아 있는 유명인들이 사망할 때를 대비해 미리 부고 기사를 쓰는 일과 같이 다양하고 특이한 직업을 경험했다. 그는 학업 생활과 아르바이트를 동시에 하며 살아가는 것을 일상으로 여겼다.

스탠리는 브롱크스에 있는 약 8만 3,000제곱미터가 넘는 커다란 학교 드위트클린턴DeWitt Clinton고등학교에 다녔다. '도로 위의 성'이라고 불리는 이 학교는 세계에서 규모가 가장 큰 고등학교 중 하나로, 남학생만 입학이 가능했고 등록자 수가 1만에서 1만 2,000명으로 도시 곳곳에서 온 다양한 민족의 학생들이 섞여 있었다. 하지만 학생들 중 상당수가 이주민이거나 그들의 자녀였다.

그곳은 학교라기보다는 공장에 가까워서 학생들 사이에서 눈에 띄기가 쉽지 않았다. 그러나 스탠리는 학교생활을 하며 다양한 동아리 활동에 참여했고 끼를 발휘할 수 있는 기회들을 놓치지 않았다. 친구들과 떨어져 혼자서 책만 읽던 어린 소년은 이제 마른 몸에 키 크고 잘생긴 청년으로 성장했다. 그는 대중 연설 동아리와 법률협회 활동에 참여하면서 훗날 유명한 변호사가 되기를 꿈꾸었다.

말이 많아 '개비Gabby(수다쟁이라는 뜻－옮긴이)'라는 별명을 얻은 스탠리는 스스로 미래에 큰일을 이루어낼 사람이라고 믿었고, 그의 친구들도 그렇게 생각했다. 고등학교 친구 밥 웬들링거는 당시 항상 앞서가던 스탠리의 모습을 떠올리며 이렇게 말했다. "누구나 그가 성공할 거라고 믿었어요. 타고난 거지요."[32]

잘생기고 인기 많은 고등학생이 그렇듯, 스탠리도 학생으로서 해볼 수 있는 다양한 역할에 도전했다. 그는 자연스럽게 광고 활동에 끌렸고 클린턴고등학교 문학잡지 〈맥파이Magpie〉의 집행부원이 되었다. 오랫동안 책을 깊이 읽어왔고 글 쓰는 재능이 있었음에도 스탠리는 스스로 '홍보부장' 역할을 맡았다. 장난꾸러기였던 그의 모습을 보여주는 일화가 있다. 클린턴고등학교 건물에는 천장이 높은 장소가 있는데, 〈맥파이〉 부원들은 그곳에 모여 일을 하곤 했다. 어느 날, 회의에 참석하려고 그곳을 찾은 스탠리는 잡역부가 일을 하다가 놓고 간 사다리를 발견했다. 스탠리는 순간적으로 자기 이름을 알릴 기회라고 생각했다. 그는 곧 사다리를 타고 올라가 천장 벽에 이렇게 썼다. "스탠 리는 신이다Stan Lee is God." 어쩌면 경비원이나 학교 직원에게 혼이 날까 봐 실명을 적지 않았거나, 아니면 장난삼아 예명을 적어 넣은 것일 수도 있다. 어쨌든 이것이 훗날 전 세계에서 불리게 되는 '스탠 리'라는 이름을 공식적으로 사용한 최초의 사건이었다.[33]

〈맥파이〉의 홍보 직책은 10대들이 모인 고등학교 동아리에서는 하찮은 자리가 아니었다. 스탠리는 배우를 포함해 다양한 일을 해보고 싶었지만, 그중에서도 광고 업무는 그가 진정으로 바라던 직업 같았다. 수년간 잡지를 즐겨 읽으면서 광고의 매력을 알게 되었기 때문이다. 고등학교 시절, 학교가 끝나면 그는 보통 글을 쓰거나 물건 파는 일을 했다. 덴버에 있는 유대인 병원의 홍보 기사를 작성하거나 부고 기사를 쓰기도 했고, 학교 친구들에게 〈뉴욕 타임스〉 정기간행물을 판매하기도 했다. 그는 자신에게 연극적 재능과 대중을 설득하는 능력이 있다는 것을

깨달았다. 어머니의 교육 방식으로 어릴 적부터 크게 소리 내어 책을 읽은 덕분에 얻은 기술이었다. 고등학교에서는 자신을 위대한 '심블리니Thimbilini(스탠 리가 직접 만든 별명으로, 골무thimble에서 따온 것으로 추정된다—옮긴이)'라고 소개하며 마술 솜씨를 뽐내기도 했다. 정기적으로 작은 공연을 열어 손가락 골무를 이용한 손 마술로 동기들의 관심을 끌고 그들을 관객으로 만들어버린 것이다. 이처럼 스탠리는 어린 시절부터 사람들에게 주목받기를 갈망했다.

15세 때 그는 〈뉴욕 헤럴드 트리뷴New York Herald Tribune〉에서 후원하는 고등학생 수필 대회, 일명 '가장 대단한 주간 뉴스 콘테스트The Biggest News of the Week Contest'에 참가했다. 오그던 레이드와 그의 아내 헬렌이 소유한 이 신문사는 보수적인 성향이긴 하지만 세련된 스타일로 지역의 이슈를 다루고 현실적 관점과 변화하는 도시 분위기를 중요하게 생각하는 곳이었다. 스탠리는 이 콘테스트에서 3주 연속 수상했으며, 신문사로부터 이제 다른 친구에게도 수상 기회를 줘야 하지 않겠냐는 편지를 받았다고 기억했다. 게다가 신문사 직원이 그에게 전문적으로 글 쓰는 일을 진지하게 생각해보길 제안했다고 한다. 스탠리는 이에 대해 이렇게 말했다. "아마 그 일이 내 인생을 바꿨을 겁니다."[34]

하지만 이 이야기는 정확한 사실이 아닐 수도 있다. 다른 버전으로, 스탠리가 콘테스트에서 상금이 2.5달러인 7등을 한 번, 상금 없는 명예상을 두 번 수상했다는 이야기도 있다. 영화 같은 극적인 스토리는 아니지만 여전히 어린 소년에게 작가의 꿈을 심어줄 만하다. 한 평론가는 이렇게 말했다. "결국 스탠 리는 이야기꾼입니다. 그가 들려준 '헤럴드

트리뷴 수필 콘테스트' 스토리는 확실히 재미있는 이야기예요. 설령 사실이 아니어도 말이지요."³⁵ 이야기가 진실에서 멀어지긴 했지만, 상금을 받은 일은 어쨌든 가난한 유대인 아이에게 인상적인 경험이었다. 1년이 지난 1939년, 10대 소년 스탠리는 총 12주 동안 온 힘을 다해 갖가지 아르바이트를 하며 총 150달러를 벌었다.³⁶

1939년 초여름, 스탠리는 드위트클린턴 남자고등학교의 단조롭고 신성한 복도를 떠나 불안한 기운과 압박감으로 가득 찬 구직시장에 뛰어들었다. 그의 고등학교 시절은 경제 대공황으로 힘들었던 시간과도 겹쳐 있었다. 그에게 졸업은 미래를 향한 도전보다는 그저 직업을 구할 때가 왔음을 의미했다. 그의 가족에겐 돈이 필요했다.

프랭클린 루스벨트 대통령이 재정적 혼란에서 미국을 구하고자 노력했지만, 1938년 국민총생산GNP은 4.5퍼센트로 떨어졌고 실업률도 19퍼센트를 기록했다. 루스벨트 대통령의 정책 실패로 경제가 더 침체되었는데 그런 상황은 고등학생에서 어엿한 직장인이 되기 위해 노력하는 이 젊은 청년에게 전혀 도움이 되지 않았다.

스탠리가 고등학교를 졸업하고 몇 달 뒤, 히틀러가 이끄는 독일이 침공을 시작하자 미국도 전쟁을 준비하며 군수 물품을 생산했고, 역설적이게도 이것이 미국 경제를 되살리는 계기가 되었다. 진주만이 공격당하기 전까지 수년간 미국은 전시 물품을 전 세계 연합군에게 보내는 동

시에 언젠가는 맞닥뜨릴 참전 상황에 대비했다. 이러한 상황에서 미국 경제가 다시 좋아지고는 있었지만 스탠리에게 도움이 될 만큼 빨리 회복되지는 않았다.

가족을 경제적으로 도와야 할 의무가 있었기에 스탠리에게 대학이라는 선택지는 없었다. 어린 시절, 그도 배우가 되거나 변호사가 되어 법정을 누비는 꿈을 꾼 적이 있었지만 졸업 후 당장 그가 해야 할 일은 직장을 얻는 것이었다. 그는 정규직 직원이 되어야 했다. 고등학생 시절에 했던 굴욕적인 일들이나 남 뒤치다꺼리에 불과한 시간제 근무는 더 이상 하고 싶지 않았다. 경제 침체기 동안 어려운 시간을 보냈던 리버 가족은 스탠리가 졸업 후에 벌어 올 월급으로 경제적 안정을 얻을 수 있었다.

1920년대와 1930년대에는 경제 붕괴 후 매일같이 고통받다가 다시 평범한 일상을 되찾은 가정이 많았는데 그 모습이 바로 미국의 모습이었다. 경제 대공황 시기에 뉴욕에서 성장하며 겪은 경험은 어린 스탠리에게 심대한 영향을 끼쳤다. 월 스트리트 폭락 이전에 대한 기억은 희미하지만, 그의 세계관은 아버지의 무력한 모습을 보면서 형성되었다. 아버지의 실업으로 리버가에 내려앉은 불안감은 어린 소년의 마음을 뒤흔들었고, 직장 생활에 대한 그의 가치관에 중요한 영향을 끼쳤다.

스탠리의 가장 근본적인 생각은 이랬다. "남자에게 가장 중요한 것은 일을 갖고, 바쁘게 일하고, 필요한 사람이 되는 일이라고 느꼈습니다."[37] 이런 생각은 스탠리를 어른으로 만들어주었다. 일만 할 줄 아는 것을 넘어, 필요한 사람이 되고 싶은 열망을 갖게 한 것이다. "내가 돈을 잘 벌어 올 때조차 아버지는 나를 성공한 사람이라고 생각하지 않았어요. 아버지는 거의 언제나 자기중심적으로 판단하는 사람이었습니다. 그런 면이 나에게도 좀 있지요. 난 언제나 사람들을 보면서 '누가 나보다 더 잘하나, 저 사람이 하는 걸 나도 하고 싶다.'라고 생각하곤 했어요. 항상 가슴 한구석에서는 그런 생각에서 여전히 벗어나지 못했다고 느낍니다."[38]

어두운 그림자처럼 스탠리의 부모에게 드리운 '가난의 공포'는 한때 그들이 나누었을 즐거움과 사랑을 완전히 앗아 가고 말았다.[39] 실업에 대한 두려움은 어린 청춘으로 하여금 다른 것보다 일자리와 돈 버는 일을 가장 중요하게 여기도록 만들었다. 스탠리의 이러한 경험은 동료 만화책 업계 종사자들과 수많은 첫 세대 이주민, 유대인 등 동시대 사람들도 공통적으로 갖고 있었다. 서로의 이웃을 잘 알고 있을뿐더러 그들도 경제공황 시기에 미국과 뉴욕에서 살면서 음식을 얻으려는 사람들이 줄지어 선 모습이나 주변 이웃들이 직장과 집에서 쫓겨나는 모습을 보고 경험했기 때문이다.

가난으로 비롯된 불안한 생활과 부모 사이의 끊임없는 싸움은 오랫동안 계속되었지만, 어머니는 스탠리에게 지속적으로 사랑을 표현하고 그가 훗날 얼마나 크게 성공할지 이야기해주었다. 어느 작가가 표현하기를, 이러한 모순적인 상황을 겪은 소년의 경우 "괴로울 정도로 민감하고, 인정받고자 하는 욕구가 강하며, 타인에게 쉽게 영향을 받는다." 굉장히 지적인 소년이었던 스탠리는 그의 어머니가 예견한 대로 부와 명성을 거머쥘 영화 같은 삶을 향해 이제 막 한 걸음 내디뎠다.[40]

STAN LEE

2장

스탠리에서
스탠 리로

타임리 코믹스의 메인 작가이자 편집 디렉터인 조 사이먼Joe Simon이 자리에서 일어나 온갖 스케치 더미가 수북한 책상 너머로 팔을 뻗어 새로 들어온 조수에게 악수를 청했다.

입사 지원에서 정규 직원이 되기까지 상황이 빠르게 변하는 바람에 정신이 없었던 스탠리는 그의 손을 맞잡고 힘차게 흔들며 감사의 눈빛으로 사이먼을 쳐다봤다. 자신이 얻은 것을 생각하니 가슴이 뛰었다.

주급 8달러…. 고정 수입이 생긴 것이다!

소소한 금액이지만 항상 돈 문제가 끊이지 않던 가정에서 자라 이제 막 고등학교를 졸업한 소년에게는 적어도 조금이나마 집안 살림에 보탬이 될 만한 돈이었다. 무엇보다 이 정규직은 10대 소년에게 안정적인 수입과 출판계에서 경력을 쌓을 수 있는 기회를 가져다주었다. 소년은 글을 좋아했다. 어린 시절, 아버지의 실직으로 비좁고 허름한 싸구려 아파트에서 살아야 했지만 언제나 글을 읽으며 현실을 위로받았던 그는 훗날 위대한 소설을 쓰고 싶다는 꿈을 꾸었다.

그러나 스탠리가 글이라는 것을 쓰게 되기까지는 오랜 시간이 걸렸다. 타임리 코믹스의 일러스트레이터이자 작가인 잭 커비Jack Kirby와 사이먼을 위해 잡다한 다른 업무들을 처리해야 했기 때문이다. 당시 스탠리는 두 사람이 새 히어로물을 만들어내는 동안 일러스트레이터의 잉크병에 잉크를 채워 넣는 잡일이나 샌드위치 사 오는 일을 도맡아 했다.

소년은 몇 시간씩 사무실 바닥을 쓸고 빗나간 연필 자국을 지우고 하면서도 허드렛일이라고 속상해하지 않았다. 그는 만화 산업계의 두 거물이 일하는 것을 보고 배웠다.

당시 그에게 가장 중요한 건 오래 일할 수 있는 직장을 구하는 것이었고 그 목표를 달성했다. 직업을 갖게 된 것이다! 아버지에게 닥쳤던 불행은 그를 비껴갔다. 이제 그는 자신의 미래를 개척하기 시작했다.

스탠리의 젊은 시절에 관한 이야기 중에는 불명확한 것들이 많다. 그의 조상들은 20세기 초반에 어디론가 흩어져 사실상 사라져버렸고, 관련된 정보들도 현재 흔적을 찾을 수 없다. 마찬가지로, 스탠리가 클린턴 고등학교를 졸업한 뒤 어떻게 타임리 코믹스에서 사이먼과 커비의 조수가 되었는지도 정확하게 밝혀진 것 없이 추측만 난무하다.

10대 소년이 타임리에 입사하게 된 진짜 사연에는 여러 버전이 있

STAN LEE

다. 그중 하나는 스탠리의 어머니 실리아와 관련된 것으로, 스탠리의 고등학교 졸업을 재촉했던 그녀가 졸업 후 일자리를 구할 수 있게 도왔다는 내용이다. 실리아는 첫째 아들에게 하루빨리 경제적으로 도움이 되어주길 요구했다. 남편에게만 의지했다가 가정 형편이 거의 바닥으로 떨어졌기 때문이었다.

실리아는 남동생 로비가 일하는 출판 회사에서 사람을 구한다는 소식을 아들에게 전했다. 이 버전의 이야기에서 소년 스탠리는 만화책이나 타임리 코믹스라는 회사에 대해 아는 것이 거의 전무한 상태로 회사에 들어선다. 그런데도 사이먼은 스탠리에게 만화책이 무엇인지, 어떻게 만들어지는지에 대해 빠르게 설명해주고 일거리도 주었다. 당시 사이먼과 커비는 새롭게 성공한 만화 〈캡틴 아메리카〉로 정신없이 바빴기 때문에 누구든(정말 아무나) 상관없이 잡일을 도와줄 사람이 필요했다. 그래야 창작 활동에 집중할 수 있으니 말이다.

이 이야기에서 로비 솔로몬은 사이먼과 출판사 대표인 마틴 굿맨 Martin Goodman 사이를 연결해주는 중요한 다리 역할을 한다. 실리아의 동생 로비는 굿맨의 여동생 실비아와 결혼한 사이였다. 굿맨은 부하 직원에게는 권위적이었지만 자신의 가족들에게는 울타리 같은 존재였다. 실제로 확인할 증거는 없지만, 로비가 굿맨의 가족이었기 때문에 스탠리가 출판사 정식 직원으로 승인받을 수 있었던 것으로 보인다. 그래서 사이먼은 자신의 의견과 상관없이 스탠리를 조수로 받아들여야 했을 것이다. "굿맨이 세운 출판 왕국은 모두 가족 사업이었습니다."라고 만화책 역사 전문가들은 말한다.[1] 로비 솔로몬은 회사 내에서 일을 열심히 하지 않거나 회사 규칙을 등한시하는 직원들을 몰래 찾아내 굿맨에게 보고하는 은밀한 일을 도맡아 했다.

스탠리의 타임리 입사가 가족과 관련되었다는 이 이야기는 신빙성도 있고 마틴 굿맨의 방대한 족벌주의와도 일맥상통한 반면, 스탠리가 직접 제시한 또 다른 이야기는 훨씬 우연적이다. "고등학교를 갓 졸업한 그때, 나는 할 수만 있다면 출판업계에서 일하고 싶었어요." 그는 외삼촌 로비의 도움이 아닌 다른 방법으로 타임리 코믹스에 입사했다고 설명했다. "신문광고를 보았습니다. '출판사 보조 직원 구함'이라는 구인광고였지요."[2] 그러나 이 버전에서는 스탠리가 출판사에 입사한 과정과 일을 시작한 시기가 모호하다. 일반적으로 스탠리의 타임리 코믹스 입사 연도가 1940년인 것으로 알려져 있지만, 당사자는 1939년으로 기억하고 있기 때문이다.[3]

일자리를 구하러 다니던 소년은 만화책에 대해 잘 알지는 못했지만 글 쓰는 재주를 가졌으니 출판업계에서 일해야 앞으로 살아남을 수 있을 것이라고 생각했다. 그는 스스로 글을 잘 쓴다는 것은 알고 있었지만 자신에게 정말 창의적인 능력이 있는지, 출판계란 어떤 곳인지에 대해서는 잘 몰랐다. 스탠리는 굿맨에게 조카뻘 되는 친척이었으나 서로 그다지 제대로 된 교류가 없었기 때문에, 굿맨은 스탠리를 회사에 데려다놓긴 했어도 중요한 업무를 맡기지는 않았을 것이다. 로비가 정말 사이먼에게 은근슬쩍 부탁했는지, 또는 굿맨이 스탠리의 고용에 대해 알기나 했는지는 어느 누구도 알 수 없다. 소년은 회사 만화 부서에서 굿맨과 처음 마주쳤을 때 자신을 보고 놀라던 그의 모습을 기억하고 있지

STAN LEE

만 말이다.

밝은 모습으로 열심히 일하던 재능 있는 청소년 스탠리에게는 휴식이 필요했다. 대공황의 침체된 시기를 살아가던 그에게 대학에 갈 만한 여유는 없었다. 그의 가족은 경제적으로 불안한 생활이나마 근근이 버텨내기 위해서라도 부유한 친척들이 내미는 도움의 손길에 의지해야만 했다. 타임리에서 견습생처럼 일하던 근무 초기에 스탠리는 마치 실무 위주로 훈련하는 만화책 대학교에 다니듯이 만화와 관련된 업무 능력을 키워나갔다.

스탠리 리버는 사이먼과 커비 옆에서 자신의 일을 충실히 해내며 두 사람이 창작물을 끊임없이 만들어내는 과정을 익혔다. 사이먼과 커비는 일을 빠르게 처리하는 것으로 유명했는데, 스탠리는 이런 만화 산업계의 거물 두 사람이 발휘하는 엄청난 능력을 가장 가까이에서 눈여겨볼 수 있었다. 그는 이렇게 실전에서 배운 내용들을 토대로 작가이자 편집자뿐 아니라 재능 있는 인물들이 서로 능력을 주고받을 수 있도록 이끌어주는 매니저가 될 수 있었다.

어린 스탠리가 타임리에서 일할 수 있게 된 것이 가족의 도움 덕분이든, 적절한 시간과 장소에 있게 된 순수한 행운이든, 아니면 그 둘 다에 해당하든 간에, 출판인 마틴 굿맨과의 오랜 인연은 스탠리의 경력을 만들어준 중요한 뿌리였다.

굿맨은 1933년에 타임리 코믹스를 설립해 값싸고 화려한 남성 잡지를 판매했다. 그에게는 위대한 예술을 세상에 내놓겠다는 열망이나 혁신적인 사명감 따위는 없었다. 그저 돈이 되는 일에만 움직였다. 최대한 쉬운 방법으로 많은 돈을 벌 수 있는 일을 원했다.

그는 출판업 중에서도 남성 잡지 분야에 집중했다. 그러나 기민한 감각을 지닌 이 사업가는 출판업계의 유행 전반을 가까이에서 들여다보았으며, 개인적으로는 획기적이고 파격적이고 자극적인 잡지 표지를 만들고 싶어 했다. 특히 자신이 좋아하는 남성 잡지의 표지로 반나체 여성 사진을 사용할 때면 '마블 사이언스 스토리Marvel Science Stories'나 '미스터리 테일즈Mystery Tales' 등의 흥미로운 제목을 붙여 더욱 자극적으로 표지를 완성해내길 원했다. 굿맨과 그 경쟁자들은 포르노를 기반으로 하는 매우 선정적인 잡지를 발행하기도 했는데, 그런 잡지는 뒷골목에서나 판매가 가능했다. 그들은 이 은밀한 거래를 통해 마피아나 갱 같은 지하조직들과 거래하면서 반+불법적인 방식으로 사업을 불리고 큰돈을 만질 수 있는 다양한 방법을 알아냈다.

뉴욕 웨스트 42번가 맥그로힐빌딩에 자리 잡은 값비싼 사무실에서 굿맨은 다른 출판사들의 발행물을 조사하고 어떤 잡지가 더 잘 팔릴지 파악한 다음, 그동안 진행했던 방식을 모조리 다른 방향으로 전환해버렸다. 혁신을 위해서가 아니었다. 자신의 사업과 편안한 삶을 유지하기 위해서였다. 그 시대에 음란 잡지를 발행하던 다른 출판인들과 마찬가지로 굿맨 또한 파산과 비리로 얼룩진 위기의 순간이 있었고, 쉽게 떼돈을 번 대가를 치르기도 했다.

STAN LEE

잡지 수요가 많았던 1920년대에는 값싼 남성 잡지를 판매해 부자가 된 출판사가 많았다. 기술이 향상되면서 더 선명하고 또렷한 사진을 잡지에 수록할 수 있게 된 출판사들은 업그레이드된 배급 방식까지 도입해 굶주린 독자들(당시 여가 시간이 증가하면서 독서에 투자하거나 잡지를 사는 데 돈을 들이는 사람이 많아졌다)에게 먹이를 던져주었다. 하지만 굿맨을 포함한 잡지 출판업자들은 사업적으로는 성공했을지 모르나, 잡지의 난잡한 내용과 선정적인 표지 때문에 온갖 사람들에게 혹독하게 비난받기 시작했다.

그래서 잡지를 발행하면서도 큰 책임을 피하기 위해 유령 회사를 설립하는 곳이 많아졌다. 대형 회사 하나가 작은 회사 12개를 세우면 그중 한 곳의 사정이 나빠지더라도 대형 회사 자체는 끄떡없이 버틸 수 있었기 때문이다. 이런 방식을 이용하면 은행 빚을 한 회사에 모두 떠안기고 파산을 시켜버린 뒤, 그간 얻은 수익은 다른 비밀 유령 회사에 고스란히 옮겨 올 수 있었다. 관련 법규가 빈약한 틈을 타 출판사들은 수위가 높은 음란 모험물부터 불쌍한 소녀가 연루된 실제 범죄 드라마 및 과학소설에 이르기까지 유행에 따라 출판 스타일을 바꾸곤 했다. 선정적인 내용과 자극적인 표지는 이 잡지들의 많은 부분을 설명해준다. 〈실제 고백Real Confessions〉이나 〈신비한 이야기Mystery Tales〉와 같은 제목은 남성들의 은밀한 본능을 자극하기 위한 것이었다.

남성들의 환상을 채워주던 이 잡지들은 뉴욕시가 출판 산업을 공식적으로 정리하기 시작하면서 제동이 걸렸다. 뉴욕시는 먼저 신문 가판대 관리자와 잡지 배급업체를 위협했고, 음란물을 발행했으니 징역을 살 수도 있다는 협박으로 출판계 임원들까지 옥죄었다. 1930년대 중반, 대공황으로 온 나라의 경제가 붕괴하는 와중에도 음란물 출판업자들은 뉴욕주 지방 검사들의 매서운 단속을 피해 발행을 지속했다. 당시 지방 검사 중에는 토머스 듀이Thomas Dewey도 있었는데, 그는 대중들을 대변해 뉴욕시를 개혁하는 데 앞장섰으며 훗날 공화당 대표로 대통령 선거에까지 출마했던 인물이다. 어느 작가는 당시 상황에 대해 이렇게 설명했다. "출판사들은 심각하게 음란하고 인종차별주의적인 잡지들과 가학적인 상상을 불러일으키는 성인물을 발행하면서도 공공장소 외설법Public Decency Laws(공공장소에서 가슴이나 음부를 노출시키는 행위를 규제하는 법규―옮긴이)은 위반하지 않았어요."[4] 출판사들은 이런 식으로 규제를 피하는 방법들을 찾아내 소비자 변호 단체와 유명한 공공장소 외설법을 수호하는 데 혈안이 된 정치인들의 공격을 간발의 차이로 피해 갔다.

　당시 굿맨은 잡지를 향한 온갖 비난 때문에 대중들이 다른 곳으로 시선을 돌리게 될 것이라는 사실을 바로 알아채지 못했다. 만화책으로 말이다. 신문 지면에 실리는 연재만화에서 발전한 형태인 만화책은 연재만화들을 모아 다시 인쇄한 것으로, 신문 가판대에서 팔리곤 했다. 리처드 아웃콜트Richard F. Outcault의 〈옐로 키드Yellow Kid〉나 버드 피셔의 〈머트와 제프〉 같은 당시 만화들은 대부분 아이들 대상의 만화였다. 이후에 출판된 남성 잡지들은 성적인 내용 속에 좀 더 영웅적인 면모를 가진 인물들을 등장시켜 독자들의 욕구를 만족시켜주었다. 그 캐릭터인 '타잔'과 '도그 새비지Dog Savage', '섀도The Shadow'의 초능력과 탄생의

STAN LEE

비밀, 무시무시한 능력이 잡지 속에 그려졌다. 수백만 명에 달하는 독자들이 이런 잡지 속 이야기들을 게걸스럽게 먹어치우자, 외설스런 잡지와 아이들을 위한 만화책 사이에 설 만한 출판물이 탄생했다.

1929년 델 출판사는 신문 연재만화를 재발행한 것이 아니라 애초부터 단행본으로 만든 첫 잡지 형태 만화책 〈더 퍼니스The Funnies〉를 출간했다. 이 만화책 시리즈는 딱 1년 동안만 발행되었으나 타 출판사로 하여금 만화 단행본에 대한 출판 의지를 갖도록 부추기기에는 충분했다. 맥스 게인스M. C. Gaines는 북동 지역 대형 신문사들이 발행하는 신문의 주말 만화Sunday comics 컬러 인쇄를 담당하던 이스턴 컬러Eastern Color 인쇄소의 영업 사원이었다. 그는 1930년대 초반부터 중반에 이르는 기간 동안 실험적으로 작은 크기의 만화 잡지를 발행해 10센트에 판매했다. 이렇게 출간된 〈페이머스 퍼니스Famous Funnies〉 1편이 모두 매진되었고, 프록터 앤드 갬블Proctor & Gamble, P&G과 같은 대형 기업이나 소매업소 키니 슈즈Kinney Shoes를 위한 홍보 증정품으로 발행된 다른 만화책들도 좋은 반응을 얻었다. 만화책은 순식간에 10만 부에 이르는 월간 판매량을 기록했고, 홍보용으로 발행된 만화책은 100만 부에 달했다. 대유행이 시작된 것이다.

1930년 중반의 만화책 산업은 거칠면서도 신비로운 두 인물 맬컴 휠러 니컬슨Malcom Wheeler-Nicholson과 해리 도넨펠드Harry Donenfeld를 중심으로 성장했다. 휠러 니컬슨은 1차 세계대전 참전과 러시아 볼셰비키 혁명에서의 투쟁이라는 다소 무지막지하고 어두침침한 사연을 가진 인물로, 뉴욕에서 잡지 작가로 생활하며 급박한 전투 장면을 생생하게 묘사하는 능력으로 유명세를 얻었다. 도넨펠드는 루마니아 유대인 출신 이주민으로, 뉴욕의 로어이스트사이드에서 치열하게 성장하면서 자신의 야망을 다른 사람들에게 드러내놓고 설득하는 법을 배웠다. 그는 자신의 출판 사업이 상위 궤도에 진입하자 갱들과 긴밀한 관계를 형성하기 시작했다. (미국 전역의 금주법 시행 당시, 그가 출판 네트워크를 이용해 마피아의 주류 유통을 도왔다는 루머도 있다.) 도넨펠드는 휴 헤프너Hugh Hefner가 〈플레이보이Playboy〉를 창간하기 훨씬 더 전에 이른바 '누드 잡지girlie magazine'로 불리는 포르노 수위에 근접한 음란 잡지들을 발행했다.

두 사람이 만나게 된 것은 휠러 니컬슨이 새로운 이야기 시리즈인 〈디텍티브 코믹스Detective Comics〉 배급 문제를 도넨펠드의 인디펜던트 뉴스사Independent News Company와 진행하는 사안에 따르면서였다. 1937년과 1938년, 휠러 니컬슨은 자금 능력이 바닥났다. 항상 돈이 부족해서 배급업자들에게 빚을 지고 다녔던 휠러 니컬슨은 도넨펠드의 주도 아래 첫 번째 만화책을 출판하는 과정에서 디텍티브 코믹스를 법인화하는 일에 동의했다. (곧 이 회사는 DC라는 이름으로 세상에 알려진다.) 이후에 도넨펠드는 휠러 니컬슨의 회사 내셔널 얼라이드 퍼블리케이션스 National Allied Publications를 경매로 인수하고는 그를 해고했다. 만화 역사가 제라드 존스Gerard Jones는 도넨펠드와 함께 일하는 것을 싫어했던 휠러 니컬슨에 대해 이렇게 말했다. "테네시 출신 장교는 유대인을 좋아하지 않았지만, 달리 선택할 수 있는 방법이 없었습니다. 도넨펠드와 그 패거리는 회사의 사업 결정권을 갖고 싶어 한 게 분명했어요." 그들은 장교의 회사를 꿀꺽하자마자 바로 만화책 출판 사업에 착수했다.[5]

STAN LEE

미국 전역을 뒤흔들었던 만화책 혁명은 이제 불꽃이 튀어 오르기만 기다리는 상태였다. 그 기폭제는 오하이오주 클리블랜드에 살던 두 사람의 손에서 점화되었다. 아마추어 만화책 작가 제리 시겔Jerry Siegel과 일러스트레이터 조 슈스터Joe Shuster가 '슈퍼맨'을 창조해낸 것이었다. 오랜 시간이 걸린 끝에 드디어 슈퍼맨이 〈액션 코믹스Action Comics〉 1편 표지에 나타났다. 두 팔로 들어 올린 차를 앞의 둔덕에 내리꽂는 모습으로 말이다. 그와 함께 찌그러진 차에서 튕겨 나온 파편들이 여기저기 날아다니고 주변 사람들은 겁에 질려 도망치는 그림이었다. 그 누구도 이 그림 속 슈퍼맨이 어떤 미래를 가져올지 알 수 없었으나, 몇 달 지나지 않아 도넨펠드는 신문 가판대 사장들에게서 그 판매량을 듣게 되었다. 큰 성공이 그의 코앞까지 온 것이다. 결국 도넨펠드의 DC 코믹스 시리즈였던 〈액션 코믹스〉는 한 달에 100만 부 이상 팔려 나갔고, 1939년에 출간된 〈슈퍼맨Superman〉 단행본은 90만 부가 팔렸다. 안타깝게도, 다른 만화책 작가와 일러스트레이터와 마찬가지로 캐릭터 저작권을 출판사에 팔아버린 시겔과 슈스터는 첫 작업비로 한 페이지당 10달러를 받았던 터라 그들이 〈슈퍼맨〉 첫 번째 스토리로 얻은 수입은 모두 합해 130달러에 불과했다.

〈슈퍼맨〉이 대성공을 거두자 신문 연재만화나 라디오 방송, 만화영화와 같은 온갖 매체들이 '슈퍼맨'을 소재로 사용하기 시작했다. 슈퍼맨의 영향력은 라디오 방송에 의해 더욱 확대되었으며, 어느 작가의 말에 따르면 연재만화는 1941년까지 300개에 달하는 신문사에 판매되었다고 한다. 슈퍼맨 홍보 작업을 위해 도넨펠드에게 고용되었던 한 홍보 담당자는 이렇게 말했다. "슈퍼맨에 열광하는 사람이 적어도 한 매체당 3,500만 명은 되었습니다."[6] 이제 슈퍼맨은 만화나 방송을 넘어 트레이딩 카드, 단추, 액션 피규어 등 셀 수 없을 만큼 수많은 종류의 캐릭터 상품으로도 제작되었고, 출판사는 이를 통해 상상도 못 할 엄청난 부를 거머쥐게 되었다.

도넨펠드는 턱시도 셔츠 안에 슈퍼맨이 그려진 티셔츠를 입고 다니기까지 했다. 그는 친구들, 연인들과 함께 뉴욕의 멋진 술집과 레스토랑에서 술에 흠뻑 취해 생활했으며, 사람들은 슈퍼맨을 세상에 내놓은 그를 경외의 눈으로 우러러보았다. 무분별하게 행동하는 성격은 아니었으니 특별한 사건이 일어나기 전에는 벌떡 일어나 흰 셔츠를 찢어 벌려 슈퍼맨 로고를 드러내는 일은 하지 않았을 것이다.[7]

굿맨은 경쟁자가 돈을 벌어들이는 모습을 멍하니 구경만 할 사람이 아니었다. 그는 바로 만화책 분야에 뛰어들었다. 이스턴 디스트리뷰팅 Eastern Distributing의 출판인과 일한 경험이 있는 퍼니스주식회사Funnies, Inc. 의 영업 관리자 프랭크 토피Frank Torpey는 굿맨에게 만화책 부서를 만들라고 부추겼다. 두 사람은 타임리의 만화책 제작을 위해 손을 맞잡았고, 당시 무명 작가였던 빌 에버렛Bill Everett과 칼 버고스Carl Burgos도 그와 함께 창작 활동을 시작했다. 그렇게 탄생한 슈퍼히어로가 바로 분노로 똘똘 뭉친 서브마리너Sub-Mariner 네이머Namor와 문제 많은 안드로이드 휴먼 토치Human Torch였으며, 1939년 8월 말 굿맨이 출판한 〈마블 코믹스Marvel Comics〉 1편에 주인공으로 등장했다. 만화책과 관련해서라면 항상 조심스러운 자세로 말을 아끼던 굿맨은 〈마블 코믹스〉 시리즈의

STAN LEE

출판도 모두 퍼니스주식회사에 위임했다.[8]

〈마블 코믹스〉 1편이 9월 한 달에만 8만 권가량 판매되었고, 전체 판매량은 80만 권에 이르렀다. 도넨펠드가 〈슈퍼맨〉으로 얻은 성과보다 더 높은 판매 부수였다. 〈마블 코믹스〉는 곧 〈마블 미스터리 코믹스 Marvel Mystery Comics〉로 전환되어 성공적으로 데뷔한 두 캐릭터에 더욱 집중했다.[9] 네이머와 휴먼 토치는 발행본이 쌓여갈수록 점점 더 강해졌다. 달리 말해, 더욱 슈퍼맨 같아진 것이다. 호가가 급증하는 이 만화책 산업에서 슈퍼맨을 따라 한 캐릭터는 그들뿐만이 아니었다. 수십 개에 달하는 출판사들이 히어로 만화시장에 뛰어들었다. 뉴욕 전역의 일러스트레이터와 작가들 사이에서는 "제2의 슈퍼맨을 찾아라!"라는 말이 흔하게 오갔다.

굿맨은 퍼니스주식회사에 출판 비용을 지불하는 대신, 자신만의 작가와 만화가들을 고용하기로 마음먹었다. 그는 다른 회사와 엮여서 한참 성장 중인 만화 사업이 아웃사이더들의 변덕에 휘둘리는 것을 원치 않았다. 그래서 베테랑 프리랜서 작가인 조 사이먼에게 퍼니스 작가들에게 지급하던 금액보다 훨씬 높은 액수인 페이지당 12달러를 주겠다며 작가 자리를 제안했다. 함께 작업에 참여했던 일러스트레이터 제이콥 커츠버그Jacob Kurtzberg는 뉴욕의 로어이스트사이드에서 성장한 거친 소년으로, 한때 갱 멤버로도 생활했지만 만화책 속 영웅 이야기를 쓰고 그리는 일에 매료되어 만화가가 된 인물이었다. 그는 그 유명한 플라이셔Fleischer 형제의 만화영화사에서 일하며 〈뽀빠이Popeye〉와 〈베티붑Betty Boop〉 작업에 참여한 경험이 있었다. 이 젊은 만화가는 전례 없는 속도로 그림을 그려내 함께 작업하는 모든 사람들을 놀라게 하곤 했다.

그는 잭 커비라는 필명으로 사이먼과 함께 일하기로 합의했다. 처음에 그들은 사이먼이 전에 일했던 출판사 노벨티 프레스Novelty Press에서 만든 캐릭터 블루 볼트Blue Bolt로 작업을 시작했다. 보통은 창작 팀이 구성되면 종이만 오가는 식으로 일을 진행했지만, 사이먼과 커비는 진짜 제대로 된 작업을 하고 싶었다. 특히 쓰고 그리는 작업부터 그림 표지에 이르기까지 서로가 세세하고 긴밀하게 연결된 체제로 작업하길 바랐다. 훗날 사람들이 그들에게 어떤 작품에 관해 각자 무슨 일을 담당했냐고 물을 때면, 사이먼은 어깨를 으쓱하며 이렇게 대답했다. "모든 작업을 둘이 같이 했습니다."[10] 두 사람의 이러한 협력 관계는 2차 세계대전으로 헤어지기 전까지 16년간 지속되었다.

만화 사업이 고공 행진하는 상황에서 사이먼과 커비의 엄청난 재능을 감지한 굿맨은 그들이 성공할 것을 확신하며, 두 사람에게 페이지 수로 주는 기존 급여와 더불어 인세까지 지급하기로 약속했다. 1939년 말에는 사이먼에게 정규직인 타임리의 첫 편집자 자리를 제안했는데, 그때 사이먼은 이미 편집자처럼 일하는 중이었다.[11] 이후에 사이먼은 동료인 커비에게 다른 일러스트레이터보다 더 높은 급여를 줘야 한다고 굿맨을 설득했다. 커비가 작업하는 속도가 너무 빨라서 그가 고정적으로 받는 주급이 페이지 수로 받는 급여보다 적었기 때문이다. 사이먼과 커비는 2인 작업 방식을 고수하며 타임리의 새로운 환경을 만들어 나가기 시작했다. 굿맨은 만화책 부서를 더 키우고 싶지 않았고 투자 금액을 늘릴 계획도 없었지만, 투자보다 훨씬 더 많은 수익을 창출해낼

STAN LEE

것 같은 느낌이 들자 그 생각을 바꿨다.

　굿맨은 만화책의 내용과 관련해 굵직한 부분들은 기본적으로 사이먼과 커비에게 맡겼다. (하지만 표지 그림과 새로운 제목이 들어갔는지는 언제나 자신이 신경 썼다.) 레드 레이븐Red Raven이나 비전The Vision과 같은 초반 작업물이 저조한 판매량을 보였지만, 사이먼과 커비는 곧 실력을 발휘하기 시작했다. 함께 캡틴 아메리카Captain America를 탄생시킨 것이다. 비록 창작 작업 외의 다른 일들 때문에 문제를 겪기도 했지만, 그래도 그들은 제 역할보다 더 많은 일을 해냈다. 스티브 로저스Steve Rogers는 군대에서 벌어진 생체 실험에서 슈퍼세럼이라는 약물을 주입받아 초능력을 얻었고, 그 결과 천하무적과 다름없는 존재가 되었다. 사이먼과 커비는 이 애국자 히어로와 대적할 완벽한 악당 역할로 히틀러를 선택했으며, 〈캡틴 아메리카〉 1편 표지에 그 모습을 그려 넣었다. 나치 군인들이 쏜 총알에도 끄떡없는 캡틴 아메리카와 그의 강력한 오른손 주먹에 맞아 쓰러지는 히틀러의 모습이었다.

　사이먼과 커비에게 만화책 부서를 맡긴 채 굿맨은 여전히 잡지 사업에 몰두했다. 〈게이어티Gayety〉, 〈어메이징 디텍티브 케이스Amazing Detective Cases〉, 〈언캐니 스토리Uncanny Stories〉 등 그가 발행하는 잡지는 20종류가 넘었다. 그러나 그와 동시에 갑자기 뛰어든 만화책 사업에서 탄생한 휴먼 토치와 네이머가 굿맨에게 큰돈을 안겨주었다. 이후에 사이먼과 커비가 탄생시킨 〈캡틴 아메리카〉 1편이 1940년 12월 20일 처음으로 신문 가판대에 모습을 드러냈다. (만화책은 3개월 앞서 표지만 선공개되었기 때문에 실제 발행일은 1941년 3월이었다.) 어느 작가의 말에 따르면, 〈캡틴 아메리카〉는 〈슈퍼맨〉의 판매 부수인 100만 부에 근접한 판매량을 기록했다.[12] 타임리가 순식간에 인기 있는 만화 출판사로 거듭난 것이다. 당시 만화 산업에서는 DC 코믹스의 '슈퍼맨'과 '배트맨'이 가장 큰 인기를 누리며 양대 캐릭터로 군림하고 있었다. 그러나 DC 코믹스가 아닌 타 출판사에서 '캡틴 아메리카'라는 성공적인 캐릭터를 선보이자 그를 창조해낸 사이먼과 커비의 명성은 하늘 높이 치솟기 시작했다.

스탠리를 고용한 사이먼은 그에게 적당한 자리를 주었다. 당시 23세였던 커비와 27세였던 사이먼은 젊은 나이에도 다양한 경험을 가지고 있었기에 만화책 산업의 시작점에 발을 내디딜 수 있었다. 사이먼은 시러큐스의 신문사에서 일하며 정신없는 출판업계의 생리를 알게 되었다. 그는 대단한 사업가가 되겠다는 생각은 하지 않았지만 창작하는 사람이 가진 힘을 알고 있었으며, 그 자신과 커비를 위해 당시 누구도 받지 않았던 높은 급여 계약을 성사시켰다. 〈슈퍼맨〉을 만든 시겔과 슈스터도 받지 못한 금액이었다.

굿맨과 출판사 임원들의 왠지 모를 저평가와 부족한 일손에도 불구하고, 사이먼과 커비는 타임리에서 작업을 꾸준히 진행해나갔다. 그들의 열정적인 에너지로 휴먼 토치와 네이머, 캡틴 아메리카는 대형 캐릭터로 성장하며 독자들에게 전폭적인 사랑을 받았다.

헝클어진 짙은 색 머리칼에 미소를 잃지 않던 어리고 잘생긴 10대 소년 스탠리가 비좁은 사무실에 들어가 두 사람의 작업에 합류했다. 스탠리와 다르게 말투가 거칠었던 두 상사는 연신 담배 연기를 내뿜으며 사

STAN LEE

무실을 자욱하게 만들었다.

일을 갓 시작한 새 일꾼은 잡일을 도맡아 하느라 바빴다. 훗날 그는 이렇게 회상했다. "잉크병에 잉크를 채워 넣고 샌드위치를 사 오는 일들을 했지요. 교정 작업도 했고요. 교정을 보다가 가끔은 '이 문장은 말도 안 돼. 차라리 이렇게 써야지.' 라는 생각이 들면 '흠, 그냥 바꿔버리자!' 하고 수정했습니다. 그래도 두 사람은 신경도 안 썼어요!"[13]

항상 관심 받기를 갈구했던 스탠리는 사무실에서 작은 플루트를 불어대서 커비의 신경을 긁곤 했다. 그때마다 커비는 어린 후배에게 가벼운 물건들을 던져댔고, 사이먼은 커비가 신경질을 낼수록 그 모습을 보며 재밌어했다. 천성적으로 만화가였던 커비는 중독된 사람처럼 그림을 그려댔으며, 정말 빠른 속도로 작업을 진행했다.

사이먼과 굿맨은 캡틴 아메리카의 인기와 더불어 더 많은 슈퍼히어로를 탄생시키기 위해 다양한 캐릭터를 개발해냈다. 그들은 주요 스타 캐릭터가 될 10대 히어로 버키Bucky를 탄생시켜 캡틴 아메리카의 보조 파트너로 만들었다. 버키는 〈캡틴 아메리카〉 2편에서 히틀러의 복부를 강타하며 등장했다. 휴먼 토치 옆에는 불꽃을 내뿜는 토로Toro를 등장시켜 온몸을 불꽃으로 휘감고서 악당들을 무찌르는 모습을 보여주었다. DC의 배트맨 옆에 로빈Robin이 있는 것처럼, 만화책 작가들은 슈퍼히어로들 곁의 어린 동료들이 젊은 독자층을 사로잡을 것이라고 믿었다. 하지만 새로운 인물의 등장은 추가적인 작업을 요구했다. 커비와 사이먼은 작업량을 감당하기 위해 프리랜서 작가들을 추가로 영입해야 했다. 작업물의 필러filler(미국 만화책 사이사이에 나오는 여백 페이지─옮긴이)

를 반복적으로 메꾸는 작업은 스탠리에게 던져주었다. 그에게 어떤 재능이 있는지 확인하기 위한 일종의 테스트이기도 했다.

사이먼과 커비가 어린 조수에게 한번 해보라고 던져준 것은 '캡틴 아메리카, 배신자의 복수를 물리치다' 라는 제목의 〈캡틴 아메리카〉 3편 (1941년 5월 발행)이었다. 이 작품은 스탠리Stanley의 다른 이름 '스탠 리 Stan Lee'를 세상으로 끌어내주었다. '스탠 리'는 그가 훗날 소설을 쓸 때 사용하고 싶었던 필명이었다. 미리 정해진 출판 일정 때문에 1941년 2월까지 스토리 작업을 마감해야 했지만, 그는 그 전에 이미 작업을 끝내놓았다. 스탠 리의 이력을 말하는 데 있어서 날짜와 연도는 중요하다. 만일 그가 회사에 입사한 해가 1939년이라면, 커비와 사이먼이 일하기 시작한 바로 직후인 데다 그들이 한창 캡틴 아메리카를 작업하던 시기였기 때문에 스탠 리가 그 틈에 끼어 글을 쓸 기회는 별로 없었을 것이다. 그러나 만일 1940년 하반기에 입사한 것이 맞는다면, 그때는 사이먼과 커비가 캡틴 아메리카 및 초기 작업물 발행 준비뿐만 아니라 휴먼 토치와 네이머 편집 작업 등으로 정신없이 바쁘던 시기였기 때문에 스탠 리가 꽤 빠른 속도로 작가 데뷔를 하게 된 상황이 맞아떨어진다.

스탠은 훗날 그가 처음 맡았던 2쪽짜리 작업이 그저 여백을 메꾸는 대단찮은 작업이었다고 인정하면서, 그 덕에 만화책도 우체국에서 나오는 싸구려 잡지처럼 빠른 속도로 발행되었다고 말했다. "만화책 필러에 쓰인 글을 읽는 사람은 아무도 없겠죠. 하지만 나는 상관하지 않았습니다. 정식 작가가 되었으니까요. 나는 프로였어요!"[14] 사이먼은 열

STAN LEE

정을 가지고 일하며 성실하게 주어진 과제를 해내는 소년의 진가를 알 아보았다.

캡틴 아메리카가 악당을 때려 쓰러뜨리는 장면과 함께 스탠의 첫 번째 글이 출판되었다. 그 2쪽짜리 글은 할리우드로 탈주한 살인마와 나치를 위해 일하는 거대한 악당, 그리고 나비 복장으로 사람들을 죽이는 살인자들 사이에 자리 잡았다. 스탠 리는 그때를 이렇게 회상했다. "자랑스러운 기분이 들었어요."[15] 당시에는 그의 글을 읽지 않고 책장을 그냥 넘겨버리는 독자들이 많았지만, 그 글의 억양과 스타일에는 과장되고 활기차며 익살스러운 스탠 리 특유의 색깔이 거칠게나마 담겨 있었으며, 훗날 그의 경력으로 기록되었다.

악당 루 헤인스Lou Haines가 무슨 일 때문에 '배신자'라는 명칭을 얻게 되었는지는 모르지만 악마 같은 존재임은 분명했다. 스탠의 전형적인 스타일대로, 이 악당은 기지 사령관인 스티븐스Stevens 대령에게 이렇게 외친다. "지금 경고하는데, 나는 죽지 않는다. 어떻게든 복수하고 말 것이다. 새겨들어라. 너는 반드시 대가를 치르게 될 것이다!" 캡틴 아메리카는 이 악당과 맨손으로 결투했고, 결국 독자들이 기대한 대로 어마어마한 힘으로 상대편을 때려눕혔다. 이 장면에 대해 한 청소년은 이렇게 적었다. "보통 사람이었으면 그 주먹에 맞고 살아남을 수 없을 거예요. 헤인스도 바로 뻗어서 땅속에 파묻혀버렸으니까요. 기절한 거죠!"[16] 다음 날이 되자 사령관은 스티브 로저스에게 지난밤에 무슨 소리 들은 게 없냐고 물었고, 로저스는 웅성거리는 소리를 듣긴 했는데 그냥 자버렸다고 대답한다. 그 말에 스티븐스와 로저스, 버키는 다 같이 깔깔거리며 웃음을 터뜨린다. 비록 훗날에 나타나는 스탠만의 자신감과 독자를 향한 회심의 메시지는 아직 보이지 않지만, 이 '배신자' 이야기에서 관객과 이야기의 스타일, 속도를 이해하는 그만의 능력이 싹트기 시작했음을 엿볼 수 있다.

스탠은 〈캡틴 아메리카〉 5편(1941년 8월 발행)을 통해 그의 첫 번째 '진짜' 만화책을 출간하는 데 성공했다. 단순히 글만 넣은 것과는 차원이 다른, '헤드라인 헌터, 외부 특파원Headline Hunter, Foreign Correspondent'이라는 제목이 달린 전통적인 형식의 5쪽짜리 만화였다. 제리 헌터Jerry Hunter는 전쟁으로 폐허가 된 런던에서 특종을 찾아다니는 신문기자다. 진짜 슈퍼히어로로는 아니지만 머리가 기발하고 괴력을 지닌 데다 멋들어진 파란색 셔츠에 빨간색 넥타이를 한 모습은 흡사 캡틴 아메리카를 연상시킨다.

마지막에 헌터는 미국과 대영제국 간의 해군 화물선 경로도를 탈취하려는 나치군의 계획을 무산시키고, 독일 군수품 공장까지 폭파한다. 그러고는 이야기 막바지에 미국 대사에게 이렇게 말한다. "우아, 뭐 별거 아니었어요! 그나저나, 와! 내가 대박 특종을 잡았어요!" 스탠 특유의 말투가 이렇게 10대들 언어와 감탄사로 나타나기 시작했다. 헌터의 행동 방식이나 말투를 볼 때 그는 어쩌면 피터 파커Peter Parker(유전자 조작 거미에 물려 스파이더맨이 된 10대 소년인 〈스파이더맨〉의 주인공─옮긴이) 전생의 인물일지도 모른다. 제리 헌터 이야기는 그 유명한 〈캡틴 아메리카〉의 필러를 채우는 용도로 실린 만화에 불과했지만, 같은 발행본에 나온 타잔의 아류 '턱: 케이브 보이Tuk: Cave Boy'의 과장스러운 원시인 이야기

STAN LEE

보다 내용이 훨씬 좋았다. 게다가 60쪽이 넘는 만화책 분량 중 캡틴 아메리카가 3분의 2를 차지했기 때문에 필러용 만화의 페이지 수가 늘어나면 우편요금을 낮출 수가 있었다.

스탠은 자신의 첫 번째 슈퍼히어로에서 안주할 수 없었다. 심부름꾼이었던 그가 잘나가는 작가이자 편집자로 빠르게 자리를 바꿀 수 있었던 이유는 타임리가 제한된 인력으로 엄청난 인기를 얻으며 성장하는 만화책 시장의 수요를 따라가야 했기 때문이다. 만화책 직원이 별로 없었던 타임리였기에 그가 10대 소년이었음에도 새로운 캐릭터와 만화를 만들어낼 기회를 얻을 수 있었던 것이다.

새로운 내용을 계속 요구하는 만화시장의 끔찍한 출판 일정과 그가 가진 작가로서의 추진력이 맞물린 덕분에 젊은 작가 스탠은 자신만의 히어로를 탄생시킬 수 있었다. 그 첫 번째 히어로를 〈캡틴 아메리카〉 5편에 실었던 그달, 스탠은 〈USA 코믹스〉 1편(1941년 8월)에서 또 다른 캐릭터 잭 프로스트Jack Frost를 소개했다.

그가 처음으로 혼자 작업한 결과물이었던 잭 프로스트 스토리에는 스탠의 열정과 색깔이 가득 담겨 있었다. "추위를 지배하는 왕"이 그의 "영원토록 한없이 고요한" 왕국에서 죽어가는 한 남자를 발견했을 때, 왕은 정의를 위해 범인을 찾아내겠다고 맹세하며 이렇게 소리친다. "죽음이여! 온 세상에 넘쳐 나는 악행이 이제 내 땅까지 찾아왔다. … 범죄자들을 처단하고 세상을 지키겠다!" 하지만 그는 주인공답지 않은 안티히어로Antihero 캐릭터인 데다 도움을 주겠다는 뉴욕 경찰서장의 제안을 오해하는 바람에 서장을 우스갯거리로 만들어버린다. 결국 위험에 빠진 여자를 구하고 악당들을 물리쳤지만, 마지막에 그를 체포하려는 경찰에게 등을 돌리며 프로스트는 이렇게 말한다. "이런 식으로 대접을 받으니 생각이 바뀌는군. 같은 편에서 싸울 수 없다면 적이 되겠다. 다음에 만날 땐 조심해라!" 스탠은 이때부터 이미 슈퍼히어로가 선하고 악한 마음을 동시에 품을 수도 있고, 두 마음 사이에서 갈등할 수도 있다는 생각을 하고 있었다.

스탠은 〈캡틴 아메리카〉 시리즈에서 작업한 경험을 십분 활용해 디스트로이어Destroyer라는 매우 성공적인 캐릭터를 일러스트레이터 잭 바인더Jack Binder와 함께 탄생시켰다. 〈미스틱 코믹스Mystic Comics〉 6편(1941년 10월) 표지에 등장한 이 슈퍼히어로는 케빈 말로Kevin Marlow라는 기자로, 히틀러의 나치 독일군에서 스파이 활동을 하다가 붙잡혀 강제수용소(예전에는 홀로코스트와 관련된 용어였다)에 갇히게 된다. 그곳에서 캡틴 아메리카와 같은 방식으로 약물을 주입받아 비현실적인 초능력을 얻은 말로는 그의 상징인 해골 가면을 장착하고 디스트로이어로 변신한 뒤, 캡틴 아메리카처럼 히틀러의 비인간적인 악행을 저지한다.

디스트로이어는 캡틴 아메리카만큼 유명해지진 못했지만, 전쟁으로 폐허가 된 유럽에서 나치의 비인간적이고 사악하며 잔인무도한 힘에 맞서 싸우는 캐릭터로서 만화책 판매량을 높이는 데 기여했다. 그는 자신의 정체를 숨기기 위해 피처럼 붉은 줄무늬 팬츠를 입고 빨간색 긴 장갑을 꼈다. 이런 복장 때문에 디스트로이어는 마치 그가 대적해 싸우는 잔인한 악당처럼 보였다.

STAN LEE

어떻게 보면 첫 만화책 시대는 재능 있는 이들의 대결 현장이기도 했다. 사이먼과 커비가 만화시장에서 가장 잘나가는 2인조 작가로 떠오르자, 다른 출판사들이 두 사람에게 접근하기 시작했다. 특히 돈에 민감한 커비에게 출판사들의 제안은 굉장히 유혹적이었다. 사이먼과 커비는 타임리 본사 근처에 있는 호텔 방을 빌려 작업실로 사용하면서 점심시간이나 퇴근 시간 이후에 따로 의뢰받은 작업을 처리했다. 그 당시 만화책 시장에서는 이런 식의 뒷거래가 만연했고, 만화 작가들은 더 많은 작업비를 얻기 위해 소속 회사를 속여가며 거래를 진행했다. 가장 단순한 거래 방식은 페이지 수대로 돈을 받는 것이었지만, 사이먼은 자기 자신과 커비를 위해 더 좋은 조건을 요구했다.

사이먼의 말에 따르면, 스탠은 종종 이 두 선배를 따라 회사 밖을 돌아다녔다고 한다. 어느 날 두 사람이 회사에서 나와 호텔로 몰래 들어가는데 스탠이 쫓아 들어갔고, 어린 후배를 내쫓을 수 없었던 사이먼과 커비는 그를 방 안으로 들였다. 그때 두 선배가 DC의 캐릭터를 작업하고 있다는 사실을 알게 된 스탠에게 사이먼은 이렇게 말했다. "아무한테도 말하면 안 돼. 비록 누구나 진실을 알고 있다는 게 내 만화 철학이긴 하지만…. 세상에 비밀은 없지만 말이야."[17]

어떤 출판사에서 어떤 작가에게 얼마를 준다더라 하는 질투 섞인 소문이 만화책 시장에서 떠돌면서 사이먼의 불길한 예감은 현실이 되었다. 결국 두 사람의 뒷거래가 발각되어 타임리에서 해고된 것은 그리

놀라운 일이 아니었다. 훗날 사이먼은 자신과 커비가 타임리 사무실에서 〈캡틴 아메리카〉 10편을 작업하던 도중 굿맨의 패거리인 에이브와 데이브, 로비가 들이닥쳤던 일을 기억했다.

"당신들, DC를 위해 일하고 있었어. 그동안 우리에게 거짓말을 한 거야. 우리를 배신했어. 창피한 줄 알아."[18]

에이브는 사이먼과 커비에게 이렇게 말한 뒤 마지막 한 방을 날렸다. 〈캡틴 아메리카〉 발행 작업이 끝나자마자 두 사람을 해고한 것이다. 사이먼은 그 상황에서도 굿맨의 패거리 멤버 한 사람은 빠져 있었다고 말했다. "스탠은 어디에도 없었어요."[19]

해고당한 일을 두고 사이먼은 "매우 창피하게" 생각한 반면 커비는 화를 냈다. 스탠의 잠적 시기가 우연히도 겹치는 데다 굿맨 패거리 사이의 관계가 굉장히 끈끈해 보였기에 커비는 스탠 때문에 해고당한 것이라고 확신했다. "커비는 우리가 DC를 위해 작업한다는 것을 스탠이 삼촌에게 말했을 거라 믿었고, 절대 그 생각을 굽히지 않았어요. 그래서 남은 평생 동안 죽기 직전까지 스탠을 미워했지요." 당시에는 그 일에 관해 별로 생각하고 싶지 않았던 사이먼은 나중에서야 커비의 생각에 의문을 품었다.[20]

커비가 타임리에서 해고당한 것에 내내 분노하며 남은 평생 스탠을 증오했다는 사이먼의 이야기는, 훗날 만화계에 혁명을 일으킨 스탠 리-커비 2인조의 관계에 대해 새로운 시각을 갖게 한다. 먼저, 두 사람이 함께 일하려면 이 해고 사건을 다 잊기로(또는 묻어버리기로) 했어야 한다. 그리고 마블의 전성기 동안 다달이 가차 없이 몰아치는 출판 일

정에서 함께 일하기 위해서는 어떤 방법이든 강구해야만 했다. 그러나 이후에 마블 슈퍼히어로 탄생에 누가 더 기여했는지를 놓고 두 사람이 싸우는 과정에서 스탠에 대한 커비의 적대감이 수면 위로 드러났다.

스탠은 그때 사건을 전혀 다르게 기억했다. 사이먼과 커비의 야간작업에 대해 알게 된 굿맨이 직접 두 사람에게 나가라고 지시했다는 것이다. 스탠은 이렇게 말했다. "갑작스럽게 사이먼과 커비가 타임리 코믹스를 떠났어요! 아마 DC에서 일하기 위해서였을 거라 생각했어요. 진실은 이겁니다. 나는 두 사람이 왜 회사를 떠났는지 전혀 몰랐다는 거죠. 내가 아는 건 오로지 내가 갑자기 타임리의 만화책을 책임져야 했다는 사실입니다."[21] 스탠 리는 "사이먼과 커비가 타임리를 떠난 1941년"에 이미 그들의 해고를 "갑작스럽고 예상치 못한 일"이라고 말한 적이 있었다. 게다가 "평생 동안 쓸 '행운'을 그때 다 썼다."라고 공공연하게 말하기도 했다.[22]

그러나 사이먼과 커비의 갑작스런 퇴사는 스탠 리의 이력에서 풀리지 않는 또 하나의 수수께끼다. 이 젊은 보조 작가가 선배들에 대해 삼촌이나 누군가에게 고발한 다음 아무리 완벽하게 숨겼다 해도, 스탠이 그 사건 전부터 경제적으로 어려웠다는 사실은 그의 배신 가능성에 불을 지핀다. 아니면, 사이먼의 생각대로 마틴 굿맨의 새로운 도전 때문에 일어난 일일 수도 있다. 출판사 임원들은 두 사람의 배신행위를 용납하지 못했지만, 그래도 사이먼-커비 팀은 굿맨에게 큰 성공을 안겨주었으며 베스트셀러인 〈캡틴 아메리카〉를 탄생시킨 이들이었다. 어쩌면 굿맨은 스탠 리나 다른 작가 팀들에게 작품 권한을 나누어 주면 손실을 최소화할 수 있겠다고 판단했을지도 모른다.

두 사람의 해고 사건의 배경에 대해 별의별 추측이 난무하지만, 관련된 근거를 살펴보면 회사와 작가 팀 양쪽 모두가 이중적인 생각을 갖고 있었을 가능성이 높다. 먼저, 굿맨과 그의 회계사들은 만화책 판매 수익 실적을 일부러 적게 책정해 작가 팀에게 지불할 수익료를 낮춰서 지급했다. 한편, 사이먼과 커비는 타임리에서 받은 작업비로 DC와 다른 출판사들을 위해 작업했다. 그들은 DC에 합류하는 대가로 둘이 합쳐 주급 500달러를 받기로 은밀히 계약했지만, 이적을 고민하는 동안에도 타임리가 주는 급여를 받으며 두 회사 모두에서 지속적으로 돈을 벌어들였다.

아무리 특별한 상상력을 지닌 스탠 리의 젊은 시절이라 해도 그렇게 어린 나이에 만화책 부서를 책임질 생각은 꿈에도 하지 못했을 것이다. 나이를 떠나서 그는 관리 업무에 대해 아는 것이 전혀 없었다. 다행히도 만화책 부서는 사실상 스탠 리 혼자만의 원맨쇼 무대라고 할 만큼 작았고, 굿맨도 어린 조카의 능력을 걱정하거나 일일이 간섭할 생각이 없어 보였다. 일러스트레이터 알 에비슨Al Avison과 시드 쇼어스Syd Shores가 붉은색과 하얀색, 파란색 히어로를 계속해서 그려나갔고, 스탠은 글 쓰는 역할을 담당했다.[23]

캡틴 아메리카의 성공은 스탠 리에게 기획 작업을 이어나가야 한다

STAN LEE

는 압박감을 심어주었다. 하지만 그는 기획에 대해 제대로 생각해볼 시간이 없었다. 출판 마감일은 누구도 기다려주지 않았기 때문이다. 사이먼과 커비가 퇴사 통고를 받은 때가 〈캡틴 아메리카〉 10편을 작업하던 중이었으니 그들이 타임리를 떠난 것은 늦가을쯤 됐을 것이다.

계획에 없던 관리직 역할을 떠밀려 맡게 되었지만, 스탠은 영리하게 일을 처리했다. 커비와 사이먼을 흉내 낸 것이다. 그는 만화책 부서에서 진행하는 온갖 프로젝트를 오로지 뼛속까지 혼자서 처리해야 했기 때문에 거의 폭풍과 같은 속도로 일했다. "나는 모든 스토리를 책임져야 했습니다. 직접 쓰거나 다른 작가에게 돈을 주고 사기도 했지요." 할 일은 더 늘어났다. "항상 일이 겹쳤어요. 편집을 한다는 것은 아트 디렉터 역할도 해야 한다는 뜻입니다. 왜냐하면 그림이 확실히 나오지도 않은 상태에서 편집을 할 수는 없으니까요. 또 그림이 나오려면 스토리를 재촉해야 하고, 스토리는 또 그림이 필요하고요. 스토리와 그림은 서로 긴밀하게 연결해서 진행해야 해요."[24] 능력 있는 선배들이 DC에서 일하기 위해 돌연 퇴사한 뒤, 이 청소년은 메인 작가이자 편집장, 아트 디렉터가 되었다. 그는 모든 작업을 하나로 연결하고, 관리하는 데 집중해야만 했다.

젊은 편집자는 기획이 필요했다. 그리고 자기 혼자서 온갖 작품을 써 낸다는 과장된 인식을 피하기 위해 '스탠 마틴Stan Martin'이나 '닐 네츠Neel Nats'와 같이 본명을 이용해 만든 다양한 필명을 사용해 글을 썼다. 타임리의 채색 부서 관리자였던 스탠 골드버그Stan Goldberg의 기억에 따르면, 스탠은 알 술만Al Sulman이라는 그다지 일을 많이 하지 않는 조수한 명과 여성 행정 직원 두 명을 두었으며, 그는 오직 '편집' 일만 했다고 한다.[25] 하지만 스탠은 프리랜서 작가들과 함께 커비가 떠나면서 남겨놓은 일을 처리했다. 다행히도 그의 주변에는 알렉스 숌버그Alex Schomburg나 버고스, 에버렛과 같이 자신만의 성공작을 꾸준히 출판하고 있는 능력 있는 작가와 일러스트레이터들이 있었다.

글을 써야 한다는 극심한 압박감 속에서 10대 소년은 어느 누구보다 많은 작품을 가장 빠른 속도로 기획해냈다. 아마도 커비의 작가 버전이었을 것이다. 하지만 작품의 질에 대해서는 논란의 여지가 있다.

만화책 작가이자 역사가인 아리에 카플란Arie Kaplan은 이렇게 설명했다. "스탠 리의 초기 만화 스타일은 그다지 획기적이지 않았어요. 그의 1940년대 슈퍼히어로 만화책은 다른 데서도 흔히 볼 수 있는 작품이었지요. 마틴 굿맨이 지켜보는 상황에서 혁신적이거나 복잡한 성격의 캐릭터를 만들기는 쉽지 않았을 겁니다."[26] 하지만 일러스트레이터 데이브 간츠Dave Gantz는 이렇게 외쳤다. "나는 그가 만화 사업계의 오손 웰즈Orson Welles(미국의 배우이자 영화감독으로, 파격적인 연출과 다재다능한 능력으로 유명하다-옮긴이)라고 생각합니다."[27]

굿맨은 어쩌면 만화책 부서를 맡아줄 적당한 사람을 찾을 때까지 이 어린 소년이 그저 자리만 가만히 지키고 있기를 바랐을지도 모른다. 하지만 스탠은 기회를 놓치지 않고 자신의 능력을 보여주었다. 게다가 우연히도 부서를 운영할 만한 사람 중에 남은 사람이라곤 오직 스탠 리뿐이었다. 그는 이렇게 말했다. "굿맨은 이제 막 소년티를 벗기 시작한 젊은 녀석보다는 다른 사람을 찾고 싶었던 것 같아요. 하지만 금세 관심

STAN LEE

을 잃고 결국 그냥 내버려두기로 했을 거예요." 이 젊은 편집자는 자기 자신을 위해 '미스터 타임리 코믹스'라는 새로운 별명을 생각해냈다.[28] 그리고 메인 작가이자, 프리랜서 작가들의 작품을 편집하는 편집자이자, 그림을 관리하는 아트 디렉터로 스스로를 연마하기 시작했다. 소년은 성장했고, 자신의 일을 찾았다.

3장

군대에서도
계속된 작업

1942년 미국 곳곳은 전쟁을 위한 국민 총동원령(전쟁 같은 나라의 위기에 대응하기 위해 인력과 물자 등 모든 역량을 집중시키라는 국가 명령 — 옮긴이)으로 술렁이기 시작했다. 진주만 공격으로 미국 전역이 분노에 휩싸였으나 이제 막 대공황의 여파에서 벗어나기 시작한 경제를 다시 군수 체제로 전환하는 데에는 엄청난 시간과 협력이 필요했다.

전쟁은 절대 전장과 전략만으로 진행되는 것이 아니었다. 미국의 전쟁 물자 생산과 참전은 산업을 기반으로 한 미국 국민 대부분의 참여에 달려 있었다. 전쟁을 돕기 위해서는 온갖 기업과 사업체들이 사회 기반 시설들을 만들어내야 했다. 미국 내에 남아 일하는 사람들의 생활은 쉽지 않았지만, 바다 건너 전장에서 적과 맞서 싸우는 군인들을 돕는 일이라면 어떤 것이든 할 각오가 되어 있었다.

스탠 리, 겨우 19세가 된 소년은 수많은 젊은이들이 나치와 맞서 최

STAN LEE

선을 다해 싸우고 죽어가는 상황에서 그저 집 안에 앉아 마블Marvel의 고삐만 붙잡고 있을 수는 없다고 생각했다. 히틀러를 때려눕히며 세상에 등장한 슈퍼히어로 〈캡틴 아메리카〉 시리즈로 작가로 데뷔한 이 젊은이에게 전쟁에서 한 발짝 떨어져 있는 것은 있을 수 없는 일이었다. 1942년 11월 9일, 스탠은 군에 입대했다. 20대가 되기까지 아직 7주나 더 남아 있던 때였다.

똑똑한 군인이 필요했던 미군은 초년병들을 대상으로 군대 일반 분류 검사라는 시험을 실시해 그들의 지능과 적성을 평가했고, 그 결과를 기준으로 신병들을 1순위에서 5순위로 나누었다. 당시 업무 특성상 고도로 기술적이고 과학적이었던 통신 부대에서는 높은 순위의 신병들을 많이 뽑아 갔다. 스탠 리가 입대하기 전만 해도 1순위와 2순위를 받은 신병들 중 약 39퍼센트가 통신부로 차출되었지만, 이후부터 1943년까지는 그 수가 58퍼센트로 껑충 뛰었다. 스탠 리 또한 좋은 머리로 시험에서 높은 점수를 받아 통신부로 배치되었다.[1]

편집장이 입대한다는 소식을 들은 굿맨은 걱정에 휩싸였다. 전쟁이 언제 끝날지는 아무도 몰랐고, 작가와 일러스트레이터들은 징집되기 직전까지 계속 쓰고 그렸다. 비애국적으로 보일 수도 있지만, 출판사는 이 대단한 전쟁을 전심으로 지지할 수가 없었다.

타임리에서 해고된 잭 커비를 비롯해 수많은 만화책 작가와 일러스트레이터 대부분이 해외로 나갔지만 다행스럽게도 스탠은 미국에 남았다. 그는 통신 부대에 속한 특수 부서에서 근무했는데, 교육용 영상과 그 밖의 전쟁 정보 자료를 제작하는 곳이었다. 타임리에서 배운 기량을 발휘하게 되었던 것이다. 그에게는 신병들이나 다른 훈련병들이 쉽게 이해할 수 있는 글을 빠른 속도로 쓸 줄 아는 능력이 있었고, 수많은 지역에 전쟁 물자를 보급하기 위해 강력한 소통 전략이 필요했던 군대는 그의 능력을 반겼다.

타임리 본사와 가까운 곳에서 근무하게 된 이 젊은 군인은 이득을 취할 수 있었다. 만화책과 굿맨의 잡지에 글을 쓰면서 민간 작업을 지속적으로 할 수 있었던 것이다. 전쟁 기간 동안 다른 만화 작품들이 우르르 자취를 감추었지만, 그는 기술을 더 연마해나갔다. 군대에서는 맡은 임무를 열심히 수행했다. 글을 썼고, 가끔 카툰까지 그리는 일도 있었다. 하지만 스탠의 일중독적인 경향은 다른 데서 힘을 발휘했다. 근무가 끝난 뒤에도 수많은 시간을 타임리를 위해 글을 써나갔던 것이다.

만화 산업이 호황이었던 당시에 타임리에서 가장 인기가 많았던 〈캡틴 아메리카〉는 전쟁 중에도 그 인기를 유지했다. 1943년이 시작될 때만 해도 신문 가판대 위에는 140종이 넘는 작품들이 놓였으며, 독자수가 매달 5,000만 명에 달했다고 한다. 그러나 전쟁 총동원령으로 종이 배급에 제한이 생기자, 그해 말 가판대에는 약 100종의 만화책밖에 살아남지 못했다.[2] 튀어 오르던 만화 산업의 성장은 종이 부족으로 주춤해졌지만, 만화책의 수요는 군인들 덕분에 고공 행진을 이어나갔다. 예를 들어, 1944년에 발행된 포셋Fawcett의 〈캡틴 마블 어드벤처Captain Marvel Adventures〉는 전년도 판매량보다 21퍼센트 상승한 1,400만 판매 부수를 기록했다. 슈퍼히어로로 만화가 수익을 보장해주었기 때문에 출판사들은 재미있는 동물 캐릭터나 코미디, 10대 로맨스 같은 다른 분야로 출판

STAN LEE

사업을 확장하기를 망설였다.[3]

만화책 판매량이 증가하자 출판사들은 부자가 되었다. 굿맨에게는 마치 손만 대어도 성공시키는 비밀이 있는 듯했고, 만화책에 사로잡힌 독자들에게서 받는 고정 수익은 스탠에게도 엄청난 돈을 안겨주었다. 그는 군대에서 급여를 받았고, 타임리에서 프리랜서로 일하는 작업비까지 추가로 챙겼다. 평생 단 한 번도 금전적으로 넉넉해본 적 없었던 그에게 전쟁은 주머니를 불릴 수 있는 기회를 주었다.

스탠이 자원입대하기로 결정했을 때는 그가 타임리의 편집장으로 일한 지 약 1년이 지난 시점이었다. 그는 1년이라는 시간 대부분을 새로운 캐릭터를 만들어내고, 인기 좋은 만화책들, 특히 〈캡틴 아메리카〉를 계속해서 출판하는 일을 하며 보냈다.

그러나 스탠과 굿맨은 전쟁 기간 동안 편집장직을 맡아줄 사람을 구해야만 했다. 그래서 찾은 사람이 바로 스탠의 친구이자 일러스트레이터인 빈스 파고Vince Fago였다. 빈스 파고는 그 유명한 맥스 플라이셔Max Fleischer(미국 만화영화 산업에 한 획을 그은 만화영화 제작자—옮긴이)가 운영한 플라이셔 스튜디오에서 〈슈퍼맨〉과 〈뽀빠이〉, 〈걸리버 여행기〉 등의 만화영화 작업에 참여했던 초기 만화영화 제작자이기도 했다. 커비가 어린 시절에 일했던 곳이기도 한 플라이셔사는 미국의 애니메이션 시장을 무대로 디즈니사와 치열하게 경쟁했다. 생쥐나 오리, 개를 의인화하던 디즈니와 달리, 이곳에서는 베티붑이나 광대 코코Koko the Clown와 같은 사람 캐릭터를 주인공으로 내세웠다. 훗날 플라이셔 형제는 이 회사를 파라마운트Paramount사에 넘겼다.

"내가 하는 일을 해보는 게 어때?" 스탠이 파고에게 물었다.[4]

파고는 스탠과 굿맨이 자신을 고용한 이유가 만화책 부서에서 이전에 하던 작업을 그대로 진행하기 위해서라고 생각했지만, 전쟁 중에는 상황이 얼마든지 바뀌기 마련이었다. 독자들의 기호가 변하면서 좀 더 가볍고 우스꽝스러운 만화를 원하는 사람이 많아졌고, 디즈니 캐릭터들과 플라이셔의 만화영화가 인기를 끌자 아동물 시장이 활성화되었다. 남을 모방하는 데 선수인 굿맨은 만화영화 시장에 편승하기 위해 애써 다른 사람의 팔을 비틀 필요가 없었다. 파고야말로 아이들이 갈망하는 재밌는 동물 캐릭터 전문가였기 때문이다. 그렇게 해서 파고는 스탠의 자리를 자연스럽게 넘겨받게 되었다. 게다가 굿맨의 편집장으로 일하면서 매주 250달러를 고정적으로 벌 수 있었다.

디즈니사는 캐릭터 사용권을 델 출판사에 인가해 자신들의 캐릭터를 만화책에 등장시켰는데, 굿맨은 여기서 영감을 얻었다. 그래서 〈코미디 코믹스Comedy Comics〉와 〈조커 코믹스Joker Comics〉 같은 만화책을 통해 재미있는 동물 캐릭터가 나오는 만화들을 무수히 내놓았다. 이때 나온 캐릭터 중에 지기 피그Ziggy Pig와 실리 실Silly Seal 같은 것들은 훗날 〈매드Mad〉지의 일러스트레이터가 되는 알 자피Al Jaffee와 스탠 리가 함께 탄생시킨 캐릭터였다. 매사에 똑 부러지는 지기와 어딘가 조금 모자라는 실리는 닮을 대로 닮은 단추가 달린 빨간 팬츠에 짝짝이 멜빵바지

STAN LEE

를 입은 고양이 터피 캣Toughy Cat과 항상 다툰다. 이들은 익살스러운 행동으로 인기를 끌었으며, 그 덕분에 타임리는 전쟁 기간과 그 이후에도 제 위치를 지킬 수 있었다. 지기 피그와 실리 실은 1949년 9월까지 만화책 주인공으로 활약했다.[5]

타임리의 인지도가 너무 높아지면서 파고는 초반 몇 년간 끊임없이 몰아치는 업무를 감당하기가 어려웠다. 그가 추산하기로는, 매번 각 작품당 약 50만 부씩 인쇄했다. 당시에 대해 파고는 이렇게 기억했다. "한 주에 다섯 작품 내지 그 이상을 발행하기도 했어요. 그 수익만 따져 봐도 굿맨이 백만장자였다는 걸 알 수 있을 거예요."[6] 굿맨은 만화책 독자들의 동향과 경쟁 회사들의 작품을 지속적으로 파악해나갔으며, 이를 통해 그의 진정한 사업 감각은 새로운 장르에 대한 실패 가능성을 계산하고 다른 출판사들의 발행물 중 무엇이 한 방을 터뜨릴지 알아보는 능력에 집중되었다.

아동물 시장에서 성공을 거두자, 굿맨은 곧 여성 독자들을 사로잡을 방법을 모색했다. 그래서 탄생한 '미스 아메리카Miss America'는 번개에 맞고 나서 초능력과 하늘을 나는 능력을 갖게 된 10대 여성 히어로로, 휴먼 토치와 토로와 함께 일본 전투선을 공격하는 모습으로 〈마블 미스터리 코믹스〉 49편(1943년 11월) 표지에 처음 등장했다. 1944년 1월에는 〈미스 아메리카〉라는 제목의 단행본이 출간되기도 했지만, 판매 실적은 굿맨의 예상보다 저조했다. 이 단행본은 11월이 되어서야 히어로의 복장을 그대로 재연한 실제 모델을 내세우며 〈미스 아메리카 매거진〉이라는 바뀐 제목으로 2편이 발행되었다. 새로운 등장에는 새로운 이야기가 필요했다. 파고와 그의 팀은 10대 소녀들이 좋아하는 주제에 따라 이 여성 슈퍼히어로의 흔적을 조금씩 없애버렸다.

스탠은 뉴저지주 포트 먼마우스에 있는 통신 부대의 대형 기지에서 기초 훈련을 받았다. 스탠이 속한 기지와 부서는 주로 연구 업무를 진행했으며, 그가 오기 몇 해 전에는 그곳에서 매우 중요한 소형 무전기와 레이더가 개발되었다. 이후 몇 년 내에 라디오 전파를 달에 보내는 방법을 이 통신 기지에서 발견하게 된다.[7]

스탠 리는 포트 먼마우스에서 통신망을 연결하고 수리하는 법을 배우며 이 통신망 덕분에 해외 전투 임무가 원활하게 진행될 수 있겠다고 생각했다. 군사 전략가들은 전쟁의 승패가 사회 기반 시설에 달려 있다는 것을 알게 되었고, 따라서 근대 전쟁에 있어 원활한 통신을 유지하는 통신 부대의 역할이 굉장히 중요해졌다. 하지만 똑똑하고 능력 있는 군인들을 아무리 데리고 와도 전쟁이 요구하는 일들을 겨우겨우 해내던 통신 부대는 미주리주에 위치한 크라우더 캠프와 캘리포니아의 새크라멘토 근처 서해안에 있는 코흘러 캠프에 추가 훈련 시설을 세웠다. 뉴저지의 기지에서 추운 겨울을 보내며 스탠도 다른 군인들과 마찬가지로 담당 구역을 순찰하거나, 갑자기 공격하며 나타나는 적군의 함선이나 항공기를 감시하는 일과를 날마다 수행했다. 그는 대서양을 때리는 매서운 추위 때문에 뼛속까지 얼어붙는 줄 알았다고 말했다.

그러나 스탠이 만화책 작가와 편집자로 일했다는 사실을 그의 상관이 알게 되면서 바다 근처에서의 임무는 끝이 났다. 이후 공교롭게도 뉴욕주 애스토리아에 위치한 훈련 영상 부서로 발령을 받은 스탠은 그곳에서 예술가, 영화가, 작가 8명과 함께 다양한 내용의 홍보물과 선전 및 정보 공유 자료를 만들어냈다. 그는 대본을 쓸 줄 아는 능력 덕분에 부서를 옮길 수 있었다. 다른 수많은 군인들과 마찬가지로 스탠 또한 보조 역할을 맡았다. 1943년 중반까지 장교 2만 7,000명과 사병 28만 7,000명이 통신 부대에서 근무했으며, 그들과 함께 일하는 민간인 수는 5만 명에 달했다.

미군은 애스토리아 35번가 35번길을 사들인 다음, 공식 사진가들과 영화 제작자들이 전쟁 물자 지원 활동을 할 수 있는 통신부 사진 센터 Signal Corps Photographic Center를 만들었다. 이 부서를 지휘한 멜빈 질레트 Melvin E. Gillette 대령은 스탠의 자원입대 9개월 전인 1942년 2월에 군대가 애스토리아에 사진 센터를 세우기 이전까지 포트 먼마우스의 영상 제작실을 관할했었다. 1919년에 지어진 오래된 영화 스튜디오는 질레트가 지켜보는 가운데 대대적인 공사를 거쳐 할리우드의 대형 영화사와 견주어도 손색이 없을 만큼 좋은 시설과 장비를 갖추게 되었다.

질레트와 군 고위 상관들은 미국 전역에서 오는 다양한 교육 수준의 신병들을 제대로 준비시키기 위해 더욱더 많은 수의 훈련 영상과 자료가 필요하다는 사실을 깨달았다. 또한 그 훈련용 자료들은 철저한 기밀 보장을 위해 대본 작업부터 영상 제작, 사후 보관에 이르기까지 전 과정을 군대에서 관리해야만 했다. 1942년 5월에 활동을 개시한 사진 센터는 전쟁을 지원하는 각종 영상과 사진 작업을 하기 위한 군사작전 본부가 되었다.

애스토리아에 위치한 이 사진 센터는 규모가 매우 컸으며 외관이 인상적이었다. 거대한 기둥들이 줄지어 서서 건물 입구를 지키고 있었고, 옆면에는 좁고 길쭉한 창문들이 나란히 나 있었다. 미국에서 가장 큰 방음 스튜디오가 건물 내부 동쪽에 설치되었는데, 영화 제작자들은 이곳에서 각종 전쟁 관련 장면을 연출할 수 있었다.

여기서 스탠은 작가로 구성된 작은 그룹에 소속되었다. "나는 훈련 영상 자료와 영화의 대본도 쓰고, 포스터도 만들고, 교육용 매뉴얼도 만들었어요. 우리 시대 최고의 선생 중 하나였답니다!"[8] 이 걸출한 그룹에는 아카데미상을 3번이나 수상한 영화감독 프랭크 카프라Frank Capra와 〈뉴요커New Yorker〉의 카툰 작가 찰스 애덤스Charles Addams를 비롯해 그림책 작가로 유명한 테오도르 가이젤Theodor Geisel까지 이미 유명하거나 곧 유명해질 인물이 다수 속해 있었다. 가이젤은 당시에 이미 '닥터 수스Dr. Seuss'라는 필명으로 전 세계에서 인정받는 그림책 작가였다. 그들은 한가한 휴식 시간에 닥터 수스의 그림책 이야기를 나눴을 것이 분명하다!

작가 사무실의 스탠 자리 왼쪽에는 저명한 작가 윌리엄 사로얀William Saroyan이 있었다. 1939년 희곡 《너의 인생의 한때The Time of Your Llive》로 퓰리처상을 수상한 평화주의 작가 사로얀은 주로 맨해튼의 한 호텔에서 작업했다. 그는 퓰리처상 수상을 거절했었는데, 그 때문에 독자들과 다른 예술가들 사이에서 더욱 유명해졌다. 훗날 미군은 영화 작업을 위

해 사로얀을 런던으로 보낸다. 스탠은 영화 시나리오 작가 아이반 고프Ivan Goff나 영화 제작자 헌트 스트롬버그 주니어Hunt Stromberg Jr.와 함께 일하며 공식적인 군대 전문 직함을 얻었다. 바로 '극작가'였다.[9]

미군의 총괄 영화 제작사가 뉴욕에 있기는 했지만 다른 지역에도 관련 부서가 있었으며, 그곳 현지에서 스탠과 그의 동료들을 필요로 하는 경우도 있었다. 그래서 스탠은 노스캐롤라이나, 인디애나 등을 거쳐 남동부와 중서부를 가로지르며 수많은 장소로 파견 근무(군사 용어로 TDY라고 한다)를 다녔다. 각 기지마다 쉽게 이해할 수 있는 교육용 매뉴얼과 영상 또는 홍보 자료가 몹시 필요한 상황이었다.

징병이나 자원입대로 군에 입대하는 청년 수가 급등하는 바람에 신병 훈련이 매번 철저하게 실시되기가 어려웠다. 스탠은 그가 쓰는 것이 극 대본이든, 영상물이든, 전투에 사용될 군 자료(또는 그가 잘 모르거나 아예 모르는 분야에 대한 자료)든 상관없이, 그 속의 정보를 최대한 단순화하려고 노력했다. "나는 종종 전체 훈련 매뉴얼을 만화책 형식으로 만들곤 했습니다. 교육하고 소통하는 데 있어 아주 훌륭한 방법이었지요."[10]

스탠이 임시로 근무했던 군 기지 중에서 그를 국가 업무의 요충지로 데려간 곳은 인디애나폴리스 북동부에 위치한 인디애나주 포트 벤저민 해리슨Fort Benjamin Harrison으로, 평생 단 한 번도 시골에 가본 적 없는 뉴욕 출신 소년에게는 굉장히 익숙해지기 어려운 곳이었다. 그는 그곳에서 미군 회계 부서와 일하게 되었다. 회계 부서는 급여 지급 문제로 끝없이 골머리를 썩이고 있었으며, 회계 업무 훈련 매뉴얼과 영상을

간절하게 바라고 있었다. 관련 지식을 가진 신병을 찾기가 어려웠기 때문이다.[11]

회계 업무 지원자들과 급여 담당 군인들이 다양한 훈련 속에서 행진하는 모습을 지켜본 스탠 리는 그들에게 활력이 부족하다고 느꼈다. 그래서 유명한 군가 〈에어포스 송〉에 새로운 가사를 입혀서 행진하며 부를 수 있는 노래를 만들었다. 이 기운 넘치는 극작가는 "자리에 앉아, 쓰고, 계산하는 우리는 총을 쏘지 않는다네."와 같이 기억에 남을 만한 가사를 넣었고, 이 노래에서 힘을 얻은 병사들은 훈련에서 활기를 되찾았다.

이와 비슷한 일이 또 있었다. 급여 지급 담당자들을 훈련시키는 데 시간이 너무 오래 걸리자, 회계 부서의 상관들은 스탠에게 훈련 프로그램이 빨리 끝날 수 있도록 교육용 매뉴얼을 다시 써달라고 요청했다. 그래서 그는 어리숙한 카툰 캐릭터 하나를 만들어 매뉴얼에 넣었고, 그 덕분에 급여 지급 담당자들은 필요한 기술을 편안한 마음으로 익힐 수 있었다. "따분하고 재미없는 급여 지급 매뉴얼을 다시 단순하게 작성했어요. 그리고 급여를 받으려고 노력하는 캐릭터 피스컬 프레디Fiscal Freddy를 만든 다음 거기에다 게임을 섞고 개그도 좀 집어넣었지요. 그렇게 하니까 훈련 기간이 2배 이상 줄어들었습니다. 맨손으로 전쟁에서 이긴 기분이었어요."[12] 그는 복잡한 과정을 쉽게 배울 수 있도록 도와주는 유머의 힘을 확실히 깨달았다.

이후에 스탠은 다음 프로젝트로 이동했다. 그가 "내 평생 가장 해괴한 과제"[13]라고 일컫는 이 프로젝트는 유럽에 있는 부대를 위해 성병

STAN LEE

예방 포스터를 만드는 것이었다. 역사상 군대는 성 접촉으로 전염되는 질병들로 내내 어려움을 겪었기에 미군 지휘관들은 이 문제를 심각하게 생각했다. 대대적으로 성병 관련 교육 프로그램을 돌려도 보고 쉽게 사용 가능한 콘돔을 만들어 지급하기도 했지만, 여전히 매독과 임질로 잃는 군인의 수는 줄지 않았다. 성병 예방책은 다방면에서의 노력이 필요한 동시에 민감한 사항이기도 했다. 예를 들어, 영국인들은 문화적으로 성병을 조심하는데도 이탈리아에서 군사작전이 있던 기간 동안 한 달에 무려 4만 명이나 되는 영국 군인들이 성병 치료를 받았다.

국외로 파견된 군인들은 한 달에 최대 6번까지 대대적인 성병 예방 교육을 받았고, 외박이나 휴가를 나갈 때는 모두 성병 예방 키트를 지급받았다. 예방 키트에는 연고와 세척용 천, 화장지가 들어 있었고, 콘돔 3팩이 함께 들어 있는 경우도 종종 있었다. 또 다른 성병 방지책은 교육 작전이었다. 군부 사령관들은 성병을 없애기 위한 극단적인 조치 중 하나로, 히틀러와 무솔리니, 도조(진주만을 공격해 태평양 전쟁을 일으킨 일본의 군국주의자 도조 히데키를 가리킨다-옮긴이)가 연합국을 함락시키기 위해 의도적으로 성병을 퍼뜨리고 있다는 내용의 선전 포스터를 만들었다. 이 때 만들어진 포스터 중 많은 그림들이 예술가 아서 시크Arthur Szyk의 작품이었는데, 그는 포스터에다 추축국 지도자들Axis leaders(독일, 이탈리아, 일본 등 2차 세계대전을 일으킨 추축국의 지도자들을 가리킨다-옮긴이)을 쥐 같은 동물의 모습으로 표현하고 그들과 질병의 관계를 연결시키는 적대적인 이미지와 연합국 군인이 그들을 거부하는 모습을 그려 넣었다.

하지만 스탠은 포스터를 어떻게 만들어야 할지 몰라 당황스러웠다.

군대에서는 이른바 '유럽 전 지역'에다가 성병 예방 기지를 설치했는데, 그는 그곳에서 사용할 포스터를 마련해야 했다. 군인들은 오두막에 만들어진 기지로 와서 힘들고 곤혹스러운 성병 예방 교육을 받았다. 스탠은 이렇게 말했다. "그 임시 기지들이 유럽 도처에 배치되었어요. 기지 입구 위쪽에 작은 초록색 등을 부착해 알아보기 쉽게 만들었지요." 별의별 포스터들을 놓고 어떻게 할지 고민하던 그는 문득 가장 단순한 메시지야말로 최고의 방법이라는 사실을 깨달았다. "성병? 난 아니야!"[14] 스탠은 포스터에다 군인 한 명이 기분 좋은 모습으로 초록 등이 달린 기지 입구로 걸어 들어가는 모습의 만화 이미지를 그려 넣었다. 스탠의 상관은 그 포스터를 가져갔고, 방대한 양의 복사본이 해외에 뿌려졌다. 그 포스터는 아마 스탠의 작품 중에서 가장 많은 사람들이 본 동시에 가장 가차 없이 무시당한 작품일 것이다.

통신 부대에서 만든 영상이나 포스터, 사진 등 각종 자료들의 중요성을 정량화하기는 어렵겠지만, 어쨌든 미군은 영상을 이용해 교육을 하면 교육 시간을 30퍼센트까지 줄일 수 있다는 사실을 깨달았다. 통신 부대는 미국 내에도 극장 상영용 뉴스의 30~50퍼센트에 해당하는 장면을 제공해 국민들이 세계 갈등에 대한 정보를 지속적으로 접할 수 있도록 했다. 사진가들은 최신 사진 기술로 전쟁의 현장을 카메라에 담을 수 있었고, 촬영한 사진들을 거의 즉시 본국으로 발송했다. 스탠리와 카프라, 가이젤 등의 군인 '극작가'들도 전쟁에서 중요한 일을 했다.

STAN LEE

군의 영상 대본과 포스터, 브로슈어 작업을 할 때에도 스탠은 굿맨의 맨해튼 본부에서 일하듯 빠르고 효율적인 방법으로 해나갔다. 그의 작업 속도를 다른 '극작가'들이 따라오지 못하는 지경에 이르자, 부대 지휘관은 그에게 천천히 좀 하라고 명령했다.

일중독자 같았던 스탠은 남는 시간이 생길 때마다 타임리 잉크에 펜을 담갔고, 그 대가로 그의 주머니가 두둑해졌다. 그는 이렇게 번 추가 수입으로 듀크대학교에 있는 기지로 파견 나갔을 때 생애 첫 자동차를 마련했다. 단돈 20달러를 주고 산 낡아 빠진 1936년형 플리머스(자동차 회사 크라이슬러에서 제조했던 자동차 브랜드 – 옮긴이)였지만 문제없이 잘 굴러갔고, 창문까지 여닫을 수 있어서 노스캐롤라이나의 따뜻한 바람을 피부로 직접 느낄 수 있었다.

그는 틈틈이 일했다. 군대에서 어디로 파견되든지, 스탠은 매주 금요일마다 타임리의 편집자에게서 온 편지를 받았다. 어떤 스토리가 필요한지 요청하는 내용이었다. 그러면 그는 여유가 생길 때마다 스토리를 만들어서 월요일에 편지를 발송했는데, 그래야 편집자가 정한 마감일에 맞출 수 있기 때문이었다.

스탠은 파고가 지휘하는 만화책 부서의 작업뿐 아니라 잡지 쪽 일도 도왔다. 그중에는 성인 독자를 겨냥해 만든 잡지들 중 하나인 〈리드!Read!〉의 카툰에 자막을 써넣는 일도 포함되어 있었다. 1943년 1월에 발행된 잡지에는 스탠이 쓴 짤막한 노래가사가 실려 있다. "둥근 톱으로는 당신을 반으로 가를 수 있고/기관총으로는 당신 가슴에 구멍을 뚫을 수 있지/하지만 그것보다 더 재미있는 건-/여자들이 하는 일들 이라네!" 이런 노래가사 옆에 통통한 체구의 여자가 대머리 남편에게 음식을 먹여주는 그림이 있었는데, 그 남편의 목에는 개집과 연결된 목 줄이 채워져 있었다.[15] 이런 야한 농담들은 당시 시대와 잘 맞아떨어졌 고, 굿맨의 생각이 들어간 게 틀림없는 그의 남성 잡지들에는 성차별적 이고 인종차별적이고 폭력적인 글과 사진이 가득했다.

스탠은 예전에 조 사이먼 밑에 있을 때 〈캡틴 아메리카〉 만화책에 실 었던 '반전이 있는 단편 미스터리'도 계속해서 써나갔다. 그는 굿맨의 〈조커Joker〉지(1943~1944년)에 실은 '맹인만이 볼 수 있다Only the Blind Can See'라는 글에서 독자를 대상으로 이야기를 들려준다. 사람들이 가짜라 고 생각하던 거리의 맹인 거지가 알고 보니 진짜 장님이었다는 내용이 담긴 2인칭 시점의 글로, 스탠이 직접 화자가 되어 독자를 '친구'라고 부르며 전개된다. 글의 화자가 거리에서 맹인 거지를 한 명 만나는데, 이 걸인은 사람들이 '저 거지가 맹인인 척 사람들을 속이고 있다.'라고 생각하는 것에 굉장한 자부심을 느끼고 있다. 갑자기 달려오는 차에 부 딪히게 생긴 맹인의 모습을 보며, 사람들을 그제야 그가 진짜 장님이라 는 사실을 알게 된다.[16] 스탠은 이런 단편 이야기를 쓰면서 훗날 전쟁이 끝나고 나서 쓰게 될 과학소설이나 괴물 만화 작품을 미리 연습했다.

스탠은 근무시간 이후에 타임리의 일을 하고 있다는 사실을 오랜 시 간 동안 누구에게도 알리지 않았다. 그리고 곧 프리랜서 작업에 대한 열정으로 점점 무모해졌다. 그는 매주 금요일 타임리의 과제가 적힌 편

STAN LEE

지를 받아 주말 동안 틈틈이 과제를 수행했다. 그러던 어느 금요일, 우편 담당자가 실수로 타임리에서 온 편지를 스탠의 우편함에 넣지 않았고, 스탠 리는 그날 자신에게 온 편지가 아무것도 없다는 말에 그냥 방으로 돌아갔다. 하지만 다음 날, 주말이라 문이 닫힌 우편실 앞을 지나가던 스탠 리는 창문 너머로 타임리에서 온 편지가 반송함에 놓인 것을 발견했다.

마감일을 어기고 싶지 않았던 그는 담당 장교에게 우편실 문을 열어달라고 부탁했지만, 장교는 월요일까지 기다리라며 요청을 거절했다. 화가 난 스탠 리는 드라이버를 가져와 편지에 근접한 우편함의 경첩 나사를 조심스럽게 풀었다. 그 모습을 발견한 장교가 평소 스탠을 좋아하지 않았던 기지 사령관에게 이 일을 보고했다. 허가 없이 우편물에 접근한 혐의로 기소될 위기에 처한 스탠은 유죄로 판정받을 경우 캔자스주의 레번워스교도소로 이송될 가능성이 높았다. 하지만 다행히도 이 문제를 알게 된 회계 부서 총괄 대령이 중간에 개입해 그를 도와주었다. 정말 피스컬 프레디(스탠 리가 회계 부서의 교육 자료를 위해 만든 캐릭터-옮긴이)가 그를 곤경에서 구해준 것이다![17]

지휘관과의 언쟁으로 벌어진 이 사건은 스탠의 깨끗한 군 기록에 남은 유일한 오점이었다. 이후로 그는 전쟁이 끝날 때까지 책상 앞에 딱 붙어 앉아 훈련 자료와 포스터를 만드는 일에 전념했다.

병장 스탠 리는 전역 명령서에 서명을 하고 엄지손가락으로 지장을 찍었다. 이제 갓 23세가 된 이 젊은 민간인은 손에 묻은 잉크가 채 다 마르기도 전에 새로 뽑은 차 뷰익 컨버터블에 올라탔다. 길게 잘 빠진 이 검은색 자동차에는 강렬한 빨간색 가죽 시트와 번쩍이는 휠과 흰 줄이 둘러진 타이어가 장착되어 있었다. 누가 보더라도 노스캐롤라이나에서 샀던 플리머스보다 훨씬 업그레이드된 차였다.

스탠은 보너스 200달러('제대비'라고 부른다)를 받았다. 전역한 군인들이 민간인 생활에 잘 적응하도록 군에서 지급하는 돈이었다. 받은 돈의 절반은 군대를 떠나기 전 이미 은행에 예금해놓은 그는 함께 제공되는 의무교육은 가볍게 건너뛰었다. 1945년 9월 군은 이제 인디애나주 중앙에 있는 애터베리 캠프의 전역 센터에서 뉴욕까지 긴 여행을 떠나는 그에게 42.12달러를 지급했다.

차를 좋아하는, 특히 길고 매끈한 컨버터블 자동차를 사랑하는 스탠은 시원하게 뚫린 길을 내달렸다. 그는 고향으로 돌아갈 생각에 가슴이 벅찼다. "군복을 태우고 차 안으로 뛰어든 다음, 뉴욕까지 쉬지 않고 달렸어요. 콩코드 같은 속도로 말이죠!"[18] 그는 어서 빨리 타임리의 운전대를 되찾고 싶었다. 엠파이어스테이트빌딩 14층으로 본부를 옮긴 타임리는 굿맨의 지휘로 잡지 부서가 통합된 상태였다. 스탠은 동쪽으로 1,100킬로미터 넘게 떨어져 있는 빅애플Big Apple(뉴욕을 상징한다—옮긴이)을 향해 사라졌다.

STAN LEE

4장

드디어
마블로 돌아오다

화면 위를 이리저리 뛰어다니는 만화영화 캐릭터 같은 모습으로 스탠이 팔다리를 휘저으며 거리 위를 내달리자, 브로드웨이에 쇼핑 나왔던 사람들이 아슬아슬하게 그를 피해 갔다. 그는 사람이 어떤 일에 미친 듯이 집중하면 눈에 보이는 게 없다는 것을 증명하고 있었다. 최근에 마련한 방 2개짜리 호텔에서 타임리 코믹스 본사가 있는 엠파이어스테이트빌딩까지 가려면 남쪽으로 4킬로미터를 매번 뛰어가야 했다. 회사로 가는 길 중간에 센트럴파크의 승용마 마구간이 있었는데, 그는 가끔 그곳에 들러 말을 타고 승마 구간을 신나게 질주한 뒤에야 판에 박힌 일상 속으로 들어가곤 했다. 쿵쾅거리며 보도 위를 달리는 그의 발소리는 그의 머릿속에서 용암처럼 끓어오르는 온갖 아이디어들과 같은 리듬을 타고 있었다.

전쟁이 끝나자, 미국에는 스탠처럼 열정으로 가득 찬 청년들을 위한 기회가 넘쳐 났다. 2차 세계대전 기간 동안 만화책 수요가 급증했다. 사람들은, 특히 전선에 나가 있거나 국내외 여러 기지에서 근무하던 군인들은 가볍게 읽을 수 있는 만화책을 원했다. 만화시장은 전쟁으로 희생된 사망자들과 험악한 전장, 셀 수 없는 부상 소식에 집중하는 영상매체에서 벗어나, 흥미진진하면서도 재밌고 가볍게 읽을 것들을 원하는 대중의 바람을 충족해주었다. 전쟁이 끝나고서 미국의 만화 산업 관계자들이 추정한 자료에 따르면, 8세부터 15세에 이르는 어린이와 청소년 중 무려 90퍼센트가 정기적으로 만화책을 읽고 있었다.

스탠은 군 복무 기간에도 만화책 활동에서 손을 놓지 않았기 때문에 인기 장르만 주기적으로 바뀔 뿐 만화에 빠진 독자들은 줄어들지 않을 것이라는 사실을 알고 있었다. 전쟁이 끝나자 미국 전역이 다시 활기를 띠었다. 배급 제도로 묶여 있었던 각종 제한이 풀리자 인기 문화 산업은 더욱 선명해진 색깔과 소리, 이미지로 다양한 모습을 선보였다. 만화책을 출판하기에 좋은 시기였다.

광활한 미국 중서부 지역의 군 기지에서 군 복무를 마치고 뉴욕으로 돌아온 스탠은 타임리 코믹스 본사로 다시 입성했다. 그의 새로운 숙소는 브로드웨이 71번가에 위치한 앨라맥호텔로, 1925년에 세워진 19층짜리 진갈색 벽돌 건물이었다. 1920년대 중후반 동안 수많은 재즈밴드가 이곳에서 지냈으며, 메이저리그 야구 선수들이 장거리 시합 때 이용하는 호텔이기도 했다. 약 600개의 게스트 룸을 갖추고 있는 데다 1층에 각종 가게와 식당이 있어서 편리하게 이용할 수 있었다. 이후 1950년대 초반에는 CIA(미국 대통령 직속 국가 정보기관—옮긴이)에서 냉전 기간

STAN LEE

동안 미국의 국가 방어 작전에 참여한 독일 과학자와 기술자들을 보호하는 은신처로 이 호텔을 사용하기도 했다.

온갖 기지와 훈련 기관을 종횡무진하며 정처 없이 돌아다녔던 전쟁 기간이 끝나고 고향 뉴욕으로 돌아온 스탠은 너무나 행복했다. 앨라맥 호텔에서는 계속해서 새로운 친구들을 사귈 수 있었고, 무엇보다 타임리 사무실까지 40블록만 걸어가면 되었다. 걸어서 1시간 조금 넘는 거리였지만, 정신없이 왔다 갔다 하는 그의 걸음걸이는 그 시간을 더욱 늦추곤 했다. 그는 건강을 유지하고 넘치는 힘을 좀 쏟아내기 위해 뉴욕 시내 어디를 가든 거리에 상관없이 대부분 걸어서 다녔다. 회사를 오가는 시간 동안 전율하게 만드는 타임스스퀘어부터 높이 치솟은 고층 건물들, 거리에 넘쳐 나는 수많은 사람들의 모습까지, 그는 뉴욕 거리의 광경과 소리를 가득 느꼈다. 가끔은 보트를 빌려서 센트럴파크의 호수 위를 노 저어 다니기도 했다.

스탠은 타임리에서 일하는 것을 무척 좋아했다. 그 덕분에 좋은 곳에서 살고, 수입도 고정적이었으며(오르고 있으며), 많은 여성과 데이트도 할 수 있었다. 하지만 화나는 점도 있었다고 한다. "우리 일의 테두리 밖에서는 만화책에 대해 좋은 말을 하는 사람이 단 한 명도 없다는 점이 정말 짜증나고 불만스러웠습니다."[1] 그 당시 사람들 대부분이 만화책을 읽는 것을 시간 낭비라고 생각했기 때문에 그는 마치 자신이 쓸모없는 일을 하는 것 같은 기분이 들었다.

그는 자기 일에서 행복을 느끼는 사람이었지만, 외부 사람들의 그런 부정적인 시각 때문에 만화책 만드는 일을 하는 자기 자신에 대해 여러 차례 깊이 생각했다. 성공에 강한 신념을 갖고 있고, 거의 태어나서부터 스스로 위대한 사람이 되겠다는 생각으로 가득 찼던 그의 마음에 분노가 일었다. 전쟁 기간 동안 나라를 위해 갖가지 창의적이고 대단한 일을 해냈던 그가 지금은 다시 겨우 만화책 작가가 된 것이다. 20대 중반이 된 그는 이제 막 인생이 시작되었다고 느끼긴 했지만, 동시에 이런 생각도 들었다. '대부분 사람들이 어린애들과 단순한 청소년들, 모자란 젊은이들이나 읽는 거라고 생각하는 만화 산업에 몸담고서 대체 어떤 인생을 살 수 있을까?'

그의 직업을 알고 나서 사람들이 보이는 반응 때문에 화가 나긴 했지만, 스탠은 타임리에서 글을 쓰고 새로운 스토리를 창조해내는 자신의 일을 정말 사랑했다. 그는 미군 통신 부대 훈련 영상 부서에서 일하면서 영화와 만화영화 및 각종 오락물이 시청자들을 교육하고 계몽하는 도구로서 진정한 가치를 발휘하는 모습을 직접 목격했다. 그러니까 전쟁은 오히려 오락물과 창의적 산업이 미래에 얼마나 더 발전할지를 보여준 것이다.

전쟁이 벌어지는 동안 기술이 발전하고 전쟁이 끝난 이후 경제가 호황을 이루자 주머니도 시간도 넉넉하고 여유로워진 소비자들은 곧바로 그런 오락 문화로 시선을 돌렸다. 진정으로 초현실적인 경제성장을 이룬 미국은 수많은 국민들을 중산층과 상위 중산층으로 끌어올렸다. 그

STAN LEE

러나 스탠 리는 일상의 즐거움과 자신의 직업을 알고 나서 곁눈질하는 사람들의 시선을 동시에 받아들여야만 했다.

스탠의 직업에 대해 부정적인 시선을 가진 사람들은 그가 과거에 어떤 생활을 했는지, 고정적인 수입을 보장해주는 직업이 그에게 얼마나 중요한지를 몰랐다. 만화 산업에서 유명세를 떨친 수많은 동유럽 국가와 유대인 출신 예술가, 작가들과 마찬가지로, 그가 어릴 적 겪었던 가난과 아버지의 계속된 실업 상태는 커서까지 그의 마음을 압박했다. 타임리는 그런 그에게 일자리를 주고 보수가 좋은 편집자 자리도 내주었고, 스탠은 그곳에서 하는 일을 좋아했다. 하지만 우스운 동물 만화나 청소년 로맨스 만화를 쓰고 편집하는 그의 직업이 비웃음거리가 되지 않는 그날까지는 아직 더 기다려야 했다.

스탠이 자리를 비운 동안 그의 편집 업무 대부분을 도맡았던 빈스 파고는 전쟁 기간에만 수백만 권이 넘는 만화책을 발행했다. 굿맨의 지갑은 점점 더 두둑해졌고, 그 덕분에 스탠은 무리 없이 민간인으로 돌아와 타임리 만화책 부서의 꼭대기에 다시 안착할 수 있었다. 파고가 다시 그림만 그리는 직업으로 돌아가고 싶어 했기 때문에 만화책 부서는 자연스럽게 스탠의 품으로 옮겨 갔다.

스탠이 군에 있는 동안 타임리의 만화 스타일에 변화가 있었다. 독자들은 슈퍼히어로 외에 다른 주제의 이야기를 원했고, 마침 파고도 슈퍼히어로가 아닌 다른 분야의 전문가였다. 굿맨의 출판 산업은 이전과 거의 대부분이 달라져 있었다. 출판사 전체가 1942년 말 처음 출간된 뒤로 한창 인기를 끌고 있던 〈아치 코믹스Archie Comics〉의 '아치Archie'와 그 친구들에게 집중하고 있었다. 스탠은 성실한 회사원답게 곧장 대중들이 열광하는 새로운 만화의 여자 주인공과 10대들의 이야기를 작업하는 데 노력을 기울였다.

유명한 만화가이자 작가인 루스 앳킨슨Ruth Atkinson은 1945년 후반부터 오랫동안 인기를 누린 〈밀리 더 모델Millie the Model〉로 대성공을 거두었다. 스탠이 타임리로 갓 돌아왔을 때였다. 만화책 산업에서 처음으로 일하기 시작한 여성 중 한 명인 그녀는 다른 여성들에게도 그 분야에서 일할 수 있는 길을 열어주었다. 그녀는 이전에 발간된 잡지 시리즈 〈미스 아메리카〉의 후속편 격인 〈팻시 워커Patsy Walker〉를 출간하기도 했다. 타임리의 전형적인 방식대로 〈밀리 더 모델〉의 인기에 편승하기 위해 스탠은 새로운 청소년 로맨스 〈넬리 더 너스Nellie the Nurse〉를 만들었다.

1945년이 지나면서 전쟁 중에 시행되었던 종이 배급 규제가 해제되자 만화책 산업은 하늘 높이 날아올랐다. 1946년 만화책의 월간 판매 부수가 4,000만 권에 이르렀다. 포셋 코믹스의 〈캡틴 마블Captain Marvel〉, DC 코믹스의 〈슈퍼맨〉과 〈배트맨〉 등 인기가 막강했던 만화책들도 여전히 잘 팔렸지만, 슈퍼히어로물에서 범죄 시리즈나 청소년물, 공상과학 장르로 옮겨 간 독자들도 많았다.

1946년 말 여자 주인공을 중심으로 한 스토리가 인기를 끌자 스탠은 여성 슈퍼히어로물 〈블론드 팬텀Blonde Phantom〉을 탄생시켰다.[2] 사설탐정인 마크 메이슨Mark Mason의 비서 루이스 그랜트Louise Grant는 블론드 팬텀이라는 자신의 정체를 숨긴다. 하지만 밤이 되면 붉은 드레스를 입고 마스크를 쓰고서 권총 한 자루와 각종 무술로 악당들을 무찌른다.

STAN LEE

블론드 팬텀은 DC의 원더우먼과 타임리의 미스 아메리카의 후손 격인 캐릭터로, 같은 이름을 걸고 발행된 만화 〈블론드 팬텀 코믹스Blonde Phantom Comics〉 12편에 처음 등장한 이후 약 2년간 활동했다. 그 기간 동안 블론드 팬텀은 타임리의 각종 만화에 출연했다.

슈퍼히어로물을 부활시키기 위해 필사적으로 노력했던 스탠은 타임리의 수많은 슈퍼히어로 캐릭터들을 DC의 '저스티스 소사이어티 오브 아메리카Justice Society of America' 처럼 한 팀으로 만들어 〈올스타 코믹스All Star Comics〉 3편(1940년 겨울~1941년)에 출연시켰고, 1946년 가을에는 캡틴 아메리카, 휴먼 토치, 서브마리너 네이머, 휘저Whizzer, 미스 아메리카와 그들을 따르는 어린 동료들을 〈올 위너스 코믹스All Winners Comics〉 19편(1946년 가을)에 등장시켰다. 스탠의 전형적인 표지 스타일대로 만화책 표지 위로 도드라지게 넣은 문구는 독자들의 눈에 확 들어왔다. "완전히 흥미진진한 액션 스릴러!" 그는 새로운 슈퍼히어로 팀을 만들기 위해 그 유명한 배트맨을 만든 작가 빌 핑거Bill Finger까지 영입했다. 핑거는 핵무기를 훔치려는 악당에 대한 초반 스토리를 쓰는 데 집중했다. 그러나 슈퍼히어로에 대한 만화 독자들의 관심은 점점 더 줄어들었고, 결국 올 위너스 팀은 난파선이 되어 바다 밑으로 가라앉았다. 굿맨은 〈올 위너스 코믹스〉의 발행을 중단시켰다. 1941년에 조 사이먼과 잭 커비가 처음 출간한 이후 끈질기게 발행되었던 다른 슈퍼히어로 만화 〈영 얼라이즈 코믹스Young Allies Comics〉도 20편을 끝으로 함께 중단되었다. 하지만 스탠에게 있어서 성장하는 만화시장이란 어떤 것이 달라붙을지 모르는 벽을 향해 온갖 장르를 던져보는 곳이었다.

비록 슈퍼히어로들 머리 위에는 먹구름이 몰려왔지만 만화책 산업은 전반적으로 발전했다. 1947년 11월 스탠은 〈라이터스 다이제스트Writer's Digest(작가와 작문, 출판시장에 대한 정보를 전문으로 다루는 미국 월간지―옮긴이)〉의 의뢰로 만화 작문에 관한 글을 쓰면서 처음으로 대중의 주목을 받는다. 잡지 표지에서 스탠은 파이프를 입에 물고서 당시 25세도 채 되지 않았던 원래 나이보다 많아 보이도록 공을 들인 티가 역력했다. 그는 여전히 앞으로 남은 긴 인생 동안 만화책 산업에 머물러야 하는지 고민하는 중이었지만, 잡지 속 글에서는 노련한 전문가의 가면을 쓰고서 만화 산업에 대해 이야기했다. 만화에 대한 대중의 높은 관심은 〈라이터스 다이제스트〉의 판매량에도 영향을 끼쳤고, 스탠 또한 미국 전역에 이름을 알리게 되었다.

그의 글 '만화에 돈이 있다! There's Money in Comics!'에는 만화책 작가 지망생들을 위한 조언과 중요한 내용을 강조하는 생생한 대화문, 글을 토대로 만들어지는 캐릭터 묘사에 대한 정보가 담겨 있다. 만화책 작문에 관해 스탠이 당시에 갖고 있던 중요한 철학을 담은 글이었다. 그가 훗날까지 근본적으로 이어나간 이 철학은 1960년대 타임리의 전성기에 탄생한 마블Marvel의 토대가 되었다. 자신만의 특별한 목소리로 글을 쓰는 많은 작가들과 마찬가지로 스탠도 자신의 분야에서 성공할 수 있었던 성숙한 통찰력을 보여주었다.

스탠 리가 사람들의 관심을 끌기 시작할 즈음, 굿맨은 '타임리'라는 이름을 바꾸기 위해 '마블'과 비슷한 후보들을 만지작거렸지만 결국 아무것도 선택하지 않았다. 만화책 산업에서는 전반에 걸쳐 지속적으

로 높은 수익을 올렸음에도 출판사들은 대중의 마음을 읽을 수 있는 명약을 찾아다녔다. 출판하는 만화책 장르를 수시로 바꾸었고, 결국에는 청소년 로맨스를 포함한 새롭고 다양한 분야에까지 도전해보았다. 사이먼과 커비는 크레스트우드 출판사의 프라이즈 코믹스에서 〈영 로맨스Young Romance〉(1947년 9월)를 출간했다. 오랜 시간을 함께한 이 2인조가 금광을 캔 것이다. 1인칭 시점으로 전개되는 '실제' 이야기 〈영 로맨스〉가 수백만 판매 부수를 기록하자, 사이먼과 커비는 이 성공을 기반으로 어마어마한 수익을 올리는 만화책 시장에 자신들만의 작은 왕국을 세웠다. 언제나 재능 있는 프리랜서들을 살펴보던 두 사람은 최고로 실력 있는 작가를 몇 명만 고용해 주의 깊고 면밀하게 작업을 진행했다. 기록에 따르면, 1940년대 후반 내내 〈영 로맨스〉 시리즈를 포함해 같은 장르의 만화책은 통틀어 한 달에 약 500만 부가 팔렸다고 한다.[3] 〈영 로맨스〉 시리즈는 크레스트우드가 DC에 인수된 1963년 이후에도 계속 이어졌으며 1975년까지 출판되었다.

전쟁이 끝나고 냉전 기간 동안 만화책 산업에서는 해마다 성공하는 장르가 바뀌었고, 독자들도 이 장르에서 저 장르로 옮겨 다녔다. 슈퍼히어로물은 청소년 코미디물에 자리를 내주었고, 청소년 코미디물은 청소년 로맨스물로 바뀌었으며, 이어서 카우보이 장르와 범죄 수사물이 나타났다. 물론 굿맨의 이름 없는 만화책 부서도 계속해서 신문 가판대에 출판물을 올려놓으며 만화시장 내 상위권 자리를 유지하긴 했지만, 더 큰 회사가 될 수 있는 창의적인 불꽃은 전혀 일으키지 못했다. 굿맨은 여전히 스탠을 향해 만화시장을 선도하는 다른 경쟁사를 따라

하라고 지시했다. 그 결과, 1947년 말에 갑자기 〈서브마리너 코믹스〉가 〈오피셜 트루 크라임 케이시스 코믹스Official True Crime Cases Comics〉 24편 으로 바뀌었다. 시리즈 번호는 이어나간 채 슈퍼히어로물을 범죄물로 바꾼 것이다.[4]

대중이 선호하는 오락 문화 매체가 영화와 텔레비전으로 이동하자 만화책에도 그 영향이 끼쳤다. 진 오트리Gene Autry와 로이 로저스Roy Rogers 등 서부영화 스타들의 인기가 높아지며 서부를 배경으로 한 카우 보이 만화에도 불꽃이 일어났다. 〈킹 오브 더 카우보이즈King of the Cowboys〉(1943년)와 〈홈 인 오클라호마Home in Oklahoma〉(1947년) 등의 인기 영화에 애마 트리거Trigger, 아내 데일 에반스Dale Evans와 함께 출연한 로 저스는 1940년대 초반부터 1950년대 말까지 미국에서 가장 유명하고 성공한 카우보이 배우가 되었다. 획기적으로 그의 사진이나 그림을 찍 은 상품들이 월트 디즈니의 캐릭터 상품 다음으로 많이 판매되었다. 직 접 부른 노래로 음반까지 내 인기 라디오 방송에 출연한 그는 미국의 각 가정에 텔레비전이 놓이고 나서부터는 텔레비전 방송으로 활동 영 역을 옮겼다.

서부 이야기에 열광한 독자들은 1947년에 400만 부, 그다음 해에 800만 부의 판매를 기록한 포셋 출판사의 〈호팔롱 캐시디Hopalong Cassidy〉에 매달렸다. 1948년 말에 DC는 로저스와 그의 아내 데일 에반 스의 인기를 자본화하는 데 이용하고자 〈데일 에반스 코믹스Dale Evans Comics〉를 출간했다. 굿맨도 '웨스턴 픽션 출판사Western Fiction Publishing Company'라는 회사명으로 〈와일드 웨스턴Wild Western〉(1948~1957년) 같은

STAN LEE

시리즈물을 출간했다. 이 회사명은 출판사 조직 전체에 드는 비용을 줄이기 위한 그의 술책으로 만들어진 이름이었다. 〈와일드 웨스턴〉은 키드 콜트Kid Colt라는 캐릭터 외에도 아파치 키드Apache Kid와 애리조나 애니Arizona Annie 등 다양한 인물의 이야기가 담긴 만화로, 스탠이 편집을 담당했고 몇몇 에피소드는 직접 쓰기도 했다. 딱히 정해진 작가는 없었으며, 프리랜서들을 바꾸어가며 글을 쓰게 하고 회사 일러스트레이터들이 그림을 그렸다.

1948년 3월에는 카우보이 장르에 완전히 탑승한 스탠이 〈투 건 키드Two-Gun Kid〉 1편을 출간했다. 주인공은 로저스와 오트리처럼 노래하는 카우보이였다. 5개월 뒤 인기 캐릭터의 이름을 딴 단행본 〈키드 콜트, 히어로 오브 더 웨스트Kid Colt, Hero of the West〉 1편이 신문 가판대에 올랐다. 이 만화는 아버지를 죽인 원수를 처단한 명사수 키드 콜트가 수배범으로 몰린 처지에서도 악당들을 사냥하러 다닌다는 이야기다. 키드 콜트 캐릭터는 약 10년 뒤에 스탠이 탄생시키는 완전히 착하지도, 완전히 나쁘지도 않은 슈퍼히어로 캐릭터들의 초기 선도자 격인 인물이다.

스탠은 낮에는 의사이지만 사실은 악당들과 대적해 싸우는 비밀을 가진 캐릭터 블랙 라이더Black Rider를 가장 좋아했다. 이 만화는 그가 작가이자 편집자로서의 임무를 내려놓고 즐길 수 있는 몇 안 되는 작품이었다. 굿맨은 발행된 잡지와 만화책이 돈을 제대로 벌어다 주기만 한다면 출판과 관련된 복잡한 사안들에 일일이 간섭하지는 않았다. 하지만 표지만큼은 매우 중요하게 생각했다. 그는 예전에 출간한 〈미스 아메리카 코믹스〉와 다른 잡지들에 했던 것처럼 만화책 표지에도 사진을 넣고 싶어 했다. 결국, 검은 복장에 마스크를 쓴 채 불안한 표정으로 양손에 총을 든 스탠의 모습이 〈블랙 라이더〉 시리즈 중 한 권의 표지에 등장했다.

독자들의 관심이 자꾸 바뀌자 출판사들은 불안해했다. 높은 수익을 유지하려는 욕심에 사로잡혀 별의별 장르를 시도하던 그들은 1920년 대와 1930년대에 많은 출판사들이 판매했던 선정적인 잡지가 그랬던 것처럼 일반적인 수위를 넘나드는 만화책을 내놓기 시작했다. 그중 한 장르가 바로 실제 범죄를 다룬 내용을 포함한 범죄 수사물이었다. 그 당시 가장 많은 인기를 누린 장르 중 하나였기 때문에 이런 출판물을 부정적으로 보는 사람들이 많아졌으며, 그런 현상은 훗날 만화책 산업 전체에 위기를 가져왔다.

1948년 범죄 만화 시장이 문을 열었고, 모든 출판사들이 새로운 제목의 만화책을 출간했다. 어떤 것들은 비교적 얌전했지만, 또 어떤 것들은 심하게 자극적이고 폭력적인 내용이었다. 이를테면 폭스Fox 출판사에서 발행한 〈머더 인코퍼레이티드Murder Incorporated(살인 주식회사)〉(1948년 1월)라는 제목의 만화책에는 화가 난 여자 주인공이 카드 속임수를 쓰는 한 남성의 가슴에 총을 쏘고 총알이 가슴을 관통한 남성이 괴로워하는 모습이 적나라하게 나온다. 책 표지에 '성인용'이라는 문구가 적혀 있긴 했지만, 작가들은 사실 더 어린 독자들을 겨냥한 것이 분명했다.

범죄 만화의 인기가 계속해서 높아지자 1948년에는 전년도보다 20퍼센트 증가한 수많은 종류의 범죄물이 출간되었고, 이후로 2년 이상

50퍼센트가 넘는 범죄 만화책이 더 발행되었다. 그러나 범죄 만화에 담긴 끔찍하고 폭력적인 그림들이 어린 독자들의 도덕관념에 나쁜 영향을 끼칠 것이라고 보는 부정적인 시각을 가진 어른들도 많아졌다. 1948년 〈타임〉지는 범죄 만화책을 읽고 그 내용을 따라 범죄를 저지른 청소년에 관한 기사를 실었고, 그 충격이 전역을 휩쓸었다. 비행 청소년들과 그들의 범죄 행각에 대한 소식이 신문과 잡지에 실려 보도되고 각종 매체들은 그 내용에 논란을 더해 방송을 내보냈다. 유명 작가이자 심리학자인 프레드릭 웨덤Frederic Wertham 박사가 만화책 반대 운동에 기름을 부었다. 그는 만화책이 범죄와 폭력, 성性 문화를 숭배한다는 내용에 대해 토론하는 심포지엄까지 열었다. 순식간에 만화책 산업은 심각한 위기에 직면하게 되었다.

전쟁이 끝난 뒤 내내 만화책 부서를 담당해온 스탠은 항상 극도로 바쁘게 생활했다. 그에게는 끝없는 에너지와 상상력이 있었지만, 사업가적인 기질이나 조 사이먼, 윌리엄 게인스William Gaines 같은 작가와 일러스트레이터들에게 출판사 위주의 고용계약을 강하게 밀어붙이는 기술은 없었다. 스탠은 고정적으로 받는 급여를 소중하게 생각했고, 다른 작가, 편집자, 일러스트레이터들과 팀으로 일해 만화책을 만들어내는 작업을 천성적으로 좋아했다. 비록 그 결과물이 특출하지 않더라도 말이다. 그는 굿맨과 일하던 방식에 대해서도 말했다. "몇 달에 한 번씩 새롭게 유행하는 장르를 가져와서 그대로 하나하나 따라 했어요. 모방을 전문으로 하는 회사에서 일하는 기분이었지요."⁵

스탠의 능력은 2차 세계대전 이전에도 만화책 중심으로 성장했지만, 군대에서 회사로 돌아온 이후에는 더욱 쉴 틈 없이 커나갔다. 아이들을 대상으로 하는 괴짜 동물 이야기와 괴물 만화책을 만드는 사람으로서 그는 책 밖에서 자신이 내뱉는 말의 의미와 힘에 대해 잘 알고 있었을 것이다.

스탠이 새로운 모험을 시도할 수 있게 되었을 때, 그는 자신의 힘을 키울 수 있는 프로젝트를 진행했다. 〈라이터스 다이제스트〉에 쓴 글이 성공적인 반응을 보이자 스탠은 작가와 일러스트레이터들을 만화계로 끌어들일 만한 새로운 산업에 대해 생각했다. 그리고 1947년, 스탠은 〈만화책의 비밀Secrets Behind the Comics〉이라는 책을 1달러라는 가격으로 출간했다. 당시 만화책 한 권이 10센트였던 것과 비교하면 독자들에게 는 꽤 높은 가격이었다. 이 책에는 만화책과 비슷한 폰트를 사용한 글 과 만화책이 만들어지는 과정을 표현한 그림들이 실렸으며, 표지에는 '저자 스탠 리by Stan Lee' 라는 표기와 그의 열정을 보여주는 문양이 새겨 져 있었다. 책의 헌정사는 그의 동생 래리와 굿맨의 자녀들인 아이덴 Iden과 칩Chip에게 바쳤다.

재미있게도 스탠 리가 '첫 번째 비밀'이었다. 그는 이 책 첫 번째 페 이지에 스탠 리가 누구인지, 왜 이 책을 썼는지에 대한 글과 함께 자신 의 얼굴 그림을 그려 넣었다. 연필을 귀 뒤에 끼고 물방울무늬 나비넥 타이를 맨 학구적인 모습의 스탠 리 그림 옆에는 그가 타임리의 '편집

STAN LEE

자이자 아트 디렉터'로서 작업했던 수많은 출판물 목록이 나열되어 있었다.[6] "자, 이제부터 세계 최초로, 연재만화가 어떻게 만들어지는지 스탠 리가 알려드리겠습니다!"[7]와 같은 스탠 특유의 말투가 거의 모든 페이지마다 튀어나왔다. 이 책에는 스탠이 말하는 '비밀'들과 더불어 독자들이 직접 〈블론드 팬텀〉의 대본에 어울리는 만화를 그려볼 수 있는 공간까지 실려 있었다.

스탠은 가끔 성인용 잡지를 편집하고 관리하기도 했다. (그에게는 좋은 기회였을 것이다. 굿맨은 이 어린 후배에게 이득이 될 만한 일을 은근슬쩍 주곤 했다.) 2차 세계대전 기간 동안 만화책 산업에서 굉장한 판매 수익을 올렸지만, 여전히 만화책 관련 업종은 '제대로 된' 직업으로 여겨지지 않았다. 그러나 잡지는 사정이 달랐다. 굿맨이 출간하는 싸구려 잡지들조차 만화책보다는 좀 더 인정받았던 것이다. 굿맨은 일손이 모자랄 때마다 스탠을 불러 잡지 업무를 시켰다. 1950년에 발간된 〈포커스Focus〉와 같은 연예 잡지들이었다. 가로 길이 25센티미터, 세로 길이 36센티미터에 달하는 큼지막한 〈포커스〉는 비키니를 입은 표지 모델들(훗날 유명한 스타가 되는 메릴린 먼로Marilyn Monroe도 있었다)과 적나라한 제목으로 남성 독자들(또는 사진 보는 것을 좋아하는 남자들)을 정확하게 겨냥하는 잡지였다. 이 잡지는 그 크기 때문에 '사진 베개photo bedsheet'라는 별명까지 얻었다. 그러나 다음 해가 되자 〈포커스〉는 가로 10센티미터, 세로 16센티미터의 작은 사이즈로 바뀌었다.[8] 표지 사진과 제목, 크기 같은 사소한 부분까지 높은 수익을 내는 타 출판사 잡지를 따라 하는 굿맨의 악명 높은 능력이 발휘되었던 것이다.

스탠은 계속 불만스러웠지만 일자리를 잃을 만큼 위험한 일은 감수하고 싶지 않았다. 대공황에서 고통을 겪었던 수많은 사람들과 마찬가지로 스탠도 실업과 불안정한 생활에 대한 뼈저린 공포심을 갖고 있었다. 그는 이제 다음 달 집세를 걱정하며 싸우던 부모의 모습이나 집에서 쫓겨날까 봐 걱정하던 과거의 기억을 굳이 떠올릴 필요가 없었다.

엄청난 에너지를 가진 덕분에 스탠은 프리랜서로 일할 수많은 기회를 잡을 수 있었다. 그러나 굿맨에게 들켜 해고당하고 싶지 않아서 대부분 따로 계약서를 작성하지 않거나 다른 사람의 이름으로 계약했다. "다른 사람들 이름 뒤에 숨어서 조용히 움직였어요." 그는 그렇게 텔레비전 방송부터 라디오 프로그램, 광고 카피에 이르기까지 온갖 작업에 참여했다. 스탠이 자신의 진짜 이름을 집어넣은 몇 안 되는 작품 중 하나가 바로 1950년부터 1953년까지 크게 인기를 끈 신문 연재만화 〈하우디 두디Howdy Doody〉였다.[9]

바쁘게 살아가는 편집자 스탠 리는 오랜 기간 굿맨의 만화책 부서를 운영하며 지냈다. 그러나 전쟁 이후 뉴욕의 밤공기에서 느껴지는 새로운 활력과 에너지도 함께 즐겼다. 매력적인 여성들과 수없이 데이트를 하고, 일을 하며, 도시 특유의 맥동하는 열기를 느낄 수 있는 뉴욕은 그에게 있어 세상에서 가장 완벽한 도시였다. 1947년 영국 모델이자 배우인 조앤 클레이튼 부콕Joan Clayton Boocock을 만난 뒤, 스탠의 인생은 극적으로 변화한다. 스탠의 사촌은 자신이 아는 모델과 스탠의 만남을 주선하면서 그에게 모델 에이전시로 찾아가 그녀를 만나라고 했다. 그러나 스탠이 문을 열자 조앤이 있었다. 그녀를 본 스탠은 그 자리에서

STAN LEE

사랑한다고 고백했고, 어릴 적부터 그녀의 얼굴을 그림으로 그리곤 했다고 말했다. 그 말을 듣고 도망가는 대신 그의 순수하고 자신만만한 모습에 웃어버린 조앤은 그와 함께 밖으로 나갔다. 그리고 곧 두 사람은 연애를 시작했다.

조앤은 모자 모델로 일하며 성공적인 길을 걷고 있었지만 영국에서 미국인 장교와 결혼한 뒤 미국으로 건너와야 했다. 그 결혼이 실수였다는 것을 깨닫고 이혼을 결심했지만 뉴욕에서는 관련 법 때문에 이혼이 거의 불가능한 상황이라 그녀는 네바다주의 리노로 이동할 예정이었다. 네바다의 황량한 도시에서 조앤이 머무를 수 있는 기간은 고작 6주뿐이었다.

스탠이 그녀가 리노에서 돌아오기를 학수고대하는 와중에도 이 어린 모델은 그곳에서 수많은 남자들에게 고백을 받고 있었다. 조앤에게서 "잭에게"로 시작하는 편지를 받은 스탠은 이대로 있어선 안 되겠다고 생각했다. 그리고 과감하게 자리를 박차고 일어나 서쪽 도시를 향해 비행기로 장장 28시간이나 걸리는 길을 떠났다. 드디어 리노에 도착한 스탠은 조앤에게 자신의 깊은 사랑을 고백하며 구혼했고, 결국 두 사람은 리노를 특별한 장소로 만들어버렸다. 판사 한 명을 구해 방에 들어가서 조앤의 이전 결혼을 무효로 한 다음, 다른 방으로 옮겨 같은 판사 앞에서 결혼 서약을 한 것이다. 단 몇 분 만에 조앤 부콕은 스탠 리의 아내가 되었다.[10]

미국을 가로지르는 기차에 탄 이 젊은 부부는 크리스마스 쇼핑 시즌이 됐을 즈음 뉴욕에 도착했다. 두 사람은 맨해튼의 렉싱턴가와 5번가

사이에 위치한 96번가에 작은 보금자리를 마련했다. 센트럴파크를 중심으로 앨라맥호텔 반대편에 있는 곳으로, 센트럴파크 저수지에서도 멀지 않았다. 거의 평생을 비좁은 아파트에서만 살았던 도시 소년에게 그곳은 궁궐처럼 으리으리해 보였다. 그곳에서 스탠과 조앤은 햄릿과 헤카베라는 이름의 코커스패니얼 강아지 두 마리와 함께 살았다.

2년 뒤 스탠의 어머니가 세상을 떠났다. 지낼 곳이 필요했던 스탠의 열다섯 살짜리 남동생 래리는 곧 두 사람과 함께 살게 되었다. 교외에서 살아야겠다고 느낀 이 작은 가족은 뉴욕의 휴렛하버에 있는 웨스트 브로드웨이에 방 8개짜리 주택을 구입해 롱아일랜드의 조그만 마을로 이사 왔다. 그들은 한 미군 조종사가 소유하고 있던 초록색 뷰익 컨버터블을 구입했는데, 이 차는 "날아다니는 거대하고 눈부신 장식품"이라는 소리를 들을 만큼 크고 빨랐으며, 외양이 화려했다.[11]

두 사람은 스탠의 성공적인 직업 활동으로 얻은 여유로운 생활을 즐겼다. (1940년대 말에서 1950년대 초에는 많은 남성들이 아내가 일자리를 구하는 것을 싫어했고, 스탠 리도 마찬가지였다.) 1951년에 스탠 부부와 어린 딸 조앤 실리아(1950년 초반에 태어나 '리틀 조앤'으로 불리다가 성인이 되고는 'J. C.'라는 이름으로 알려졌다.)는 살던 곳에서 얼마 떨어지지 않은 '리처드 레인'에 위치한 집으로 이사를 갔다. 스탠과 조앤은 약 25년 전에 지어진 조금 오래된 이 매력적인 저택을 좋아했다. 몇 년 뒤에 '판타스틱 4'를 탄생시킬 때 그는 분명 판타스틱 4의 리더 '리드 리처드'의 이름을 자신의 집이 있는 거리 '리처드 레인'에서 따왔을 것이다.[12]

그곳에서 몇 킬로미터 떨어지지 않은 곳에 마틴 굿맨과 그의 가족이

STAN LEE

살고 있었다. 굿맨의 아이들은 스탠의 집에서 많은 시간을 보냈다. 굿맨의 아들 아이덴은 스탠의 집 앞 도로에서 운전도 배웠다.[13] 스탠 리는 자신의 상사이자 친척인 굿맨과 거리를 두고 얽히지 않으려고 노력했지만, 사실상 두 사람이 여러모로 밀접한 관계였다는 증거가 꽤 많이 남아 있다. 1953년 잰Jan이라는 이름의 둘째 딸이 태어난 지 3일 만에 저세상으로 떠나자, 스탠과 조앤에게는 가족과 친구들의 도움이 필요했다. 그래도 자식을 잃은 많은 사람들과 달리, 두 사람은 슬픔을 잘 이겨내고 J. C.와 함께 안정적이고 행복한 가정생활을 이어나갔다.

스탠의 집에는 약 26제곱미터(약 여덟 평)짜리 차고와 그의 작업 공간까지 따로 있었다. 롱아일랜드로 이사를 간 뒤 스탠은 만화가들을 만나 그들의 작업물을 확인하기 위해 맨해튼까지 1시간 정도 걸리는 출근길을 달렸다. 그러나 점점 집에 머무는 시간이 길어지면서 1주일에 하루나 이틀은 집에서 일하기 시작했고, 그러자 빠듯한 일정 안에 수많은 만화책을 완성해야 하는 정신없는 스케줄을 제대로 관리할 수 있게 되었다. 그는 편집물과 그림 작업을 확인하는 일뿐 아니라 직원들과 프리랜서들을 관리하는 업무까지 감당해야 했기 때문에 이렇게 매주 저축하는 약간의 시간으로 큰 변화를 만들어냈다. 굿맨의 사업 전략은 출판 시장이 만화책으로 차고 넘치게 만드는 데 집중했다. 스탠은 대홍수를 만들어내야 했다.

집에서 일하고부터 스탠은 가족과 함께하는 시간도 만들 수 있었다. 따뜻한 날이면 안뜰에 나가 임시로 만든 스탠딩 테이블 위에 타자기를 올려놓고서 선 채로 타자를 치며 이야기를 만들었다. 한여름에 햇살이 정말 뜨거운 날에는 조앤이 사놓은 지름 3.5미터짜리 원형 풀장에서 물놀이를 했다. 스탠은 이 작은 풀장에서 팔 한 번만 휘두르면 끝에서 끝까지 '헤엄쳐' 갈 수 있다며 농담을 하곤 했다. 훗날 그는 타임리의 사무실에서 동료들에게 이렇게 농담했다. "뭐, 오늘은 100바퀴 정도 왕복했다네."[14]

상위 중산층이라는 꿈만 같은 경제 수준을 유지하기 위해 스탠은 쪼그려 앉아서 굿맨의 만화책 부서 업무를 위해 쓰고, 편집하고, 그림을 감독하는 데 모든 에너지를 쏟아부었다. 다른 프리랜서들이 우러러보는 사람인 만큼 마음에 들지 않는 작업물이 있으면 가차 없이 장면을 삭제해버리며 조금은 거칠게 행동할 법도 했지만, 스탠은 그런 행동 대신 열정적으로 일하고 타인에게 용기를 북돋아주려 노력하는 편집 디렉터로 발전해나갔다.

작업하는 양이 쌓이면 쌓일수록 그는 점점 더 굿맨의 신임을 얻고 성과금도 더 많이 받아 넉넉한 생활을 계속할 수 있었다. 넘치는 재능, 인간의 한계를 넘어선 작업 속도와 상상력을 가진 스탠은 작가이자 편집장으로 일하며 얻는 이득을 즐기면서 살았지만, 미래에 대한 걱정과 우울함을 떨쳐내지는 못했다. 스탠은 이 시기를 "불확실한 시대"라고 불렀다. 당시에 그는 마치 다람쥐 쳇바퀴 돌듯이 살았다. "사무실에 갔다가, 집에 와서 글을 쓰고, 주말과 저녁에도 글을 썼어요. 다른 스토리 작업으로 넘어가기 전에 조앤과 나가서 저녁을 먹고, 리틀 조앤과 놀고, 차들을 살폈지요."[15] 돈은 그에게 편안한 삶을 가져다주었지만, 그런 삶을 유지하기 위해 그는 계속 일해야만 했다.

STAN LEE

미국 국민들이 종전의 기쁨과 냉전의 공포를 지나고 대통령이 트루먼에서 아이젠하워로 바뀌는 동안, 스탠은 미국인 대부분이 꿈꾸는 일들을 이루어냈다. 의미 있는 일자리를 얻었고, 가정생활을 시작했으며, 집을 마련한 것이다. 그러나 그는 자신의 직업에서 완전한 만족감을 느끼지 못했다. 그는 자신의 직원들과 함께 일대일로 일하는 것을 즐겼지만 끊임없이 돌아가며 만화책을 생산해야 하는 상황에 엄청난 압박감을 느꼈다.

무엇보다 그는 만화책 작가는 진짜 작가가 아니라는 사람들의 인식에 화가 났다. 그 결과, 스탠은 만화 산업에서의 그의 미래에 의문을 품었다. 그는 여유가 생길 때면 장난삼아 자신의 이름을 감추고 만화책 작업 외에 다른 일을 건드려보았다. 그때 경험한 다양한 기회들은 그를 만화 산업에서 빠져나오게 만들 수도 있었다.

스탠 리는 앞으로 어떻게 해야 할지 마음을 정하지 못했다.

5장

만화는
거대한 악마

만화책이 불타올랐다!

미국 전역의 광장, 교회 주차장, 학교 운동장에서 체육 행사를 한다며 모닥불을 피워놓고 만화책을 태웠다. 만화책에서 등을 돌린 어른들은 어린이들과 젊은이들에게 채찍질을 하며 한때 자신들이 사랑했고 기꺼이 지폐와 동전을 털어 사들였던 만화책을 거부하라고 강요했다. 만화책에 불을 붙이고 하늘 위로 올라가는 연기를 바라보며 부모들과 청년들은 저 멀리에 있는 뉴욕과 지역 정치인, 투자자들에게 자신들의 메시지를 전달했다. '더 이상 가만히 있지 않겠다!'

"범죄 문제, 성적으로 비정상적인 내용들 … 사기와 속임수, 잔인함" 이것이 바로 만화책이 어린 독자들의 마음에 심어주는 생각들이라는 게 만화책 반대자 프레드릭 웨덤 박사의 주장이었다. 그는 유명한 심리학자이자 1954년에 만화책 비판서 《순수의 유혹Seduction of the Innocent》[1]

을 출간한 작가였다. 웨덤은 1940년대 말부터 만화책 관계자들이 보고 들을 만한 온갖 신문, 공개 토론회, 라디오 프로그램 등에 나와서 지속적으로 만화책과 만화가들을 공격하며 자기편에 설 부대를 만들기 시작했다. 또한 미국에 해악을 끼치는 만화책을 미국 문화에서 지워버려야 한다고 주장했다. 그는 아돌프 히틀러가 저지른 잔인한 살인과 파괴보다 더 끔찍한 악마의 형태가 바로 만화책이라고 믿었다.

웨덤은 만화책이 보여주는 자극적이고 성적인 내용들과 어두움, 폭력성 등이 청소년 범죄와 직접적인 관계가 있다고 보았으며, 미국 어린이들의 미래가 만화책에 내재된 부도덕한 정신과 만화책 자체를 소멸시키는 것에 달려 있다고 믿었다.

웨덤이 보기에 미국의 도덕적 기준은 불안정한 상태였다.

과거 1938년에는 국제온건문학기구National Organization for Decent Literature, NODL라고 불리던 가톨릭 종교 단체들이 '온건하지 않은 문학'을 반대하는 집회를 열었다. 가톨릭 주교들은 만화책과 외설적인 잡지들이 "인쇄된 음란물"이자 "미국의 도덕과 사회, 국가적 삶을 심각하게 위협하는 거대한 악마"라고 주장했으며, 극단적으로는 "그런 것을 만들어내는 출판사들이 도덕을 약화시킨 결과, 종교가 파괴되고 사회질서가 무너질 것"이라고 소리쳤다.² 1939년 NODL은 전국에 발행되는 비도덕적 출판물이 약 1,500만 종류이며, 그 독자는 한 달에 약 6,000만 명에 달한다고 산출해냈다. NODL의 의장인 가톨릭 주교 존 놀John F. Noll은 불쌍한 아이들을 먹잇감으로 여기는 뉴욕 출판사들의 행위는 미국 사회에 침투한 공산주의자들의 행위와 똑같다고 주장했다.

전쟁 중에는 조용했던 잡지와 만화책에 대한 비난이 전쟁이 끝나자 결국 만화책을 향해 돌아왔다. 대중의 분노가 방송 매체를 타고 전파되자, 만화책 반대 운동이 폭풍처럼 번지면서 지역 공무원들이 만화책 판매를 금지시키기 시작했고 더욱 극심한 반대 운동으로 이어졌다. 이 만화책 비판 현상은 얼마 전에 모든 영화와 음악, 문학계를 철저한 감시 아래에 두었던 상황과 비슷했다. 그것이 제임스 조이스James Joyce가 쓴 《율리시즈Ulysses(출간 당시 음란성과 신성모독으로 논란이 되었던 작품−옮긴이)》의 여파였는지, 아니면 영화 제작자들에게 엄격한 도덕 기준을 강요했던 '헤이스 규약Hays Code' 때문이었는지는 모르지만, 당시의 방송 문화에도 엄청난 비판이 쏟아졌다. 1950년부터 1954년까지 NODL은 매달 소식지 〈프리스트Priest〉를 통해 40개에서 140개에 이르는 악성 출판물 목록을 공개하고 비난했다. 그 목록에는 풍자하는 내용을 담은 잡지 〈매드〉뿐 아니라 〈범죄 수사관Crime Detective〉이나 〈러브 스캔들Love Scandals〉과 같은 적나라하게 자극적인 제목의 만화 작품들도 있었다.[3]

2차 세계대전이 끝난 뒤 부유해진 경제와 막강한 군사력이 결합하자 미국은 더욱 빠르게 성장했다. 하지만 그와 동시에 삶의 어려움에서 벗어나 여가 시간을 갖게 되면서 미국인들은 규범에서 벗어났다고 보일 만한 생각이나 상황들을 불안하게 여겼다. 개인이 집단의 목소리에 순응하던 그 시기 동안 별종이라는 낙인이 찍힌 것들은 모두 유행의 선도

STAN LEE

자들이 선택한 주류 밖으로 밀려났다. 1940년대 말에는 ABC 라디오 등 전국의 수많은 신문과 방송 매체에서 만화책을 반대하는 내용을 다루었다.

그간 출판사들은 필요에 따라 장르를 바꾸면서 온갖 폭력적이고 성적인 내용을 담은 범죄물을 수없이 발행하며 만화책 산업을 손에 쥐고 흔들었다. 하지만 그중 몇몇은 이 몰아치는 폭풍우 때문에 만화 산업이 위태로워지고 있음을 깨달았다. 1948년 말 출판사 대표 여럿이 모여 새로운 만화책잡지출판협회Association of Comics Magazine Publishers, ACMP를 만들고, '만화책의 황제'로서 헨리 슐츠Henry Schultz를 회장으로 앉혔다. 당시 슐츠는 변호사이자 뉴욕고등교육협회의 회원으로 활동하고 있었다. 이후에 ACMP 멤버들은 출판사 전체가 협회 활동에 참여할 수 있도록 노력했다. 하지만 이해관계가 없는 다른 출판사들은 그들을 외면했고, 결국 1950년대에 이 협회는 해체되었다.[4]

굿맨의 작은 '모조품 가게'는 출판 수익률은 높았지만 만화 산업을 선도하는 회사로는 여겨지지 않았던 터라 웨덤이나 NODL 같은 자칭 문화 경찰관들은 굿맨의 출판사나 스탠을 특별히 겨냥하지 않았다. 훗날 스탠 리는 1950년대 초에 웨덤이나 그의 지지자 중 한 사람과의 논쟁에 참여한 적이 있다고 주장했지만, 그 주장이 사실이라는 증거는 찾지 못했다.[5]

스탠이 만화책 반대 운동가들과 실제로 어떤 일이 있었는지는 알 수 없으나, 그는 〈서스펜스Suspense〉 29편(1953년 4월)에 웨덤을 저격하는 내용을 실었다. 이 작품에 그림을 그린 조 매닐리Joe Maneely는 스탠의 친한 친구이자 프리랜서로, 훗날 교통사고로 안타깝게 세상을 떠난다. 스탠 리 특유의 과장된 스타일대로 '미쳐 날뛰는 광인Raving Maniac'이라는 제목을 붙인 이 만화 코너는 웨덤과 비슷하게 생긴 캐릭터와 논쟁을 벌이는 어떤 편집자의 이야기를 담고 있었다. 이 편집자는 만화책을 욕하는 불청객의 이야기를 듣고는 그를 밀치고 의자에 앉힌 뒤 미친 사람처럼 표현의 자유를 맹렬히 주장한다. "독재 정부에서는 힘으로 당신의 생각을 바꾸려 하지! 당신은 지금 글자로만 이루어진 곳에 있는 걸 감사하게 생각해야 할 거야!!" 이 만화에도 스탠 리의 특기인 반전이 있다. 바로 그 불청객이 정신병원을 탈출한 미치광이였던 것이다.

일을 마치고 집으로 돌아오면 조앤과 J. C.가 스탠을 반겼다. 스탠은 딸을 재우기 위해 아이를 품에 안고서 만화 내용을 순화한 '어떤 흥분한 남자' 이야기를 들려주었다. 과연 그 만화책이 웨덤이나 그 관계자들의 책상에까지 도달했는지는 아무도 알 수 없지만, 스탠은 엄청난 도박을 하며 스스로를 폭풍우 전선으로 몰아간 셈이었다.[6] "내 눈에 웨덤은 완전히 정신 나간 사람이었어요. 그런 사람들에게 잘 속아 넘어가는 인간의 모습은 매번 충격적이지요."[7]

만화책을 비난하는 운동이 계속해서 일어나자, 1953년 미국 국회에서는 청소년범죄분과위원회의 하부 조직으로 만화책 조사 분과를 구성했다. 상원 의원들은 에스테스 케포버Estes Kefauver(1939년에서 1963년까지 테네시주 민주당 상원 의원으로 활동한 미국 정치인―옮긴이)가 조직범죄분과위원회를 이끌었을 때부터 텔레비전의 힘이 얼마나 강한지 알고 있었다. 당시 분과위원회가 텔레비전 프로그램을 통해 열었던 공청회가 비

STAN LEE

정상적으로 높은 시청률을 기록하자, 그 힘을 원동력 삼아 테네시주 민주당이 미국 대통령 후보 자리까지 올라갔기 때문이다. 케포버의 권유로 합류한 뉴저지주 상원 의원 로버트 헨드릭슨Robert Hendrickson이 청소년범죄분과위원회를 이끌었으며, 그 밖에도 케포버를 포함한 상원 의원 4명이 참여했다. 앞선 경험대로 그들도 덴버와 보스턴, 필라델피아 등 여러 지역에서 청소년 범죄를 조사하는 과정을 텔레비전 방송으로 내보냈다. 청소년 범죄의 원인에 대해 공청회 지역에 따라 다양하게 살펴본 상원 의원들은 뉴욕에서는 만화책 조사에 집중하겠다고 공표했다. 조사에 참고인이 되어줄 유명 스타 웨덤은 미국 전역에서 주목을 받을 수 있는 이 기회를 환영했다. 그해 초에 출판된 자신의 저서를 더 많이 판매할 수 있는 기회였기 때문이다. 그 책은 만화책이 어린이들에게 끼치는 악영향을 대중들에게 알리고자 수년간 노력했던 이 심리학자의 최종 결과물이었다.

뉴욕에서의 공청회 방송은 1954년 4월 말과 6월 초에 뉴욕 연방 법원 청사 110호에서 촬영되었다. 교육, 사회, 아동복지 등 각종 분야의 전문가들은 청소년 범죄 상당 부분을 만화책 작가와 출판사 탓으로 돌렸지만, 놀랍게도 그들이 말하는 근거는 그다지 많지 않았다. 당연하게도, 그 비판 내용의 대부분은 웨덤이 제시한 것이었다. 그중 한 가지에 대해 이야기하며 웨덤은 이렇게 설명했다. "만화책에 비하면 히틀러는 양반이지요. 만화책은 훨씬 더 어린 아이들한테까지 접근하지 않습니까. 만화책을 보는 아이들은 글도 못 읽는 네 살 때부터 인종차별을 배웁니다."[8] 상원 의원들은 웨덤의 책을 전술서로 사용하면서 그 내용을 비판의 근거 자료로 삼는 것 같았다. 케포버와 그의 동료들은 웨덤에게 정보의 출처와 타당성은 묻지 않았다.

1954년 4월 21일 상황이 더욱 나빠졌다. 항상 대중의 이목을 집중시킬 화젯거리를 찾던 케포버는 EC 출판사의 윌리엄 게인스에게 공청회에 나와 만화책의 품위에 대해 이야기해달라고 부추겼다. 게인스는 덱세드린 다이어트 약(당시에 피로 회복제로 처방되던 각성제)까지 복용하면서 며칠 밤을 새우며 방송에서 할 말을 준비했다. 그는 자신의 입장에서 하는 이야기를 한번 들어보면 사람들이 다시 정신을 차릴 것이라고 믿었다. 그러나 케포버의 생각은 달랐다. 그는 이번 방송에서 게인스를 데뷔시킬 계획이었다.

분과위원회의 고문단 중 한 명인 허버트 비저Herbert Beaser가 게인스에게 질문했다. "어떻게 만화에 글을 집어넣는지"부터 "어떤 만화를 잘 그린 만화라고 할 수 있는지"까지 일반적인 질문들을 미끼처럼 던졌다. 그러는 동안 케포버는 인내심을 가지고서 한 방을 날릴 순간을 기다렸다. 훗날 게인스가 시인한 내용에 따르면, 이때 그는 점점 덱세드린 약효과도 사라지고 기운도 떨어져서 질문의 속도를 제대로 따라가지 못하는 상태가 되었다고 한다.[9] 케포버가 마침 기다렸다는 듯 준비했던 자료를 꺼내 들었다. EC 출판사의 〈크라임 서스펜스토리즈Crime SuspenStories〉 22편이었다. 만화책 표지에는 피가 뚝뚝 떨어지는 도끼를 오른손에 들고, 왼손에는 금발 여성의 절단된 머리를 들고 있는 어떤 남자를 묘사한 끔찍한 그림이 담겨 있었다. 꼼짝도 못 하던 게인스가 호러물이니까 그 정도는 괜찮다고 소리치는 순간, 텔레비전을 통해 재

STAN LEE

미있는 구경거리를 시청하던 사람들은 이제야 진실을 알게 되었다고 생각했고, 〈뉴욕 타임스〉도 이 장면을 다음 날 조간신문 1면에 실어 내보냈다. 이후부터 게인스는 〈타임〉지와 〈뉴스위크Newsweek〉지를 포함한 미국 전역의 온갖 신문과 잡지사 기자들에게 쫓겨 다녔다. 이 사건은 만화책 산업에 지대한 영향을 끼쳤다.[10]

방송 출연으로 열광적인 주목을 받게 된 게인스는 범죄물과 호러물 만화책 출판을 내던져야 했다. 그는 학부모들의 요청 때문에 그만둔 것이라고 주장했지만, 사실은 완벽하게 패배한 그와 함께 일하려 하는 배급업자들이 아무도 없었다. 만화 산업계 전반에 있던 출판사들도 만화책 사업을 접었다. 그나마 남은 출판사들도 영업수익이 곤두박질치는 상황을 견뎌야만 했다. 굿맨의 만화책 부서도 1953년에는 1,500만 부에 달했던 월 판매량이 1955년에는 460만 부로 떨어졌다.[11] 당시 상황을 스탠 리는 이렇게 말했다. "전국의 모든 부모들이 아이들을 감시하며 액션이나 모험, 싸움과 같은 내용이 조금이라도 담겨 있는 만화책은 모조리 금지시켰어요."[12] 사람들이 사 가는 장르는 〈팻시 워커〉와 같은 여성 위주의 만화책이나 공상과학류, 청소년 드라마, 웃긴 동물 이야기, 그리 폭력적이지 않은 서부 만화들뿐이었다. 굿맨과 스탠 리는 이런 장르만으로도 만화책 부서를 유지할 수는 있었지만, 이제 많은 수의 직원과 프리랜서는 필요 없었다.

상원 의원들의 조사 활동과 웨덤이 끼친 엄청난 영향으로 대중의 비난이 만화책 산업을 완전히 장악했고, 변화를 촉구하는 목소리가 더 이상 외면할 수 없을 만큼 매우 거세졌다. 웨덤은 자신의 발언권을 이용해 개혁을 요구했다. 결국 만화책 내용을 통제하기 위해 만들어진 출판 조직 미국만화잡지협회Comics Magazine Association of America, CMAA에서 1954년에 만화 규제책 '코믹스 코드Comics Code(만화책에서 어린 독자들에게 유해한 요소를 검열하는 규율 - 옮긴이)'를 발표했다.

출판사는 코믹스 코드에 의해 만화책을 검열위원회에 제출해야 했고, 위원회에서는 조금이라도 과격한 내용이 있는지 확인했다. 폭력적이지 않더라도 뱀파이어 같은 캐릭터나 표지에 '호러'와 같은 단어를 싣는 것조차 금지했다. 검열위원회를 통과한 만화책은 코믹스 코드 인가를 뜻하는 '허가' 도장이 표지에 찍혔다. 사실상 만화책을 출판하려면 이 허가 도장이 반드시 필요했다. 배급업자들이 승인을 받지 않은 만화책은 취급하지 않았기 때문이다.

수년간 영화의 표현 방식들을 매우 엄격히 규제해온 헤이스 규약과 마찬가지로, 코믹스 코드의 권한은 만화 산업 내부에서 자체적으로 지켜졌다. 출판업체들도 할리우드 영화 제작사들처럼 외부의 통제를 받기보단 스스로 철저히 감시해 배급업자나 신문 가판대 관리자들이 코믹스 코드를 자꾸 어기는 만화책들을 꺼리도록 만들었다. 코믹스 코드가 표현의 자유를 억압한다고 생각하는 출판사들조차 이 감독 방침으

STAN LEE

로 만화책의 출판이 보호받는다는 사실을 인정했다.

만화책의 수익성이 떨어지자 굿맨은 직원들을 자르고 프리랜서들의 계약을 해지하라며 스탠을 압박했다. 스탠 리는 이 출판업자가 해고 통보라는 힘든 일을 자신에게 떠맡기고는 다시 꽁지가 빠지게 도망갔다고 말했다. "만화책 시장이 산산조각 났습니다. 수많은 작가들과 만화가들이 해고됐지요. 그런데도 굿맨이 나를 계속 데리고 있는 게 놀랍긴 했지만, 아마 자기 대신 직원들을 모조리 해고시킬 사람이 필요했을 겁니다."[13] 친구와 동료들을 해고하는 끔찍한 시간이 끝난 뒤, 스탠은 긍정적으로 생각하려고 애쓰면서 웨덤과 그 일당들이 공격하지 않을 만한 새로운 장르를 구상하기 위해 머리를 쥐어짰다.

만화책 산업이 공청회 방송과 웨덤이 일으킨 외압에 굴복하는 동안 굿맨의 출판사는 수없는 장르를 넘나들며 대량 출판을 이어갔다. 굿맨은 경쟁사들이 시장에 내놓는 것은 무엇이든 따라 하라고 스탠을 밀어붙였고, 스탠과 프리랜서 직원들로 구성된 그의 작은 만화 팀은 로맨스, 동물 캐릭터, 전쟁물, 범죄물, 서부 만화 등 엄청난 양의 만화책을 마감 일정에 맞춰 찍어 내기 위해 밤낮없이 씨름했다. 굿맨의 회사에서는 질보다 양이 절대적으로 우선시되었다.[14] 스탠이 한탄했다. "그때 난 세상에서 가장 질 낮은 글을 써댔어요." 당시 함께 일했던 직원인 스탠 골드버그는 이렇게 기억했다. "굿맨은 모든 일을 스탠에게 떠넘겼습니다. 스탠의 사무실에는 와보지도 않았을 거예요. 작업실에서 단 한 번도 그를 본 적이 없거든요."[15]

만화책 산업이 더욱 보수적으로 변하자 스탠 리는 아무도 불쾌해하지 않을 만한 이야기만 썼다. 그중 대부분은 오랫동안 출판되었던 〈넬리 더 너스〉나 〈밀리 더 모델〉처럼 전형적인 착한 인물들이 전혀 위험하지 않은 모험을 겪는, 말도 안 되게 유치한 내용이었다. 스탠은 자신의 능력보다 수준이 떨어지는 직품을 쓰고 있다고 생각했다. "더 좋은 글을 쓰고 싶었습니다. 이런 식으로 인생을 낭비할 수 없다고 생각했지요." 하지만 그 와중에도 스탠은 능력 있는 동료들과 함께 작업하는 과정 자체를 즐겼다. "'조금만 더 있어보자.' 라고 다짐했어요." 그는 자기 자신에게 이렇게 말했다. "재미있으니까."16

웨덤과 만화책 반대 운동가들 때문에 출판사 매출이 감소하자 굿맨은 엠파이어스테이트빌딩에 있던 본사 사무실을 미국 광고 산업의 중심지인 매디슨가에 위치한 더 작은 공간으로 옮겼다. 굿맨의 출판사는 매거진 매니지먼트 주식회사Magazine Management, Inc.라는 이름의 잡지 사업에 거의 모든 힘을 쏟았다. 과거에 한참 발행했던 외설적이고 겉만 번드르르한 음란 잡지에서 그리 달라지지 않은 내용을 수많은 장르에 나눠 찍어 판매했다. 스탠은 홀로 좁은 사무실에서 만화책 부서를 부활시키기 위해 노력했다. 하지만 출판사의 모든 편집자와 작가들은 스탠이 아무리 노력해도 나아지지 않는 상황을 보면서 그를 외면했다.

처참했던 공청회 방송과 코믹스 코드 시행 이후 굿맨은 사업에서 몇 가지 결단을 내렸다. 그중에는 스탠이 만들고 관리했던 만화책 부서를 거

의 파괴하는 것이나 다름없는 결정도 있었다. 만화책 산업의 경기가 좋을 때도 있고 나쁠 때도 있었지만, 굿맨은 자체 배급 라인을 운영했기 때문에 그의 출판물들은 항상 신문 가판대 위에 올라갈 수 있었다. 가판대에서 좋은 자리를 차지하려는 싸움은 끊이지 않았지만, 어쨌거나 만화책과 잡지가 선반 위에 올려졌다.

1956년에 굿맨은 어떻게 하면 출판 수익 외에도 더 많은 돈을 긁어모을 수 있을지 고민했다. 그리고 갖고 있던 배급 라인을 정리하고 출판 산업에서 가장 큰 배급업체를 만들기로 결심했다. 아메리칸 뉴스 컴퍼니American News Company, ANC를 세운 것이다. 이 회사는 세계에서 가장 큰 규모의 도매업체이자 압도적으로 많은 수의 잡지와 만화책을 다루는 주요 배급업체가 되는 것을 목표로 했다. 앞에서만 보면 좋은 결정이었지만, 무대 뒤에서 보는 ANC는 사정이 달랐다. 시장 내 독점을 금지하는 규제 기관과 4년에 걸쳐 피 터지는 싸움을 벌였기 때문이다. 게다가 ANC가 갱단과 관련이 있다는 루머까지 돌았다. 이런 문제들은 정부로 하여금 ANC를 더욱 몰아붙이게 만들었다. 굿맨은 도박을 벌였지만 판은 금세 엎어졌다.

1950년대 초반에 타임리라는 출판사명을 아틀라스 코믹스Atlas Comics로 변경하긴 했지만, 굿맨은 회사 전체의 운명을 난파선 같은 만화책 사업에 의지하고 싶진 않았다. 하지만 그가 회사의 미래를 ANC의 손에 밀어 넣자마자 이 배급 회사의 상황이 더욱 악화되었다. 1957년 1월 ANC에서 가장 성공적으로 판매되던 두 잡지 〈콜리어스Collier's〉와 〈우먼스 홈 컴패니언Woman's Home Companion〉의 배급을 중단했지만, 곧이어 또 비극적인 일이 발생했다. 4월에 ANC의 가장 큰 고객이었던 델 출판사가 만화책과 일반 도서의 배급을 다른 업체에 맡기겠다고 통보한 것이다. 살아남으려고 필사적으로 노력한 ANC는 결국 만화책 배급 부서도 없애버렸다. 이 거대 기업은 그해에 800만 달러를 잃고 직원 8,000명을 해고했다. 만화책 부서를 없앤 지 2달 뒤에는 배급업체 ANC도 완전히 문을 닫아버렸다.

ANC가 실패하자 굿맨과 스탠의 미래도 끝난 것 같았다. 스탠 리는 이렇게 외쳤다. "마치 타이태닉호(1912년 빙산에 부딪혀 침몰한 거대 여객선 – 옮긴이)의 마지막 승객이 된 것 같았습니다!"[17] ANC의 몰락은 출판시장에도 영향을 끼쳤다. 거대 배급업체가 사라지자 수많은 잡지와 만화책 출판사들도 폐업하게 된 것이다. 시장에 남은 독립 배급업자들이 서둘러 비어 있는 권력의 공백을 메꾸었고, 자신의 입맛대로 출판사들을 휘두르거나 문까지 닫게 만들었다. 그 결과, 발행 주기부터 잡지 크기까지 미국 잡지시장의 거의 대부분이 바뀌었다. 출판 산업 전체가 예전보다 획일화되었고, 판매가 저조한 잡지는 거의 한꺼번에 발행이 중단되었다. ANC의 붕괴는 스탠의 만화책 부서뿐 아니라 굿맨의 사업 인생 전체를 무너뜨릴 위기를 가져왔다. 이제 그에겐 잡지들을 다시 가판대에 올려놓을 방법도, 독자들 손에 쥐여줄 방법도 없었다.

굿맨은 남아 있는 출판사라도 살리기 위해 지푸라기를 잡는 심정으로 주요 경쟁사였던 인디펜던트 뉴스Independent News(DC 코믹스가 소유한 배급업체)에 아틀라스 코믹스의 인기 잡지와 만화책을 모두 배급해달라고 간청했다. ANC가 독점 규제 기관과 싸우는 모습을 지켜봤던 인디펜

STAN LEE

던트 뉴스의 임원진들은 굿맨을 도와줬다가 처벌을 받게 될까 봐 두려웠다. 거의 모든 것을 잃었지만, 그래도 굿맨에겐 아직 남은 패가 있었다. 아틀라스의 출판물들, 특히 잡지들을 배급할 경우에 벌어들일 수 있는 수익이 꽤 많았던 것이다. 인디펜던트 뉴스는 자신의 우세한 위치를 이용해 무자비한 조건을 내세워 굿맨과의 계약을 이행했다. 아틀라스가 매달 발간하는 만화책을 단 8개 작품으로 제한한 것이다. 게다가 굿맨은 10년 계약이라는 조항에 동의했는데, 이 조항은 인디펜던트 뉴스가 아틀라스의 미래를 좌우지할 수 있는 권한이나 마찬가지였다.

하룻밤 사이에 만화책 부서가 바닥으로 곤두박질쳤다. 비록 만화책 반대 운동 이후에 수많은 프리랜서들이 회사를 떠나면서 이미 하락세를 겪고 있긴 했지만, 스탠 리는 여전히 다달이 60권에서 70권에 이르는 만화책을 만들고 있었다. 스탠은 편집과 그림 감독 작업을 병행하면서도 만화책들의 내용 대부분을 직접 썼다. 그러나 인디펜던트 뉴스는 단번에 경쟁사를 무력화했고, 새로운 장르가 나올 때마다 만화책을 새로 찍어 시장을 장악하려던 굿맨의 주요 계획을 좌절시켰다. 굿맨과 스탠은 16개 작품의 만화책을 격월로 발행하기로 하고, 〈밀리 더 모델〉, 〈팻시 워커〉, 〈스트레인지 테일스Strange Tales〉, 〈와이어트 어프Wyatt Earp〉, 〈투 건 키드〉 등, 그간 다루었던 모든 장르를 통틀어 가장 잘 팔리는 만화책을 선별했다. 선별된 작품들 외의 만화책 작업은 나중으로 미뤄졌고, 그나마 스탠의 곁에 남아 있던 프리랜서 작가들에게 나눠 줄 일거리도 줄어들었다.

험악한 성격에 싸늘한 눈빛으로 직원들을 뼛속까지 얼려버린다는 명성이 무색하게도 굿맨은 더 이상 필요하지 않은 직원들을 해고하는 힘든 일을 스탠에게 떠넘기고 예전처럼 플로리다로 여행을 떠났다. 스탠은 또 한 번 프리랜서 직원들을 잘라내야 했다. 존 로미타John Romita와 조 시노트Joe Sinnott 같은 대단한 일러스트레이터들도 새 일거리를 찾지 못한 채 예전 자리로 돌아갔다. 친구와 동료들을 해고했던 시기를 떠올리며 스탠 리는 이렇게 말했다. "인생에서 가장 어려운 일이었어요."[18] 심지어는 이미 끝낸 작업에 대한 보수도 받지 못한 채 해고된 프리랜서들도 있었다. 그 결과, 수많은 일러스트레이터들이 만화책 산업보다 더 안정적인 광고 산업이나 기업체로 일자리를 옮겼다.

스탠은 굿맨에게 다음 해고 대상자로 지목될까 봐 두려워하면서 네모난 사무실에 쭈그려 앉아 기획 작업을 다시 시작했다. 그러나 이 편집자에겐 믿을 만한 구석이 몇 가지 있었다. 일단 일하는 속도가 빨랐고, 상사의 먼 친척이었으며, 나중에 다시 불어올 만화책의 인기 바람을 굿맨이 놓치고 싶어 하지 않는다는 것을 알고 있었다. 비록 만화책 수익 규모는 급격히 줄어들었지만 말이다. 굿맨은 훗날 대중들이 다시 만화책을 찾기 시작할 때 독자들이 우르르 열광하는 인기 장르를 돈으로 만들어줄 스탠 리가 필요했다.

친구와 동료들을 해고한 뒤, 회사의 헌신적인 일꾼이자 사람들과 함께 일하기를 좋아했던 스탠은 일자리를 잃고 말 것이라는 두려움과 진로에 대한 불안함에 몸부림쳤다. "신경을 갉아먹는 우울한 기분을 떨칠 수가 없었어요. 마치 내가 내 꼬리를 쫓아다니는 것 같았죠. 그 막막하고 불만스러운 기분에서 도무지 벗어날 수 없었습니다."[19] 하지만 그는

STAN LEE

자신의 기술을 잡지나 영화, 텔레비전 방송에서도 쓸 수 있을 것이라는 생각을 하지 못했기 때문에 굿맨 밑에서 참고 견디며 언젠가 수면 위로 떠오를 다른 기회를 기다렸다. 그게 어떤 기회인지는 알 수 없었지만 말이다.

만화책 산업은 상원 의원의 공청회 이후로 수년간 어려움을 겪었지만, 굿맨의 '출판 기계'는 꾸준히 성장했다. 그의 잡지 부서에서는 할리우드와 텔레비전 방송, 재키 글리슨Jackie Gleason(1950년대 미국 방송계를 주름잡은 배우이자 희극인—옮긴이) 같은 인기 스타들의 소식을 섞은 전통적인 잡지와 로맨스 잡지, 젊은 남성을 겨냥한 좀 더 성적인 내용의 잡지를 발간했다. 굿맨은 남성 잡지 〈에스콰이어Esquire〉를 모방해 만든 〈포 맨 온리For Men Only〉, 〈맨스 월드Man`s World〉, 〈스태그.Stag.〉 같은 잡지들에 적나라하고 파격적인 사진과 내용(포르노에 아주 근접한 수위의 콘텐츠)을 실어 내보냈다. 하지만 오그덴 나시Ogden Nash와 윌리엄 사로얀(스탠 리의 군 동기)같이 당시 가장 높은 인건비를 받던 작가들이 굿맨과 함께 일했다.

스탠은 굿맨의 잡지와 만화책들을 여러모로 검토하고 관리했다. 주로 보안상 문제가 없는지 살펴보았지만, 좋은 점이 무엇인지도 세밀하게 확인했다. 역설적이게도 스탠(과 다른 일반 사람들)이 보기에 〈포커스〉처럼 야한 내용의 할리우드 잡지를 다루는 일이 만화책을 쓰고 편집하는 일보다 훨씬 더 인정받는 것 같았다. 심지어 그런 잡지에는 "나는 왕의 하렘에서 여자를 납치했다I Kidnapped the King's Harem Girl." 나 "다이너마이트 같은 이혼녀들Divorcees are Dynamite"처럼 선정적인 이야기와 외설적인 사진, 자극적인 그림들이 담겨 있는데도 말이다. 그런 야한 이야기에는 꼭 여성의 노출 사진과 풍자, 성적인 내용이 들어 있었다.

DC 코믹스가 〈매드〉지로 성공을 거두자, 1956년에 비슷한 잡지 〈스나푸Snafu〉를 발간한 굿맨은 스탠 리에게 빌 에버렛, 조 매닐리와 같은 유명 일러스트레이터들을 영입하라고 지시했다. 하지만 스탠이 최선을 다해 노력했음에도 〈스나푸〉는 3호를 끝으로 발행이 중단되었다.[20] 빠른 포기는 굿맨의 특징이었다. 그는 잡지가 인기를 얻어 탄력을 받을 때까지 기다리지 않았다. 만일 독자들의 흥미가 떨어졌거나 다른 데로 옮겨 갔다 싶으면 발행 중이던 잡지를 당장 던져버리고 다음으로 유행할 만한 것을 찾아다녔다. 그 유행거리를 바로 찾을 수 없을 때는 가지고 있던 콘텐츠를 다른 잡지에 가져다 썼다. 기존에 있던 기사를 제목만 눈에 띄게 다시 만들어 다른 잡지 속에 끼워 넣는 식이었다. 굿맨은 출판계에 있는 동안 법에 저촉되는 단어를 쓰거나 완전히 불법적인 행위를 벌여 미국 연방거래위원회의 제재를 받은 적이 여러 번이었다.

1958년 6월에 스탠 리는 과거에 함께 일했던 일러스트레이터 2명을 불렀다. 스티브 딧코Steve Ditko와 그의 상사였던 잭 커비였다. 두 사람은 일자리가 필요했다. 특히 커비는 경쟁사였던 DC 코믹스와 일하다가 해고당하면서 회사와 인연을 끊었지만, 함께 파트너로 일했던 조 사이먼이 광고 산업으로 활동 분야를 옮기자 일을 구하기가 더욱 어려운 상태였다. 고르고 선택할 만큼 일거리를 제공하는 곳이 많지도 않았을뿐더러 다른 출판사들은 대부분 작업 보수를 낮추려 들었다. 커비에게는 선택의 여지가 별로 없었다. 스탠의 만화책 업무를 거의 무시하다시피

했던 굿맨은 자신의 편집자가 예전에 함께 일했던 유명 일러스트레이터를 고용한 사실을 눈치채고도 그냥 넘겨버렸다. 심지어 굿맨과 커비 사이에는 〈캡틴 아메리카〉의 수익금과 관련해 아직 해결하지 못한 앙금이 남아 있었는데도 말이다.

스탠 리는 두 사람을 공상과학과 판타지 장르에 투입시켰다. 딧코의 유려한 그림 스타일과 정확한 모양과 크기를 집어내는 센스가 이 장르와 완벽하게 맞아떨어졌다. 커비는 유쾌한 기분은 아니었지만 급여를 보고 일했다. 스탠보다 더 힘들고 가난한 어린 시절을 보낸 커비는 가족들을 먹여 살리는 데 필사적이었다. 스탠이 그에게 괴물 그림을 요구하면 그는 괴물 그림을 책으로 만들어 가져갈 만큼 최선을 다해 일했다.

스탠과 커비는 만화책 사업에 의구심을 갖고 있었으나 둘 다 일이 필요했다. 그들은 다른 사람들이 따라잡기 어려운 능력으로 일하는 사람들이었다. 스탠이 잡지 업무까지 도맡아 했지만, 만화책 부서의 활약이 미미하자 굿맨은 의도적으로 스탠을 무시하고 모욕했다. 스탠은 그의 상사이자 친척이 말 한마디 없이 자신을 지나쳐 걸어간 일을 아직도 기억했다. 그 고요했던 순간, 귀가 먹먹하도록 크고 정확한 메시지가 스탠의 귀에 꽂혔다고 한다. "그러니까, 우리는 마치 물속으로 가라앉는 배에 갇힌 생쥐 꼴이 된 겁니다. 탈출해야만 했어요."[21] 커비의 입장에서도, 그는 굿맨의 회사에서 "난파된" 기분이었다고 한다.

스탠과 커비, 딧코는 자신들이 곧 만화책 산업과 대중문화에 영원히 기록될 혁명을 일으키게 되리라는 사실을 그 누구도 알아채지 못했다.

홀대받던 만화를
현대 신화로

2부

6장

새로운 히어로의 탄생,
판타스틱 4

고성능 컨버터블 한 대가 롱아일랜드를 향해 질주했다. 핸들을 잡은 스탠 리는 앞을 제대로 보지도 않고 액셀을 밟았다. 오른쪽 조수석에는 잭 커비가 담배를 질겅이며 앉아 있었고, 스탠이 좋아하는 또 한 명의 일러스트레이터 존 로미타가 그 뒷좌석에서 조수석을 움켜잡고는 살아서 내릴 수 있기를 기도하며 앞에 앉은 두 사람과 도로를 수시로 번갈아 쳐다보았다.

스탠은 쉴 새 없이 떠들었다. 거친 맞바람과 도시 속 굉음을 뚫고 슈퍼히어로 4명의 우주 모험 이야기를 고래고래 외쳐댔다. 지구로 돌아오던 중 우주선이 폭발하고, 그로 인해 우주 방사선인 감마선에 노출된 멤버들은 강력한 초능력을 얻는다. 히어로들은 새로 얻은 능력을 모아 악당을 무찌르기로 맹세한다.

커비가 담배 연기를 훅 내뱉으며 스탠의 말에 반응했다. 그는 세찬

STAN LEE

바람이 몰아치는 와중에도 입술 한쪽 끝에서 다른 쪽 끝으로 담배를 바꿔 물어가며 끼어들 타이밍을 기다렸다. 그리고 스탠이 액셀을 밟는 순간 이야기 구성과 내용에 대한 논쟁이 시작되었다.

스탠은 태연하게 핸들을 틀어 옆 차선에서 달리던 자동차들 사이로 비집고 들어갔다. 커비는 이야기 구성에 몰입한 나머지 스탠의 과격한 운전은 개의치 않는 듯했다. 스토리에 대해 언쟁하는 두 사람의 모습을 지켜보던 로미타는 둘 다 서로의 말을 듣고 있지 않다는 사실을 깨달았다. 로미타는 과거를 회상하며 이렇게 말했다. "각자 자기 생각에 빠져 있었어요. 상대편 이야기를 듣지도 않았지요. … 스토리에 대한 관점이 달라서 앞으로 어떻게 일이 진행될지 도저히 예측할 수 없었습니다."[1]

두 사람의 언쟁은 커비의 집이 있는 롱아일랜드 이스트 윌리스턴에 도착해서야 끝이 났다. 그곳은 인구가 3,000명도 안 되는 자그마한 전원 마을이었다. 이 작은 동네는 위대한 예술가 잭 커비가 어린 시절을 보낸 범죄 거리 로어이스트사이드에서 멀리 떨어진 곳이었다.

스탠과 커비는 롱아일랜드를 향해 총알처럼 내달리는 컨버터블에서나 전화상에서, 또는 엠파이어스테이트빌딩에 있는 스탠의 비좁은 사무실에서 시도 때도 없이 토론을 벌였고, 이런 회의 방식은 1960년대 슈퍼히어로 스토리를 탄생시킨 비결이 되었다. 작가와 일러스트레이터 모두 그때는 몰랐겠지만, 그들이 벌인 논쟁과 수많은 시도들은 이후에 만화책이 만들어지는 방식을 완전히 뒤바꿔버렸다.

그들은 스토리텔링과 이야기 구성, 시각적 표현을 모두 섞은 새로운 작법(훗날 '마블 작법Marvel Method'으로 불린다)을 사용했다. 과거에 일러스트레이터는 그저 대본에 따라 그림을 그렸지만, 스탠과 커비는 어떻게 작품을 마무리할지 함께 고민했다. 스탠 리가 커비와 함께 도입한 새로운 창작 방식은 작품을 완성하는 데 두 사람 모두에게 도움이 되었다. 독자들이 새로운 슈퍼히어로 팀에 열광하자, 두 사람은 이제 새로운 시대가 열리기 시작했음을 깨달았다.

이 모든 것이 감마선과 '판타스틱 4'에서 시작된 일이었다!

행성이 폭발하는 모습을 시작으로 권총이 발사되고 기차 한 대가 기다랗게 굽은 길을 정신없이 달리는 〈슈퍼맨의 모험 The Adventures of Superman〉 오프닝 장면이 눈앞에서 펼쳐지자 관객들은 등골에 전율을 느꼈다. "우리의 영웅은 '진실, 정의, 그리고 미국의 가치관'을 위해 싸운다."라는 성우의 외침과 함께 오케스트라 연주가 울려 퍼졌다. 큰 키에 넓은 어깨, 뒤로 빗어 넘긴 흑발의 배우 조지 리브스 George Reeves가 제리 시겔 Jerry Siegel과 죠 슈스터 Joe Shuster가 만들어낸 캐릭터에 생명을 불어 넣었다. 1950년대에 돌풍을 일으킨 〈슈퍼맨의 모험〉은 미국 전역의 방송 채널을 마비시켰다.

〈슈퍼맨의 모험〉이 성공하자 굿맨의 최대 경쟁자였던 DC 코믹스 편집부장 줄리어스 슈왈츠 Julius 'Julie' Schwartz는 슈퍼히어로의 인기가 만화책에까지 확장될 것이라고 생각했다. 그는 1944년부터 〈원더우먼〉과 〈플래시〉, 〈그린 랜턴〉의 편집을 담당하고 있었다. 웨넘 박사가 지속적

STAN LEE

으로 만화 검열 운동을 벌이고 텔레비전이라는 만만찮은 경쟁자가 버티고 있는 상황이었지만, 슈왈츠는 DC가 슈퍼히어로물에 집중한다면 창창한 미래를 보장받을 수 있을 것이라고 판단했다.

1956년 초에 그는 〈플래시〉, 〈그린 랜턴〉, 〈호크맨Hawkman〉, 〈아톰Atom〉, 그 밖의 다른 캐릭터들을 능가하는 새로운 버전의 슈퍼히어로물을 만들어야 한다며 용의주도하게 회사를 압박했다. 역시 하나가 터지자 다른 것도 터졌다. 〈플래시〉가 빠르게 성공한 데 이어 '저스티스 소사이어티 오브 아메리카'를 본떠 만든 슈퍼히어로 팀을 세상에 알렸고, 그들은 자연스럽게 1951년을 주름잡았다. '저스티스 리그 오브 아메리카Justice League of America'와 조금 다른 이름을 가진 이 새로운 팀은 1960년 3월에 발간된 〈브레이브 앤 더 볼드Brave and the Bold〉 28편(1960년 3월)에 처음으로 모습을 드러냈다.[2] 비록 책 표지에 그려진 슈퍼히어로 팀에는 슈퍼맨이 없었지만, 나중에는 슈퍼맨과 배트맨 모두 팀 멤버라는 사실이 밝혀졌다. 슈퍼맨이 만화책과 텔레비전에 동시에 등장하고 새로운 슈퍼히어로 팀에까지 합류하자 DC 코믹스의 전신인 내셔널 코믹스National Comics는 만화 산업의 최정상 자리를 차지했다.[3]

만화 출판계에는 슈왈츠 말고도 슈퍼맨과 그의 동료들이 재기하는 모습을 지켜보는 눈이 있었다. 마틴 굿맨 역시 조금씩 피어오르는 유행의 냄새를 맡았고, 그 한가운데로 뛰어들고 싶어 했다. 그는 혁신에는 관심 없었다. 오직 이익만 생각했다. 굿맨에게는 언뜻 단순해 보이는 원칙 하나가 있었는데, 바로 "최대한 신속하게 탑을 옮겨라."였다. 일생 동안 카우보이 이야기를 좋아했고 공상과학소설에도 조금 관심이 있었지만, 그저 잡지와 만화책을 대하는 그의 철학만큼 얄팍했다. 두 매체 모두 그에게는 돈을 만들어내는 상품에 지나지 않았다.

근본적으로 굿맨의 사업적 재능은 경쟁사가 해놓은 일들이 무엇인지 알아내어 뻔뻔하게 그대로 따라 하는 데 집중되어 있었다. 설령 그것이 그의 출판 왕국을 온전히 유지하면서도 그중 일부만을 보호하기 위해 유령 회사를 여럿 세우는 일이든, 경쟁사가 밀고 있는 매력적인 장르가 무엇인지 알아내 다음 유행이 나타날 때까지 그 작전에 편승하는 것이든 말이다. 마치 산업계 대부분이 시장을 이끌어가는 리더의 행보를 뒤따르는 것과 같았다. 만화 출판계의 거의 모든 사업가들은 서로를 잘 알고 있으며, 함께 카드놀이를 하고, 술을 마시고, 같은 최고급 레스토랑에서 식사를 하고, 마이애미비치에서 휴가를 보낸다. 비록 신문 가판대에서 더 좋은 자리를 차지하겠다고 싸우긴 하지만, 그들은 자기들끼리 똘똘 뭉친 원시 부족처럼 만화책과 출판계의 공통 사안을 서로 공유했다. 부정적인 시선 때문에 만화와 잡지를 시장에서 찾아보기 어렵게 된 이후로 말이다.[4]

1940년대 중반부터 1960년대 초반까지 몇십 년 동안 굿맨은 돈을 만들 수 있는 일은 모조리 다 했다. 그는 수익을 올리려고 비양심적인 방법이나 콘텐츠도 자주 사용했다. 인간의 가장 저급한 호기심을 건드리는 〈포 맨 온리〉나 〈스태그〉 같은 잡지에는 흥미를 자극할 만한 내용물을 담기 위해 기본적으로 선정적인 사진이나 끔찍한 범죄 장면 사진, 유명한 할리우드 스타들의 영화 장면들을 무단으로 복사해 넣었다. 굿맨은 잡지사 직원과 프리랜서들에게 모델이 되라고 종용하기도 했다.

STAN LEE

그러면 실제 모델이나 배우를 섭외하는 데 드는 비용을 줄일 수 있었기 때문이다.[5] 한 권에 10센트에 불과한 만화책보다는 한 권에 25센트를 벌 수 있는 〈스태그〉나 다른 음탕한 잡지들이 굿맨에게는 보너스와 같았다.

치열한 출판 사업에서 수익성이란 원가 비용을 절감하고 도처에 있는 위험 부담을 피하는 것을 의미했다. 굿맨은 만화책을 사는 사람들 대부분이 싸우는 그림으로 가득 찬 날뛰고 설치는 내용을 좋아하는 어린아이나 남자 청소년, 아니면 생각 없는 성인일 것이라고 믿었다. 굿맨의 생각대로라면 그들은 만화 내용의 질에는 전혀 관심이 없었다. 그는 직원들에게 회사의 전통적인 방식으로 일하라고 강요했다. 새로운 유행과 장르를 선도하는 경쟁사를 모방하는 것으로 유명한 이 출판사 대표는 이렇게 외쳤다. "인기 많은 장르를 하나 찾으면 거기에 몇 가지만 더 붙여서 팔아라. 그러면 괜찮은 수익을 얻을 수 있을 것이다."[6]

스탠 리도 예술적 성취에 대해서는 생각하지 않았다. 한때는 위대한 소설을 쓰거나 영화계에 들어가겠다는 꿈이 있었지만, 굿맨 밑에서 오랫동안 일하며 그 꿈을 접었다. 그는 현실을 알았다. 출판업이란 돈을 만드는 사업이었다. 이제 그가 가장 중요하게 생각하는 것은 팔릴 만한 작품을 생산해내는 일이었다. 하지만 스탠은 그 어딘가에 단순히 수익을 내는 것보다 더 중요한 무언가가 있을 것이라고도 생각했다. 그는 만화책이 젊은이들의 삶에서 중요한 역할을 할 수 있다고 믿었다. 글 배우는 데 도움이 되거나 훗날 그들의 삶에 힘이 될 상상력을 일깨워주는 것과 같은 역할을 말이다.

이런 충동들이 스탠 리의 가슴속에서 요동쳤다. 굿맨의 전략에 부응하려면 가차 없는 속도로 만화책을 쓰고 편집해야 했고, 그런 반복된 생활은 그의 양심을 앗아 갔다. 그는 만화책 부서의 편집자이자 작가, 아트 디렉터로 일했지만, 그저 쳇바퀴 도는 삶을 사는 것만 같았다. '만화책으로 내 인생을 낭비하고 있는 게 아닐까?' 그는 의문이 들었다. "매번 똑같은 일들만 하고 또 하는 것 같았어요. 어떤 경제적 보상을 받겠다거나 창의적인 만족감을 얻겠다는 희망은 하나도 없이 말이지요."[7] 1960년, 만화책 사업에 종사한 지 20년이 다 되어가는 시점에서 스탠의 인내심은 한계에 다다랐다. 우울한 기분에 사로잡히고 지쳐버린 그는 이젠 정말 다른 길을 찾아 떠나야겠다고 생각했다. 만화시장에 가득한 고리타분한 주제와 구성, 캐릭터들에서 정말이지 벗어나고 싶었다.

마흔이 되기까지 아직 몇 년은 더 남은 스탠 리는 힘들었던 어린 시절을 떠올리며 마냥 낙관적인 생각은 뒤로한 채 자신이 가진 선택지가 무엇인지 신중하게 고민했다. 대공황 시절 오랫동안 직업을 구하지 못한 아버지가 극심한 괴로움에 몸부림치는 모습을 보고 자란 스탠은 일을 그만둔다는 생각만으로도 뿌리 깊은 절망감을 느꼈다. 아버지 제이콥 리버가 직장을 잃었을 때 그의 나이는 지금 스탠의 나이보다 조금 더 많았고, 그때 이후로 그의 작은 가정은 모두 산산조각 나고 말았다. 스탠은 아버지의 계속된 실업 상태로 부모가 서로 얼마나 싸웠는지, 두 사람의 결혼 생활이 얼마나 망가졌는지를 절대로 잊을 수가 없었다.

결정을 해야 했다. 스탠은 서로 충돌하는 2개의 선택지를 견주어보았다. 하나는 안정적이고 행복한 가정생활을 유지시켜주는 고정 급여

를 계속 받는 것이고, 다른 하나는 재미없는 만화책을 쉼 없이 만들면서 얻게 된 끝없는 우울감에서 벗어나는 것이었다. 인정받는 작가이자 편집 디렉터로서 스탠은 〈틴에이지 로맨스Teen-Age Romance〉, 〈라이프 위드 밀리Life with Millie〉 같은 청소년 로맨스와 휴먼 드라마, 〈로하이드 키드Rawhide Kid〉, 〈와이어트 어프〉, 〈투 건 키드〉 같은 서부 만화를 오랜 시간 동안 쓰고 편집해왔다. 〈스트레인지 테일스〉와 〈저니 인투 미스터리Journey into Mystery〉 등의 독자를 놀라게 하는 괴물 이야기나 반전 결말의 만화책을 쓰는 데에도 많은 시간을 들였다.

그는 작업을 진행하면서 만화책 사업이 망했다고 느꼈다. 1950년대에 들어서며 하락하기 시작하던 판매 수익은 1950년대 말에는 완전히 바닥으로 곤두박질쳤다. 만화시장에 큰 상처를 입힐 만큼 격렬했던 대중들의 비난은 스탠을 한층 더 불행하게 만들었다. 그는 이렇게 말했다. "우리는 그 괴물 이야기들을 분별없이 생산해냈습니다. 만화책을 자동차 무게만큼 만들어 내보냈지만 별다른 일은 벌어지지 않았어요."[8] 어떤 방향으로 고개를 돌려도 압박감이 몰려왔다. 돈을 위해 그 자리에 그대로 있으면서 굿맨의 요구에 따라 새롭지 않은 캐릭터들만 계속 만들면서 살아야 할지, 아니면 그 자신도 모르는 미래를 위해 자리를 박차고 나가야 할지 선택할 수가 없었다.

1961년 여름, 스탠 리가 움직이기 시작했다. 그는 이류 출판사를 유명하게 만들어줄 슈퍼히어로 팀을 결성하기로 결심하고 곧장 멤버들을 모으는 작업에 돌입했다. 서로 전혀 다른 인물들을 모아놓은 '저스티스 소사이어티'나 '저스티스 리그'와 달리, 그는 사람들이 실생활에서 경험하는 일들을 똑같이 겪는 진짜 가족 같은 팀을 만들기로 했다. 스탠이 생각하기에 그들과 진짜 가족들에게 한 가지 다른 점이 있다면, 이 슈퍼히어로들은 자신이 원하지 않았던 초능력을 다루어야 한다는 것이었다. 그는 궁금했다. '옆집이나 길 건너에 살던 사람들이 우주선 폭발 사고를 겪고 나서 세상을 더 발전시키거나 망하게 할 수 있는 능력을 갖게 된다면 어떻게 반응할까?'

스탠은 '비현실적'인 것을 현실적으로 만들고 싶었다고 말한다. "비범한 사람들을 비범한 상황에 집어넣고서 그들이 평범한 사람처럼 행동하게 만드는 거죠. 평범한 사람이라면 거부할 수 없었을 거예요." 그는 어린 시절 자신을 매료시켰던 책과 라디오 방송에 대한 기억을 되짚으며 자신의 마음을 끌었던 이야기들을 따라 했다. "현실에 살고 있는 것 같은 슈퍼히어로 한 명을 가족이라는 테두리 안에 넣으면 고전적인 재밌는 소설 하나가 완성됩니다."9

강렬하고 극적인 영화 속 한 장면처럼(그리고 가족들 대부분의 마음에 있는 것처럼), 스탠은 주인공 리드 리처드와 수전 스톰의 사랑 이야기로 무대를 열었다. 성격이 불같은 수전의 남동생 조니를 등장시켜 이야기에 드라마와 가족 역동성(가족 구조 안의 구성원 사이에서 발생하는 상호작용-옮긴이)을 불어넣었고, 벤 그림을 끝으로 이 새로운 팀을 완성시켰다. 벤이 '더 씽The Thing'으로 변하자 이 팀은 재미있는 안정감과 인간애를 갖

STAN LEE

게 되었다. 이 괴물의 겉모습 뒤에는 부드러운 영혼이 숨겨져 있었다. 팀 구성원 사이에 이야기를 나누는 모습은 간혹 독자들을 웃기는 감초 역할을 했는데, 스탠은 캐릭터들의 그런 모습이 이 만화의 핵심이라고 보았다. "나는 영화나 드라마의 인물들처럼, 캐릭터들이 정말 개개인의 삶을 살고 있다고 생각하고 일하는 걸 좋아합니다. 그러면 대화를 쓰거나 상황을 만드는 게 쉬워지지요."[10] 애정으로 똘똘 뭉친 이 인물들 넷은 서로 사랑하지만 삐걱거리기도 하는 가족으로서 그들의 새로운 능력으로 겪게 되는 무수한 문제를 헤쳐 나간다.

스탠은 현실 속의 문제들을 이야기의 배경과 설정으로 끌어다 썼다. 이 슈퍼히어로 팀은 위험을 무릅쓰고 우주선에 탑승해 "별들을 향해" 날아간다. 당시 '공산주의자'라고 불렸던 소비에트 연방(1922년에 결성되어 1991년에 해체된 러시아의 소비에트 사회주의 연방 공화국, 즉 소련을 일컫는다-옮긴이)에 대적하기 위해서였다. 실제로 러시아는 인공위성 스푸트니크호를 세계 최초로 발사해 미국을 앞질렀고, 1960년에는 '벨카'와 '스트렐카'라는 두 마리 개를 위성에 실어 우주 밖으로 보냈다. 스탠은 역사를 수정하는 방식으로 이야기를 구성한 것이다.

슈퍼히어로 팀이 첫 슈퍼빌런super villain(초능력을 가진 악당-옮긴이) 몰맨Mole Man과 맞서 싸우게 되었을 때, 그들은 굉장히 위급한 상황에 처해 있었다. 몰맨이 "철의 장막(2차 세계대전 이후 미국과 소련 양 대국을 중심으로 냉전 시대가 시작되었는데, 그 경계선에 있던 대륙 라인을 '철의 장막'이라고 불렀다-옮긴이) 뒤에 있던 원자력 공장"과 아프리카에 있는 프랑스 공장을 파괴해버렸기 때문이다. 이렇게 현실을 반영한 설정들과 더불어 당시 유행했던 연예인 문화에 따라 슈퍼히어로들의 일상적인 모습을 계속해서 보여주자, 슈퍼히어로 이야기는 더욱 재미있어졌다. 익숙한 장소들, 실제로 사용되는 용어들을 통해 독자들은 만화 속 주인공들이 처한 곤경을 더욱 잘 이해할 수 있었다.

이 대서사시의 그림을 그려줄 사람을 정하는 일은 무척 쉬웠다. 수년간 스탠을 위해 온갖 만화책 표지와 스토리에 충실하게 그림을 그려온 잭 커비는 회사 고유의 스타일을 창조해냈다. 커비가 그린 공간 표현과 액션 장면을 보고 있자면, 만화 속 캐릭터가 휘두르는 주먹의 힘이나 거대한 우주 괴물이 도시 한복판을 걸어 다니며 만들어내는 땅의 흔들림이 그대로 느껴지는 것만 같았다. 커비에게 그림 작업을 맡긴 것에 대해 스탠은 이렇게 말했다. "잭과 미리 상의하지는 않았습니다. 일단 이야기를 먼저 쓴 다음에 잭에게 '당신이 그려줘야 한다.'라고 말했지요. 내가 아는 한 그 작품을 가장 잘 표현해낼 사람이었으니까요."[11] 스탠에 따르면, "커비는 잊을 수 없을 만큼 대단한 장면들을 마음속으로 시각화하는 이상한 능력을 갖고 있었어요. 그는 엄청난 상상력으로 먼저 그림을 떠올리고 나서 이후에는 그 그림을 종이 위에 옮겨 그리기만 하면 되었지요."[12]

도시 바닥을 뚫고 올라온 무시무시한 초록색 괴물이 한 손으로 금발의 투명 인간을 움켜잡고 있고, 그 주위를 인간 불꽃이 원을 그리며 날아다닌다. 뒤쪽에서 시민 몇 명이 두려움에 떨고 있다. 독자들 눈에 괴물처럼 보이는 캐릭터의 뒷모습과 늘어난 팔다리로 자신의 온몸을 감았던 밧줄을 풀고 있는 남자도 보인다. 이들을 소개하는 글상자 안에는

STAN LEE

캐릭터들의 이름과 함께 이렇게 적혀 있다. "위력적인 만화 잡지 한 권에 사상 최초로 모두 모이다!"

'판타스틱 4'가 세상에 나온 것이다!

첫 번째 발행본의 표지였던 이 그림은 극적이고 강렬했지만, 독자들의 눈을 사로잡은 것은 빨간색 볼드체로 멋들어지게 쓰여 있는 '판타스틱 4'라는 제목이었다. 금방이라도 종이 위로 튀어나올 것만 같은 이 글씨체는 냉전 시대 초기에 원자력 시대가 언급될 때마다 흔히 쓰이던 방식이었다. 제목 옆 자그마한 칸 안에는 대문자 'M'과 소문자 'c'가 위아래로 쓰여 있었다. 이미 스탠 리와 커비는 이 작품과 다른 출판사의 만화책을 차별화하는 방식으로 '마블 코믹스Marvel Comics'를 생각해 두었던 것이다.

스탠은 입체적인 방식으로 이야기를 풀어내기 위해 〈판타스틱 4〉 1편을 4개 파트로 구성했다. 독자들은 표지를 통해 히어로들이 괴물과 싸우게 될 것을 미리 알지만, 세 번째 파트가 될 때까지 그 내용이 무엇인지는 볼 수 없었다. 처음 2개 파트가 전체 스토리의 배경을 설명하는 내용이었기 때문이다.

맨 앞부분에는 리드 리처드가 팀원들을 모으기 위해 하늘에 날린 '4'라는 연기 신호를 보고서 두려움에 떠는 시민들과 경찰의 모습이 그려졌다. 괴물처럼 생긴 더 씽(벤)을 목격한 경찰들은 '외계 침공'의 전조라고 판단하고 공격을 준비하고, 더 씽은 그들을 피하려고 땅 아래 하수도 공간으로 내려가 이동한다. 나중에, 미국 정부는 휴먼 토치(조니)를 막기 위해 제트 전투기를 쏘아 보내고 핵미사일을 발사하지만, 미스터 판타스틱Mister Fantastic(리드)이 나타나 조니뿐 아니라 시민들까지 구한다. "아무도 다치지 않도록 그 파괴적인 힘을 가진 미사일을 저 멀리에 있는 바다 위로 던져 폭파시킨 것이다."

다음 파트는 리드와 벤이 실험용 우주로켓의 안전성과 '우주 방사선' 속을 돌아다닐 경우 생길 수 있는 문제에 대해 논쟁을 벌이는 장면으로 시작한다. 벤은 고장 위험이 있는 우주선을 조종하고 싶지 않았지만, '공산주의자들'이 무서운 거냐며 "겁쟁이"라고 놀리는 수전의 말에 욱해서 비행을 승낙한다. 곧이어 진홍색 우주복에 파란 헬멧을 착용한 팀원들이 경비원들을 피해 우주선 속으로 들어간다. 그 뒤를 이어 책 전체를 통틀어 커비의 능력을 가장 잘 살린 장면이 나온다. 바로 우주 방사선이 우주선을 뚫고 들어가는 바람에 벤이 쓰러지고 조니가 불타오르는 장면이다. 그 생생한 장면을 보면, 마치 소년이 입고 있던 우주복의 타는 냄새까지 맡을 수 있을 것만 같았다.

우주선 사고 후, 충격에 얼떨떨하고 화가 난 팀원들이 난파 우주선의 잔해 위로 다시 나타난다. 맨 먼저 충격적인 모습을 보여주는 멤버는 수전이었다. 그녀는 서서히 투명해졌고, 나머지 팀원들은 공포에 사로잡혔다. 남동생 조니가 놀란 목소리로 묻는다. "모… 모습이 다시 돌아오지 않으면 어떡하지?" 다음으로 벤이 분노하기 시작하면서 주황색 괴물로 변한다. 마치 자잘하게 금이 간 거대한 바위 같은 모습이었다. 그는 그동안 숨겨왔던 수전에 대한 마음을 밝히며 소리친다. "수전, 당신이 사랑할 사람은 그가 아니라는 걸 보여주겠어." 그러고는 옆에 있던 커다란 나무를 통째로 뽑아 리드를 향해 휘두르지만, 리드는 목과

STAN LEE

몸을 고무처럼 늘려 벤의 공격을 피한다. 자신의 능력을 알게 된 리드는 늘어나는 팔을 이용해 벤을 친친 감는다. 마지막으로 조니가 불꽃으로 변하고 주변이 불타오르기 시작한다. 그들은 함께 모여 생각한다. "우리가 변했어! 우리 모두 말이야! 이제 그냥 인간이 아니야." 벤이 팀을 대변해서 말한다. "이 힘으로 인류를 도와야 해." 그렇게 그들은 '판타스틱 4'라는 이름 아래 하나로 뭉친다.

〈판타스틱 4〉 1편의 마지막 2개 파트에서는 보라색 점프 슈트를 입은 팀원들이 불가사의한 힘에 이끌려 '괴물 섬Monster Isle.'을 찾아간다. 그곳에서 그들은 머리가 셋 달린 날아다니는 괴물, 거대한 바위 괴물, 표지에 실린 초록색 거인 등 수많은 괴물들과 맞서 싸운다. 휴먼 토치의 불을 이용해 몰맨을 방해한 판타스틱 4는 몰맨과 괴물 섬 밑에 있던 괴물들을 극적으로 물리친다. 그러고는 앞으로 펼쳐질 자신들의 운명을 엄숙하게 받아들이며, 제트기를 타고 섬을 떠난다.

커비와 스탠의 협력으로 〈판타스틱 4〉가 탄생했지만, 둘 중 어느 누구도 이 만화가 성공할 것이라고는 기대하지 않았다. "좋아, 됐어." 스탠은 생각했다. '이제 잘리겠지. 그건 내가 어떻게 할 수 있는 일이 아니야.'[13]

스탠은 이 작품을 자랑스러워했고, 그에 따르는 위험 부담도 기꺼이 감수할 수 있었다. 하지만 스탠과 커비 두 사람 모두 〈판타스틱 4〉가 성공하리라는 말을 기다릴 여유는 없었다. 미국 만화책은 표지 앞면에 찍힌 발행일보다 석 달 앞서 출판되지만, 판매량을 확인하기까지는 몇 달이 더 걸렸다. 게다가 두 사람은 굿맨이 DC 코믹스의 배급업체와 합의

한 혹독한 계약을 이행하기 위해 당장 쉬지 않고 일해 10~12개 작품에 이르는 만화책을 만들어내야만 했다. 그중에는 〈판타스틱 4〉의 다음 편도 포함되어 있었다.

빡빡한 인쇄 마감 일정과 배급 날짜를 맞추기 위해 열심히 달리던 중 스탠 리와 그의 팀은 전혀 새로운 경험을 하게 되었다. 마블 본사로 팬레터가 오기 시작한 것이다. 독자들은 새로 등장한 슈퍼히어로 팀에 열광했다. 스탠의 말에 따르면, 독자에게 팬레터를 받은 것은 사실상 전례가 없던 일이었다. 파손된 책을 사 간 독자들이 보낸 환불 요청 편지를 받은 경우는 있었지만 말이다.

커비와 스탠은 처벌을 받기는커녕 금광을 캐냈다. "편지가 쌓였어요. 새로운 발행본이 출간될수록 더 많은 팬레터가 날아왔습니다."[14] 몇 달 뒤에 들어온 판매 수익은 만화책이 인기를 되찾았음을 보여주었다. 스탠에게도 갑작스러운 성공이었다. "그 정도로 잘 팔릴 줄은 전혀 몰랐습니다."[15]

팬레터에 대한 답으로, 스탠 리는 마블이나 만화책 부서 직원들에 관한 뒷이야기를 친근한 어조의 칼럼으로 써서 만화책 페이지에 싣기 시작했다. 표면적으로는 농담을 하듯이 팬들과 소통하는 모습이 가벼워 보이기도 했지만, 시간이 흘러 돌이켜보면 그렇게 쌓아 올린 연대감은 대중들로 하여금 스탠 리를 마블뿐 아니라 만화책 산업을 대표하는 모습으로 인식하게 만드는 중요한 연결 고리가 되었다. 모든 독자들에게 그는 흡사 항상 재치 있게 말을 건네고, 회사에서 일어나는 소문의 진상을 알고 있는 특별한 삼촌 같았다.

STAN LEE

독자들과 작가이자 편집자 사이의 재미있는 교류 덕에 수많은 어린 이들이 그의 영원한 팬이 되었다. 독자들은 마치 자신이 뉴욕에서 스탠과 그의 '작업실' 동료들과 함께 지내고 있는 듯한 기분을 느꼈다. 스탠은 동료들에게 그들의 능력과 별난 성격에 걸맞은 가지각색의 별명을 붙여주었고, 독자들이 그대로 상상하게끔 만들었다. 사람들을 즐겁게 만드는 데 타고난 소질이 있었던 스탠 리는 만화책 뒷이야기를 쓰며 새로운 행복을 느꼈다. 〈판타스틱 4〉를 만들면서 벌인 혼자만의 게임에서 승리를 거둔 것이다.

〈판타스틱 4〉가 엄청난 판매량을 보였지만, 너무 늦은 연말에 발행된 탓에 마블은 1961년 총 판매 실적에 그 수치를 넣지 않았다.[16] 만일 이 만화가 그해에 마블의 베스트셀러로 올라갔다면 누구든 그 판매량이 〈테일즈 투 어스토니시Tales to Astonish〉가 머문 40위 랭킹의 18만 5,000부를 훨씬 뛰어넘었음을 알 수 있을 것이다. 비교해보자면, 1961년 1위를 차지한 〈엉클 스크루지Uncle Scrooge〉(델 출판사)는 선금 지급 독자 수 paid circulation(발행 전에 받는 구독료로 측정되는 판매량 수치-옮긴이)로 85만 부가 넘는 판매량을 기록했고, DC의 〈슈퍼맨〉은 82만 부에 그쳤다. 출판사들이 보고하는 판매 부수 기준으로는 몇 년간 공식 판매 순위에 오르지 못하던 〈판타스틱 4〉는 1966년이 되어서야 32만 9,000부 판매량과 함께 19위를 기록한다.

매디슨가에 위치한 마블 본사로 쏟아지는 수많은 팬레터와 독자들의 열광적인 반응은 스탠 리의 밝은 미래를 보여주는 분수령과 같았다. 1961년에 DC의 〈저스티스 리그 오브 아메리카〉가 만화책예술과학상

Academy of Comic Book Arts and Sciences(1961년부터 1970년까지 우수한 내용으로 독자들에게 큰 인기를 얻은 만화책에 수여된 상으로, 여러 차례 그 이름이 바뀌었으며 '앨리상Alley Award' 이라고도 불린다 — 옮긴이)을 수상했지만, 그다음 해에는 〈판타스틱 4〉가 그 영광을 이어받았다. 마블 혁명이 시작된 것이다.

마블 시대Marvel Age가 불타오르자 음악가나 영화 제작자, 운동선수 등 다른 모든 분야의 위대한 2인조들과 마찬가지로 스탠과 커비도 자신들의 특별한 역량을 더욱더 발휘하기 시작했다. 비록 몇 년 뒤에는 〈판타스틱 4〉를 두고 저작권 싸움을 벌이긴 하지만 말이다. 아무도 흉내 낼 수 없는 커비의 예술적인 기술 덕분에 독자들은 만화책을 뚫고 나온 듯한 슈퍼히어로 팀의 엄청난 에너지와 그들이 경험하는 우주 공간의 공허함을 함께 느꼈고, 액션 장면에서는 마치 자신들이 팔을 몇백 미터씩 늘리거나 불꽃으로 타오르는 슈퍼히어로가 된 것만 같은 기분이었다. 스탠 리는 문장가 그 자체였다. 그는 분명한 대화 표현과 특유의 재잘거리는 말투로 슈퍼히어로 팀과 무시무시한 악당들에게 자신의 특징을 뚜렷하게 새겨놓았다.

중요한 것은 1961년 당시 스탠과 커비 두 사람 모두 성인이 되고서 인생의 거의 전부를 만화책 사업에서 보낸 경험 많은 전문가들이었다는 사실이다. 그들은 곧 전설이 되었다. 독자들은 쉽게 잊을 수도 있겠지만, 〈판타스틱 4〉를 탄생시킨 이후 여러 세대에 걸쳐 찬사를 받은 그

STAN LEE

들은 사실 슈퍼히어로로 팀을 만들 당시 개인적으로나 직업적으로나 극심한 위기에 처해 있었다. 두 사람 모두 가슴 깊이 불만이 쌓인 상태였다. 평생을 바친 만화책 산업을 불안하게 여겼고, 그곳에서의 미래가 두려웠다. 훗날 두 사람 사이의 좋지 않은 감정들, 특히 승승장구하는 스탠에 대한 커비의 질투와 과거 사연으로 2인조 활동은 막을 내린다. 하지만 〈판타스틱 4〉가 신문 가판대에 처음 등장했을 때, 그들의 모습은 찾아보기 어려웠다. 한 사람은 찰캉거리는 타자기 앞에, 다른 한 사람은 낡아 빠진 책상 앞에 붙어 있었기 때문이다. 그들은 자신들이 명작을 탄생시켰다는 사실을 몰랐다. 두 사람에게 그 작품은 그저 만화 사업을 지속시켜줄 수많은 생산품 중 하나였다.

완고하고 재능 있는 스탠과 커비는 엄청난 일중독자들이자 투지까지 넘쳐흐르는 사람들이었다. 성격은 정반대였지만, 두 사람은 불안함과 두려움, 자부심, 열정으로 똘똘 뭉친 감정으로 함께 일을 해나갔다. 마블 작법이 완벽하게 성공한 이유는 두 능력자가 각자 솔직했기 때문임이 분명하다. 그들이 함께 〈판타스틱 4〉를 작업한 시간은 그리 길지 않았음에도 두 사람이 일했던 방식 때문에 만화 역사가들은 몇십 년 동안이나 그들의 저작권 문제에 대해 논쟁을 벌이곤 했다.

몇 년 전, 스탠 리는 우연히 〈판타스틱 4〉 1편의 2쪽짜리 시놉시스 원본을 발견했다. 그는 그것을 자신의 후배이자 훗날 마블 코믹스의 편집장이 된 〈알터 에고Alter Ego〉지 편집자 로이 토머스Roy Thomas에게 건넸다. 그렇게 해서 밝혀진 놀라운 사실 중 하나. 스탠이 〈판타스틱 4〉의 내용과 캐릭터를 설정할 때 코믹스코드검열위원회Comics Code Authority의 권고를 확실하게 따르려고 했다는 점이다. 예를 들어, 원본 내용을 직접 보면 스탠은 커비에게 휴먼 토치 캐릭터에 관한 검열위원회의 경고 사항을 전달하며 이렇게 적었다. "불꽃으로 사람은 절대로 불태우지 말고, 밧줄이나 문 등 다른 사물만 태울 것. 절대 사람은 안 됨." 토머스가 추측하기에 스탠은 이야기의 개요를 쓰기 전에 캐릭터부터 확실하게 설정한 것 같았다. 혹시 모를 대중들의 비난으로 만화책 발행이 연기되는 상황을 우려했기 때문이다.[17]

이 에피소드는 작가이자 편집자로서 스탠 리의 입장 차이를 여실히 보여준다. 작가 스탠 리가 새로운 종류의 슈퍼히어로 팀을 창작하며 기쁨을 느끼는 동안, 마감 시간을 지키는 일이 굉장히 중요했던 편집자 스탠 리는 검열위원회의 승인을 받기 위해 전략적으로 행동하면서 사업적인 능력도 발휘했다. 한 인터뷰에서 그는 만화 산업계의 어느 누구도 이야기를 엮어내고 시각화하는 능력에 있어서 "코믹스의 왕" 커비를 따라갈 사람이 없을 것이라고 말했다. 스탠은 커비가 직접 만화책을 구상하는 일이 종종 있었다고 설명하면서 이렇게 인정했다. "실제로 둘이 함께 이야기를 만들었지요."[18] 커비는 자신의 방식을 슈퍼히어로들에게 적용시켜 만들어낸 마블 스타일을 새로 들어온 일러스트레이터들에게 가르치는 아트 디렉터 역할도 비공식적으로 겸임했다.

슈퍼히어로 팀의 인기와 판매 수익이 상승하자 스탠의 쇼맨십과 자신감도 솟아오르기 시작했다. 스탠은 판타스틱 4와 미라클 맨Miracle Man이 대적하는 〈판타스틱 4〉 3편의 표지 제목 아래에 "세계에서 가장 위대한 만화 잡지!!"라는 자신만만한 문구를 새겨 넣었고, 4편부터는 살

STAN LEE

짝 수정된 문구 "세계 최고의 만화 잡지!"를 제목 위쪽에 집어넣었다. 이 요란한 문구는 사람들의 눈길을 끌었고, 그중에는 그 내용에 동의하지 못하는 사람들도 있었다. 이 태그 라인이 자아낸 악평들은 스탠 리가 예측한 대로 홍보 효과를 일으켰다. 판매 수익에 불을 당겨주는 일이라면 언제나 기꺼이 위험 부담을 감수했다고 말하며 그는 이렇게 설명했다. "노골적으로 허세를 부리는 내용이긴 하지만, 그런 문구가 분명 사람들의 이목을 집중시킬 거라고 생각했습니다."[19] 위험성을 알고 있었다고는 하지만 그의 주장이 사실인지 아닌지는 아무도 증명할 수 없다. 위대한 야구 선수나 기타리스트들이 그랬던 것처럼 스탠 리도 자신의 영역에 경계선을 긋고 경쟁사들을 향해 선언했다. "세계 최고의 만화 출판사는 바로 우리다."

〈판타스틱 4〉의 성공은 초강풍으로 부는 거센 바람처럼 스탠과 커비를 밀어붙여 슈퍼히어로 팀과 더한층 가슴 깊숙이 연결되도록 만들었다. 10편 발행이 끝났을 때를 떠올리며 스탠 리는 이렇게 말했다. "우리 둘 다 판타스틱 4와 그들의 위험한 적들에 대해 새로운 통찰력을 갖게 되었습니다." 그것은 만화책 창작을 뛰어넘는 경험이었다. "그때부터 리드와 수(수전), 벤, 조니가 마치 내 진짜 가족처럼 느껴졌어요." 작가는 이후로 오랫동안 그렇게 느꼈다. "〈판타스틱 4〉 시나리오를 쓸 때는 편안한 기분이 들었어요. 쓰면 쓸수록, 그들이 어떤 상황에 처해 있든지 캐릭터들의 말과 행동을 금방 상상할 수 있었지요. 그들은 나의 진짜 가족이자 친구였으니까요."[20] 판타스틱 4가 팀이나 개인에 대항하는 세력들을 무찌르고 세상을 구할수록 이 슈퍼히어로 가족의 이야기는 더욱 깊어졌다.

수많은 팬들이 보기에, 벤 그림(더 씽)은 팀원들이 영감을 얻는 히어로였다. 커비는 자기 자신을 모델 삼아 이 히어로를 구상했고, 어린 시절 어두운 골목의 갱들 틈바구니에서 싸우며 보고 배웠던 강한 남성의 특징들을 그 구상 위에 덧붙였다. 스탠 리는 벤이야말로 자신이 만들고 싶었던 바로 그 캐릭터였다고 말했다. "괴물인데 재미있고, 못생기기까지 한 히어로는 세상에 없다는 걸 깨달았어요. … 이 남자가 아주 강력한 힘까지 얻자 뭔가 아주 기괴한 캐릭터가 되어버렸지요. 그야말로 연민을 자아낸다고나 할까요."[21]

스탠과 커비는 슈퍼빌런을 만들어내는 일에도 탁월해서 독자들을 불안에 잔뜩 떨게 만들 만큼 끔찍한 악당들을 탄생시켰다. 이를테면 두 사람은 빌 에버렛이 만든 캐릭터인 네이머(서브마리너)를 다시 등장시키는데, 이 바다의 왕자는 판타스틱 4를 오해하고 자신의 바다 왕국을 보호하기 위해 그들과 대적한다. 나중에는 자신의 바다 왕국을 수전과 함께 통치하고 싶어 하면서 슈퍼히어로 팀과의 대치 상황을 끝내지만, 수전의 연인인 리드와는 계속 부딪친다.

닥터 둠Doctor Doom은 훨씬 더 흥미롭고도 비열한 천재 악당이자 강력한 육체를 지닌 슈퍼빌런으로, 스탠이 만든 가상의 동유럽 왕국인 그의 고향 라트베리아에서 세계적인 대혼란을 일으키는 인물이다. 가끔은 현란한 말들이 오가고 종종 다툼을 벌이기도 하는 그들만의 스토리 회의에서 스탠과 커비는 판타스틱 4를 시험에 들게 만들 악당 캐릭터에 대해 논의했다. 스탠은 그 캐릭터의 이름을 '파멸'이라는 의미의 '둠

STAN LEE

Doom'으로 정하고 싶어 했지만, 커비는 그다지 좋아하지 않았다. 하지만 각자 생각이 아무리 달라도 두 사람은 결국 그 의견 차를 좁혀 합의점을 찾았다. 스탠 리는 이렇게 기억했다. "진짜 좋은 아이디어가 생길 때마다 그걸 이야기로 만드는 데까지 그리 오래 걸리지 않았습니다. 아이디어 하나가 생기면, 그것을 바탕으로 더 재미있는 아이디어가 연달아 떠올랐으니까요."[22]

둠을 최대한 사악하게 보이도록 만들기 위해 커비는 그에게 갑옷을 입히고 차가운 회색 금속 마스크로 얼굴을 가렸다. 이 악당이 처음 등장하는 〈판타스틱 4〉 5편에 그의 사연이 짧게 소개되는데, 나중에는 그의 과거 전체를 다루는 작품이 따로 만들어진다. 이 5편은 곧 유명해지는 스탠 리 스타일의 웃긴 장면으로 이야기가 시작된다. 조니 스톰이 새로 나온 만화책 〈헐크The Hulk〉를 읽고 있다가(실제로 〈헐크〉가 처음으로 신문 가판대에 올라온 시점이다) 벤을 쳐다보며 이렇게 놀린다. "이 괴물이랑 똑같이 생긴 더 씽이 없었다면 이거 보고 놀라 자빠졌을 거야." 삐거덕거리는 가족답게 벤이 조니를 향해 주먹을 날렸고, 그 결과 책상이 부서진다. 결국 리드와 수가 나선다. 수가 동생을 향해 소화기를 발사하는 동안 리드는 벤을 말리며 이렇게 절규한다. "도대체 왜들 그러는 거야? 나쁜 놈들과 싸울 일이 없다 싶으면 꼭 우리끼리 싸우고 있잖아!" 꼭 필요한 장면이 아닐 수도 있지만, 팬들은 자기 가족들이 그러하듯 슈퍼히어로들도 서로 싸우고 아웅다웅하는 모습을 좋아했다.

판타스틱 4가 닥터 둠의 계략에 말려든 뒤, 리드는 그 악당이 대학 시절 친구였던 빅토르 폰 둠Victor Von Doom이라는 사실을 알아챈다. 리드는 동료들에게 둠에 대해 이야기한다. "과학에 굉장히 뛰어난 친구였고 … '흑마법'으로 하는 금지된 실험에만 관심을 가졌지." 둠은 수를 포로로 삼고는 모든 멤버들을 자신의 요새로 데려간다. 그리고 직접 만든 타임머신을 이용해 남자 멤버들을 과거로 보내 '검은 수염의 보물 Blackbeard's treasure'을 가져오게 한다. 이 세 명의 슈퍼히어로는 강력한 힘을 가진 해적들을 해치우고서 보물을 빼앗지만, 둠에게 가져가지 않기로 결정하고 리드가 이렇게 외친다. "닥터 둠이 원하는 거라면 위험한 힘이 담겨 있는 게 분명해. 절대로 그자의 손에 들어가게 놔둘 수는 없어!"

벤은 그곳에서 전설의 해적 '검은 수염'의 흉내를 내며 해적들을 속이지만 곧 이 무법자의 삶을 동경하게 되고, 마침내 해적들에게 리드와 조니를 내쫓으라고 명령하기에 이른다. 하지만 그 순간 회오리가 몰아쳐 배가 부서지고, 조니는 바다에 빠져 익사할 위기에 처한다. 폭풍우에서 살아남은 리드와 조니는 바다에 휩쓸려 해변에 쓰러져 있는 벤을 발견한다. 벤은 그들에게 사과하며 이렇게 외친다. "보통 사람처럼 산다는 것에 사로잡혀서 정신이 나갔었나 봐. … 저런 해적으로 살아야 하는데도 말이야! 이 멍청한 머리가 잠깐 돌았던 거야!" 스탠 리는 벤을 통해 새로운 이야기 방식을 알게 되었다. 인간으로 돌아가고 싶었던 이 괴물 히어로는 자신의 초능력이 사라지기를 갈망할 만큼 항상 힘들어했기에 언제나 긴장 상태로 살아야만 했다. 벤이 가진 내면의 고통과 그가 괴물이 될 때마다 표현되는 그 괴로움은 〈판타스틱 4〉 전체에 스며들어 있는 핵심적인 갈등과 일치한다.

STAN LEE

타임머신을 이용해 세 히어로를 다시 성으로 잡아 온 순간, 그들에게 속았다는 사실을 알게 된 닥터 둠은 그들을 밀폐된 감옥에 가두고서 산소를 차단하기 시작한다. 그러나 투명 인간으로 변신한 수가 둠의 공격을 막아 동료들을 구해낸다. 히어로들은 둠의 요새를 무사히 탈출하지만, 둠을 잡는 것은 실패하고 만다. 둠은 자신의 제트팩(등에 메는 분사 추진기-옮긴이)을 이용해 판타스틱 4에게서 도망친다.

악당을 탈출시킴으로써 스탠과 커비는 회마다 이야기를 끝내는 전통적인 만화책 구성에서 완전히 벗어났다. 게다가 이 창의적인 2인조는 주인공들의 숨겨진 사연을 에피소드마다 조금씩 녹여내면서, 독자들이 연속극을 보는 것처럼 만화책에 빠져들 수 있도록 만들었다. 이로써 캐릭터들의 단편 이야기를 연달아 보는 즐거움까지 독자들에게 선사했던 것이다. 두 사람은 이러한 방식을 이용해 〈판타스틱 4〉에 문맥을 연결하고 다음 이야기의 소재가 될 과거 이야기를 집어넣음으로써 독자들이 높은 긴장감을 잃지 않도록 만들었다.

〈판타스틱 4〉가 처음 발행됐을 때처럼, 닥터 둠의 등장과 거의 동시에 그에게 보내온 팬레터가 스탠 리의 사무실에 쌓이기 시작했다. 그 순간 스탠과 커비는 둠이 "외모에서나, 힘이나 성격에서나, 독자를 끌어당기는 순수한 매력에서나, 모든 면에서 마블의 가장 강력한 악당"이 될 것임을 직감했다.[23]

화난 표정의 리드가 공격 준비를 하고 있고, 어째서인지 닥터 둠이 나머지 멤버들과 함께 그에 맞서 싸울 듯한 모습이 〈판타스틱 4〉 10편 표지에 그려졌다. 호기심을 불러일으키는 그림임에도 독자들은 표지

좌측 하단에 뒷모습을 보인 채 대화를 나누고 있는 스탠과 잭의 그림을 무시할 수가 없었을 것이다.

책장을 넘기면, 리드와 수, 조니가 높아진 인기 때문에 난처해하는 상황이 펼쳐진다. 벤이 보낸 연기 신호를 보고 달려가던 그들 셋은 소지품을 달라며 달려들거나 벤의 신호를 무시하라는 팬들에게서 도망쳐야 했던 것이다. 벤의 맹인 여자 친구 알리시아Alicia의 집에 도착한 뒤에야 그들은 벤이 위험에 처한 것이 아니었다는 사실을 알게 된다. 그러나 서브마리너 네이머에 관한 이야기가 언급되면서 리드와 수가 싸우기 시작하고, 수는 불쑥 이렇게 말해버린다. "나도 내 마음을 모르겠어." 바로 그 순간, 헐크와 토르Thor 같은 다른 슈퍼히어로들의 포스터가 덕지덕지 붙어 있는 마블 사무실 안 커비와 스탠의 모습으로 장면이 넘어간다. 두 사람은 다른 슈퍼빌런을 구상하는 중이다.

그때 갑자기 둠이 사무실로 들어온다. 그가 마스크를 벗자 스탠과 커비는 거부감에 움츠러든다. 둠은 두 사람을 위협하며 이렇게 말한다. "이야기를 찾고 있다고 했지? 내가 하나 알려주지! 자, 미스터 판타스틱에게 연락해라. 목숨이 아깝다면 내 말을 그대로 전해라!" 그는 자신의 힘을 보여주기 위해 손가락 끝으로 광선을 쏘아 스탠의 재떨이를 맞힌다. 리드를 기다리던 둠은 리드가 도착하자마자 그에게 수면 마취 가스를 쏜다. 그러고는 리드를 데리고 자신의 비밀 실험실로 공간 이동을 한다.

둠은 '오보이즈Ovoids'라고 불리는 선진 외계 종족에게서 배운 방법을 이용해 자신의 정신을 텔레파시로 리드의 몸속에 집어넣고 리드의

STAN LEE

정신은 자신의 갑옷 안에 가둬둔다. 그러고는 판타스틱 4의 다른 멤버들을 속여 자신을 돕게 만든 뒤, 리드를 지하 방에 가두고 1시간 뒤면 공기가 완전히 빠져나가도록 설정해놓는다. 리드는 극적으로 그곳을 탈출하지만, 알리시아의 아파트에 있던 수의 공격을 받고 기절해 쓰러진다. 정신을 차린 그의 앞에 나타난 나머지 멤버들은(리드의 몸에 있는 둠을 제외하고) 리드가 진실을 말하고 있음을 깨닫는다. 이후에 나타난 둠이 조니와 벤에게 속아 자신의 진짜 정체를 드러내고 순간적으로 약해진 그때, 둠과 리드의 정신이 각각 자기 몸으로 돌아간다. 결국, 사고로 축소 광선에 맞은 둠은 끝없이 작아지다가 사라져버리고 만다. 그가 또 실패한 것이다.

자신들의 모습을 만화책 캐릭터로 그리고, 그 캐릭터들에게 스토리의 일부 역할을 맡긴 스탠과 커비의 새로운 시도는 어쩌면 농담거리를 만든 것에 불과했을 수도 있다. 그러나 이 발행본은 훗날 마블 코믹스가 다른 경쟁사들, 특히 따분하고 착하기만 한 캐릭터를 그리는 DC 코믹스와는 차원이 다르다는 인식을 심어주는 데 일조했다. 그뿐 아니라 스탠과 커비는 이 발행본을 통해 자신들의 마음대로 내용을 창조해낼 수 있다는 신과 같은 면모를 독자들에게 보여주게 되었다. 비록 그로 인해 둠의 캐릭터가 실제 생활에서도 흔히 볼 수 있는 사람처럼 느껴져 전보다 덜 무서워졌지만 말이다. 갑자기 만화책에 새겨진 두 사람의 이름 '스탠 리 & 잭 커비'가 의미를 갖게 되었다. 그리고 스탠의 말에 따르면, 팬들이 자신들의 생각을 요구하기 시작했다. "만화책 속 히어로들이 스스로가 만들어진 캐릭터라는 사실을 알고 있는 최초의 슈퍼히어로물일 거예요. 그 대가로 비슷한 이야기를 더 써달라는 편지를 굉장히, 아주 많이 받았는데, 이야기를 뽑아내라고 소리치는 그 편지들이 내게는 진짜 경적 소리 같았습니다."[24] 현실과 상상의 경계를 희미하게 만들어버림으로써 스탠과 커비는 마블의 독자들에게 자신들과 마블 코믹스의 장난기 가득한 본성을 드러내 보였다.

스탠 리의 39번째 생일을 앞두고 〈판타스틱 4〉 1편이 신문 가판대에 올라왔다. 커비와 함께 인생의 분수령을 맞이한 스탠 리가 만든 〈판타스틱 4〉는 앞날이 불확실하던 그들이 미래를 위해 마지막으로 몸부림친 결과였다. 떠들썩했던 1950년대가 지나고 만화책 반대 운동의 여파만 남자, 스탠을 포함한 많은 사람들이 만화 산업 전체가 붕괴할 것으로 생각했다. 그러나 주기적으로 순환하는 사업 시장의 특성으로, 다 허물어져가던 현실에 가능성이 생겼다. 이러한 경기순환 주기가 앞으로 얼마나 더 남아 있을까?

　스탠 리는 스완송swan song(작가나 음악가, 배우 등이 죽기 전이나 은퇴 전에 남긴 마지막 작품―옮긴이)을 남기는 대신 홍수처럼 쏟아지는 팬레터를 받게 되었다. 전에는 단 한 번도 경험해보지 못한 일이었다. 이전에는 판매량이 만화책의 성공을 확인하는 유일한 수치였으나, 그마저도 제대로 알기까지는 만화책이 발행되고서 몇 달이 더 걸렸다. 스탠은 편지들을 읽으면서 12세에서 15세 사이의 아이들이 우연히 〈판타스틱 4〉를 발

STAN LEE

견해 읽은 뒤 그 이야기에 담긴 주인공들의 고뇌를 파고들었다는 것을 알게 되었다. 아이들이 더 많은 이야기를 요구하자 쇠약해져가던 스탠의 영혼이 다시 불타올랐다. 독자들과의 그 어떤 소통도 없이 만화책을 무더기로 생산하기만 했던 그는 가장 절박한 순간에 필요하던 것을 〈판타스틱 4〉 팬들의 지치지 않는 응원을 통해 얻었다.

평생을 신중하고 까다로운 성정으로 살았던 커비는 이미 지난날의 수많은 '성공작'으로 경험했던 감정의 롤러코스터를 더 이상 겪고 싶지 않았기에, 이번 성공에도 스탠보다는 반응이 덜했다. 그는 그저 계속해서 쓰고 그렸으며, 언제나처럼 놀라운 속도로 수많은 작품을 찍어냈다. 스탠은 독자의 입장에서 즐길 수 있는 만화책을 만들면 다른 사람들도 똑같이 즐길 것이라고 생각했고, 자신에게 온 팬레터와 카드들이 바로 그 생각의 타당성을 입증하는 증거라고 보았다.

〈판타스틱 4〉는 스탠과 커비에게 슈퍼히어로들을 마음껏 상상할 수 있는 무대를 제공해주었지만, 사실은 그보다 더 큰 일을 해냈다. 만화책 산업 전체에 다시 활기를 불어넣은 것이다. 최대한 빠른 속도로 복제품만 만들면서 살아왔던 스탠 리는 자신이 이제는 예전과 달리 따라가는 자가 아닌 선도하는 자가 되었음을 깨달았다. 그는 자신의 본능과 독자들이 즐거워하는 이야기를 만드는 재능, 그리고 커비의 경이로운 그림 실력을 믿었다.

7장

어메이징
스파이더맨

만화책을 찢고 나와 곧장 줄을 타고서 독자들 눈앞으로 다가올 것만 같은 모습의 새로운 슈퍼히어로가 탄탄한 근육질 몸에 거미줄이 그려진 복장을 입고 나타났다. 얼굴에 쓴 마스크에는 외계인처럼 휘어진 눈 모양만 붙어 있을 뿐, 입과 코는 보이지 않는다. 그의 능력이 무엇인지는 알 수 없다. 한 손으로는 험악한 표정의 범죄자를 가뿐하게 들고 있고, 다른 한 손으로는 머리카락처럼 가느다란 줄을 쥔 채 도시 위를 날고 있다. 그 뒤로 멀리 보이는 건물 옥상 위에서는 완전히 놀란 듯 보이는 자그마한 형체들이 손가락으로 이쪽을 가리키며 구경하고 있다.

이 슈퍼히어로는 표지 중앙에서 조금 왼쪽에 자리하고 있는데, 마치 움직이는 모습을 순간 포착한 것 같은 이 장면은 사진사가 당황해서 연속으로 촬영한 듯한 모양새다. 날아가는 비행기처럼 슈퍼히어로의 등 뒤로 표현된 바람 때문에 그가 빠르게 이동하고 있음이 느껴진다. 어깨

근육은 잔물결을 이루고 있고, 다리 근육도 매끈하고 유연하다. 히어로의 손목에서 허리까지 정체불명의 거미줄이 길쭉하게 늘어져 있다. 이 인물은 대체 사람일까, 다른 세계의 생명체일까?

정답은 사실 둘 다 아니다. 표지 왼쪽에 있는 노란색 말풍선을 보면 충격적인 사실을 알 수 있다. 이 슈퍼히어로는 성인이 아니다. 밤을 지키는 배트맨이나 정의로운 외계인 슈퍼맨처럼 나이가 많거나 경직된 인물이 아니다. 스스로 공개한 대로, 그는 그저 피터 파커Peter Parker라는 이름의 '소심한 10대 소년'일 뿐이다. 그는 소리친다. "세상 사람들은 마스크를 쓴 10대 소년을 비웃고 조롱하겠지만, 곧 나의 '엄청난 능력'에 '놀라게Marvel' 될 것이다."라고.

스파이더맨Spider-Man이 탄생한 것이다.

1962년 스파이더맨이 〈어메이징 판타지Amazing Fantasy〉 15편으로 데뷔할 수 있었던 것은 스탠 리가 위험을 감수했기 때문이다. 그는 몇십 년간 혼란스러운 만화책 세상에서 일하며 얻은 자신의 본능을 믿었다. 그곳은 논리보다 실험적인 시도와 실수가 더 통하는 세계였다. 출판 승인부터 신문 가판대에 오르기까지, 그 긴 경로를 통과해 판매되는 만화책의 선정은 출판업자의 손에 달려 있었다. 변덕스러운 만화책 독자들은 관심사가 자주 바뀌었고, 스탠과 같은 편집자들로 하여금 다음 유행을 예측하기 위해 머리를 쥐어짜도록 만들었다.

새로운 캐릭터를 선택하기 위해 주사위를 굴리며 고민하고, 글을 쓰고, 그림을 그리고, 표지를 만들어내는 것은 소중한 시간을 낭비하는 일일 수도 있었다. 어쩌면 팔리지도 않을 만화책 대신 더 수익성이 높은 책에 시간을 투자하는 게 나았다. 전문가들의 능력으로 운영되는 만화 산업은 항상 시간에 쫓기기 때문에, 팔리지 않을 작품에 시간을 내줄 실력 있는 작가와 일러스트레이터는 많지 않았다. 만화책 산업의 사업적인 환경은 계속해서 창의적인 측면과 충돌했고, 글과 그림이 빨리 다음 단계로 나아가도록 재촉하고 밀어붙였다. 창작 팀들은 다달이 엄격한 마감일을 향해 경주했다.

20년이 넘도록 만화책 작가이자 편집자로서 최선을 다해 일해온 스탠은 독자들에게 사랑받던 인기 장르들이 어느 순간 갑자기 다른 장르로 변화하는 모습을 지켜보았다. 전쟁 이야기가 로맨스 만화에 자리를 내주었고, 그다음에는 괴물 만화책이 인기를 얻더니, 곧 외계인 이야기로 대체되었다. 소수의 출판사들이 전체 시장을 움직이던 시대에 그 출판업자들은 성공한 만화책을 따라서 돈을 벌 수 있길 바라며 서로의 생산품을 지속적으로 들여다보았다.

스탠은 출판업자 마틴 굿맨을 "사상 최고의 모방꾼"이라고 불렀다. 굿맨은 다른 출판업자들과 골프 시합을 다녀오거나 기나긴 점심시간을 가진 다음, 자신이 찾아낸 팁과 단서를 가지고 와서 스탠에게 무엇을 써야 할지를 지시했다. 그는 스탠의 사무실에 와서 이렇게 내뱉었다. "스탠, 서부 작업을 해야겠는걸."[1] 새로운 장르가 유행하면, 작업하던 작품들을 신속히 그 장르로 바꿔야 했다. 이런 환경에서 융통성은 필수

STAN LEE

였다. 수많은 만화책을 거의 동시에 쓰고 구상하는 스탠 리의 주요한 강점이기도 했다. 이런 조건에서 오랜 시간 작업 활동을 해온 그는 독자들이 기억하는 캐릭터와 만화책들을 이용해 다양한 스토리라인과 구성을 쉽게 창작해내거나 단어의 소리를 이용해 금방 기억할 만한 제목을 만드는 기술을 가지고 있었다. 이를테면, 1960년 청부 살인업자였던 로하이드 키드Rawhide Kid 캐릭터를 무법자로 만들어 여러 만화책에서 재활용한 경우나 〈밀리 더 모델〉이라는 제목처럼 말이다.

만화책이 잘 팔리면 굿맨은 스탠에게 숨 돌릴 여유를 좀 주었지만, 판매량이 저조하면 압박을 가했다. 스탠은 변화를 원하지 않는 이 보수적인 남자 때문에 짜증이 났다. 그는 만화책을 폄하하는 상사의 생각에 동의할 수 없었다. "그는 아주아주 어린 아이들과 바보 같은 어른들이나 만화책을 읽는다고 생각했습니다. 그래서 할 수만 있다면 두 음절 이상 되는 긴 문장은 넣지 않기를 바랐지요. … 과한 성격 묘사도 안 되고, 너무 긴 대화도 안 되고, 싸우는 장면이나 많이 넣으라고 했어요." 수많은 회사들이 문을 닫는 출판계의 불안정한 상황과 굿맨과 일해온 오랜 경험 아래에서 스탠은 인정할 수밖에 없었다. "일이잖아요. 그가 말하는 대로 해야만 했지요."[2]

멀지만 친척 관계였고, 오랜 시간 함께 일했음에도 이 출판업자와 편집자의 관계는 냉랭했다. 스탠은 이렇게 생각했다고 한다. "굿맨은 일도 잘하고 돈도 잘 만들어냈지만 야심가는 아니었습니다. 그는 모든 일이 기존의 방식대로 돌아가길 바랐지요." 출판업계가 경쟁이 치열한 곳이기는 했으나, 미국인 사업가들 대부분이 필사적으로 일하는 리더는 아니었다. 굿맨은 스탠을 몰아붙이면서도 자신에겐 관대했다. "그는 친한 친구들을 사업 매니저로 고용하고는 하루에 두세 시간씩은 자기 사무실에서 같이 스크래블Scrabble(알파벳이 적힌 플라스틱 조각을 이용해 단어를 만드는 보드게임 – 옮긴이)을 하며 보냈어요."[3]

〈판타스틱 4〉가 큰 성공을 거두고 엄청난 판매량을 기록하자, 굿맨은 기존의 사업 스타일대로 스탠에게 간단한 지시를 내렸다. "다른 슈퍼히어로도 작업을 좀 해보게."[4] 이 출판업자의 입장에선 그게 당연했다. 다음에도 슈퍼히어로물이 크게 인기를 끌 것 같았기 때문에 만화책 부서의 새로운 방향도 슈퍼히어로 쪽으로 정한 것이다. 그런데 출판업자와 편집자의 관계가 〈판타스틱 4〉 이후에 미묘하게 변화했다. 새로운 슈퍼히어로 팀으로 판매 수익이 2배로 뛰자 굿맨은 다른 데로 눈길을 돌렸고, 그 덕분에 스탠은 만화책 출판에서 더 큰 영향력과 권력을 행사할 수 있게 되었다. 출판업자의 입장에서 슈퍼히어로물이란 인기가 사라질 때까지 쓰다 버리면 그만인 장르에 지나지 않았다. 그러나 스탠은 수익의 일부를 쓰면서까지 자신의 일을 좀 덜어줄 프리랜서 작가와 편집자들을 고용해 글을 쓰고 구상을 하고 편집을 하는 동시에 회사에서 발간할 만화책을 선정하고 승인하는 일을 모두 처리했다. 하지만 이제 그는 〈스파이더맨〉의 발간에 자신의 모든 능력과 에너지를 자신이 원하는 방향으로 전환시켰다. 굿맨에게 반기를 든 것이다.

스탠은 몇 달에 걸쳐 새로운 종류의 슈퍼히어로에 대한 아이디어를 붙잡고 씨름했다. 판타스틱 4와 같은 맥락으로, 현대 사회를 살고 있는 초능력자의 현실적인 문제들을 다루고 싶었다. 그런데 이 새로운 캐릭

STAN LEE

터는 "여느 청소년들처럼 친구 문제나 인생에 대한 불안 등 온갖 고민을 떠안고 있는 10대 소년"이었다. 스탠은 '스파이더맨'이라는 흥미진진한 이름을 정한 뒤, 인간의 능력을 초월하는 강력한 힘과 진짜 거미처럼 벽과 천장, 빌딩의 벽면에 붙어 다니는 능력으로 축복과 저주를 동시에 받은 '불운의 소년'을 상상했다.[5] 그는 스파이더맨이야말로 슈퍼히어로 장르에 쏟은 온 직원의 노력을 제대로 보상해줄 중요한 캐릭터가 될 것이라고 확신했다.

스탠 리는 굿맨을 만나러 갔던 때를 회상했다. "그 시기에 항상 했던 대로 내 상사이자 친구이자 출판업자이자 지지자인 그에게 아이디어를 꺼내놓았지요." 심지어 그는 "타자를 치면서 벽에 붙은 파리를 쳐다보다가"[6] 처음 스파이더맨을 떠올리게 되었다는 이야기까지 장황하게 덧붙였다고 한다. 스탠은 청소년이고, 고아이며, 불안해하고, 가난하고, 똑똑한 이 어린 슈퍼히어로의 특징을 모조리 나열했다. 스파이더맨 이야기에 대해서는 더 고민할 게 없을 것이라고 생각했다. 그러나 놀랍게도 굿맨은 이 캐릭터를 싫어했다. 게다가 스파이더맨을 주인공으로 하는 단행본 제안을 허락하지 않았다.[7]

이 오랜 경력의 출판업자는 세 가지 불만을 제기했다. 사람들이 거미를 싫어하므로 히어로의 이름을 '스파이더맨'이라고 하면 안 된다는 것과 청소년이 '조수'는 될 수 있어도 히어로는 될 수 없다는 것, 그리고 유명하지도 강하지도 않은 여드름 난 어린애가 아니라 듬직한 인물이 히어로가 되어야 한다는 것이었다.[8] 굿맨에게 이 히어로는 영웅다워 보이지도 않았으며, 특히 그 이름은 '코미디 캐릭터'를 부르는 것 같았다. 그는 짜증스럽게 스탠에게 물었다. "사람들이 거미 싫어하는 거 몰라?"9 스탠 리는 굿맨에게 한참 동안 설교를 들어야만 했다. "결국 그이야기를 진행하지 말라는 거였습니다."10

게다가 굿맨은 청소년을 히어로로 등장시키면 다른 출판사들 사이에서 자신의 회사가 웃음거리가 될 것이라면서 끊임없이 걱정스러워했다. 출판 산업에서는 흥하고 쇠하는 일이 너무나 심하게 반복되었던 터라 굿맨은 아무리 회사가 성공적인 수익을 거두어도 금방 다시 실패에 대한 걱정과 다른 출판사의 성공을 따라잡아야 한다는 생각으로 돌아왔다. 게다가 그는 스파이더맨에 관한 모든 것을 싫어했다. 보통은 수익이 떨어질 때만 직접 움직였던 그였지만, 새로운 캐릭터를 알게 된 이후부터 만화시장과 경쟁사들에 관한 불안과 공포에 휩싸였다.

자신의 상사를 완전히 피해 갈 수는 없다는 사실을 깨달은 스탠 리는 적어도 위험 부담을 최소화하는 방법으로 스파이더맨에게 기회를 줘보자고 굿맨을 설득했다. 실험하기에 가장 좋은 방법은 이 캐릭터를 다른 만화책인 〈어메이징 판타지〉의 표지에 등장시켜보는 것이었다. 〈어메이징 판타지〉는 스탠이 쓴 스릴러/판타지 이야기에 섬뜩하고 비현실적이고 달리스러운Dali-esque(초현실주의 화가 살바도르 달리의 화풍을 닮은—옮긴이) 그림 스타일로 유명한 스티브 딧코가 그림을 그린 작품으로, 만화책 독자들에게 그다지 주목받지 못하던 책이었다. 한때는 독자들의 관심을 끌 수 있을까 싶어서 '성인'이라는 단어를 넣어 '성인을 위한 어메이징 판타지Amazing Adult Fantasy'라고 제목을 바꿔본 적도 있었다. 굿맨의 경멸에 찬 거부와 〈어메이징 판타지〉의 한숨 나오는 판매량을 보며 스

STAN LEE

탠은 벌써부터 이 청소년 히어로가 두 번 실패한 기분이 들었다.

이런 악조건과 상사의 반대 명령에도 불구하고, 스탠은 괴짜 슈퍼히어로를 놓을 수가 없었다. "스파이더맨에 대한 생각이 머릿속에서 떠나지 않았어요."[11] 그는 스파이더맨 이야기의 구성을 마친 다음 잭 커비에게 넘겼다. 곧 절판될 만화책에 새로운 캐릭터가 잠깐 들어가는 것을 상관할 사람은(또는 알아챌 사람은) 아무도 없을 것이라고 생각했다.

빠르게 움직이는 출판 환경에서 마블의 편집 관리자이자 작가, 교열 담당자, 작품의 총괄 디렉터로 일하던 스탠 리는 그림 작업에서만큼은 일러스트레이터들을 전적으로 의지했다. 그들은 방향만 살짝 알려줘도 작업이 가능했고 빠른 속도로 일을 처리했기 때문에 신뢰할 수 있었다. 스탠이 스토리라인만 알려주면 아티스트들은 종종 그 구성만 가지고도 해당 발행본의 그림을 그리기 시작했다. 그다음에 작가가 대사 내용을 보태고 추가 정보를 삽입하면 편집 시간도 줄이면서 일러스트레이터들이 간과한 부분도 해결할 수 있었다.

스파이더맨에 대해서는 잭 커비의 예상이 빗나갔다. 커비가 처음에 그린 스파이더맨 그림은 책벌레 소년이 아닌, 신예 우주 비행사와 축구스타 등 미국에서 잘생겼다는 외모는 다 끌어다 모은 듯한 미니 슈퍼맨이었다. 작업을 멈추고 캐릭터에 대해 생각할 시간을 가진 커비는 스파이더맨보다는 다른 프로젝트에 참여하기로 결정했고, 결국 스탠은 스파이더맨 그림을 딧코에게 맡겼다. 이렇게 해서 〈어메이징 판타지〉에 들어갈 스파이더맨을 그리게 된 딧코의 그림 스타일이야말로 이 별난 히어로와 딱 맞아떨어졌다.

딧코가 스파이더맨을 담당하게 되었지만, 표지 그림은 커비가 맡았다. 딧코가 표지 작업은 전적으로 커비에게 요청하고, 본인은 그림의 선을 진하게 칠하는 작업만 보조한 것이다. 커비가 표지 작업의 마무리까지 최선을 다했지만, 스탠은 딧코 버전의 10대 히어로 캐릭터 그림이 더 마음에 들었다. 그는 이렇게 말했다. "딧코는 내 거미 히어로에게 생명을 불어넣는 일을 완벽하고 훌륭하게 해냈어요."[12] 그들은 2개 파트로 구성된 만화를 만든 다음, 〈어메이징 판타지〉 15편의 첫 번째 이야기로 넣었다. 이후에는 전력으로 돌아가는 회사 업무에 둘 다 바쁘기도 했고, 좋은 반응을 기대하지도 않았다고 한다. "그러고는 우리는 스파이더맨에 대해 거의 잊어버렸어요."[13] 스탠과 딧코는 함께 작업한 과정과 그 결과물만으로도 행복했다. 자신들이 만화책 세계의 중심축을 다른 각도로 바꾸려 하고 있다는 사실은 상상도 하지 못했다.

스탠의 새로운 작법 스타일은 스파이더맨과 마블 코믹스 전체의 목소리를 만들어냈다. 그는 〈어메이징 판타지〉의 스파이더맨 스토리 첫 번째 페이지에서 작가와 독자 사이의 보이지 않는 벽(보통 '제4의 벽'이라고 한다)을 무너뜨리고, 친근하고 소박한 목소리로 이 히어로의 모험을 안내해주는 자신만의 방식을 드러냈다. 그가 사용한 2인칭 시점의 이야기 전개는 다른 슈퍼히어로들, 특히 주요 경쟁사인 DC의 슈퍼맨이나 배트맨, 원더우먼의 정중하고 거리감 있는 말투와 확연히 대조되었다.

STAN LEE

스탠은 이야기 시작부터 독자들과 '은밀하게' 비밀을 공유한다. 만화 사업에 종사하는 사람들은 슈퍼히어로들을 "내복 입은 캐릭터들"이라고 부르며 그런 캐릭터는 "흔해 빠졌다"고 한다고 설명한다. 하지만 이 새로운 캐릭터는 "조금은… 다르다!"라고 이야기를 이어간다. 길고 긴 설명을 하는 동안 스탠은 이미 독자들과 친밀한 사이가 되었고, 다른 슈퍼히어로들과 구별되는 스파이더맨의 분위기와 배경이 형성되었다. 그의 익살스러운 말투는 의도적으로 느긋한 분위기를 만들며 이 히어로가 얼마나 '특별'한지를 강조해주었다.

두 번째 페이지에서 스탠은 피터 파커의 대리 부모인 메이 숙모와 벤 삼촌, 그리고 '단정한 용모에 열심히 공부하는 학생!'을 '좋아'하는 선생님 같은 어른들이 얼마나 피터를 좋아하는지 보여준다. 그러나 곧 독자들은 피터가 착한 아이이지만 학교 친구들에게 소외당하고 있다는 사실과 학교의 인기남 플래시 톰슨에게 특히 괴롭힘을 당하고 있음을 알게 된다. 피터는 한 소녀에게 데이트 신청을 하는데 그 소녀는 피터를 거절하고 '매력남' 톰슨에게로 간다. 그 인기남 무리는 매끈한 빨간색 컨버터블에 탄 채 피터를 비웃으며 과학 전시회에나 가라고 말하고, 그중 한 명이 이렇게 이죽거린다. "공부나 해, 자식아. 여자애들이랑 노는 건 우리가 할 테니까." 다음 장면에서 피터는 과학 실험실에 들어가 울면서 이렇게 외친다. "언젠간 후회하게 만들 거야! 나를 놀린 걸 후회하게 될 거야!"

이렇게 보통 아이인 피터를 '무리'와 대치해 보여줌으로써 독자들로 하여금 이 소년에게 공감하게 한다. 이때 독자들은 대부분 피터에게 곧장 감정이입을 하게 되는데, 그 이유는 주변의 관심을 독차지하면서도 자기보다 작고 허약한 피터 같은 아이들을 재미 삼아 괴롭히는 플래시 톰슨이 어느 학교에나 있기 때문이다. 다시 스탠은 독자들을 향해 말한다. "그렇다. 누군가에게는, 청소년으로 산다는 것은 가슴 아픈 순간을 수없이 겪는 시간을 의미한다." 그러면서 이 작가는 피터에게도 감정이 있으며 친구들의 따돌림에 상처를 입는다고 말한다.

아웃사이더 피터의 사연을 이어나가는 대신, 스탠은 이 소년의 온갖 감정을 표출시키면서 이야기를 점점 더 어둡고 불안한 분위기로 몰아간다. 그러던 중 소년은 방사능 거미에게 물리고서 얼떨결에 자신의 초능력을 깨닫게 된다. 결국 힘도 시험해보고 돈도 벌 겸 프로레슬링 대회에 출전한다. 소심한 성격의 피터는 '웃음거리'가 되고 싶지 않아 가면을 쓰지만, 어쨌든 근육질 프로레슬러 크러셔 호건Crusher Hogan과 맞붙은 뒤 "가면 쓴 놀라운 꼬마a little masked marvel"라고 불리게 된다. 스탠리는 이런 의도적인 말장난으로 '마블marvel'이라는 단어를 만화 표지와 이 장면에 반복해 사용하면서, 그가 회사 이름으로 점찍어놓은 이름과 이 캐릭터를 잠재적으로 연결시켰다.

소년의 활약을 지켜본 어른들이 그의 힘을 이용하려 드는 불길한 장면이 이어진다. 한 '텔레비전 기획자'가 가면을 쓴 피터에게 '미래'를 보장하면서 인기 프로그램 〈에드 설리번 쇼Ed Sullivan Show〉의 출연을 약속한다. 텔레비전 방송으로 세간의 주목을 받게 된 '스파이더맨'은 "처음 맡아보는 명성과 성공의 향기"에 취한다. 그러나 인기에 도취된 소년은 경찰에게 쫓기던 도둑을 막아야 하는 상황에서 자신이 가진 힘에

STAN LEE

도 불구하고 도둑을 그냥 지나치고 만다. 이렇게 스탠은 피터가 강한 힘을 가졌지만 진정한 히어로가 될 만한 지혜는 아직 갖추지 못했음을 보여주었다.

벤 삼촌이 죽는 사건이 벌어지면서 냉정함을 잃은 피터는 스파이더맨으로 변신해 범인을 쫓아간다. 결국 스파이더맨은 자신이 잡지 않았던 그 도둑이 벤 삼촌을 죽인 범인이라는 사실을 알게 된다. 그는 범인을 죽이는 대신 거미줄로 묶어 경찰들 앞에 내려놓는다. 이어서 스탠은 자신의 행동에 얼마나 큰 책임이 따르는지를 깨달으며 괴로워하는 소년의 모습을 그린다. 마지막 장면에서 스탠은 스파이더맨의 유명한 글귀를 남긴다. "그는 결국 깨달았다. 큰 힘에는 반드시 큰 책임이 따른다는 사실을!"

마침내 만화의 스타일과 목소리에 관한 자신의 획기적인 생각을 새로운 슈퍼히어로에게 적용할 수 있게 된 스탠 리는 뼛속부터 인간 그 자체인 히어로를 만들어냄으로써 독자들의 이목을 사로잡았다. 자신들과 다르다는 이유로 친구들에게 놀림을 받던 외톨이 소년 피터 파커는, 사실 스탠 리가 어린 시절에 괴롭힘을 당하며 느꼈던 그 감정에서 자라났다. "가장 어리고 비쩍 마른 아이였기 때문에 리더는 꿈도 꿀 수 없었고, 매번 주위에서 강압적인 대우를 받아야 했지요." 피터에게 어떤 목소리를 심어줄지 고민하던 당시에 대해 스탠은 이렇게 설명했다. "그런 콘셉트의 소년에게 아이들의 감정이 이입될 거라고 생각했어요. 결국 아이들 대부분이 비슷한 경험을 갖고 있으니까요. 제대로 맞아떨어졌지요."[14] 〈어메이징 판타지〉의 작업을 모두 끝낸 스탠은 서둘러서 자신을 기다리는 다음 만화책으로 눈길을 돌렸다.

정신없이 빡빡하게 돌아가는 만화책 사업에서는 어느 누구도 작업 속도를 늦추거나 특정 만화책에 대한 대중들의 반응을 살펴보기 위해 멈춰 있을 수 없었다. 아마도 그 때문에 'Spider-Man'으로 표기되어야 하는 스파이더맨 철자가 〈어메이징 판타지〉 15편에 'Spiderman'과 'the Spiderman'으로 쓰였을 것이다. 스탠과 그의 일러스트레이터들은 다음 마감일을 지키기 위해 이미 새로운 만화책 작업에 돌입한 상태였다.

만화책의 판매량을 확인하려면 몇 달이나 더 있어야 했지만, 스탠 리는 독자들의 편지를 받고서 스파이더맨이 관객들을 만났다는 사실을 알았다. 1년 전에 판타스틱 4의 데뷔 때처럼 이번에도 그의 사무실 책상 위에 팬레터가 수북이 쌓였다. 스탠은 당시 하루에 100통 또는 그 이상의 편지들을 받았으며, 모두 착실하게 읽고 답했다고 회상했다.

그리고 판매량을 확인하는 운명의 날이 닥쳐왔다. 언제나처럼 온갖 그림 작업물과 스케치, 모형들, 줄 쳐진 메모지 묶음, 그리고 각종 기록들로 가득 찬 스탠의 사무실로 굿맨이 들이닥쳤다.

그는 활짝 웃으며 이렇게 말했다. "스탠, 내가 굉장히 좋아했던 스파이더맨 아이디어 기억해? 그거 시리즈물로 해보면 어떨까?"[15]

비록 기절까지는 하지 않았지만, 스탠에게는 정말 뜻밖의 결과였다.

STAN LEE

스파이더맨은 그냥 인기를 얻은 정도가 아니었다. 〈어메이징 판타지〉 15편은 1962년 그해는 물론이고 1960년대에 가장 빠른 속도로 품절된 만화책이 되었다. 발행되던 내내 판매 순위에서 바닥에만 머물러 있던 〈어메이징 판타지〉가 15편에 이르러서야 판매 순위 1위를 기록했다. 한 캐릭터에 생명을 불어넣으려 했던 스탠의 노력 덕분이었다.[16] 스탠과 딧코가 스파이더맨을 탄생시킨 지 몇 달이나 지난 뒤의 일이었지만, 그 압도적인 인기로 인해 스탠의 작업 팀은 곧장 시리즈물 작업을 시작해야 했다.

굿맨의 격렬했던 반대와 커비의 무관심에도 불구하고 〈어메이징 판타지〉 15편이 이루어낸 성공은 스탠과 딧코를 더욱 중요한 인물로 만들어주었다. 그들의 새로운 캐릭터가 마블 코믹스 슈퍼히어로 군단의 핵심 멤버가 될 운명이었기 때문이다. 더욱 중요하게도, 판타스틱 4와 스파이더맨의 결합은 늘 다른 출판사의 작품을 따라 하기만 하던 마블을 사람들의 삶에 영향을 끼치고 유행을 선도하는 중심으로 바꾸어놓았다.

스파이더맨 첫 번째 이야기의 판매량 확인까지 오랜 시간이 걸린 데다 인쇄 기간과 배급 시스템 문제로 새로운 스파이더맨 시리즈가 출간되기까지 장장 6개월이 소요되었다. 만화책의 페이지 수와는 상관없이 한 달에 8개 작품만 발간해야 한다는 인디펜던트 뉴스와의 계약 때문에 새로운 만화책을 발간하려면 다른 작품 하나를 중단해야만 했다. 그 결과 판매량을 기준으로, 시장에 등장한 지 1년이 채 되지 않았던 〈인크레더블 헐크The Incredible Hulk〉의 발행을 중단키로 했다. 그리고 1963년

3월, 〈어메이징 스파이더맨Amazing Spider-Man〉 1편이 신문 가판대에 등장했다.

드디어 〈어메이징 스파이더맨〉이 나왔을 때, 만화책 팬들은 자신의 눈을 믿을 수 없었다. 그들의 새로운 히어로가 판타스틱 4에게 납치되어 투명한 관 속 공중에 결박되어 있었기 때문이다. 불타고 있는 휴먼 토치는 납치한 히어로를 가까이에서 확인하려는 듯 그의 눈높이까지 날아올랐고, 땅 위에 서 있는 더 씽은 당장이라도 싸울 듯한 기세로 강력한 주먹을 흔들어댔다.

　마블의 또 다른 성공작 판타스틱 4를 스파이더맨의 단독 발행본에 등장시킨 것을 보면 스탠이 판매량을 얼마나 높이고 싶어 했는지 짐작할 수 있다. 두 작품을 하나의 책에 집어넣는 이러한 아이디어는 발간 중단 위기에도 불구하고 독자들에게 다음 편을 기다려달라고 언급했던 〈어메이징 판타지〉 마지막 편에서부터 연결된 것으로 보인다. 스탠은 항상 훗날의 가능성을 열어두었다. 지난 20년간 만화 산업 시장의 흥망성쇠 속에서 일어났던 수많은 변화를 경험했기 때문이다. 굿맨이 보여준 스파이더맨의 판매량은 앞으로 이 작품이 얼마나 큰 인기를 거둘지 예상케 해주었지만, 거기에 판타스틱 4를 더한 것은 더 높은 수익을 거두고 그 과정에서 탄생할 새로운 창작 형태에 박차를 가하기 위함이었다.

STAN LEE

스탠은 〈어메이징 스파이더맨〉의 표지 작업을 베테랑 커비에게 한 번 더 요청했고, 판타스틱 4의 전속 일러스트레이터이자 공동 창작자였던 커비는 역시 좋은 그림을 그려냈다. 표지 다음 장에 있는 스플래시 페이지(본문 내용이 시작되기 전에 삽입되는 소제목 소개 페이지 – 옮긴이)를 보면 커비와 딧코가 그린 스파이더맨의 차이를 바로 알 수 있다. 딧코가 그린 스파이더맨은 조금 더 말랐으며 스파이더맨 캐릭터에 부합하는 이미지다. 곡예를 하듯 능숙한 솜씨로 거미줄을 타고 사라지는 스파이더맨의 모습에 사람들을 선동하는 신문사 국장 조나 제임슨이 이렇게 외친다. "별종! 공공의 악당!" 스탠 리가 관객들에게 외치는 방식은 대대적으로 광고하는 것 같은 과장된 선전 기법이었다. "여태껏 이런 이야기는 없었다. 지금껏 이런 히어로는 없었기 때문이다. 스파이더–맨!"

〈어메이징 스파이더맨〉에는 서로 다른 두 이야기가 실려 있는데, 그 시대 만화책에서는 볼 수 없던 구성이었다. 두 이야기는 서로 연결되어 있지만, 각 이야기가 전달하는 목적은 서로 달랐다. 첫 번째 이야기는 〈어메이징 판타지〉를 보지 못한 팬들을 고려해서 이전 내용을 어느 정도 반복하는 동시에 히어로의 배경과 사연을 좀 더 풀어냈다. 두 번째 이야기에서는 스파이더맨이 판타스틱 4 멤버들과 만나는 내용과 그가 앞으로 대적해야 할 첫 번째 악당이 소개된다.

첫 번째 이야기에는 메이 이모와 둘이 살면서 경제적 어려움에 직면한 피터가 돈을 벌기 위해 노력하는 모습이 나온다. 그는 사람들 앞에서 '공연'을 하고 돈을 받으려 하지만, 담당자는 현금이 아닌 수표를 건네고, 은행에서는 그 수표를 현금화해주지 않는다. 노력이 수포로 돌아간 것이다. 신문사 국장 제임슨이 발행한 신문에는 스파이더맨을 "악당"이라고 적은 헤드라인 아래 "스파이더맨은 무법자가 틀림없다! 우리의 온건한 도시에 그런 위험한 존재가 있어서는 안 된다."라며 시민들을 선동하는 내용을 담고는 진정한 히어로의 예시로 신문사 국장의 아들인 우주 비행사 존 제임슨을 언급한다. 시험비행 조종사인 존은 우주캡슐을 타고 지구 궤도로 날아가는 임무를 받은 상태다.

그러나 그가 탄 우주캡슐에 사고가 발생하자 스파이더맨이 나서기로 한다. 비록 그 비행사의 아버지가 스파이더맨을 능력도 없으면서 돈을 벌기 위해 나서는 것이라고 매도했지만 말이다. 신문사 국장은 스파이더맨을 향해 "유명해지려고 속임수를 쓰는 거야. … 헤드라인을 잡으려고 말이야!"라고 소리치지만, 스파이더맨은 스탠 리 특유의 익살스런 말투로 이렇게 말한다. "입술만 퍼덕거리고 있지 마시고요, 아저씨. 내가 어떻게 하는지나 잘 봐요!" 몇 분 뒤, 스파이더맨은 하강 중이던 캡슐에 매달려 필요한 컨트롤 장치를 무사히 부착했고, 그 덕분에 존 제임슨은 안전하게 착륙한다.

하지만 신문사 국장은 히어로를 칭찬하기는커녕 그를 비난한다. "스파이더맨이 사람들에게 주목받으려고 꾸민 음모입니다. … 일부러 캡슐을 망가뜨려놓은 거예요." 이후에 피터는 사람들이 "히어로를 나라에서 추방해야 한다."라며 FBI에 신고하자는 이야기까지 듣게 된다. 메이 이모마저 스파이더맨을 나쁘게 생각하자 피터는 "자신에게 남은 유일한 길"이 "악당"이 되는 일뿐인 것 같아 속상해한다.

STAN LEE

두 번째 이야기에서 피터는 판타스틱 4 앞에서 힘을 과시하면 팀에 들어오라는 제안을 받을 수 있을 것이라고 생각하고, 판타스틱 4가 있는 벡스터 빌딩으로 숨어 들어간다. 그러나 판타스틱 4는 피터가 찾아온 것을 감시 카메라로 확인하고, 조니 스톰은 이렇게 빈정거린다. "왜 다른 사람들처럼 전화로 약속을 잡지 않는 거지?" 그러자 더 씽이 대답한다. "허세 부리는 게 10대들 특기니까. 너처럼."

슈퍼히어로 팀은 이 소년 히어로와 싸울 태세를 하고 그를 잡으려 한다. 스파이더맨은 자신을 공격하는 그들을 설득하며 "저는 최고 연봉을 받을 자격이 있어요."라고 이야기한다. 그러자 수가 "우린 비영리 조직인데."라고 대답하고, 리드 리처드는 "우린 돈을 받지 않아! 어쩌다 돈을 벌어도 과학 연구에 투자하지!"라고 말한다. 이에 피터처럼 비꼬길 좋아하는 청소년 조니가 이렇게 덧붙인다. "잘못 온 것 같은데, 친구! 여긴 제너럴 모터스가 아니야!" 스탠은 당시 청소년들 특유의 리듬감 있고 비꼬는 말투를 잘 따라 했다.

한편, 스파이더맨이 처음으로 대적하는 슈퍼빌런 카멜레온The Chameleon이 그 앞에 나타난다. 머리가 매우 좋은 카멜레온은 스파이더맨을 포함해 어떤 모습으로든 변장할 수 있는 능력을 갖고 있다. 그는 스파이더맨으로 변장해 기밀 자료인 미사일 방어 계획표를 훔치는 계획에 성공하고, 자신을 잡으려는 경찰관들에게서 도망친 진짜 스파이더맨은 거미줄을 이용해 뉴욕 도시를 날아다니며 악당이 타고 있는 헬기를 추적한다. 이어 스파이더맨은 모터보트를 타고서 카멜레온을 기다리고 있던 소비에트 연방의 잠수함에 접근해 거미줄로 잠수함의 문을 막은 다음 카멜레온이 타고 있는 헬기를 제압한다.

카멜레온은 스파이더맨에게서 도망치기 위해 경찰관으로 변신해 다른 경찰관들에게 그를 붙잡으라고 시킨다. 그러나 카멜레온의 계략을 알아챈 경찰관이 악당을 잡는 틈에 잽싸게 벽을 타고 도망친 스파이더맨은 "격렬한 분노를 느끼며" 앞으로 다시는 범죄자를 잡기 위해 노력하지 않겠다고 맹세한다. 그러고는 화면 저편으로 사라지며 이렇게 한탄한다. "제대로 된 게 하나도 없어. 초능력 따위 절대 갖지 말았어야 했는데!" 이어서 판타스틱 4가 등장해 과연 스파이더맨이 악당으로 변하지 않을까 궁금해한다. 이 10쪽짜리 이야기는 스탠 리의 멘트로 마무리된다. "그리고 전 세계가 궁금해할 것이다. 엄청난 내용의 다음 편이 나올 때까지! 놓치지 마시길!!"

그다음 한 해 동안 스탠과 딧코는 벌처Vulture와 일렉트로Electro부터 리자드Lizard와 닥터 옥토퍼스Doctor Octopus에 이르기까지 스파이더맨에 나오는 주요 슈퍼빌런 대부분을 등장시켰다. 악당들과의 전투를 통해 슈퍼히어로물에 필요한 액션 장면을 독자들에게 마음껏 선사함으로써 이 많은 출연진들은 피터 파커 이야기를 지속적으로 추진하는 역할을 해주었다. 메이 이모와 제임슨 신문사 국장, 그리고 피터의 사랑 이야기도 어쩌다가 슈퍼히어로가 된 한 청소년의 사연을 더욱 설득력 있게 만들었다.

STAN LEE

만화책 작가로서 스탠 리는 스파이더맨을 이용해 본인을 다른 작가와 차별화하는 획기적인 방법을 다양하게 보여주었다. 독자들을 향해 직접 날리는 멘트들은 슈퍼히어로 만화책의 힘을 변형시켰고, 말풍선 사용은 독자들로 하여금 이야기 속으로 더욱 빠져들게 만들었다. "캐릭터들이 무슨 생각을 하는지 최대한 자주 알려주었습니다. … 이야기에 완전히 새로운 차원을 추가시켰지요."[17] 이처럼 독자들을 집중시키는 목소리 덕에 독자들은 만화책 속에 '사람'이 존재한다는 것을 인식하게 되었다. 만화책 속에 담긴 스탠의 소탈한 목소리를 접하다 보면 그와 친구가 된 것 같기도 하고, 이야기를 쓰면서 신이 난 듯한 그의 기분도 느낄 수 있었다.

스탠과 딧코의 또 다른 시도는 스파이더맨의 주요 활동 무대인 뉴욕시를 집중해서 묘사한 것이다. 스파이더맨은 퀸스에 있는 비좁은 아파트에서 그의 대리 부모와 어린 시절부터 함께 살았다. 스탠은 커비와 함께 만든 〈판타스틱 4〉도 맨해튼을 본부로 설정하긴 했지만 보통 제트기를 타고 다른 나라나 우주로 날아가 배경이 달라지곤 했었다. 반면, 〈어메이징 스파이더맨〉은 주로 뉴욕시가 중심이었기 때문에 도시의 모습이 생생하게 표현되었다. 뉴욕이 친숙한 독자들은 맨해튼이나 브루클린 다리를 보며 이야기가 살아 있는 듯한 느낌을 받았고, 도시가 낯선 독자들도 스파이더맨이 거대한 고층 빌딩들이 만들어내는 콘크리트와 금속 사이를 날아다니는 모습을 상상할 수 있었다. 스탠은 DC 코믹스의 경쟁자들을 대놓고 저격하며 말했다. "허구로 만든 고담시Gotham City(〈배트맨〉의 배경 도시―옮긴이)나 메트로폴리스Metropolis(〈슈퍼맨〉의 배경

도시―옮긴이) 대신, 스파이더맨은 옛 뉴욕시에서 살았어요. … 그리니치 빌리지에서 어퍼이스트사이드까지 택시 타고 어디든 다니면서 찾아낼 수 있을 겁니다."[18]

스탠 리는 자신이 만든 히어로들의 활동 배경을 본인이 나고 자란 뉴욕 안팎으로 설정함으로써 장소 묘사를 정확하고 세밀하게 할 수 있었을 뿐 아니라, 또 다른 획기적인 용도로도 이용할 수 있었다. 자연스럽게(가끔은 좀 억지스럽게) 한 히어로의 이야기에서 다른 히어로의 이야기로 넘어갈 수 있었던 것이다. 〈어메이징 스파이더맨〉 1편에서 시작된 히어로들의 '특별 출연'으로, 만화책 독자들은 스파이더맨이 판타스틱 4나 헐크 등 다른 캐릭터들과 연합(또는 대적)할 수도 있다는 생각에 열광했다.

스파이더맨의 인기가 올라가자, 스탠은 새로운 캐릭터를 소개하거나 기존의 인물을 다시 설정하는 데 그를 이용하기도 했다. 팬들은 소년 히어로의 출연을 지칠 줄 모르고 반겼으며, 그래서 스탠과 마블은 스파이더맨의 한계를 무너뜨렸다. 예를 들어, 스파이더맨은 〈스트레인지 테일스 애뉴얼Strange Tales Annual〉 2편(1963년 9월)에 출연해서 휴먼 토치와 함께 72쪽이나 되는 분량을 채웠다. 기괴하고 섬뜩한 이야기를 다뤘다가 슈퍼히어로물로 바뀐 〈테일즈 투 어스토니시〉에서는 자이언트맨Giant-Man과 와스프Wasp 이야기였던 57편(1964년 7월)에 특별 출연했다. 1964년에 나온 〈어메이징 스파이더맨 애뉴얼Amazing Spider-Man Annual〉 1편은 스탠과 딧코가 "근래 만화책 중에서 가장 많은 히어로 팀이 출연한 책"이라고 부를 정도로 토르, 닥터 스트레인지Dr. Strange, 캡틴 아메

리카, 엑스맨X-Men 등 마블 히어로들이 거의 모두 출연했다.

이제 스파이더맨은 만화책 왕국의 중심에 섰다. 기회를 더 준다고 하더라도 스탠 리는 그 이상 대단한 작품을 쓰지는 못했을 것이다.

이 모든 것이 죽어가던 만화책의 위기에서 시작된 일이었다.

8장

슈퍼히어로 군단

"괴물!" 마틴 굿맨이 휙 돌아서더니 고개를 저었다.

〈판타스틱 4〉가 성공하자 이 출판인은 스탠 리와 잭 커비에게 슈퍼히어로 팀을 하나 더 만들라고 지시했다. 그러나 스탠이 그에게 따로 생각이 있다며 "색다른" 괴물 캐릭터를 중심으로 하는 단행본을 이야기하자 굿맨은 다 들리게 한숨을 쉬고는 나가버렸다. 그는 이미 많은 인기를 얻은 슈퍼히어로 팀과 비슷한 캐릭터는 만들지 않겠다는 스탠의 생각을 터무니없게 여겼다. 스탠은 상사가 사무실을 나서는 모습을 보며 최근에 커비와 함께 구상하고 있던 강력하고 거대한 괴물을 상상했다.

"한 번도 본 적 없는 전혀 다른 슈퍼히어로를 만들기 위해 며칠간 머리를 쥐어짜던 중이었습니다."[1] 이 새로운 캐릭터는 초강력 힘을 가졌지만 더 씽이나 슈퍼맨과 구별되어야 했다.

〈판타스틱 4〉를 응원하는 팬레터가 매디슨가에 있는 마블의 사무실로 쏟아져 들어와 산을 이루었다. 그러나 아직 만족하지 못한 팬들 또한 새로운 슈퍼히어로를 만들어달라고 간청하는 편지를 보내왔다. 지난 20년간 스탠이 탄생시킨 만화책 캐릭터가 수백 명이 넘지만, 스탠은 성공적인 슈퍼히어로 그룹을 따라잡는 캐릭터를 창조하기 위해 또 고뇌했다. 자신이 이룬 성공의 피해자가 된 스탠은 그 인기를 유지해야 한다는 부담을 느꼈다.

스탠은 고전소설과 친근한 이야기들을 끌어왔다. 포크송을 리메이크해 운동가로 만든 밥 딜런Bob Dylan이나 《피터 래빗Peter Rabbit(영국 작가 베아트릭스 포터가 쓴 그림 동화로, 1902년에 출판되었다-옮긴이)》을 1960년대의 보통 남자 래빗 앵스트럼Rabbit Angstrom의 이야기로 둔갑시킨 존 업다이크John Updike와 같은 당대의 위대한 예술가들처럼 스탠도 다시 한 번 고전문학을 깊게 들여다보았다. 그는 팬들이 원하는 캐릭터를 선보이고 싶었다. 바로 최강의 힘을 가졌으나 영웅답지 않은 영웅 안티히어로였다. 그래서 메리 셸리Mary Shelley의 《프랑켄슈타인》과 로버트 루이스 스티븐슨Robert Louis Stevenson의 《지킬 박사와 하이드 씨》를 본뜬 헐크를 탄생시켰다. 그리고 극적 긴장감을 더하기 위해 만화의 맥락 속에 냉전이라는 요소를 포함시켜 무거운 분위기를 가미했다. 전 세계가 파괴적인 힘을 가진 원자력 기술로 두려움에 떨자, 스탠은 이야기 속에 핵무기 실험을 집어넣어 젊은 천재 과학자를 광분하는 괴물로 변신시키는 사건으로 사용했다. 우울하면서도 어딘가 두려움에 휩싸인 괴물이자 마블 가족 중에서도 대단히 복잡한 안티히어로인 인크레더블 헐크를 소개함으로써 또 한 번 지적으로 한 걸음 더 나아간 스탠과 커비는 독자들도 판타스틱 4에 그랬던 것처럼 이 거인의 실패와 나약함에 끌릴 것이라고 예측했다.

산처럼 쌓이는 팬레터와 비평적 찬사, 의기양양한 판매 수치로 측정할 수 있었던 〈판타스틱 4〉의 성공으로 헐크, 토르, 아이언맨Iron Man 같은 새로운 히어로들을 빠르게 소개할 수 있었다. 폭발적인 인기를 얻었던 2년간 만화책과 그 창작가들을 보는 시선에도 변화가 생겼다. 스탠과 커비는 유명 인사가 되었다. 스탠은 자신들의 별칭을 만들었고, 독자들은 별칭으로 그들을 부르곤 했다. 바로 잭 '킹' 커비Jack 'King' Kirby, 스탠 '더 맨' 리Stan 'The Man' Lee로 말이다.

만화 창작가로서 하늘로 솟아오르는 별을 잡은 스탠과 커비는 각양각색의 캐릭터들을 탄생시킨 뒤 현실 세계에서 끌어온 소재들을 그들의 이야기와 자연스럽게 연결시켰다. 두 사람이 만든 히어로들은 기존에 있던 캐릭터나 경쟁사의 히어로와 달랐다. 그들은 말도 다른 식으로 하고, 창문 밖에 펼쳐진 현실 세계와 똑같은 세계에서 살고 있었으며, 그와 동시에 시종일관 판타지적 사건들을 겪어나가고, 강력한 그림들로 표현되었다.

스탠은 똑같은 슈퍼히어로 팀을 만들라는 굿맨의 요구에 더 이상 허리를 굽히지 않아도 되었다. 하지만 그는 굿맨의 압박을 피하기 위해서라도 계속해서 새로운 히어로를 탄생시켜야만 했다. 이런 부담감은 있었지만, 결국 그가 지난 몇 년간 상상만 해오던 만화책들을 만들어도 된다는 허락을 받은 스탠은 그의 동료 만화가 커비와 함께 단골 독자들

STAN LEE

을 만족시키고 새로운 팬들도 끌어모을 슈퍼히어로 만화책을 대량으로 찍어 냈다. 이제 스탠 리는 만화 산업에서 가장 유명한 인물이자 전 세계의 독자들을 대상으로 슈퍼히어로를 소개하는 작가가 된 것이다.

〈판타스틱 4〉의 데뷔 이후, 스탠은 깜짝 놀라며 팬들의 편지를 받기 시작했다. 그는 편지들을 읽은 다음 회사의 행정 직원들에게 답장을 쓰도록 했다. 팬들을 일종의 초점 집단focus group(시장 및 여론 조사를 위해 선별된 소수의 그룹—옮긴이)으로 이용하자는 생각을 하게 된 스탠은 만화책 속에도 팬들에게 보내는 메시지를 넣기로 했다. 새로운 캐릭터를 만들 때 독자들의 통찰력이 도움이 된다는 사실을 알았던 것이다.

스탠은 편지에서 꽤 많은 팬들이 "더 혁신적인 캐릭터"를 외쳤던 것을 기억했다. 그는 자리에 앉아 타자기의 빈 종이를 쳐다보면서 그 편지들을 떠올렸고, 최대한 말도 안 되는 캐릭터를 상상했다. "히어로가 괴물일 경우에 그가 어떤 상황에 놓이게 될지 생각해보았어요. 인간의 능력을 초월하는 힘을 지닌 인물이지만, 언제나 현명하고, 고귀하고, 올바른 존재는 아닌 거예요."[2] 스탠은 그 괴물에게 프랑켄슈타인의 요소들을 집어넣을까 고민했지만, 만화 속 도시 사람들이 그를 진짜 괴물로 생각할 것이라는 아이디어가 떠오르자 그 생각을 뒤집었다. 그리고 영웅적인 활약에도 항상 오해를 받는 괴물 히어로 헐크가 탄생했다.

〈인크레더블 헐크〉 1편을 보면 이 캐릭터의 느낌을 표지에서 바로 파악할 수 있다. 커비가 그린 헐크는 팔뚝이 나무 몸통만 한 거대한 몸집의 괴물이지만, 호소하는 듯한 눈빛을 통해 그의 내적 갈등과 비애를 엿볼 수 있다. 몇 장을 넘기면, 명석하지만 유약한 과학자 브루스 배너

Bruce Banner가 감마폭탄의 방사능에 노출되어 처음으로 헐크가 되는 장면이 나온다. 여기서 이 괴물은 어린 친구 릭 존스Rick Jones를 향해 이렇게 말한다. "저리 비켜, 이 벌레야!" 커비의 능수능란한 실력 덕분에 헐크는(처음에는 피부가 회색이었다) 마치 종이를 찢고 나와 독자에게 달려들 것만 같았다. 한 만화책 역사가는 헐크에 대해 이렇게 말했다. "스탠은 현실 세상에서 초능력을 갖게 되면 어떤 일이 벌어질지 마음껏 상상할 수 있는 완벽한 캐릭터를 만들어냈습니다." "커비의 근육 덩어리 괴물 스타일"은 이 히어로/괴물 캐릭터에게 강력한 에너지를 부여하고 자신의 존재에 대한 불안, 헐크로 표현되는 인간 내면의 무의식을 제대로 표현해냈다.[3]

이 한 장면 속에 캐릭터의 핵심 요소뿐 아니라 이 캐릭터를 만들어낸 작가와 만화가의 실력까지 모두 담겨 있었다. 괴물에게 내쳐진 존스의 몸이 공중으로 날아오르는 모습을 보면서, 독자들은 마치 예술 작품 속에 들어온 것 같은 느낌을 받았다. 거인의 혼란스러운 상황을 표현하기 위해 '벌레'라는 단어를 사용함으로써 스탠은 독자들에게 헐크의 강력한 힘을 즉각적으로 보여주면서도 그가 '평범한' 인간을 어떻게 느끼는지 알려줄 수 있었다. 헐크는 군 기지의 벽을 산산조각 내고 그곳에서 탈출한 뒤 달려드는 군용차를 뒤집어엎는다. 그리고는 "어둠 속으로 다급히 도망치며" 이렇게 중얼거린다. "도망쳐야 해! 도망쳐서 … 숨어야 해."

〈판타스틱 4〉가 출시된 지 겨우 6개월 만인 1962년 5월에 〈인크레더블 헐크〉가 등장했지만, 몇 달에 걸쳐 난항을 겪었다. 독자들의 관심이

STAN LEE

빠르게 식는 바람에 굿맨의 비난이 힘을 얻었고, 배급 회사와의 가혹한 계약 조항으로 마블이 발행할 수 있는 만화 수에 한계가 있었기 때문에 스탠이 만들 수 있는 만화책의 양도 제한되었다. 스파이더맨의 인기를 확인한 스탠은 새로운 만화책을 출간하기 위해 다른 책의 발행을 중단할 수밖에 없었다. 1963년 3월 〈어메이징 스파이더맨〉 첫 번째 발행본이 출간되는 대신, 헐크는 자신의 자리를 내주어야 했다. 괴물 히어로가 데뷔한 지 1년도 채 되지 않은 때였다.

헐크가 실패하자 스탠이 받는 압박도 대단했다. 굿맨은 판매량을 확인하면서 만화책들의 사정을 일일이 궁금해했고, 판매량이 저조한 책들은 진행을 중단시키라고 편집자를 밀어붙였다. 스탠은 첫 발행 이후 6개월 만에 헐크 이야기를 대대적으로 수정하면서, 밤이 되면 헐크로 변신했던 것을 나중에는 분노하면 변신하는 내용으로 바꾸었다. 헐크의 지능에 대해서도 계속 왔다 갔다 했는데, 가끔은 바보 같은 모습으로 그렸다가 또 가끔은 배너의 천재적인 지적 능력을 그대로 유지시키기도 했다. 〈인크레더블 헐크〉 마지막 발행본에 실린 헐크는 가장 이상했다. 배너의 얼굴 그대로 몸만 괴물로 변신한 것이다. 헐크는 배너의 얼굴을 숨기기 위해 헐크 가면을 써야만 했는데, 메탈 마스터Metal Master 앞에서 정체를 들키자 이렇게 외친다. "그렇게 놀라지 마, 땅콩! 모든 사람이 다 작아빠진 약골은 아니라고!" 스탠의 계속된 캐릭터 수정으로 헐크는 확실히 제 길을 벗어나버렸다.

배급 계약으로 만화책의 발행 작품 수가 제한된 상태에서 새로운 슈퍼히어로를 원하는 독자들이 많아지자, 스탠은 캐릭터들을 소개하는 창의적인 방식을 사용해야만 했다. 그 예가 바로 헐크다. 1964년 10월, 스탠은 이 초록색 괴물을 〈테일즈 투 어스토니시〉 60편에 복귀시키면서 만화책 한 권에 서로 다른 두 명의 슈퍼히어로, 즉 새로운 헐크와 자이언트맨Giant-Man의 이야기를 담았다. 스탠이 사이먼과 커비 밑에서 처음 일을 시작했던 초기 만화 잡지 시절에는 만화책 한 권 속에 여러 개 이야기를 담았었는데 스탠은 그 방식을 슈퍼히어로물에 적용하기로 했다. 독자들의 입장에서는 이런 만화책들은 슈퍼히어로 단행본이라기보다는 히어로들 사이의 전투를 담은 액션물을 보는 것 같았다.

〈테일즈 투 어스토니시〉 시리즈에서 스타가 된 헐크는 〈스파이더맨〉이나 〈어벤져스The Avengers〉와 같은 다른 이야기에서도 중요한 역할을 맡게 되었다. 마블의 인기가 하늘을 찌르는 와중에 엄격했던 배급 계약이 종결되자, 스탠이 생각해두었던 만화책들을 발행할 수 있게 되었다. 1968년 3월에는 〈테일즈 투 어스토니시〉의 발행 편수를 그대로 이어받은 〈인크레더블 헐크〉 102편이 출간되었다. 안정되기까지 몇 년이 걸리긴 했지만, 마블의 주요 슈퍼히어로 중 하나인 헐크는 현재까지 굳건하게 그 자리를 지키고 있고, 만화영화, 런치박스, 티셔츠 등 각종 상품과 다양한 매체를 통해 모습을 선보이면서 그 인기가 계속 성장하고 있다.

현실적인 슈퍼히어로들은 마블 코믹스의 힘이었다. 그러나 1930년대

STAN LEE

말에 슈퍼맨이 당대에 끼친 가공할 만한 영향력을 돌이켜 생각해보면, 만화 산업은 상상을 초월하는 능력을 지닌 천하무적 캐릭터가 통하는 곳이었다. 그 점을 이해하고 있던 스탠은 그간 탄생시킨 히어로들보다 "더 크고, 더 잘나고, 더 강력한" 슈퍼히어로가 필요했다. '슈퍼갓Super-God'이라는 기이한 캐릭터부터 온갖 낙서와 스케치 더미 위에 그려진 캐릭터들까지 새로운 히어로를 만들기 위한 수십 번의 시도 끝에 스탠은 이렇게 생각하게 되었다. "우리가 미래의 전설이 될 인물들을 탄생시키고 있듯, 이미 전설이 된 인물을 데려와서 그 캐릭터 위에 우리가 원하는 능력과 이야기를 덧씌우기로 했지요." 스탠은 '신God'이라는 절대적인 개념 대신 '신과 같은 존재god'를 만들기 위해 북유럽 신화에 집중했고, 수백 년간 전해 내려온 전설과 같은 종류의 "악에 맞서 선을 지키는 영웅 대서사시"를 펼쳐 냈다.[4]

스탠과 커비가 탄생시킨 북유럽 신화의 신 토르Thor는 우루Uru 금속으로 만들어진 마법의 망치로 힘을 얻는다. 이 히어로는 〈저니 인투 미스터리Journey into Mystery〉 83권(1962년 8월)에 처음 등장하며, 이 만화책은 두 달에 한 번씩 발행되던 〈판타스틱 4〉가 매달 발행으로 바뀌면서 그 자리를 대신 채우게 된다. 출판물을 신문 가판대에 올리기 위해 굿맨이 몇 년 전에 합의한 경쟁사 배급업체와의 거래 계약으로, 마블이 한 달에 출간할 수 있는 만화책은 당시 단 8개 작품뿐이었다. 그래서 토르를 포함한 새로운 캐릭터들은 각자의 이름을 딴 책으로 혜성처럼 등장하는 대신, 기존에 출간되고 있던 만화책을 통해서만 데뷔를 해야 했다. 경쟁사와의 배급 계약은 회사의 입장에서는 정말 불리했지만,

스탠은 그로 인해 새로운 슈퍼히어로를 천천히 준비하고 새로운 단행본을 결정하기 전에 독자들의 반응을 미리 파악할 수 있는 기회를 갖게 되었다.

스탠은 빠듯한 출판 일정과 만화책의 발행 작품 수 제한으로 청소년물과 서부 만화, 슈퍼히어로물 등 장르를 넘나들며 정신없이 작업해야 했다. 일손이 부족하던 그는 공백을 메꿔줄 다른 작가를 물색했고, 자신의 동생 래리 리버(실명 그대로 활동했다)에게 토르의 대본 작업을 맡겼다. 래리는 당시 스탠에 대해 이렇게 말했다. "나에게 이야기 구성이 적힌 종이를 주고는 '자, 집에 가서 대본을 써 와.'라고 말했어요." "일러스트레이터처럼 생각하는" 스타일이었던 래리는 처음에 자신의 글 쓰는 능력을 의심했다고 한다. 하지만 그는 스탠에게서 강력한 언어로 이야기를 재미있고 흥미진진하게 만드는 일에 대한 통찰력을 얻었고, 글쓰는 법을 배웠다. "형이 하는 이야기들은 언제나 내가 쓴 것보다 훨씬 나았습니다. 형과 일하면서 많은 것을 배웠지요."[5]

래리는 커비와 팀을 이루어 그의 펜슬러penciler(연필로 만화의 밑그림을 그리는 보조 업무─옮긴이) 역할도 잘해냈다. 토르 작업에 필요한 신화 이야기를 잘 알고 있었던 커비는 스탠이 이야기 구성을 끝내면 그 위에 이야기를 덧붙이고 확장하는 일까지 도맡았기 때문에 래리의 도움이 필요했다. 하지만 곧 스탠이 글 작업을 전부 담당하기 시작했는데, 그 이유 중에는 슈퍼히어로물의 시대였던 그 당시에도 엄청난 인기를 얻고 있던 서부 만화 작업을 동생 래리에게 맡기고 싶었던 것도 있었다.

〈토르〉를 쓰면서 스탠은 어릴 적에 소리 내어 읽었던 셰익스피어를

STAN LEE

다시 떠올렸다. 다양하고 극적인 전개로 이야기에 깊이를 더하기 위해 에드거 앨런 포Edgar Allan Poe(19세기 미국 소설가로《검은 고양이》,《모르그가의 살인 사건》등을 집필했으며, 추리소설의 창시자라고 불린다-옮긴이)의 작품들과 알렉상드르 뒤마Alexandre Dumas(19세기 프랑스 소설가이며, 대표작으로《삼 총사》,《몬테크리스토 백작》등이 있다-옮긴이)의 영웅소설을 참고하기도 했다. 평생 동안 영화를 보고 분석하면서 이야기의 중요한 리듬과 속도를 파악할 수 있게 된 그는 그 능력을 이제 싹트기 시작한 슈퍼히어로로 작법 스타일에 적용했다. 최고의 슈퍼히어로를 만들기 위해 아서 코넌 도일Arthur Conan Doyle의 《셜록 홈스Sherlock Holmes》를 참고하기도 했는데, '슈퍼히어로는 사람들의 신뢰를 얻을 수 있어야 한다.' 라고 생각했기 때문이다.[6] 스탠이 만든 캐릭터들 중에는 상상을 초월하는 인물이 수두룩했지만, 그들의 고뇌와 갈등은 수많은 고등학생과 대학생 독자들의 마음을 빼앗았다.

스탠이 하워드 휴스Howard Hughes(1905~1976년. 미국의 유명한 기업인이자 영화 제작자, 비행사, 자선가로, 의학 발전을 위해 하워드휴스의학연구소를 설립하기도 했다-옮긴이)를 모델 삼아 잘생긴 재벌에 무기 제조사를 운영하는 슈퍼히어로를 만들고 싶다고 말하자, 굿맨이 정색하며 말했다. "미쳤군."[7] 미쳤거나 또는 아주 또렷한 정신으로 스탠은 굿맨이 '안 돼.' 라고 하지 않는 것을 확인하고는 일러스트레이터 돈 헤크Don Heck와 함께 토니 스타크/아이언맨Tony Stark/Iron Man을 탄생시켰다.

　자신의 대통령 고별 연설에서 군수품 산업 복합체의 성장을 강력하게 경고한 드와이트 아이젠하워 전 대통령과 미국 국민들의 마음에 생생하게 남아 있던 쿠바 미사일 위기(1962년 10월 22일부터 11월 2일까지 11일간 핵미사일을 쿠바에 배치하려는 소련의 시도로 미국과 소련이 대치해 핵전쟁 직전까지 갔던 국제적 위기 - 옮긴이)를 떠올리며 스탠은 다른 슈퍼히어로들과 대비되는 캐릭터를 상상했다. 돈 많고, 노련하며, 잘생기고, 세상일에는 별 관심 없는 무기 거래업자 토니 스타크를 말이다. 새로운 캐릭터를 구상할 때면 스탠은 현실 세계에서 주제를 끌어온 다음 이야기에 맞게 문맥을 연결했다. 그 결과, 혁신적인 과학기술에 내재된 잠재적인 문제에서 헐크가 탄생했다. 스타크의 경우에도 과학기술에서 영감을 얻었으며, 아시아 국가에 대해 아는 것이 별로 없던 그 당시에 베트남이라고 불리는 지구 반대편 장소를 아이언맨의 사연 속 배경으로 사용하기도 했다. 산업계 거물 토니 스타크의 또 다른 자아 아이언맨이 〈테일즈 오브 서스펜스Tales of Suspense〉 39편(1963년 3월)을 통해 처음으로 세상에 모습을 드러냈다.

　탁한 회색빛 몸체, 뻣뻣해 보이는 몸짓과 눈 위치에 있는 좁고 긴 구멍을 제외하고는 어떤 특징도 없는 얼굴의 아이언맨이 인간보다는 로봇과 같은 모습으로 표지 밖을 응시하고 있었다. 이 표지에서 스탠은 특유의 과장된 문구로 독자들에게 "세상에서 가장 새롭고, 놀랍고, 감각적인 슈퍼히어로"가 누구인지 추측해보라고 질문하며, 이 캐릭터도 마블의 다른 슈퍼히어로들과 마찬가지로 재능 있는 작가들이 모인 '작

STAN LEE

업실'에서 '탄생'했다고 전한다. 1963년 초에 이미 마블의 독자들은 신뢰를 중요하게 생각하게 되었다. 스탠은 그들에게 새로운 히어로에 대한 믿음을 가져달라고 부탁했다(그리고 창작가들의 리더인 스탠 리에 대한 믿음도).

스타크도 스탠의 다른 캐릭터와 마찬가지로 과학자였으나, "아름답고 매력적인 여성들과 끊임없이 어울리며 화려한 삶을 사는 플레이보이"였다. 이런 이야기(스탠이 구성하고 래리가 글을 썼다)의 대부분을 다루는 회상 장면은 하워드 휴스 같은 재벌이 갑옷 입은 슈퍼히어로로 변하게 된 과정으로 이어진다. 베트남의 정글에서 부비 트랩을 밟아 치명상을 입고 적들에게 붙잡힌 스타크는 "게릴라 군대의 리더 '윙추Wung Chu'의 본거지"에서 다시 모습을 나타내지만, 심장 가까운 곳에 폭탄 파편이 박혀서 곧 죽을 위기에 처한다. 윙추는 이 미국인 발명가가 죽기 직전까지 자신들에게 필요한 폭탄을 제조하도록 만들기 위해 그를 치료해주겠다고 속인다.

하지만 자신에게 시간이 얼마 남지 않았음을 알아차린 스타크는 이렇게 다짐한다. "약속하는데 … 역대 최고로 환상적인 무기를 만들고 말겠어!" 그러고는 자신의 생명도 유지시키고 윙추와도 대적할 수 있는 강철 슈트를 설계하고, 무기 제조를 거부했다는 이유로 감금된 저명한 물리학자 잉센 교수Professor Yinsen의 도움을 받아 트랜지스터를 이용한 아이언맨 슈트 제작에 성공한다. 잉센 교수는 스타크가 죽기 일보 직전에 그에게 슈트를 입히고는 곧 게릴라의 공격에 죽임을 당한다. 아이언맨은 잉센 교수의 복수를 다짐하며, 계획을 실행에 옮길 때까지 몸을 숨긴다.

윙추와 대적하게 된 아이언맨은 그를 내던지고 트랜지스터를 이용해 게릴라군의 총알이 날아오는 방향을 바꾸고, 그 장면을 본 군인들은 도망을 간다. 윙추가 무거운 캐비닛으로 아이언맨을 공격하지만, '전기력'을 이용해 탈출한 그는 윙추가 향하고 있는 탄약 창고를 따라 바닥에 기름을 붓는다. 윙추가 창고로 들어가는 것을 확인한 아이언맨은 기름에 불을 붙이고 윙추는 불에 타오른다. 이후 아이언맨은 다른 포로들을 풀어주고 나서 긴 갈색 재킷과 중절모를 착용하고 어둠속으로 사라진다. 이 슈퍼히어로는 아이언맨이 되어버린 숙명에 대해 생각하며 이렇게 말한다. "앞으로 어떤 운명이 기다리고 있을까? 그 답은 오직 시간만이 알고 있겠지! 오직 시간만이…."

아이언맨에게 생명을 불어넣은 헤크와 스탠의 파트너십은 주로 헤크가 새로운 스토리텔링 기법을 배우고 적응하는 데 무게가 쏠려 있었다. 스탠이 다른 출판사에서 일하던 일러스트레이터들에게는 매우 생소한 방식으로 이야기를 만들었기 때문이다. 사실 헤크가 스탠에게서 처음으로 이야기 시놉시스를 받아 들었을 때, 그는 스탠의 작법 과정을 거부했다. 그러나 점점 창작의 자율성을 즐기면서 이야기를 발전시키는 이 방식을 믿게 되었다. "스탠은 만화의 처음 두세 페이지와 마지막 페이지의 내용을 전화로 이야기해주었어요. 그래서 내가 '중간 내용은 어떻게 해요?'라고 물으면, 그는 '직접 채워봐요.'라고 대답했지요."[8] 어떤 일러스트레이터는 그런 스탠의 방식에 적응하지 못했지만, 헤크를 포함한 많은 만화가들이 그 방식 덕분에 성장하고 발전했다. 마블 작법

STAN LEE

Marvel Method은 텔레비전 방송이나 할리우드 시나리오 작가들이 많이 사용하고 있는 방법과 비슷한데, 중심 아이디어를 가운데에 놓고 똑똑한 작가 여럿이 모여 논쟁하고 대화하며 이야기를 쌓아나가고, 다 같이 내용의 깊이와 뉘앙스를 만드는 방식이었다.

드디어 독자들이 너무나도 갖고 싶어 하는 만화책을 만들어낸 스탠 리는 인내심이 부족한 팬들의 품에 더 많은 슈퍼히어로 이야기를 안겨줄 전략을 세웠다. 단행본 안에 별 내용 없는 중간 페이지를 집어넣거나 오래된 괴물 이야기를 넣는 대신, 그는 다른 슈퍼히어로를 여럿 등장시킨 단편을 삽입해서 만화책을 완성시켰다. 예를 들어, 판타스틱 4의 휴먼 토치는 마지막으로 남아 있던 괴물 만화 장르인 〈스트레인지 테일스〉에 삽입된 단편에 출연해 스타로 등극했다. 스탠의 직관적 전술이 높은 판매 수익을 거둬들인 것이다.

스티브 딧코와 스탠 리가 휴먼 토치와 함께 탄생시킨 단편의 또 다른 주인공은, 스탠이 어릴 적에 즐겨 들었던 라디오 프로그램 〈마법사 찬두Chandu, the Magician〉에서 영감을 얻었다. 스탠이 창조한 마법사 닥터 스트레인지는 딧코의 몽환적인 이미지와 마법을 부린 듯한 세계 묘사로 더욱 잘 표현되었다. 이 이야기의 중심에 있는 고고한 외과 의사 스티븐 스트레인지Stephen Strange는 손에 심각한 부상을 입은 뒤 더 이상 수술을 할 수 없게 되자 정신적인 고통에 시달린다. 인생의 밑바닥까지 경험한 그는 정체불명의 치료사이자 현인인 '에인션트 원Ancient One'을 찾아 길을 떠나고, 곧 마법사를 만나 능력을 전수받는다. 그러고는 최고의 마법사 수프림 소서러supreme sorcerer가 되어 뉴욕의 그리니치빌리지에 있는 블리커가에 성소를 차린 뒤 세상 사람들에게는 보이지 않는 검은 세력과 맞서 싸운다.

근본적으로 닥터 스트레인지는 마법사였으므로 스탠은 그가 모자에서 토끼 꺼내기 같은 진부한 마술로 재미없는 장난을 하기보다는 고상한 말투로 이야기하기를 바랐다. 그 일환으로 닥터 스트레인지만의 새로운 단어를 만들면서 스탠은 신나게 즐겼다. "단어를 합치고 해체하며 가지고 노는 동안 이성을 완전히 내려놓았어요. 리듬에 맞는 단어를 줄지어 늘어놓으면 단어들이 스스로 멜로디를 만들어냈지요." 스탠이 이어서 설명했다. "닥터 스트레인지를 작업할 때는 천국에 온 기분이었습니다. … 온갖 언어로 된 주문을 만들 수 있었으니까요."9 이 만화책을 읽는 독자들은 닥터 스트레인지 특유의 말투와 그의 캐치프레이즈가 된 마법 주문 "바이 더 호리 호스츠 오브 호고스by the hoary hosts of Hoggoth"를 통해 항상 두운을 맞추어 귀에 달라붙게 만드는 스탠의 문장 스타일과 목소리를 바로 들을 수 있었다.

스탠의 문장들과 딧코의 근사한 그림이 학생들 사이에서 유행하기까지는 그리 오랜 시간이 걸리지 않았다. 많은 사람들이 닥터 스트레인지의 주문에 담겨 있는 희한한 억양을 분석하고 문학적 요소를 평가했다. 스탠은 그 모든 것을 직접 만들었다는 사실은 별로 이야기하지 않았다. 만약 그 문장과 문양들이 어딘가에서 유래한 것이라면, 그것은 아마 스

STAN LEE

탠이 성장하는 과정에서 읽었던 공상과학소설이었을 것이다. 딧코가 갑작스럽게 마블을 떠난 뒤에도 스탠은 일러스트레이터 빌 에버렛, 마리 세버린Marie Severin과 함께 일하며 시리즈를 이어나갔다. 이 신비한 마법사는 마블 세계에서 중요한 자리를 차지하게 되었다. 닥터 스트레인지는 도르마무Dormammu나 리빙 트리뷰널The Living Tribunal처럼 악evil 그 자체인 빌런들과 맞서 싸웠다. 이러한 어둠의 세계에서 활약을 펼치는 과정을 통해 스티븐 스트레인지는 마블의 가장 강력한 슈퍼히어로가 되었다.

〈판타스틱 4〉의 성공은 모든 사람들을 놀라게 만들었고, 이후로 굿맨은 또 다른 슈퍼히어로로 팀을 만들어야 한다는 생각을 절대 포기하지 못했다. 히어로 그룹 하나가 잘 팔렸다면, 다른 그룹에게도 당연히 그 효과가 미칠 것이라고 생각했다. 게다가 굿맨은 마블의 배급업체와 합의한 끝에 한 달에 발행할 수 있는 만화책 작품 수를 늘렸다.

배급업체인 인디펜던트 뉴스의 입장에서 이 협의는 순수하게 금전적인 측면만을 고려해 내린 결정이었다. 인디펜던트는 마블의 경쟁사인 DC 소유의 업체이긴 했으나, 그럼에도 마블의 인기를 자금화하고 싶어 했다. 굿맨과 스탠은 만화시장의 선두 자리를 따라잡을 것이라고는 생각도 하지 못했고, 그저 한 달에 발행할 수 있는 만화책이 좀 더 많아지면 수익도 전보다는 조금 나아질 것이라고만 생각했을 뿐이다. 인디펜던트의 운영진들 중에서는 자신들의 골프 동료 굿맨과의 관계가 정말 아이러니해졌다고 생각한 사람도 있었을 것이다. 굿맨의 만화책이 잘 팔릴수록 경쟁자인 자신들에게 더 많은 돈을 가져다주게 되었으니 말이다. DC 임원들 중 그 누구도 지금 닭장에 여우를 들여놓은 상황이라는 사실을 전혀 눈치채지 못했다.

팬레터를 보며 판타스틱 4의 인기를 알게 된 것처럼, 스탠은 그에게 마블 히어로 팀을 만들어달라는 수많은 편지들을 통해 정보를 모았다. 다시 한번 DC의 〈저스티스 리그 오브 아메리카〉를 떠올리며 스탠은 마블 히어로 팀은 가장 강력한 캐릭터들만 모아놓겠다고 다짐했다. 스탠은 굉장히 많은 히어로 캐릭터를 그려온 커비를 영입한 뒤, 토르, 앤트맨Ant Man, 헐크, 와스프, 아이언맨으로 구성된 〈어벤져스〉 작업에 착수했다. 드디어 DC의 히어로 팀에 대적할 만한 슈퍼히어로 군단을 결성하게 된 것이다.

스탠과 커비는 어벤져스가 마블 세계에서 가장 강력한 슈퍼히어로라는 웅장한 기운을 작품에 불어넣고자 노력했고, 그와 동시에 현실적인 요소도 가미해 다른 만화책들의 판매량도 높일 수 있도록 만들었다. 판타스틱 4처럼 어벤져스의 멤버들도 서로 항상 잘 지내는 것만은 아니었다. 그들 또한 뉴욕에서 지냈는데, 토니 스타크가 기부한 한 빌딩을 본부로 삼았다. 스탠은 이러한 요소들이 "캐릭터들이 살 수 있도록 세상을 변형"한 것이며, "현실적인 분위기를 설정함으로써 독자들이 히어로들을 잘 알고, 그들의 문제를 이해하고, 그들을 걱정하도록 만들기 위한 수단"이라고 말했다.[10]

STAN LEE

〈어벤져스〉 1편(1963년 1월)이 신문 가판대 위에 올랐을 때, 만화책 표지에서는 전투가 시작되고 있었다. 토르가 해머를 돌리고 있고, 앤트맨과 와스프는 변신 후에 적을 향해 급강하 중이며, 헐크와 아이언맨은 싸울 태세를 하고 있다. '악의 신' 로키Loki는 그 뒷모습만 잠깐 보이는데, 마치 그의 오른쪽 어깨 뒤에 위치한 카메라로 사진을 찍은 것처럼 보인다. 이런 구성의 장면은 독자들로 하여금 그들의 전투를 가장 가까이에서 관전하는 듯한 느낌을 준다. 커비의 얼굴 그리는 방식 때문에 토르와 헐크가 사촌지간처럼 비슷해 보이긴 하지만, 이 표지의 캐릭터 배치는 새로운 슈퍼히어로 팀을 아주 멋지게 소개해주었다.

만화를 펼쳐보면, 로키가 헐크를 미끼로 삼아 형 토르를 유인하려는 사악한 계획을 실행하는 내용이 전개된다. 헐크의 동료 릭 존스가 무선통신 그룹 틴브리게이드Teen-Brigade를 통해 판타스틱 4에게 도움을 요청하는 메시지를 보내지만, 판타스틱 4는 다른 임무 때문에 갈 수 없다며 잠시 특별 출연만 하고 퇴장한다. 하지만 그의 메시지를 들은 다른 히어로들이 출동해 메카노Mechano로 변신한 채 초능력 로봇 역할로 순회 서커스 공연을 펼치고 있는 헐크를 찾아낸다(이상한 갈색 점프 슈트에 주황색 신발을 착용하고, 입 주위에는 하얀색 분칠을 한 모습이었다). 헐크가 여객열차를 공격할 것이라고 판단한 히어로들은 그를 막으려고 노력한다. 한편, 토르가 고향 행성인 아스가르드Asgard로 돌아가 로키와 대적하고 여러 차례 위기를 모면하면서 로키를 지구로 돌려보내고 다른 슈퍼히어로들에게 로키의 음모를 밝힌다. 악의 신 로키는 다시 토르와 싸우기 위해 방사능을 발사하지만, 앤트맨과 와스프가 깔아놓은 함정에 걸려

들어 "원자력 시험에서 나온 방사능 폐기물을 바다에 버리기 위해 만들어진" 납으로 된 컨테이너에 갇힌다. 토르의 악랄한 동생을 막아낸 슈퍼히어로들은 뭉쳐서 활동하기로 결정하고 헐크에게도 함께하자고 제안한다. 스탠은 마지막으로 이렇게 공표한다. "역사상 가장 위대한 슈퍼히어로 팀이 탄생했다! 강력하다! 예측할 수 없다! … 마블 유니버스에 새로운 차원이 더해지다!"

〈어벤져스〉 2편은 헐크와 토르가 싸우는 장면으로 시작한다. 여기서 스탠은 슈퍼히어로 그룹에게 그의 다른 캐릭터들처럼 현실적인 상황을 경험하도록 한다. 토르와 헐크는 서로 으르렁대고 아이언맨은 그들 사이에서 중재자 역할을 한다. 그 와중에 와스프는 토르가 "사랑스럽고 잘생겼다."면서 그를 좋아한다. 다른 모습으로 변신하는 능력을 가진 악당 스페이스 팬텀Space Phantom이 헐크가 없는 틈을 타 헐크로 변신해서 다른 히어로들과 싸우기 시작한다. 무리와 떨어져 밖으로 나와 있던 헐크는 어린 동료 릭 존스와 다툼을 벌이게 되고, 존스는 헐크를 향해 실수로 헐크가 "원한다면 닥터 돈 블레이크Doctor Don Blake에게 돌아가겠다."라고 말해버린다('블레이크'는 토르의 비밀 신분으로, 릭 존스가 몰랐어야 할 그 이름을 언급한 것은 바쁜 출판 일정 때문에 스탠이 실수를 한 것으로 보인다). 토르를 소환한 어벤져스는 스페이스 팬텀을 물리치지만, 헐크와 난투를 벌이는 과정에서 그들이 이 초록 괴물을 의심했다는 사실을 들켜버린다. 그 결과, 헐크는 어벤져스를 그만두겠다고 말하며 홀로 미래를 향해 뛰어나간다.

스탠은 겨우 두 번째 발행본에서 벌써 팀의 주요 멤버를 교체했으며

STAN LEE

(자이언트맨을 투입했다), 헐크를 불멸의 힘을 가진 존재로 표현했다. 이후에 어벤져스는 서브마리너와 팀을 이룬 헐크와 전투를 벌이기도 하고, 캡틴 아메리카를 발견해 그를 팀에 영입하기도 한다. 안내 페이지를 통해 캡틴 아메리카의 귀환을 대대적으로 알린 스탠은 독자들을 향해 잭 커비가 캡틴 아메리카의 원작을 처음으로 그린 그림 작가라는 사실을 전했다. "그러므로 만화책 연대기가 한 세대를 완전히 돌아 그 위대한 경지에 다시 도달한 것입니다!" 팬들에게 "이번 편은 소장용"이라고도 말하면서, 독자들이 만화책을 수집품으로 생각하도록 이런 설명을 덧붙였다. "언젠가 이 책을 보물처럼 여기게 될 날이 올 것입니다!"

1963년에 스탠과 커비가 탄생시킨 히어로 팀은 자신들이 가진 엄청난 힘 때문에 실수도 하고 그 뒷수습까지 해야 하는 별난 슈퍼히어로들로, 어찌 보면 현실 속 보통 사람과 비슷한 인물들이었다. 독자들이 이런 사고뭉치 히어로들의 모습을 지겨워할까 봐 걱정이 된 스탠 리는 "독특한 힘"을 갖고 태어난 캐릭터들만 모아놓은 팀을 따로 구성했다. 그가 말하길, 이 팀은 "자연에 결함이 생겨 태어난 … 돌연변이들"이었다. 스탠과 커비는 이 팀을 선한 그룹과 악한 그룹으로 나누었는데, 스탠은 이들에게서 "신선하고 놀라운 기운"을 느꼈다고 한다.[11] 처음에는 젊은 독자들에게 깊은 인상을 심어주기 위해 '돌연변이들The Mutants'이라는 팀명을 지었으나 굿맨이 그 이름을 반대했고, 이후에 스탠은 캐릭터들이 지닌 특별한 힘extra power에서 우연히 '엑스트라extra'라는 단어를 발견했다. 굿맨에게서 '엑스맨X-Men'이라는 이름을 승낙받자(이쪽이 더 말이 되는 듯이), 그때부터 커비와 스탠은 자리에 앉아 구성과 계획에 대해 끊임없이 대화하기 시작했다.

두 사람이 창조한 이 세계에서는 인간이 계속 진화하며, 그중 어떤 사람들은 사춘기가 되어서부터 발현되는 특별한 능력을 갖고 태어난다. 이런 설정을 만든 이유는 젊은 독자들이 놀라운 능력을 가진 청소년 캐릭터에 열광할 것이라고 예상했기 때문이다. 눈에서 레이저 빔이 나오는 사이클롭스Cyclops와 원하는 대로 사물을 움직이는 염력을 가진 진 그레이Jean Grey는 초능력 아이들을 가르치는 찰스 사비에르Charles Xavier 교수의 학교에 다닌다. 그곳에서 그들은 능력을 조절하는 법을 배우고 인류에 도움이 되기 위해 힘을 발전시킨다.

스탠은 〈엑스맨〉 시리즈에서 수많은 청소년들이 느끼는 소외감을 주로 다루었고, 극 중 인물들이 아버지 같은 존재인 사비에르 교수와의 관계를 통해 연대감을 느낄 수 있도록 만들었다. '정상' 적인 사람들이 이해하지 못하는 능력을 가졌다는 이유로 차별받던 아이들은 이 학교 안에서 서로 가족이 된다. 그들의 능력은 축복이자 저주였다. 현명한 프로페서 X(사비에르 교수)의 조언과 팀으로서 악당들과 싸운 경험만이 그들에게 잠시나마 평범한 것 같은 기분을 느끼게 해주었다.

기대는 높았지만, 1963년부터 1970년까지 발행된 〈엑스맨〉은 강력한 수익을 낸 적이 단 한 번도 없었다. 인기 있는 다른 만화책 작업으로 엄청난 압박감을 느끼고 있던 중 커비가 먼저 자기 자리에 다른 사람을 알아봐달라고 요청했고, 스탠은 그의 요구를 들어주었다. 그리고 얼마 뒤, 스탠조차도 더욱 잘 팔리는 작품에 주력하기 위해 〈엑스맨〉을 포기했다.

STAN LEE

슈퍼히어로물이 자리를 잡자 만화책 부서에서 창작과 관련된 일 전반을 관리하던 스탠은 자신의 업무를 하나로 집중시키도록 시스템을 개편했다. 마블이 더욱 유명해지면서 업무가 전체적으로 비대해지자, 그는 기존에 하던 아트 디렉터 역할과 편집 작업, 일반 관리 업무를 중점적으로 담당하기로 했다. 관리자로서의 역할이나 능력 있는 작가를 섭외하는 법을 배운 적은 없지만, 만화계에서 보낸 오랜 시간은 그에게 필요한 기술들을 익히게 해주었다.

초창기 〈스파이더맨〉 당시 일러스트레이터를 커비에서 딧코로 바꾸었던 경우처럼, 스탠은 일러스트레이터가 언제 기존 작품에서 다른 작품으로 이동해야 하는지를 알고 있었고, 만화책 세계의 구석에서 일하고 있는 프리랜서들도 눈여겨보았다. 그는 그들의 능력을 파악하고 마블에 새로운 공기를 불어넣을 예술가 팀을 구성했다. 마블의 슈퍼히어로 만화는 만화책 시장에서 이전에는 보지 못했던 창작 방식과 짝을 이루었다. 스탠 리와 다른 글 작가들이 다른 출판사에서는 볼 수 없는 캐릭터 특징과 익살스런 대화들을 구상해내면, 막강한 프리랜서 예술가들이 모여 그것을 시각화했다.

스탠에게는 1960년대 초반에 유행하던 미국 문화의 스타일과 목소리를 그대로 만화책에 반영하는 특별한 능력이 있었다. 그 결과, 마블 독자들은 영화배우 피터 셀러스Peter Sellers가 영화 〈핑크 팬더The Pink Panther〉(1963년)와 〈닥터 스트레인지러브Dr. Strangelove〉(1964년)에서 표현한 해학과 풍자를 만화책에서 즐길 수 있었고, 추리소설 작가 이언 플레밍Ian Fleming의 영웅 캐릭터 제임스 본드James Bond가 영화 〈007 골드핑거Goldfinger〉(1964년)에서 선보인 세련미, 격렬한 액션, 영웅적인 행동들을 마블의 히어로들에게서도 찾아볼 수 있었다. 대중문화는 변화했다. 스탠은 주요 매체를 통해 빠르게 퍼져 나가던 그 변화의 흐름을 굉장한 힘과 실제적인 불안을 동시에 느끼는 현실적인 슈퍼히어로 캐릭터에서도 찾아낼 수 있었다.

우리는 만화를 잘 쓰고 잘 그리려고 노력했습니다. 만화책이 표현할 수 있는 데까지 최대한 섬세하게 만들려고 애썼지요. … 그 모든 노력 뒤에는 만화책을 어른을 위한 동화로 여기고 우리가 먼저 읽고 싶은 이야기를 써야 한다는 철학이 깔려 있습니다.[12]

편집자이자 아트 디렉터인 스탠은 신뢰하는 작가와 일러스트레이터들과 일하며 마블의 목소리와 스타일을 이끌었다. 최고의 실력을 가진 사람을 발견하면, 그는 일부러 그 작가 또는 일러스트레이터에게 마블 특유의 작업 방식을 밀어붙였다. 예를 들어, 스탠은 만화책 산업에서 가장 독특한 그림 실력을 가졌다고 인정받는 스타일리스트 조지 투스카George Tuska의 유려한 작품들을 일찍이 알아보았고, 곧 투스카의 그림을 가장 선호하게 되었다. 〈데어데블Daredevil〉을 그린 일러스트레이터 진 콜런Gene Colan은 이렇게 말했다. "스탠은 항상 (투스카의) 작품을 이야기하면서 다른 만화가들도 그렇게 그리기를 바랐습니다." 스탠은 이러

STAN LEE

한 관리 방식으로 마블의 작품을 더욱 특별하게 만드는 반면, 일러스트 레이터들로 하여금 그가 원하는 그림 스타일을 알려주어 작업을 빠르게 끝낼 수 있도록 유도했다.[13]

종종 싸늘하고 무자비한 만화 산업에서 스탠은 인력을 키웠다. 최정상 자리에 주저앉아 있는 DC 코믹스를 뒤쫓으려면 그래야만 했다. 그는 대중들의 높은 기대를 충족시킬 좋은 만화책을 만들겠다는 목표를 이루기 위해 젊은 작가들과 예술가들을 기용하는 시도를 감행했다.

그 한 가지 예로, 콜런이 처음 일을 시작했을 때 그는 DC에 들어갈 수 없었다. 그곳은 이미 자리 잡은 실력 있는 만화가들 말고는 들어올 수 없도록 문을 닫아걸었기 때문이다. 만화 산업 최고의 출판사에 들어가기엔 콜런은 경험이 별로 없었다. 그러나 콜런은 이렇게 회상했다. "스탠은 내 작품에서 다른 사람들 눈에는 보이지 않는 무언가를 발견해주었어요. … 내 실력에 대한 그의 믿음 덕분에 일을 시작할 수 있었습니다. 그땐 아직 어렸고 배울 게 한참 더 남아서 능력을 제대로 발휘하지 못했는데도 말이에요."[14] 스탠이 직면한 또 다른 문제는 숨 막히는 출판 일정을 단순히 빠르게만이 아니라 효율적으로 소화해내는 것이었다.

다른 만화책이나 잡지의 작업 방식에 익숙해 있던 만화가들이 마블에서 어떤 작품을 담당해 스탠과 함께 작업하게 되면 일에 대한 그들의 시각이 변했다. 콜런이 기억하길, 스탠은 일러스트레이터들에게 "전례 없는 자율성"을 주어서 그들이 더욱 신나게 일하도록 만들었다. "스탠과 이야기 구성에 대해 통화할 때마다 나는 그의 생각을 모두 녹음했습니다." 스탠은 콜런에게 이렇게 이야기했다고 한다. "이야기 시작, 중간, 끝에 이러이러한 내용이 있었으면 좋겠고, 나머지는 자네가 채워봐." 콜런처럼 스탠이 신뢰하고 일을 맡긴 예술가들에게 이 방식은 새로운 길을 열어주었다. "새로운 캐릭터를 만들 때에는 모두들 내가 결정하는 것처럼 스스로 작업을 했어요. 이미 만들어진 캐릭터는 제외하고 말이죠. 어떤 일을 맡든지, 난 다 해낼 수 있었습니다."[15]

스탠 리의 이름은 점점 만화책을 대표하는 상징으로 굳어지기 시작했다. 하지만 그는 여전히 하루하루 변화하는 만화시장의 변덕과 그에 따르는 어려움을 이해하고 있었다. 그 결과, 수많은 예술가들이 스탠을 든든하게 지지해주었고, 그들의 탄탄한 동지애는 만화 산업에 중요한 영향을 끼쳤다. 스탠의 일러스트레이터들은 회사가 요구하는 작업량을 달성하기 위해 오랜 시간 일했고, 그 대가로 이후에도 안정적으로 일을 얻을 수 있었다. 예를 들어, 콜런은 하루에 2쪽을 완성하기 위해 녹초가 될 정도로 시간을 들였는데, 그 과정을 반복해서 만화책 두 권을 한 달 안에 만들어내야 했다고 설명했다. 이 정도의 작업량을 소화하려면 1주일에 40시간을 훨씬 넘게 일해야 했다. 이처럼 예술적 자율성을 주는 스탠의 방식대로 일하려면 물리적인 어려움을 감수해야 했다.

스탠 밑에서 일하던 핵심 작가들은 마블에서 수준 높은 만화책 작법 교육을 받았다. 저널리스트로 일하다가 마블의 전속 작가로 만화책 일을 시작한 뒤, 훗날 〈데어데블〉, 〈배트맨〉, 〈그린 랜턴Green Lantern〉으로 유명해진 만화책 작가 데니스 오닐Dennis O'Neil은 이렇게 설명했다. "마블에서 일하기 시작한 처음 1년 동안, 내 직업은 사실상 스탠을 따라 하

STAN LEE

는 것이었어요." 이 젊은 작가와 그의 동료들이 얻은 메시지는 확실하고 명료했다. "스탠의 스타일이 바로 마블이다."[16]

오닐과 로이 토머스 등 마블의 작가들은 스탠을 사령관처럼 따랐지만, 스탠은 다른 지도자들과는 달리 그들에게 전적으로 마음을 쏟아주지는 못했다. 기본적으로 세대 차이가 많이 나서 서로 어울리기가 힘들었기 때문이다. 하지만 작가들은 자신을 처음 "진정으로 믿어준" 스탠을 가슴 깊이 존경했다. 오닐은 스탠에 대해 이렇게 말했다. "기본을 배웠어요. 스탠을 따라 하면서 기본을 터득했습니다. 당시 그 누구보다 가장 모방하고 싶은 작가였지요." 오닐은 자신들이 만화 산업 개척자의 지도와 훈련 아래에서 혁신적으로 일할 수 있었다고 생각했다. "세상에서 가장 뛰어난 만화책 작가였습니다."[17]

재능을 발견하는 눈을 가진 스탠은 함께 작업하는 작가와 일러스트레이터들이 앞으로 어떻게 일을 해나가야 할지에 대해서도 생각했다. 그리고 몇 년 뒤, 그는 커비와 딧코, 다른 동료들과 함께 회사를 마치 만화책 대학교처럼 만들어서 다음 세대들에게 이야기를 만들고 확장하는 방법, 이른바 '마블 작법'을 가르쳤다. 만화책을 만드는 이 새로운 방식은 사실 일러스트레이터들에게 계속 일을 주기 위한 방법을 고민하다가 만들어진 것이었다. 스탠이 한 작업을 끝내기 전까지 그들이 손을 놓고 있으면 근본적으로 돈이 새는 것이나 마찬가지였기 때문이다.

마블의 슈퍼히어로들이 성공을 거두면서 일이 더 많아지자 만화책을 만드는 모든 사람들에게 부담이 더해졌고, 스탠조차도 인간의 한계에 다다르는 속도로 글을 써야만 했다. 그래서 그는 비서를 세 명 고용해 그들에게 순서대로 자신이 말하는 이야기들을 받아 적게 했다. 한 사람이 글을 받아 적는 동안 다른 두 사람은 메모를 하다가 다른 이야기가 시작되면 다음 사람으로 넘어가는 식이었다.

"처음에는 마블에서 나오는 거의 모든 이야기를 내가 썼어요. 계속 그렇게 하기는 힘들었지요." 만화책의 높은 수요량은 만화책을 창작하는 온갖 사람들을 항상 바쁘게 만들었다. 그 와중에 그림을 그리지 못하면 보수를 받을 수 없는 프리랜서 일러스트레이터들은 기본보다 훨씬 많은 일을 원했다. 스탠은 그들의 작업을 계속 활성화할 수 있는 방법을 마련하고 싶었다. 일러스트레이터들은 할 일이 끝나면 바로 다음 작업을 하고 싶어서 서성거리며 일거리를 기다렸고, 그런 그들에게 글 작업이 마무리되기 전까지 일을 주지 못하던 스탠은 작업 시스템을 아예 바꿔버렸다. "하던 일을 중단할 수는 없었어요. … (그 대신) 내가 기본적으로 어떤 이야기를 원하는지를 말해주었지요. 그러면 집으로 돌아가 자신이 원하는 대로 그림을 그렸고, 그걸 다시 내게 가져오면 나는 그 안에 대사와 해설을 집어넣었습니다."[18]

만화책을 창조하는 새로운 시스템에 대한 구체적인 계획은 없었다. 스탠이 만든 '마블 작법'은 그저 그가 설명한 대로 "순전히 필요에 따라 생겨난 것"이었다. 이 방식은 일러스트레이터들의 강한 능력 위에서 움직였다. "이 친구들은 마치 영화감독처럼 생각했어요. 이야기를 영화 장면처럼 떠올리는 진정한 이야기꾼이었지요." 덕분에 스탠은 짧은 대화나 전화 통화로 전달한 자신의 생각을 자유롭게 풀어낼 권한을 그들에게 맡길 수 있었다. "그들은 이야기 구성만 듣고도 어떻게 이야기를

STAN LEE

세세하게 풀어나갈지 알고 있었습니다. 어떻게 시작하고 어떻게 끝내야 할지, 재미있는 부분을 어디에 넣어야 할지를 말이에요." 만화가들이 놓친 것이 있을 때는 스탠이 그것을 발견하고 소리 효과나 대사를 삽입해서 그림 작업의 효과를 더욱 키울 수 있었다. "처음에는 긴급 조치에서 시작되었어요. 만화가들을 계속 일하게 만들 수 있는 유일한 방법이었지요. 하지만 그 방법으로 더 좋은 이야기를 만들 수 있다는 걸 깨달았습니다."[19]

스탠과 커비의 굳건한 창의적 결속력은 1960년대 초 마블에 상상도 못할 성공을 가져다주었다. 이제 마블의 미래는 그들의 손에 달려 있다. 두 사람의 관계에서 가장 합리적이고 정확한 부분은 무엇보다 서로를 존중했다는 점이다. 이후에 그 관계가 복잡해지지만 말이다. 비록 마블 유니버스의 기반이 되는 캐릭터들을 함께 작업한 사이이긴 하지만, 분명 그들 내면에는 서로에 대한 어려움이 있었다. 스탠이 작가 일을 갓 시작한 10대 소년이었을 적에 그의 상사였던 커비가 1960년대에는 스탠의 지시를 받아 일을 했다. 이렇게 관계가 뒤바뀌어버렸지만, 사실은 두 사람 모두 서로에게 의지하고 있었다.

더 날카롭게 보면, 아마 둘 다 서로에게 내재된 불만까지 알아채지는 못했을 것이다. 두 사람은 만화 산업의 끊임없는 경기변동과 수많은 문제점들을 혐오했다. 그들은 오랜 시간 함께 일을 해온 친구였지만, 자신들이 품은 꿈과 희망을 세밀하게 나눌 수 있을 만큼 우정을 나누지는 못했다. 둘 중 한 명이라도 좀 더 솔직하게 마음을 터놓았다면 둘의 관계가 완전히 달라지지는 않더라도, 어쩌면 두 사람이 생각보다 많은 공통점을 갖고 있음을 알게 되었을지도 모른다.

확실히 그들은 일을 위해 서로가 필요했다. 굿맨의 왕국에서 수십 년간 만화책 부서를 지켜온 스탠은 커비의 뛰어난 실력과 그가 만화계 최고의 그림 작가라는 사실을 알고 있었다. 편집자이자 아트 디렉터로서 스탠은 자신의 글을 회사의 실질적인 목소리로 만든 것처럼 커비의 그림 스타일을 마블 그림의 특징으로 만들어냈다. 마블 안팎에서 수십 년간 일하며 1970년대 마블의 만화책 표지 중 가장 인상 깊은 그림들을 많이 그린 만화가 길 케인Gil Kane은 이렇게 회상했다.

그림에 대한 커비의 관점과 철학은 출판업계를 넘어 전 분야의 철학이 되었습니다. … 그들에게 채용된 일러스트레이터는 이전에 뭘 그렸든 상관없이, 완전히 기본에서부터 잭 커비에 이르기까지 모든 걸 배웠지요. 커비의 스타일은 성서나 다름없었고, 어떤 반항도 없이 그를 따를 수밖에 없었어요. 나 역시 그렇게 배웠고, 그렇게 해야만 했습니다. 이게 바로 전혀 다른 생각을 가진 사람들을 모두 하나로 모아 동일한 시각을 갖도록 만드는 마블의 방식이었어요.[20]

마블의 모든 그림은 커비의 스타일을 중심으로 그려졌다. 한 가지 예로, 짐 스테랑코Jim Steranko는 마블에 들어오기 위해 커비가 그린 쉴드

STAN LEE

S.H.I.E.L.D.(어벤져스가 소속된 비밀 정보국—옮긴이) 밑그림에 잉크 작업을 하는 것으로 채용 시험을 치렀다. 이후에 그는 닉 퓨리Nick Fury(쉴드의 국장—옮긴이) 에피소드를 다룬 만화책 세 권을 작업하는 커비의 견습생 역할로 일을 시작했다. 저술가 크리스 가벌러Chris Gavaler는 이렇게 말했다. "마블 고유의 스타일은 마치 커비의 작업 방식을 전형화한 것 같다. 그래야 다른 작가들이 그의 스타일을 더욱 쉽게 따라 하도록 만들 수 있기 때문인 듯싶다. 다양하고 혁신적인 그림을 그리는 일을 쉽게 가르칠 수는 없지만, 커비는 전 작품에 걸쳐 획일적인 스타일은 피하려고 노력했다."[21] 그러나 스테랑코는 훗날 아르 데코art deco(1930년대 파리 중심의 미술 양식의 한 형태—옮긴이), 포스트모더니즘, 뉴웨이브new-wave(무너져가는 프랑스 영화 산업의 반동으로 형성된 프랑스의 영화 운동으로, '누벨바그'라고도 한다—옮긴이)에서 받은 영향을 마블 페이지에 표현함으로써 전형에서 벗어난 스타일로 명성을 쌓았다.

그 유명한 슈퍼히어로들이 있었음에도 DC 코믹스에서 하는 일이라곤 마블과 같은 속도를 유지하려고 애쓰는 것밖에 없었다. DC가 어느 정도 자신만의 색깔을 담아 눈길을 끄는 표지를 만들었을 즈음, 마블은 드디어 만화시장의 선두 자리를 탈환할 만한 초석을 마련했다. 마블과 DC의 결투에서 만화책 팬들은 자신이 응원하는 곳에 동전과 지폐를 걸었다.

그 결과, 1964년 말에 DC의 대들보였던 조지 카시던George Kashdan과 밥 헤이니Bob Haney가 혁신적이고, 화려하고, 흥미진진한 캐릭터인 메타모포Metamorpho와 같은 히어로들을 탄생시켰다. 그러나 그들은 새로운 슈퍼히어로라기보다는 마블 캐릭터의 복제품처럼 보였다. DC가 마블을 흉내 냈다고 생각한 데에는 이유가 있다. 메타모포가 등장한 만화 표지(《더 브레이브 앤 더 볼드The Brave and the Bold》 57편)를 보면, 스탠 리가 대중화한 캐치프레이즈 스타일을 따라 한 문구가 보인다. "세상에서 가장 환상적인 새로운 히어로의 엄청난 힘을 보라." 그와 더불어 역동적인 그림과 색감을 사용했는데, 이는 이미 마블에서 탄생시킨 스타일로, 만화 팬들에게 '매력'적이라는 반응을 얻었었다. 마블이 만화시장의 최정상 자리를 차지하기까지는 시간이 조금 걸렸지만, 스탠과 커비가 매디슨가에서 탄생시킨 그 가능성을 의심하는 사람은 얼마 없었다. 마블의 만화 몇 작품이 인기를 거두자, 스탠은 계속 앞으로 나아가게 할 만한 작품을 더 만들고 싶었다. "나는 마치 한 번 크게 따고 다음 판을 또 노리는 위험한 도박꾼 같았어요. 계속 이기는데 그대로 멈출 수 있는 사람은 없을 겁니다."[22]

스탠은 마음 한편으로 이 슈퍼히어로 열풍이 곧 사그라질 것이라고 믿었다. 이미 몇 번의 성공과 실패를 경험했듯이 말이다. 그래서 그는 재빨리 다음 작품과 캐릭터들을 만들어 유행에 편승시켰다. 그리고 도무지 끝이 없어 보이는 그의 낙천적인 생각과 에너지로 프리랜서들을 계속 뛰어다니게 만들었다. 그는 휘몰아치는 출판 일정에서 살아남아야 했고, 지속적으로 창의성과 수익성, 예술성과 대중성 사이에서 균형을 잡아야만 했다. 그런 스탠 리의 리더십 아래서 1960년대가 모두 끝날 동안 마블 유니버스는 더욱 굳건해졌다.

STAN LEE

9장

사람들을 사로잡은
마블 유니버스

"앞을 보세요!"

　교묘하거나 권위적이지 않은 방법으로 독자들의 관심을 집중시키길 원했던 스탠 리는 '마블 작업실 게시판Marvel Bullpen Bulletins'이라는 독특한 페이지를 1965년 12월에 발행된 모든 만화책 마지막 페이지에 삽입하며 새로운 시도를 감행했다. 앞선 8월부터 이미 선보인 '메리 마블 작업실 페이지Merry Marvel Bullpen Page'에서 이름만 바꾼 것이었다. 그 페이지에는 '새로운 소식' 및 '뒷이야기'들과 함께 현재 판매되고 있는 만화책 목록과 그 시놉시스가 실려 있었다. 독자들은 이러한 정보들을 담은 노란색 글상자를 금세 친숙하게 느꼈다.

　독자들이 어디에 살든, 그들이 마블이라는 출판사를 어떤 식으로 상상하든 상관없이 이 게시판은 독자들로 하여금 자신이 마블 가족의 일원이라고 느끼게 해주었다. 그들 중 일부는 자기도 모르게 마블의 일원이 되어 어떤 만화가가 무슨 잡지에 그림을 그렸는지, 그의 사생활에 최근 어떤 일이 벌어졌는지를 찾아냈다. 또 다른 이들은 스파이더맨이나 닥터 스트레인지 티셔츠 같은 마블의 캐릭터가 들어간 상품들을 사들였다. 단돈 1.5달러에 우편으로 받을 수 있는 물건들이었다. 나라에서 가장 잘나가는 스탠의 이 공식적인 편지를 챙겨 보는 어린 독자들 수가 적지 않았다.

만화책을 사는 사람들이 작업실 게시판을 왜 그렇게 좋아했는지는 정확히 알 수 없지만, 스탠은 이 페이지를 통해 모든 영예를 맛보았다. 마블의 구심점으로서 그는 사람들에게 하고 싶은 이야기를 이 게시판으로 모두 전달했으며, 이곳에 쓴 글들로 자신의 전략적인 역량을 발휘할 수 있었다. 그는 관객들과 더욱 끈끈한 사이가 될수록 독자들이 마블의 작품을 더욱 헌신적으로 여길 것이라는 사실을 알고 있었다. 수천만 장에 이르는 팬레터를 읽으면서, 이 편집자는 사적인 면을 드러내는 듯한 독자들과의 소통법이 수익을 증가시킨다는 사실을 알게 되었다.

스탠 리의 목소리는 1960년대 마블 코믹스의 상징으로 떠올랐다. 이에 대해 스탠은 이렇게 말했다. "소소한 일이었어요. 하지만 최대한 따뜻하고 친밀한 느낌을 전하려고 노력했습니다. … 그게 통한 것 같아요."[1] 청소년들과 20대 초반의 팬들은 익살스럽게 비꼬는 말투로 자신들의 반체제 정신에 대해 이야기하고, 다른 어른들에게서는 들을 수 없었던 생각을 이야기하는 그 목소리가 특별하다고 느꼈다. "항상 즉흥적으로 글을 썼어요. 이야기를 한참 쓰다가 갑자기 어떤 생각이 떠오르면 그 생각을 바로 글에다 집어넣었죠."[2] 슈퍼히어로들과 그들의 불안한

STAN LEE

모습으로 거둔 성공을 통해 스탠은 자신의 본능을 믿으면 좋은 결과로 이어진다는 사실을 증명해 보였다.

마블의 상품을 사면 '스탠의 솝박스 페이지Soapbox page(스탠 리가 한 달에 한 번씩 특별한 주제를 선정해 작성한 글을 실은 페이지-옮긴이)'를 볼 수 있었다. 물건들은 겨우 1달러 남짓으로 아이들이 혼자서도 살 수 있을 만한(없을 수도 있는) 가격이었다. 점심값을 며칠이나 모아야 닥터 스트레인지 셔츠를 살 수 있었을까? 어떤 아이들은 전국에서 '메리 마블 마칭 소사이어티 팬클럽Merry Marvel Marching Society fan club(1964년 마블에서 만든 공식 팬클럽으로, 마블의 캐릭터들을 좋아하는 독자들이 가입하고 활동했다-옮긴이)'에 새로 가입한 멤버들을 자연스레 확인하며 관심사가 같은 친구들이 누군지 살펴보았다.

가장 중요한 점은, 작업실 게시판이 스탠이 독자들을 향해 직접 이야기할 수 있는 자리를 마련해주었다는 것이다. 독자들이 마블의 일원이 되자, 스탠은 만화계에서 가장 좋아하는 삼촌으로 여겨지게 되었다. 그는 마블 독자들과의 돈독해진 관계를 이렇게 묘사했다. "그들은 내 '안'의 일부가 되었어요. 다 같이 재미있는 장난을 치고, 이 정신 나간 마블 유니버스의 수많은 재밋거리를 함께 나누었지요."[3]

그가 적어 내리는 엉터리 노랫말이나 수다로 스탠의 인기는 더욱 높아졌다. '스탠 더 맨Stan the Man'의 목소리와 그 특색은 만화 속 대화거리가 되었고, 편집 과정에서 꼭 넣어야 할 콘텐츠가 되었다. 그 이유에 대해 스탠은 이렇게 설명했다. "그 내용을 빼버리면, 독자들도 우리 책을 빼버렸을 테니까요. 어떻게 써도 독자들이 좋아해줄 걸 알았지만,

그래도 최대한 재미있게 만들려고 노력했습니다. 그 시간을 나도 즐겼거든요."[4] 스탠은 흥미로운 편지를 보내온 팬들에게 상품을 주기도 하고, 어떤 독자에게는 '마블 노 프라이즈Marvel No-Prize'로 선정해서 말 그대로 상이 없는 봉투를 보내주기도 했다. 아무것도 넣지 않은 빈 봉투였지만, 장난스럽게 봉투 겉면에 '취급 주의'라는 도장까지 찍어 보냈다. 그가 우스꽝스럽게 행동할수록 더 많은 팬들이 그의 유머에 빠져들었다. 더욱 중요한 점은 만화책 판매량이 계속 증가했다는 사실이다.

이후에는 작업실 멤버들을 소개하기에 이르렀는데, 그들의 성격을 표현할 때는 독자들이 좀 더 친밀하게 느끼도록 만들었다. 항상 '스마일링 스탠 리Smilin' Stan Lee'로 소개되는 스탠은 약간 괴짜 같은 모습에 과도하게 일하는 편집자로서, 언제나 본능과 육감에 의존해 일을 진행하는 인물로 그려졌다. 이런 식으로 인물을 표현하는 이유에 대해 그는 이렇게 설명했다.

우리가 사적인 모습을 보여주면 팬들은 자기가 마블의 일원이 된 것 같은 기분을 느끼고, 그 모든 괴짜 작가들과 절친한 사이가 된 것처럼 생각하게 됩니다. 어떻게 보면 나는 독자들이 멀리 떠나 있는 친한 친구에게 편지를 받은 것처럼 느끼게 해주고 싶었어요.[5]

더욱 중요한 점은, 독자들이 '작업실 게시판'을 읽으면서 그 유명한 만화계 대부 옆에 앉아 그에게 융숭한 대접을 받으며 그림 작가 잭 커비와 조 시노트Joe Sinnott의 이야기를 듣고 있는 자신들의 모습을 상상하

STAN LEE

게 된다는 것이다. 마블은 헐크와 아이언맨으로 독자들의 환상을 충족시켰으며, 작업실 이야기를 통해 독자들과 만화 작가들이 서로 멀리 떠난 그리운 친구인 양 느끼게 해주었다. 이러한 분위기는 미국 전역의 작은 마을에 사는 아이들로 하여금 저도 모르게 스탠이 그들의 친구이자 마블의 슈퍼히어로처럼 느껴지게 만들었다. 그리고 어쩌면, 그게 사실인지도 몰랐다.

스탠이 지난 4년간 미친 듯이 달린 결과, 독자들은 슈퍼히어로들에게 열광했고 만화 산업에서 마블의 위치도 달라졌다. 이 편집자뿐 아니라 그가 속한 출판사까지 인기의 중심에 서게 되었다. 미국 문화에서 슈퍼히어로는 가장 뜨거운 소재가 되었고, 전 세계적으로 관객들을 끌어모았다. 마블이 성공을 거두자, 찰턴 코믹스Charlton Comics(스티브 딧코가 마블을 떠난 뒤 일하게 된 출판사로, 훗날 딧코가 탄생시킨 아인 랜디언Ayn Randian 캐릭터 이야기의 편집 대부분을 그에게 맡기기도 했다)나 타워 코믹스Tower Comics(윌리 우드Wally Wood나 길 케인처럼 높은 수익을 내는 작가들에게 조금씩 일을 맡겼다)에서부터 그 유명한 아치 코믹스Archie Comics(출판사 이름과 같은 이름의 캐릭터 그룹을 만들고, '마이티 크루세이더스Mighty Crusaders'라는 팀명을 붙였다)에 이르기까지 다양한 출판사들도 슈퍼히어로 물결에 편승했다. 새로이 슈퍼히어로물을 시도한 출판사들이 마블의 인기를 이용해 비슷한 이야기와 표지 그림을 만드는 경우가 종종 있었다. 그들은 스탠과 커비를 모방하려고 노력했으나 진짜 중요한 것은 빠뜨린 채 단순히 빠르게 수익을 내는 일에만 혈안이 되어 있었다.

1965년, 스탠과 그의 창작 팀은 히어로 장르를 조금 수정해 새로운 시리즈를 내놓기 시작했다. 마블의 팬층이 더욱 단단해지는 상황에서 이 새로운 이야기들은 마블 유니버스를 더욱 조화롭게 통일해주었다. 이후로 몇 년간 마블은 날고뛰면서 유니버스를 더욱 확장하는 대신, 그 깊이와 섬세한 표현, 문맥의 흐름을 더욱 발전시켰다. 스탠은 슈퍼히어로들과 그들이 얽힌 세상 사이의 관계를 더욱 강화하면 마블 세계의 미래를 더 성장시키고, 무엇보다 캐릭터들과 독자들 간의 결속력을 더욱 공고히 해줄 것이라고 믿었다.

마블의 실제적인 중심은 여전히 현실성에 집중되어 있었다. 보통 사람들이 날마다 부딪히면서 앞으로 살아나갈 힘을 얻는 현실적인 상황들 말이다. 스탠은 시련이나 이성 문제와 같은 대부분 사람들이 겪는 어려움들을 만화에 곧잘 이용했는데, 이런 접근 방식은 적어도 고차원적인 창작을 하는 사람들에게는 비교적 자연스러운 일이었다. 스탠과 커비는 둘 다 청소년 로맨스물을 오래 작업해본 경험이 있었다. 커비와 그의 동료 조 사이먼이 1947년에 처음 만든 〈영 로맨스〉라는 작품이 1960년대 당시 DC 코믹스에서 여전히 출판되고 있었다. 스탠 또한 〈밀리 더 모델〉의 주요 작가로 일했던 경험이 있었으며, 이 작품 이후로 여성 독자들을 끌어모으기 위한 만화들이 수없이 출판되었다. 〈밀리 더 모델〉은 아마도 마블에서 제작한 슈퍼히어로물이 아닌 만화 중에서 가장 성공한 작품일 것이다.

STAN LEE

가장 큰 관심을 끈 로맨스 장면은 〈판타스틱 4 애뉴얼Fantastic Four Annual〉 3편에 실린 리드 리처드와 수전 스톰의 결혼식 이야기였다. 커비는 특대 사이즈의 그림으로 독자들의 눈을 현혹시켰고, 그 안에는 과거에 가장 인기가 많았던 두 편의 만화책이 포함되어 있었다. 만화 표지에는 온갖 캐릭터들이 출연했다. 마블 유니버스에 나오는 거의 모든 히어로들이 이 세기적인 이벤트에 참석했으며, 이 축제를 망치고 싶어 하는 수많은 빌런들도 곳곳에 포진해 있었다. 히어로들과 빌런들이 전투를 벌이는 가운데, 마음에 상처를 입은 서브마리너(바다 왕국의 왕자 서브마리너 네이머는 수전을 사랑해 함께 왕국을 이끌고 싶어 했다—옮긴이)가 우울한 표정으로 그 모습을 지켜본다. 책 속에서 스탠은 이렇게 외친다. "인간의 눈으로 목격한 사건들 중 가장 충격적이고 놀라운 광경!!"

판타스틱 4의 본거지인 벡스터 빌딩이 팬들에게 둘러싸여 있는 와중에(그 틈에 마블의 또 다른 오랜 캐릭터 팻시 워커도 끼어 있다) 악당들은 계속해서 공격을 감행한다. 그 공격을 막아내고 있던 더 씽이 닉 퓨리와 엑스맨, 닥터 스트레인지 등 다른 히어로들에게 도움을 요청한다. 가까스로 곤경을 면한 리드 리처드가 수전에게 키스를 하며 에피소드가 마무리된다. (이 장면에서 스탠은 이렇게 적었다. "이 순간의 달콤함은 어떤 말로도 표현하기 어려울 거예요. … 그러니까 아무 말도 안 할게요.") 그때 모자를 쓰고 그럴듯하게 갖춰 입은 남자 둘이 식장 안으로 들어오려고 하지만, 닉 퓨리와 부하들이 그들을 막아선다. 이 침입자들은 바로 스탠과 커비로, 그저 문밖에 서서 구경만 하고 만다. 판타스틱 4를 탄생시킨 두 사람은 결국 그 화려한 축하 파티에 한 발짝도 디디지 못한다.

그리고 바로 그해, 〈어메이징 스파이더맨〉 25편에 메리 제인 왓슨 Mery Jane Watson이 처음으로 등장한다. 딧코의 전략으로 그녀는 얼굴이 가려진 채 등장했고, 독자들은 오직 다른 캐릭터들이 하는 이야기만 들을 수 있었다. "저 여자애가 피터 친구라고? 영화배우같이 생겼네!" 독자들은 실제로 몇 년이나 그녀의 얼굴을 보지 못했다. 1965년 말에는 금발 미녀 그웬 스테이시Gwen Stacy가 등장했다. 메리 제인과 함께였던 피터는 그웬과 사귀기까지 몇 년이 걸렸다. 피터가 그웬과 처음 만났을 때, 그는 메리 숙모의 일로 지친 상태에다 스파이더맨 정체를 들키지 않기 위해 그녀를 멀리했었다.

마블 팀은 캐릭터들과 팬들의 관계를 더 단단히 만들기 위해 드라마나 기타 스토리텔링 작업 방식을 사용하는 전략을 구사했다. 스탠의 캐릭터들은 평범한 사람들처럼 현실적인 모습을 하고 있었기에, 인간관계나 다른 현실 세계 속 문제들에 힘들어하는 그들의 모습은 독자들과의 관계를 더욱 돈독하게 만들어주었다.

마블의 글과 그림을 지도하고, 정규 직원들이나 핵심 프리랜서들과 함께 작품을 만들어내는 일과 더불어, 스탠은 마블의 브랜드를 확장하는 일에도 많은 시간을 투자했다. 사람들의 이목을 사로잡기 위해서는 미국 전역에 열풍을 일으킨 비틀스부터 1965년 앨라배마에서 인권 운동을 일으킨 마틴 루서 킹 목사, 참전 군인이 증가하고 있는 베트남 전쟁 등 뛰어넘어야 할 상대가 너무 많았다. 이처럼 엄청난 사건들과 겨루어야 하는 만화계는 어찌 보면 힘든 시간을 보내고 있었지만, 다른 한편으로는 만화야말로 이런 현실적 어려움에서 독자들의 기분을 전환

STAN LEE

시켜줄 수단이 될 수 있었다.

1960년대 중반이 되어 더욱 세련된 마케팅과 광고를 구사하고 대중들과의 관계도 발전하자, 마블은 수익성을 높이는 일에 박차를 가하기 시작했다. 1965년에 배급업체를 대상으로 만든 홍보물에는 유망한 판매상들의 눈길을 끌기 위해 스탠 특유의 허세가 담긴 문장을 넣었다. "우리 책을 보여주면, 돈이 보입니다!" 신문 가판대 사장들 중에는 과장된 문구를 비웃는 사람도 있었지만, 극적으로 상승하는 판매 수익은 어느 누구도 무시하지 못했다. 1960년에 1,610만 부였던 마블의 판매량이 1964년에는 2,770만 부로 뛰어올랐고, 다음 해에는 3,500만 부 달성이 예상되었다.[6]

홍보물에는 회사 관계자들만 아는 마블의 성공 비결이 꽤 자세히 설명되어 있었다. 스탠과 그의 창작 팀이 탄생시킨 슈퍼히어로로 '비밀 공식'으로 마블 관객을 수도 없이 끌어모았고, 대학생이나 성인을 포함한 나이 많은 독자의 수도 큰 폭으로 증가했다는 내용이었다. 홍보물 정보에 따르면, 마블이 달성한 중대한 부분 중 하나가 슈퍼히어로물로 "새로운 유형의 독자들을 유치했으며, … 미국 전역의 모든 대학교에서 마블 팬클럽이 결성되었다."라는 것이다. 이 정보는 마블 홍보 담당자들의 예상대로 신문 가판대 관리자들의 눈길을 사로잡았지만, 회사는 이미 팬클럽 개시 이후 단 몇 달 만에 5만 명이 넘는 회원 수를 자랑하고 있었다.[7]

마블이 매달 제한 없이 수많은 만화책을 발행하며 높은 판매량을 이어나가자, 회사 맨 꼭대기에 앉은 스탠도 다달이 또는 한 달 걸러 수십 작품에 이르는 만화를 준비해냈다. 슈퍼히어로 라인업이 확장되면서 스탠은 직접 새로운 시리즈를 쓰거나 그 일을 담당할 사람을 새로 알아봐야 했지만, 젊고 실력 있는 작가를 구하기는 쉽지 않았다. 그래서 예능 잡지 기자나 재능 있는 저널리스트 또는 마블 독자들 중에 스탠이 읽어줄 때까지 계속 글을 보내온 사람들을 대체적으로 이용하곤 했다.

그런 와중에도 스탠은 지속적으로 마블의 트레이드마크가 될 수 있는 독특한 대본 스타일을 개선하고 발전시켰다. 혼자서 써야 할 글이 너무 많은 데다 편집자라는 자리에서 각종 편집과 그림까지 책임지고 감독해야 했기 때문이다. 휘몰아치는 일정 가운데 발행해야 할 작품도 점점 더 많아지자, 그 압박에 대응하기 위한 작업 방식 개선이 절실해졌다.

작가 데니스 오닐은 1966년 7월 〈배트맨〉의 텔레비전 방영으로 슈퍼히어로물의 인기가 더욱 급등하면서 마블의 출판 일정이 더욱 빡빡해졌을 때 마블의 작법 스타일이 어떤 식으로 발휘되었는지 설명해주었다. "마감이 임박하자 스탠이 나한테 〈데어데블〉 18편을 맡겼어요. 로미타가 그림을 마무리하고 여백에 메모까지 남겼지만 스탠이 시간이 모자라 대본 작업을 못 하고 있었거든요."[8] 오닐에 따르면, 스탠은 열성 팬들에게 제때에 마블 유니버스를 보여주고자 글 쓰는 데 엄청난 시간을 들였고, 자신이 고용한 다른 작가들보다 훨씬 더 많이 일했다고 한다.

일에 대한 스탠의 노력과 고집에 관한 이야기는 마블의 전설처럼 굳어졌고, 다른 작가들도 그에 영향을 받아 비슷한 강도로 일하게 되었

STAN LEE

다. 스탠은 도시 전체가 정전이 된 상황에서마저 할당된 작업량을 끝낼 때까지 일을 멈추지 않았다고 한다. 1965년에 처음으로 뉴욕시 전체에 전력이 끊기는 심각한 상황이 벌어졌지만, 그는 집에서 촛불에 의지해 글을 썼다. "종이 위에 촛농이 떨어져 굳어 있더라고요." 오닐은 이렇게 말했지만, 그 일화가 정말 사실인지, 아니면 스탠의 또 다른 전설 중 하나인지는 알기 어렵다.[9]

스탠에게 이야기 구성은 어려운 일이 아니었다. 그는 다달이 10~12 작품가량의 이야기를 구성해서 만화가들에게 주었다. 그들이 그림 작업을 완성해 오면 스탠은 자리에 앉아 글과 대사를 적어 넣었다. 그러나 만화의 그림과 표지를 살펴보는 일도 그의 중요한 역할이었다. "그림에 글을 적어 넣으면서, 일러스트레이터가 수정해야 할 사항들도 메모를 해놓았지요." 스탠이 말하길, 가끔은 만화가가 전혀 다른 방향으로 이야기를 전개하는 바람에 그가 처음에 구성했던 내용을 변경하는 상황도 벌어지곤 했다고 한다. 이를테면, 커비가 자신이 필요한 대로 이야기 구성을 바꿔버리면 스탠은 대사를 이용해 내용을 합치곤 했는데, 마치 "십자 낱말 퍼즐"을 맞추는 것 같았다고 한다.[10]

색다른 마블 히어로들의 인기로 1960년대 만화시장이 호황을 누렸지만, 판매량은 그저 이론적인 수치에 불과한 듯 만화 산업은 여전히 DC에 의해 좌우지되고 있었다. 출판사들 간의 경쟁은 점점 더 거세졌고,

서로가 서로를 능가하는 일에 주력했다. DC는 오랫동안 안정적으로 인기를 누려온 배트맨과 슈퍼맨, 원더우먼의 힘을 믿고 있었고, 스탠과 마블은 스파이더맨과 토르, 판타스틱 4로 그에 대항했다. 인기의 흐름이 마블을 향하는 듯 보였지만, 1966년 1월에 ABC 방송에서 〈배트맨〉 시리즈를 텔레비전으로 방영하기 시작했다. 일반적인 방송 편성과 달리, 〈배트맨〉 시리즈는 1주일에 두 번, 수요일과 목요일 저녁에 30분씩 방송되었다.

〈배트맨〉 시리즈의 텔레비전 방송이 성공하자 만화시장에까지 그 영향이 미쳤고, DC는 다시 과거의 영광을 찾을 수 있게 되었다. 배우 애덤 웨스트Adam West가 배트맨 역을 맡고, 버트 와드Burt Ward가 로빈 역을 연기한 이 시리즈물은 당시 관객들을 매료시킬 만한 액션과 각종 요소들을 완벽하게 모아놓았다. 중심축이 되는 이야기 하나로 흐름을 이어나가면서 수많은 전투와 액션 장면을 집어넣어 세대를 불문하고 모든 시청자들을 즐겁게 해주었다. 함께 나오는 음악도 방송의 인기에 한몫했는데, 1960년대 팝이 가미된 사운드트랙에 배트맨 특유의 목소리를 섞은 그 음색은 사람들의 귓가에 끊임없이 맴돌았다. 밝은 색감이 더해져 만화 속 캐릭터들이 살아 움직이는 것 같았던 〈배트맨〉은 당시 열풍을 일으킨 컬러텔레비전의 덕까지 톡톡히 보았다.

5년 이상 마블 독자들의 틈을 비집고 들어갈 마법의 열쇠를 찾아 헤매던 DC는 드디어 만화시장을 사로잡았던 스탠의 방식을 이용하기 시작했다. 미국 전역을 매료시킨 〈배트맨〉 슈퍼히어로들의 매력 중에서 특히 그들의 풍자적인 말투는 스탠이 처음으로 매체에 선보인 방식이

STAN LEE

었다. 많은 부분 가운데 두 히어로가 서로 아옹다옹하며 농담을 주고받는 모습은 DC의 만화보다는 〈스파이더맨〉이나 〈판타스틱 4〉의 장면들과 더 비슷했다.

1960년대 중반에 텔레비전 시청이 이전보다 보편화되면서 이익을 얻은 DC의 인기는 실제로 만화시장 전반에 영향을 끼쳤다. 하비 코믹스Harvey Comics는 스파이맨Spyman과 직소Jigsaw라는 슈퍼히어로 캐릭터를 등장시켰고, 토우 코믹스Tow Comics에서도 다이나모Dynamo와 노맨Noman이라는 캐릭터를 탄생시키면서 주요 출판사들이 모두 높은 판매 수익을 거두었다. 〈배트맨〉에 대항하기 위한 일환으로, 마블에서는 1966년 3월 〈토르〉 단행본을 출시했으며, 최초의 아프리카계 미국인 슈퍼히어로 블랙 팬서Black Panther가 〈판타스틱 4〉 52편(1966년 7월)에 처음으로 등장했다.

배트맨 마니아들의 강한 세력에도 불구하고 마블 유니버스를 성장시키려는 스탠과 커비의 노력은 수그러들지 않았다. 그들은 마블 세계의 균형을 맞추기 위해 〈판타스틱 4〉 48~50편(1966년 3~5월)의 3부작 시리즈를 통해 판타스틱 4가 우주 행성들의 에너지를 흡수해 생명을 유지하는 우주 최강의 악당 캘릭투스Galactus와 대결하는 이야기를 소개했다. 마블에서 가장 강력한 빌런과 지구 최강의 슈퍼히어로로 팀이 맞서 싸우는 구도로 이루어진 내용이었다. 텔레비전 시리즈의 인기에 직면한 만화시장은 그와 경쟁하느라 힘든 시기를 보내고 있었지만, 그래도 마블은 만화책을 찾는 독자들을 더욱 늘려서 판매량을 증가시킬 것이라는 희망을 버리지 않았다.

스탠의 저돌적이고 익살스러운 행동으로 만화시장을 찾는 독자층이 더욱 광범위해졌지만 만화책에 대한 인식 변화는 더뎠다. 〈뉴욕 타임스〉 광고산업부 기자 레너드 슬론Leonard Sloane에 따르면, 1967년 6월 당시 〈판타스틱 4〉가 처음 출시된 지 약 6년이나 지났고 만화책 독자 수도 정확히 수백만 명에 이르렀지만 여전히 대부분 사람들이 만화책에 대해 부정적인 시각을 갖고 있었다고 한다. 슬론은 광고업자들의 시각에서는 만화책 독자들이 주로 "어린이, 군인, 덜 성숙한 성인(나이는 18세가 넘었지만 간혹 사고 수준이 성인에 못 미치는 사람들) 같은 특별한 관객들"로 구성되어 있다고 설명했다.[11] 그러나 마블이 전국 각지에서 받은 팬레터와 편지들을 보면 학식 있는 독자들의 명확하고 열정적인 내용이 가득했다.

방송 매체가 만화책의 인기를 따라가는 속도는 조금 느린 듯 보였다. 자체적으로 등록한 상품들을 판매하고 싶었던 마블은 광고업자들이 하듯이 만화책 뒷면에 각종 상품 광고를 실었다. 소비자 중심의 다른 잡지들이 광고를 통해 수익을 얻는 것과 달리, 1960년대 중후반기 만화시장은 여전히 만화책 판매로만 수익 대부분을 만들어내고 있었다. 하지만 만화계에서도 광고는 중요한 부분이었다. 슬론은 여전히 매출 순위 1위를 차지하는 DC 코믹스가 한 달에 48권의 만화책을 발행하며 판매량이 약 700만 부에 이르렀으나, 그에 비해 광고 수익은 상대적으로 적어 1962년에서 1966년까지 고작 25만 달러에서 50만 달러로 상승했을 뿐이라고 언급했다. 만화 사업 경영진들은 광고 수익을 내지 못하는 만화책의 구성 방식에 종종 불만을 제기했다고 한다. 하지만 마블을 포

STAN LEE

함한 수많은 출판사들이 신기한 장난감부터 각종 제품 세트까지 다양한 상품들을 소개하는 작은 광고란을 만들기로 결정했다.[12] 거대 출판사들 중에는 만화책에 광고를 직접 싣는 대신, 다른 회사에 캐릭터 저작권을 파는 방식으로 수익 차이를 메꾸려는 곳이 많았다.

슬론에 따르면, DC와 비교할 때 한 달 판매량이 600만 부에 불과했던 마블은 면도 크림처럼 나이가 있는 성인들 대상의 상품을 광고하기 시작했다. 스탠은 광고를 만들 때도 만화를 만들 때처럼 독자들의 기대에 맞게 우수한 글과 그림을 삽입했다. "우리 생각을 집어넣었어요. 군인에게는 응원을 보내고, 학생들에게는 학교에 빠지지 말라는 메시지를 담으려고 노력했지요. 선행에 앞장섰습니다."[13] 이 방식은 스탠이 오랫동안 고민해온 성인 독자들을 겨냥하며 의도적으로 결정한 것이었다. 1960년 중반을 조금 넘어선 시점에서 그 결정이 이익을 가져오기 시작했다.

스탠은 광고 사업이 마블에도 좋은 기회라고 생각했다. 〈배트맨〉의 텔레비전 방영 이후, 마블 또한 중요한 발전을 이루었다. 전하는 내용에 따르면, DC는 캐릭터 저작권을 90개 회사에 판매했고 그로부터 7,500만 달러에 이르는 수익을 거두어들였다고 한다. 어떤 곳에서는 1억 5,000만 달러까지 예측하기도 했다.[14] 만화책의 인기가 높아질수록 스탠이 해야 할 일도 다양해졌지만, 굿맨은 여전히 편집장이자 아트 디렉터인 스탠의 직원 수를 상대적으로 적게 유지했다.

영화와 라디오 시대에 성장했지만, 커져가는 텔레비전 방송의 중요성을 정확히 인지한 스탠은 슈퍼히어로물이 이 방송 매체와 완벽히 어울릴 것이라고 확신했다. 마틴 굿맨은 이전에 마블의 저작권 문제로 골치 아팠던 적이 있었기 때문에, 그가 만화영화 판권을 다른 회사에 넘겼을 때 그 일에 놀라는 사람은 아무도 없었다. 회사의 캐릭터 상품과 관련된 문제는 자기보다 젊은 사람이 해결해야 한다고 생각한 굿맨은 이 문제를 아들 찰스 '칩' 굿맨Charles 'Chip' Goodman에게 맡기면서 상속자에게 가족 사업을 넘겨줄 준비를 했다.

마블의 회계 감사 결과에 따르면, 1961년에 1,800만 부에 머물렀던 판매량이 1965년에는 약 3,200만 부로 껑충 뛰어올랐다. 이처럼 급등한 인기는 어린 관객들을 사로잡은 마블의 비결을 궁금해하던 텔레비전 방송 경영진들의 마음을 사로잡았다. 그 비결을 정확하게 말할 수 있는 사람은 없었지만, 보통은 영웅답지 않은 모습을 한 슈퍼히어로들의 조합과 젊은 독자층을 정확하게 파악하는 스탠의 능력을 꼽았다.

1966년 9월, 캡틴 아메리카와 토르, 아이언맨, 서브마리너, 헐크의 이야기들을 번갈아가며 보여주는 텔레비전 만화영화 〈마블 슈퍼히어로즈Marvel Superheroes〉가 처음으로 방영되었다. 마블의 모든 만화책에 방송 광고가 실렸고, 뉴욕, 시카고, 로스앤젤레스 등 20개 도시에서 처음 소개되었으며, 전체적으로 브라질과 푸에르토리코, 베네수엘라의 해외 채널을 포함해 모두 약 50개 도시에서 방영되었다.

그랜트레이 로렌스Grantray-Lawrence 애니메이션 제작사에서 만든 〈마블 슈퍼히어로즈〉는 본래의 만화영화 제작 방식이 아닌, 만화책을 컬러 복사해서 제작한 카툰cartoon 버전이었다. 챕터당 7분짜리로 만들어진 이 만화영화는 연달아 상영하거나 다른 아동 프로그램에 일부만 삽입

STAN LEE

해 이용할 수 있었다. 마블의 첫 번째 방송 시도를 위해 1966년 9월부터 12월에 걸쳐 총 195편의 만화영화가 제작되었다.

만화책을 이용해 엉성한 방식으로 제작된 〈마블 슈퍼히어로즈〉는 애니메이션으로서의 효과는 떨어졌지만 커비와 딧코, 그리고 스탠의 다른 재능 있는 만화가들의 정교한 그림을 제대로 볼 수 있는 기회가 되었다. 각 장면에서는 보통 한 부분만 움직였는데, 어떤 때는 캡틴 아메리카의 방패가 공중에서 움직였고, 어떤 때는 캐릭터의 눈만 깜박거리거나 말하는 장면에서는 입술만 씰룩였다. 캐릭터들의 특징을 조금씩 알려주는 〈마블 슈퍼히어로즈〉의 주제가가 끝나면 바로 다음 편으로 이어지면서 "마블 슈퍼히어로즈가 나타났다."라는 가사의 경쾌한 노래가 흘러나왔다.

해나 바베라 프로덕션Hanna-Barbera Production에서 제작한 두 번째 애니메이션 시리즈 〈판타스틱 4〉가 1967년 가을 ABC 방송에서 처음 방영되었다. 이 만화영화는 '뱅' 하는 소리로 시작되었다. 밤하늘을 가르며 날아오른 연기가 '4'라는 숫자로 피어오르며 뉴욕 본부에 있는 슈퍼히어로들을 불러 모았다. 짤막한 인트로 부분에서는 슈퍼히어로 팀의 이야기를 압축한 장면이 지나가고, 이어서 히어로들이 다양한 악당들과 싸우는 모습이 나온다. 어린 시청자들을 겨냥한 이 시리즈는 히어로들의 초능력과 빌런들의 위험한 능력을 강조했지만, 그와 동시에 만화책에서 표현되었던 것처럼 히어로들의 조금은 엉뚱하고 익살스러운 모습도 담아냈다. 애니메이션 〈판타스틱 4〉는 스탠의 스타일을 조금 따라하면서도 〈배트맨〉의 여전한 인기에 편승해 인기 대중문화인 텔레비전 방송계에 조금씩 스며들기 시작했다.

그러나 경기변동 현상은 마치 전염병처럼 만화 산업을 괴롭혔다. 마블 만화영화의 인기에도 〈배트맨〉이 기운 없이 막을 내린 1967년에 거의 모든 만화책 산업의 판매 수익이 뚝 떨어졌다. DC가 여전히 최고 자리를 지켰지만 만화 산업은 전반적으로 침체되었다. 마블에서 가장 많이 팔리는 〈스파이더맨〉도 전체 판매 순위는 겨우 14위에 머물렀다.[15] 그러나 마블은 다른 경쟁사들보다는 나았다. 판매량이 기본적으로 전년도 수치와 비슷하거나 간혹 조금 상승하기도 했기 때문이다. 놀랍게도, 만화시장이 침체된 와중에도 마블은 여전한 인기와 시장의 경제 흐름을 극복하는 뛰어난 홍보 능력을 확인할 수 있었다.

스탠에게 1960년대는 온통 변화의 시기였다. 10대 딸아이 J. C.가 도시에서 연극 공부를 할 수 있도록 시내에 집을 구해준 스탠은 이제 조앤과 함께 집을 옮겨야겠다고 생각했다. 휴렛 하버의 저택은 두 사람이 생활하기엔 너무 컸다. 스탠은 도시에서 지내면서 만화영화 시리즈 자문 위원으로 참여할 수 있도록 아파트를 구해달라고 스파이더맨의 애니메이션 판권을 구입한 회사에 요청했다. 그렇게 되면 약 1년 동안 스탠과 조앤은 도시 생활을 경험하며 즐길 수 있었다. 60번가에 아파트를 얻게 된 두 사람은 주중에만 그곳에서 지내기 시작했고, 얼마 지나지 않아 그 아파트를 팔고서 조앤이 원하는 커다란 테라스가 딸린 63번가

STAN LEE

에 아파트를 새로 장만했다. 약 20년간의 전원생활을 끝내고, 스탠과 조앤은 뉴욕의 심장부에 새로운 보금자리를 마련한 것이다.[16]

100곳에 달하는 대학 캠퍼스에 포진한 메리 마블 마칭 소사이어티 팬 클럽의 실질적인 리더이자 한 사람의 발언자로서, 대학생들 사이에서 스탠의 인기는 날이 갈수록 높아졌다. 하지만 굿맨은 스탠이 받는 스포 트라이트에 신경을 곤두세웠다. 이에 대해 스탠은 이렇게 기억했다. "나는 굿맨이 만화책 부서가 성공하는 걸 못마땅하게 여긴다고 생각하 기 시작했습니다. 만화책 판매 수익이 떨어져도 그가 별로 개의치 않는 것처럼 느껴졌고, 내 자신감은 바닥으로 떨어졌지요." 스탠이 느끼기에 굿맨은 자신을 다른 신예 출판사나 아직 만화시장을 장악하고 있는 DC 같은 경쟁자로 여기는 것 같았다.[17] 굿맨에게 스탠은 양날의 검이었다. 너무나 높은 가치와 인기 때문에 해고할 수도 없고, 옆에 두자니 그의 명성에 분노가 일었던 것이다. 스탠이 수많은 신문과 잡지 기사 또는 라 디오 인터뷰에 나가 목소리를 낮추고 신중하게 이야기할 때면, 그의 말 은 대중의 마음을 더욱 사로잡았다. 게다가 마블의 높은 수익은 슈퍼히 어로물을 감행했던 스탠 리의 의지로 만들어진 것이었다.

스탠이 가장 많은 주목을 받았던 일 중 하나는 그 유명한 〈딕 카벳 쇼 Dick Cavett Show〉에 출연한 것이었다. 이날 관객들 대다수는 만화책을 읽 어본 적 없는 사람들이었고, 진행자인 카벳조차 만화책이 중요하다는 의견에 그리 동의하지 않는 입장이었다. 그 상황에서 이 마블의 작가는 만화책이 "색다름의 시대the age of the offbeat"에서 중요한 부분을 차지하 고 있다고 설명했다. 그 시대 속에서 마블의 슈퍼히어로들을 통해 1960

년대 사람들의 모습을 볼 수 있는데, 그 이유는 온갖 능력을 지닌 외계인들과 슈퍼빌런 및 각종 재난들로부터 세상을 구하는 상황에서도 그들이 보통 인간과 같은 문제를 겪고 감정을 느끼기 때문이다(무적에 가까운 그들의 강력한 힘에도 불구하고 말이다). 스탠은 카벳에게 당시 고급문화와 저급문화를 동시에 지지하는 대단한 사람들 중 하나가 바로 마블의 팬들이라고 설명했다. "우리 캐릭터 중에 가장 괴짜인 인물들이 바로 가장 인기가 많은 슈퍼히어로들입니다." 스탠은 그 별난 시대의 대표 인물로 헐크('초록색 피부를 가진 괴물')와 스파이더맨을 꼽았다.[18]

카벳과 그의 개그 파트너 팻 맥코믹Pat McCormick이 스탠과 만화책 전반을 조롱하며 놀려대는 상황에서도, 마블의 편집장은 침착함을 잃지 않으며 스파이더맨이 인기가 많은 이유는 그가 싸우는 와중에도 "축농증과 여드름, 알레르기"에 시달리는 "영웅 같지 않은 영웅, 안티히어로이기 때문"이라고 설명했다. 광고 시간 직전, 맥코믹은 스탠을 향해 그가 지난 평생을 싸워온 문제에 대해 낄낄거리며 농담을 날렸다. "만화책은 내가 손가락을 빨고 있어도 다른 손으로 금방 책장을 넘길 수 있다는 점이 마음에 드네요."[19]

맥코믹은 그저 방송에서 사람들을 웃기려고 만화책의 특성을 지나치게 단순화해 농담을 던진 것이겠지만, 스탠은 자신이 주도해서 탄생시킨 새로운 만화 세계의 중심에 서 있는 사람이었다. 훗날 DC의 대표 제닛 칸Jenette Kahn은 1950년대 이후의 만화 세계에서 "가장 중대한 사건"이 무엇이라고 생각하느냐는 질문을 받았을 때, 스탠을 언급하며 이렇게 설명했다.

STAN LEE

만화 속 캐릭터들은 저도 모르게 그 시대의 특색을 띠게 되고 그런 특색들의 대변인이 됩니다. 그게 바로 사람들이 어떤 캐릭터가 신화의 일부가 될지 그토록 확실히 구분해내는 이유예요. 스탠 리의 캐릭터들은 1960년대를 대표했습니다. 그는 당시 사람들의 반체제적인 감정과 소외감, 자기를 비하하는 모습을 잡아냈지요. … 입 냄새와 여드름, 거친 생각, 어린 나이 등 당시 청년들은 사람들에게 거부당하는 자신들의 아픔을 대신해줄 상징물을 원했고, 스탠은 그걸 캐릭터들 속에 집어넣은 거예요.[20]

마블의 최대 적수이자 경쟁자가 보내는 나쁘지 않은 찬사였으며, 만화 산업이 극복해야 할 저급문화 인식에 대한 내용이었다. 휘몰아치듯 이야기를 창작해낸 몇 년 만에 스탠은 미국 대중문화를 뒤집어놓았고 히어로를 보는 사람들의 시각도 영원히 바꿔버렸다.

그가 그림들과 말풍선, 자연스럽게 이어지는 스토리라인 등 수없이 많은 일들에 신경을 쏟는 동안 굿맨은 탈출 전략을 찾아냈다. 1960년대 말부터 거대 기업들은 잇따른 합병과 인수로 서로를 잡아먹기 시작했고, 이런 대기업 합병 열풍은 마블을 맨 처음부터 세웠던 굿맨이 오랜 시간 기다려왔던 회사를 현금화할 기회를 만들어주었다. 그러고 나서 굿맨은 자기 밑에서 후계 교육을 받던 아들 칩에게 회사를 완전히 물려준 다음 끊임없이 격변을 일으키는 잡지와 만화책 출판 산업 현장을 떠났다.

1968년 중순, 신예 기업의 거물이자 변호사인 마틴 애커먼Martin

Ackerman이 굿맨에게 접근해 잡지 회사와 만화책 부서를 모두 포함한 전체 출판사를 인수하겠다는 제안을 했다. 퍼펙트 필름 앤 케미컬 주식회사Perfect Film and Chemical Corporation라는 이름 아래 사진 회사와 약국 몇 개를 운영하고 있던 애커먼은 결코 높지 않은 지위였음에도 씹던 담배를 뱉으며 부하 직원들을 압박하는 스타일이었으며, 언젠가는 주요 사업을 진행하고 싶어 하던 인물이었다. 최근 거래에서 그는 자신이 사장직에 앉는 조건으로 커티스 출판사Curtis Publishing에 500만 달러를 빌려주었다. 굿맨의 잡지 간행물 사업과 만화책 부서까지 인수해서 지속적인 배급 물량을 확보하면, 애커먼은 출판 산업에서 더 많은 수익과 권한을 얻으면서 이중으로 이득을 얻을 수 있었다.

굿맨은 인수 여부로 내적 갈등을 겪으며 괴로워했지만, 결국 현금을 갖기 위해 1,500만 달러에 전 출판사를 애커먼의 손에 넘겼다. 굿맨은 결정을 내릴 때 스탠을 불러서 스톡옵션(회사에서 임직원에게 제공하는 주식 매입 선택권—옮긴이)처럼 그에게 작가/편집자 자리를 보장해주는 '보증서'를 주겠다고 약속했고, 자신만 부자가 되는 게 아니라 스탠도 그렇게 될 것이라고 설명했다. "내 꿈이 실현되는 거였어요. 더 이상 물어볼 필요도 없었지요!"[21] 그러나 거래가 성사되는 시기가 가까워오는데도 굿맨은 스탠에게 보증서를 주기는커녕 그에 대한 언급조차 단 한 번도 하지 않았다. 굿맨은 자신의 자리를 넘겨줄 계획으로 아들 칩을 편집장 자리에 앉혔던 매거진 매니지먼트Magazine Management 회사를 그대로 남기는 조건으로 거래를 마무리했다.

이에 대해 스탠은 이렇게 말했다. "애커먼과 그 직원들이 굿맨에게

STAN LEE

내가 남겠다고 서명하지 않으면 회사를 사지 않겠다고 했다더군요."[22] 애커먼은 스탠을 회사의 중요한 부분으로 보았지만, 스탠은 굿맨에게 급여를 크게 올려달라거나 장기적인 수입을 보장해달라고 요구하지 않았다. 자신의 상사가 알아서 해결해줄 것이라고 믿었기 때문이다. 하지만 결국 3년 계약에 서명하는 과정에서 급여 인상에 제동이 걸리자, 스탠은 굿맨이 언급한 좋은 말들과 보증에 자꾸 의심이 들기 시작했다.

스탠도 마블의 수많은 직원들처럼 회사의 인수로 이득을 얻을 수 있을 것이라고 믿었다. 거래 당일 저녁, 굿맨이 자신의 집에서 가진 식사 자리에서 스탠에게 말했다. "자네와 조앤은 이제 죽을 때까지 더 바랄 게 없을 만큼 누리면서 살게 될 거라고 확신하네."[23] 스탠의 사촌이자 굿맨의 아내인 진Jean도 조앤 리와 가까운 친구 사이였다. 거래를 축하하는 파티가 열렸고, 애커먼도 150만 달러짜리 개인 제트기와 세련된 파크 애비뉴 아파트를 구입한 것을 기뻐했다. 스탠은 굿맨이 정말 약속을 지킬지 계속 걱정스러웠다. 하지만 DC에 가지 않는 조건으로 큰돈을 요구할 수도 있었던 그 시기에도 그는 마블을 떠나겠다고 협박하거나 재촉하지 않았다.

애커먼의 배급 회사 커티스 서큘레이션Curtis Circulatioin이 마블의 배급을 맡으면서 굿맨이 10년 전에 합의했던 끔찍한 배급 계약이 파기되었지만, 판매 수익이 저조해지면서 만화 사업은 다시 힘든 시기에 접어들었다. 굿맨은 직원들을 해고하겠다고 위협했고, 스탠이 사랑했던 〈닥터 스트레인지〉 등의 만화책 발행을 전면 취소시키며 마블을 가혹하게 밀어붙였으며, 원가 절감을 위해 만화책의 페이지 수를 줄이기까지 했다

(20쪽에서 19쪽으로). 이 모든 사태들에 분노를 느낀 스탠은 다시금 일을 그만둘지 고민했다. 칩 굿맨은 메리 마블 마칭 소사이어티 팬클럽을 없 애려는 정신 나간 행보를 보였다. 이 팬클럽은 마블을 가장 열렬하게 좋아하는 열정적인 독자들이 모인 곳이었다.[24]

스탠은 또 한 번 덫에 걸렸다. 마블을 만화 산업에서 가장 큰 만화책 출판사로 만들기 위해 모든 힘을 쏟아부었지만, 매출 침체는 또다시 그 를 힘겨운 자리로 내몰았다. 굿맨은 약속을 지킬 생각이 없어 보였다. 솔직히, 스탠이 명단을 작성해야 하는 대량 해고를 거론하는 굿맨을 보 며 눈치를 챌 수밖에 없었다. 스탠은 빠져나갈 구멍을 찾아보았지만 어 떤 구멍으로 나가야 할지 알 수가 없었다. "다른 일을 생각해야 할 때였 습니다." 스탠은 연극이나 영화와 관련된 직업에서부터 그냥 시 쓰는 일까지 많은 선택지를 두고 고민해보았다.[25] 영화 쪽이 가장 합리적인 길 같았다. 그는 커비와 다른 만화가 존 부세마John Buscema와 함께 할리 우드에 가서 자신이 대본을 쓰는 동안 그들은 무대 디자인을 하거나 스 토리보드 작업을 하는 상상까지 했다.

스탠이 이런저런 선택지를 두고 고민하는 동안, 출판사의 새로운 대 표 자리에 변동이 있었다. 퍼펙트 주식회사의 이사진들이 애커먼을 쫓 아낸 것이다. 커티스와 다른 사업들을 동시에 운영하면서 자금에 부담 이 생긴 퍼펙트 주식회사는 그 와중에도 행해진 애커먼의 사치스런 취 미 생활을 감당하기가 너무 버거웠다. 이사진들은 애커먼과 마찬가지 로 법무계에 종사했던 공격적인 성향의 젊은 임원 셸던 페인버그Sheldon Feinberg를 애커먼의 자리에 앉혔다. 페인버그는 회사명을 카덴스 인더

STAN LEE

스트리Cadence Industries로 바꾸고 새롭게 일을 시작했고, 엄청난 부채를 줄이기 위해 허리띠를 졸라맸다. 굿맨은 더 이상 선장 역할을 할 수 없었다. 마블이 침체된 판매량을 끌어 올리려고 노력하는 동안, 그는 스탠에게 특정 만화책들을 재발행하도록 지시함으로써 새로운 만화책을 만들기 위해 프리랜서들에게 들어가는 돈을 막았다. 페인버그와 그의 호전적인 팀은 1960년대가 채 끝나기도 전에 마블의 업무를 중단시켰다. 스탠은 마블 작업실의 자부심을 지키려고 노력했지만, 회사의 모든 일은 사업적인 기준에 따라 결정되었다.

1960년대 초반에 새로운 캐릭터가 탄생했고, 만화책 독자들은 만년 2등만 하던 출판사가 만화시장에 마블 유니버스라는 새로운 돌풍을 일으킬 것을 알아챘다. 그다음에는 스탠과 그의 동료들이 마블의 위치를 굳히는 데 힘썼고, 슈퍼히어로 이야기의 스토리라인을 더욱 넓고 깊게 만들었다. 캡틴 아메리카와 헐크, 아이언맨을 주인공으로 한 단행본 시리즈도 발행했다.

수많은 출판사들의 매출이 떨어지는 가운데서도 마블은 높은 수익을 유지했다. 만화책을 다달이 출간할 수 있게 되자 그 추가적인 수익으로 대량 해고를 막음으로써 스탠이 가족처럼 여겼던 직원들을 지켜낼 수 있었다. 응원 담긴 목소리와 인기를 얻을 수 있는 요소들이 아직 마블에 남아 있었다. DC는 더 힘든 시기를 보내고 있었다. 키니 내셔널Kinney National이라는 자회사 하나를 팔았지만 자기보다 작은 규모의 경쟁 출판사들과 대적하기 위해 또 무슨 일을 해야 할지 알 수 없었다.

1968년이 시작되면서 스탠과 마블은 세계적으로 벌어지는 사건들에 더 깊이 주목하게 되었다. 베트남 전쟁과 미국의 학생운동, 민권운동, 그리고 여권운동은 그냥 지나칠 수 없는 이슈였다. 〈딕 카벳 쇼〉에 출연했을 때, 스탠은 예전에 발간된 〈토르〉에 '맞서 싸우기' 보다는 학교를 자퇴해버리는 학생들을 비평하는 내용을 담았다고 언급했다. 그러나 방송 촬영 당시에는 학생운동의 중요성이 이전과 달라져서 전 세계적으로 일반화되어 있는 상황이었다. 스탠은 이제 더 이상 슈퍼히어로 이야기를 "약간의 설교"를 위한 수단으로 사용할 수 없었다. 그는 카벳에게 이야기했다. "요즘 청년들은 훨씬 더 적극적인 것 같아요. 아주 건강한 일이라고 생각합니다."[26]

1968년의 만화시장은 〈판타스틱 4〉의 새로운 히어로들과 빌런, 괴물들이 처음 등장했던 1961년과 비교하면 거의 알아볼 수 없을 만큼 성장했다. 복잡하게 얽힌 마블 세계를 발전시키고 또 새로운 캐릭터를 등장시키기 위해서는 히어로들의 모든 단독 타이틀이 반드시 필요했다. 스탠은 카덴스 인더스트리의 임원진들이 언제든 마블을 중단시킬 수 있다는 점이 두려웠지만, 그래도 자신이 탄생시킨 슈퍼히어로들이 이 요란하고 험난한 혼돈의 시기를 잘 견뎌낼 수 있기를 바라며 멈추지 않고 힘써 나아갔다.

STAN LEE

10장

아이콘의
탄생

스탠 리가 마블과 관계된 그 누구보다(마틴 굿맨이나 카덴스 임원진들부터 새내기 보조 편집자들과 프리랜서 레터러letterer(만화에 대사를 손으로 직접 써넣는 사람−옮긴이)들까지) 더 잘 알고 있는 것이 있었다. 바로 마블 슈퍼히어로물 정도의 이야기를 만들어낸 사람이 그 회사의 대변인 역할을 할 경우, 그 사람은 그의 창작물만큼 중요한 존재가 될 것이라는 사실이었다. 일러스트레이터와는 상관없이 스탠은 이미 수년간 〈스파이더맨〉과 〈토르〉 등 많은 슈퍼히어로물에 글을 써왔다. 그의 목소리는 마블 코믹스의 소리였다.

　직원들끼리 떠드는 말에서라도 새로운 소식을 얻어 가려는 저널리스트들이 회사 주변을 맴돌 때, 스탠은 먼저 문을 열어 그들을 사로잡았다. 마블의 대변인이 좀 더 젊은 사람일 것이라고 기대했던 기자들은 처음에는 어리둥절했지만 곧 열정적이며 재치 있고 수시로 명언을 내

뽑는 스탠 리가 젊은이들의 문화양식에 익숙해 있음을 알아챘다. 굿맨의 인원 삭감과 경제적 위협에서 수십 년을 살아남은 스탠은 사실상 언제나 혼자서 만화 부서를 이끌어왔고, 그래서 기자들이 마블의 엄청난 성공을 설명해줄 대변인을 찾고 있을 때 재빨리 그 기회를 붙잡았다. 그에게 이 새로운 역할은 자신을 드러낼 수 있는 방법일 뿐만 아니라, 그 먼 옛날 공공사업진흥국Works Progress Administration, WPA(1930년대 뉴딜 정책의 일환으로 세워진 공공단체로, 주민들에게 연극에 참여할 기회를 제공하기도 했다-옮긴이)에 다니던 청소년 시절부터 간직해온 서툰 연극 기술을 발휘할 수 있는 기회이기도 했다.

스탠은 회사의 얼굴로 일하면서 금전적인 이득과 인지도도 쌓아 올렸다. 한 관점에서 보자면, 대공황 한가운데서 자란 그는 돈 때문에 부모가 서로 싸우던 소리를 기억하고 있었다. 만일 스탠의 어머니가 친척들에게 비굴한 부탁을 하지 않았다면 어떻게 집세를 감당할 수 있었을까? 스탠은 아버지의 실직에서 오는 시련을 견딜 수 없었다. 만일 그가 어떤 역할을 통해 회사에서 절대적으로 필요한 존재가 될 수 있다면, 그 역할은 일자리를 보장해주는 것이나 다름없었다. 그는 실업 상태나 쓸모없는 존재가 되는 것을 끔찍이도 혐오했고, 그 두려움은 어린 시절에 겪은 고통스러운 기억으로 그의 심장을 뒤흔들었다.

게다가 인지도 관점에서 봤을 때, 스탠의 대변인 역할은 마블이 지속적으로 사람들에게 주목받게 만들 수 있는 새로운 기회이기도 했다. 대중들이 슈퍼히어로들에 열광할수록 마블과 스탠 리의 명성도 높아질 것이라는 사실은 리드 리처드 같은 천재가 아니라도 알 수 있었다. 스

STAN LEE

탠은 날마다 책상 위에 쌓이는 300~400통의 팬레터로 사람들의 반응을 파악했다. 그리고 그저 자신의 천성적인 특기와 사교적인 성격을 발휘하는 것만으로도 진짜 현실 속 '미스터 판타스틱'이 될 수도 있음을 깨달았다.[1]

대중적인 역할로써 스탠은 사실상 없어서는 안 될 존재가 되었고, 회사의 일원으로서도 더욱 단단히 자리 잡을 수 있었다. 그는 항상 그러했듯, 자신의 운명이 마블 코믹스와 깊이 얽혀 있다는 사실을 다시금 느꼈다. 그가 자기 자신을 위해 개인 인지도를 높이는 것이라며 스탠을 비난하는 만화 관계자들이 많았음에도 스탠은 자신의 천성적인 재능을 발휘하는 쪽으로 현명하게 걸어갔다. 조직의 사업적인 일에 제대로 관여해본 적이 단 한 번도 없었기에 그는 고무적인 최고 책임자 자리에는 전혀 어울리지 않았다. 하지만 사람들과 팬들을 응집할 수 있는 힘은 있었다. 열성적인 대학생 팬들과의 결속력과 더불어 스탠은 걱정스러워하는 학부모들이나 호기심 어린 저널리스트들과도 만화책을 주제로 효과적인 대화를 나눌 수 있었다.

사실상 그늘 속에서 일하면서 자신의 직업을 알게 된 사람들의 반응에 분개하며 수십 년을 살아왔지만, 마블이 문화적 시대정신의 한가운데에 선 지금은 상황이 달라졌다. 그는 회사의 안팎에서 자신만의 인지도를 쌓을 수 있는 가능성에 몸을 던졌다.

전형적인 사업가인 굿맨은 여전히 회사에 수익과 이윤을 내는 일에 매달렸다. 그는 스탠이나 커비, 딧코 등 마블의 작업실 사람들이 해내는 순수 창작에 대한 감각은 떨어졌지만, 작가와 일러스트레이터들이 마음껏 활동할 수 있도록 재정적인 기반을 만들어냈다. 게다가 스탠의 권력이 높아지고 자신의 힘은 낮아지는 와중에도 계속 스탠이 돋보이도록 도왔다. 스탠은 회사에서 냉정하게 감행한 일로 발끈한 적은 있었지만, 회사의 성공을 위해 굿맨과 카덴스 관리 팀이 중대한 역할을 맡고 있음을 이해했다.

만화책 부서를 운영하면서 재정적인 통찰력과 경험은 많이 얻었지만, 창작 업무를 할 때처럼 그쪽 일에 몰두한 적은 단 한 번도 없었다. 마블에서 새로운 슈퍼히어로들을 마음껏 탄생시키려면 경제적인 힘이 필요하다는 사실도 잘 알고 있었다. 하지만 그는 회사에서 내리는 사업적인 결정에 관여한다거나 중간 관리자로서 인정받을 수 있는 돈 문제에 대해서는 항상 어느 정도 거리를 두었다. 게다가 재정 문제에 깊이 관여할 시간도 없었다. 다달이 발행하는 만화책 작품 수가 증가하면서 그가 관리해야 할 직원들과 프리랜서들도 많아졌고, 마감일 전에 만화 작업을 끝내야만 회삿돈을 낭비하거나 잠재적 수익을 날리는 일을 막을 수 있었기 때문이다. 희한하게도 스탠은 여러 해가 지난 뒤에야 마블의 마케팅 업무에 관심을 갖게 되었다고 한다. "거의 모든 작업에 참여해야 했어요. 편집자이자, 아트 디렉터이자, 메인 작가였으니까요. 바로 그 이유 때문에 나는 좋든 싫든 만화책 안에다 내 개성을 반영해야 했습니다." 그러나 반드시 명심해야 할 점은, 인기 만화책이라는 그 화려한 결과물 뒤에 스토리 구성부터 그림 작업과 출판에 이르기까지 만화책을 탄생시키는 데 필요한 엄청난 노력이 숨어 있었다는 사실이다. "나는 표지 디자인과 문구, 광고문 작업에다 '작업실' 페이지에 있

STAN LEE

는 솝박스 글까지 썼습니다."² 그가 만화계에 처음 발을 들여놓았던 때 나, 적어도 1947년에 〈라이터스 다이제스트〉지에 '만화책 쓰며 돈 벌기'에 관한 글을 기고했을 때부터 분명히 갈망해왔을 이 스포트라이트는 수많은 창의적 역할을 담당하며 수십 년간 쌓아 올린 경험의 산물이었다.

스탠은 약간의 풍자와 자기를 낮추는 농담으로 인기를 끌었고, 그 방식으로 마블 코믹스만의 목소리를 만들어냈다. 스파이더맨과 헐크, 아이언맨 등 다양한 슈퍼히어로들의 인기는 단순히 팬층을 넘어 마니아들을 형성했고, 그로써 마블은 중요한 문화적 지위를 얻었다. 이처럼 만화 출판사로서 엄청난 인기를 누리고 있었음에도 마블은 여전히 DC의 총 매출을 따라잡지 못했다. 이를테면, 1968년 한 해 동안 47개 작품을 발행하며 7,500만 부의 판매량을 달성한 DC 코믹스에 비해, 그해에 22개 작품을 발행한 마블은 판매량도 5,500만 부에 그쳤다(1968년 8월 인터뷰에서 스탠은 6,000만 부라고 주장했다). 그러나 만화책 발행 작품 수를 따져보았을 때 마블이 DC의 반도 안 되는 점을 감안한다면 비율상 마블이 DC보다 3분의 2가량 많이 판매했으니, 어떻게 보면 더 성공적인 결과를 거두었다고 할 수 있었다.

수없이 많은 인터뷰와 다양한 이야기를 통해 스탠은 계속해서 대중들의 인기를 끌어모았다. 하지만 그 와중에도 마블 팬들과 그의 창작팀(총 35명가량의 직원과 프리랜서들)을 챙기는 일은 절대 잊지 않았다. "마블 독자들이야말로 이 땅에서 가장 열광적으로 지지해주는 사람들일 겁니다. 그들은 질문을 하고, 실수를 찾아내주고, 이야기 제안도 해주지요."[3] 수천 통에 이르는 팬레터를 읽고 만화 모임에서 만난 팬들과 교류하면서 스탠은 〈스파이더맨〉에서 놓친 세밀한 부분들을 일일이 지적하는 엄격한 팬들을 비롯해 만화책이 왜 이렇게 인기가 많은지 알고 싶어 하는 구경꾼에 이르기까지 자신의 타깃 독자들에 대해 더욱 자세히 알게 되었다.[4]

스탠은 마블의 새로운 작품(과 더 나아가 그의 글)이 과거 캐릭터들이나 그가 항상 지적하던 경쟁사들의 작품, 특히 DC의 과거 시대 기념품 같은 작품들보다 얼마나 더 획기적이고 창의적인지 세상에 알리기를 단한 번도 망설이지 않았다.

그는 만화책에도 교육적·문화적 가치가 담겨 있음을 진심으로 믿고 있었기에, 발언 기회가 있을 때마다 소박하면서도 자기를 낮추는 농담으로 그 기본적인 믿음을 완벽하게 표현함으로써 사람들이 진심을 자연스레 받아들이도록 만들었다. 팬들이 현실 세상의 사회·경제와 정치적 주제를 마블에서 다뤄주길 바란다는 것을 알고 있었다. 그래서 그는 유연한 사고방식을 유지하고 팬들의 이야기에 귀 기울이려 노력했다. "팬들은 만화 캐릭터 속에 인간의 모든 특성과 철학을 담아내주길 원하지요. … 그들을 실망시키고 싶지 않아요."[5] 1960년대 말, 스탠은 스파이더맨과 토르 등 다양한 캐릭터들을 통해 당시의 사회문제를 다루고 깊은 생각들을 표현함으로써 더 많은 관객들에게 만화책의 정당성을 인정받게 되었다.

더욱 톡톡 튀는 말투를 사용하지 않는다고 불평하는 사람들도 있었겠지만, 그는 종종 농담하는 분위기를 걷어내고 자신의 만화를 읽는

STAN LEE

주요 독자층인 젊은이들을 대상으로 진지한 주제를 이야기하곤 했다. 1968년 말에 그는 '스탠의 솝박스' 칼럼에 "세계를 오염시키는 가장 치명적인 사회악"으로 분류한 인종차별과 편견에 대해 비판하는 글을 실으며 이렇게 말했다. "특정 인종을 차별하고, 특정 나라를 멸시하고, 특정 종교를 비방하는 행위는 완전히 비이성적이고 명백히 정신 나간 짓입니다." 그 대신 서로 다름을 받아들여야 한다고 마블인들에게 권고했다.[6]

그와 비슷한 시각이 사회 전반에 퍼지자, 마블은 〈스파이더맨〉 시리즈의 데일리 버글 신문사 편집장 역으로 최초의 흑인 캐릭터 로비 로버트슨Robbie Robertson을 등장시켰고, 더욱 중요한 캐릭터로 전설적인 아프리카 국가의 왕자이자 슈퍼히어로인 블랙 팬서를 탄생시켰다. 국적이 미국이긴 했지만 또 다른 흑인 슈퍼히어로 팔콘The Falcon이 나온 것도 그 무렵이었다. 블랙 팬서로 무슨 이야기를 해야 할지에 관해 토론한 뒤, 스탠은 이야기를 어떻게 풀어나가면 좋을지 독자들이 팬레터를 통해 알려주길 바란다고 솝박스에 털어놓았고, 1970년에는 흑인 히어로를 더 일찍 제안하고 싶었지만 당시의 권력자들이 "매우 신중"했기 때문에 자신을 제지시켰다고 주장했다.[7] 그 권력자가 굿맨을 얘기하는 것인지, 카덴스 운영진들을 지칭하는 것인지는 모르겠지만 스탠은 물러서고 싶지 않았다.

1970년 3월, 스탠은 다시 솝박스로 돌아와 마블의 '도덕적' 철학에 대해 풀어놓았다. 만화책을 읽으며 그저 일상에서 탈출하고 싶어 하는 독자들도 있었지만, 스탠은 다르게 생각했다. "나는 그런 식으로 볼 수 없습니다." 그는 메시지 없는 이야기는 영혼 없는 사람과 같다고 말했다. 그리고 독자들에게 자신의 세계관에 대해 드러내며, 수많은 대학 캠퍼스를 방문해 "전쟁과 평화, 시민의 평등권 및 청년들의 항거"에 대해 마블 만화책만큼이나 다양한 이야기를 나누었다고 설명했다. 그리고 이 모든 생각들이 우리 삶을 이룬다고 말했다. 이제는 그 누구도 만화책을 읽으면 중요한 사회문제를 등한시하게 될 것이라는 생각을 이어나갈 수 없게 되었다.[8]

자신에게 주목하는 그 모든 관심과 광신도에 가까운 열성적인 팬들의 넘치는 사랑에도 스탠 리는 불만족스러운 마음을 떨쳐내지 못했다. 좀 더 주류에서 활동하고 있는 성인들은 여전히 만화책에 대해 부정적인 의견을 내뱉었다. 그래서 스탠은 만화책의 정당성을 찾아다녔다. 어떤 칭찬도 '겨우 만화책 작가'라는 애초의 부정적인 인식을 상쇄하기엔 부족해 보였다.

시련에 부딪힐 때면 그는 종종 스파이더맨에 의지했다. 문학적 관점에서 봤을 때, 스파이더맨은 한 사건으로 인생이 상상도 못 한 방향으로 뒤바뀌어버린 가엾은 보통 사람이자 그 시대의 실존주의적 인물이다. 피터 파커는 방사능 거미에 물리고 나서 혈관을 따라 몸에 퍼진 독으로 슈퍼히어로가 되었지만, 내면의 불안함과 걱정, 그리고 기본적인 인류애는 사라지지 않았다. 사실 그는 순간적인 망설임과 자만심으로

STAN LEE

벤 삼촌을 죽음으로 몰았고, 그 때문에 방황하고 후회하는 시간을 보냈다. 수많은 마블 독자들은 으스대면서도 겸손한 스파이더맨의 양분된 모습에서 눈을 떼지 못했다.

1960년대의 불안한 정서들을 모아놓은 캐릭터 스파이더맨은 진보와 보수 사이에서 일종의 이중적인 성격을 갖게 되었고, 그 시기의 상징적인 캐릭터로서 문학과 영화, 연예 잡지 속의 다양한 소재들과 상호작용을 이루었다. J. D. 샐린저J. D. Salinger가 쓴 《호밀밭의 파수꾼The Catcher in the Rye》(1951년)의 주인공 홀든 콜필드Holden Caulfield가 방황했던 도시 뉴욕은 피터 파커가 점령한 도시이기도 했다. 홀든과 마찬가지로 피터 또한 자신이 이 세상 어느 곳에 머물러야 할지 의문을 가졌다. 스탠은 어린 독자들과 스파이더맨의 심리가 공명을 이룬다는 사실은 잘 알고 있었지만, 여러 대학에서 강연을 하면서 좀 더 성숙한 독자들이나 성인들 또한 이 캐릭터에 공감할 것이라는 믿음도 갖게 되었다. 그는 그렇게 확장되어가는 독자층 앞에 이 슈퍼히어로를 데려다 놓기만 하면 되었다. 점점 더 많은 청년들이 마블의 작품들을 먹어치우듯 《호밀밭의 파수꾼》을 집어삼켰다.

1968년 7월, 스탠은 만화가 저급문화라는 비판을 사그라뜨리려는 바람으로 〈스펙타큘러 스파이더맨The Spectacular Spider-Man〉을 발행했다. 이 만화는 일반 잡지와 같은 크기일 뿐 아니라 언더그라운드 만화(주류에 대항하는 비주류 만화로, 섹스, 폭력, 반정부, 반체제 등 주류 만화에서 표현하기 힘든 주제를 다루는 만화를 가리킨다—옮긴이)에서 유행하는 흑백 그림으로 내용을 채웠다. 50쪽이 넘는 이 만화 잡지는 당시 신문 가판대에서

12센트를 받았던 일반 만화책의 약 3배에 달하는 35센트 가격으로 세상에 선보였다.

첫 번째 편에 오리지널 버전의 내용을 다시 쓰고 그린 '로, 디스 몬스터Lo, This Monster'가 실렸다. 이 만화 잡지는 표지도 독특했는데, 남성 잡지 표지를 담당하던 일러스트레이터 해리 로젠바움Harry Rosenbaum이 더 깊은 질감으로 만화의 성숙한 분위기를 표현하기 위해 아크릴 도료로 히어로의 모습 그렸다. 두 번째 발행본의 매력적인 표지 그림은 존 로미타의 작품으로, 그린 고블린Green Goblin이 화려한 노란색 폭탄으로 스파이더맨을 공격하는 모습이 그려져 있다. 표지 그림으로 에너지를 발산한 로미타는 독자들이 가장 선호하는 일러스트레이터가 되었다.

솝박스를 통해 이 만화 잡지에 대한 자신의 소망을 드러낸 스탠 리는 이 만화가 신문 가판대 위의 다른 '좋은' 잡지들처럼 "현실적이고 현란하며 내용이 풍부하고 매끈한 작품"이라고 말했다. 그리고 이 만화 잡지가 "최근 마블에서 가장 최고의 작품일 것"이라면서, 만화 역사에 길이 남을 "마블 기념비"가 될 것이라고 선언했다. 그는 이전보다 성숙한 내용과 주제를 다룬 이 잡지가 성인 독자들과의 연결 고리를 만들 기회라고 보았으며, 성인들에게 좀 더 위엄 있는 만화의 모습을 보여줌으로써 만화책에 대한 자신의 생각을 공유할 수 있으리라 느꼈다.

그러나 스탠은 성인 취향의 새로운 만화에 어린이와 나이 많은 성인 그 중간에 있는 독자들을 고려하지 않았다. 아무리 고함을 치고 광고를 해도 스탠이 할 수 있는 일에는 한계가 있었다. 마블의 일반적인 독자들에게 〈스펙타큘러 스파이더맨〉은 너무 비쌌던 것이다. 흑백 그림이

STAN LEE

라는 시도도 통하지 않았다. 두 번째 편에서 다시 컬러 그림으로 돌아왔지만, 이미 너무 늦은 상황이었다. 이 아름다운 표지의 두 번째 발행본을 끝으로 〈스펙타큘러 스파이더맨〉 발행은 중단되었다. 그러나 스탠이 썼던 첫 번째 편의 이야기는 훗날 작가 게리 콘웨이Gerry Conway가 각색해 1973년에 〈어메이징 스파이더맨〉 116편부터 118편으로 재발간되었고, 그린 고블린이 나오는 두 번째 편 이야기는 (마블이 자주 이용하는 방식대로) 다른 용도로 수정되어 〈어메이징 스파이더맨 애뉴얼〉 9편(1973년)에 실렸다.

성인 버전 만화 잡지의 실패로 좀 더 전통적인 형식을 도입해 주류 잡지를 만들겠다는 스탠의 계획은 타격을 입었지만, 스파이더맨에 대한 만화 팬들의 전반적인 인기는 사그라지지 않았다. 그럼에도 스탠은 여전히 자기 직업에 대해 불안해했다. 1940년대 말부터 그는 연령대가 높은 독자들을 위한 작품을 혼자 만들어보거나 굿맨의 성인 잡지에 글을 쓰면서 만화책에 정당성을 부여할 수 있는 방법을 찾으려 노력했다. 겉으로 보기에 그는 만화책과 자신의 작품을 마냥 낙관적이고 열정적으로 대하는 것 같았다. 하지만 만화계에서 오랜 시간을 보내는 동안 사람들에게 인정받지 못하는 직종에서 일한다는 것에 대한 두려움과 부정적인 생각이 마음 깊이 내면화되었다.

1970년대 초, 스탠은 또 다른 시련에 직면했다. 굿맨이 퍼펙트 필름 주식회사에 출판사를 팔아넘길 즈음에 커비의 계약이 종료된 것이다. 주식회사 임원진들은 큰돈을 들여서까지 커비와 재계약하는 것을 꺼렸고, 굿맨도 그 일을 돕지 않았다. 커비는 지금이야말로 마블을 만화계의 최정상에 앉히기 위해 자신이 기여한 모든 일에 대한 보상을 요구할 때라고 확신했지만, 만화 역사가 마크 에바니어Mark Evanier에 따르면, 커비나 그의 변호사에게 새로운 계약을 언급하는 사람은 아무도 없었다고 한다.9 결국 커비는 스탠에게 도움을 요청했으나 스탠은 그럴 만한 힘이 없다며 그 요청을 거절했다. 커비는 스탠에게 속았다고 생각했다. 하지만 스탠에게 굿맨과 회사 임원들을 뒤흔들며 커비가 원하는 대로 해달라고 요구할 만한 힘이 있었는지는 확실치 않다.

커비의 계약이 교착 상태에 이르면서 스탠과 커비 사이에 또 다른 갈등이 일었다. 먼 훗날 그 당시를 돌이켜보면, 그것은 악의보다는 잘못된 판단으로 발생한 문제였다. 두 사람은 만화계에 길이 남을 전설적인 존재로 서로 묶여 있던 반면, 그들만의 복잡한 사연으로 때로는 심술궂게 서로를 무시하거나 억지로 좋은 척을 하고 심지어는 적대적이기까지 했던 아이러니한 관계였다.

커비는 슈퍼히어로와 만화책의 성공 뒤에 따라오는 명성에는 별로 관심이 없는 듯했다. 그는 자신의 일을 사랑했다. 그가 가장 중요하게 여긴 것은 일자리를 유지하고 노동에 대한 가치를 인정받는 일이었다. 자신의 그림과 생각, 평판으로 회사가 얻은 이익을 정당하게 나누어 받는 것 말이다. 커비를 보면, 그가 재정적인 문제들을 어떤 식으로 언급했든지 간에 어릴 적에 로어이스트사이드 슬럼가에서 힘들게 살았던 기억을 완전히 떨치지 못했다는 기분이 든다. 커비에 대해 조 사이먼은 이렇게 말했다. "1960년대 내내 커비는 마블을 위해 일했고, 일거리가 끊길까 봐 항상 걱정했지요. 그에게는 중요한 문제였습니다."10

STAN LEE

스탠과 마찬가지로 커비와 사이먼 모두 대공황 당시 궁핍한 생활을 견뎌야 했고, 그 경험은 일과 돈을 바라보는 그들의 가치관에 영향을 주었다. 사이먼에 따르면, 너무나 가난한 부모 밑에서 자란 커비는 가족들에게 최소 일부분이라도 생활비를 보태기 위해 자기 자신을 강하게 몰아붙였다고 한다. "아내 로즈에게 돈을 가져다주고, 아이들에게 줄 음식을 사는 것을 중요하게 여겼어요."[11] 지독한 가난을 한번 경험하고 나면 그 후유증은 평생 사라지지 않는다. 돈에 관한 커비의 집착은 그의 세계관에 부정적인 영향을 끼쳤다. 그는 1970년에 프리랜서로서 받았던 3만 5,000달러(현재 가치로 약 22만 달러)로도 풍족한 생활을 누릴 수 있었지만, 그가 회사에 기여한 것을 고려하면 기존의 보수보다 몇 배는 더 요구하는 게 당연했다.

똑같이 가난한 어린 시절을 보냈지만, 스탠은 커비가 바라는 금전적인 보상보다 사람들에게 인정받기를 훨씬 더 바랐다. 게다가 그에게는 어릴 적 그의 어머니에게서 새겨들은 중요한 교훈이 있었다. 가족들과 함께 겪었던 경제적 고통의 대가로 완벽함과 성공을 추구해야 한다는 것이다. 그에게 대중들의 환호는 현금으로 바꿀 수 있는 수표나 다름없었다.

2인조 창작 팀으로 평생 서로 연결되어 있었음에도 복잡하게 얽힌 스탠과 커비의 관계는 명성과 경제적 안정이라는 서로 다른 가치관으로 갈등을 겪었다. 스탠을 향한 오랜 불만 위에 굿맨의 구두쇠 같은 태도와 지켜지지 않는 약속들이 얹어지면서 결국 커비는 1970년에 마블과의 재계약을 엎어버렸다. 그리고 카민 인판티노Carmine Infantino가 편집

선장으로 있는 DC 여객선으로 자리를 옮긴 뒤, '제4세계'라고 부르는 새로운 슈퍼히어로 우주를 마음껏 창조할 수 있는 권한을 얻었다. DC 에서 그는 다른 작가와 일러스트레이터들과 함께 자신의 신화적 세계관을 중심으로 성서, 실존주의 및 공상과학 속 기계 동력에 대해 질문을 던지는 만화 작품 3개를 탄생시켰다.

만화 산업의 거대한 규모와 다른 매체에 끼치는 막대한 영향을 보면 당대 미국 문화에서 슈퍼히어로물이 얼마나 결정적인 역할을 했는지 알 수 있다. 슈퍼맨과 배트맨이 라디오에서 영화와 텔레비전 방송으로 활용 영역을 넓혀나가자, 마블도 비슷한 계획을 세웠다. 역사적으로, 만화책이 활동 무대를 옮길 때면 창의적인 노력이 반드시 필요했다. 당시에 출판계 경영진들은 텔레비전과 영화 산업이 캐릭터 수익을 올리는 데 얼마나 효과적인지 알게 되었다.

　스탠과 회사 경영진은 마블의 슈퍼히어로들을 영화와 텔레비전 방송에 시리즈물로 출연시키길 꿈꾸었다. 매체를 옮기는 데에는 크게 두 가지 목적이 있었다. 첫째는 전체 관객 수를 증가시켜 슈퍼히어로 캐릭터들을 전 세대에 알리는 것이었으며, 둘째는 슈퍼히어로물을 많이 노출시켜서 더 많은 수요를 이끌어낸 뒤 캐릭터 저작권을 이용해 높은 수익을 창출하는 것이었다. 일찍이 만화영화 시리즈로 이익을 얻는 데 성공한 경험이 있긴 하지만, 실사영화로 제작하는 문제는 아이디어를 대본

STAN LEE

으로 옮기거나 캐스팅하는 과정 중에 어디선가 자꾸 일이 뒤엉키며 시도할 때마다 제대로 진척되지 않았다.

그랜트레이 로렌스가 제작한 초창기 애니메이션 〈마블 슈퍼히어로즈Marvel Super Heroes〉는 아무리 조잡한 만화영화라도 마블의 슈퍼히어로들이 출연하면 관객들을 끌어모을 수 있다는 사실을 증명해주었다. 그다음 단계로, 인기가 끊이지 않는 스파이더맨이 주인공으로 나올 차례였다. 1967년 말에 시리즈물을 준비하기 시작해 1968년부터 방송이 시작되었다. 그 과정에서 그랜트레이 로렌스 제작사가 파산을 하는 바람에 어려움을 겪었지만, 다행히도 저명한 애니메이터 랠프 박시Ralph Bakshi가 고삐를 이어 잡아 그대로 일을 진행할 수 있었다. ABC 채널에서 방영한 이 만화영화 시리즈는 대성공을 거두었고, 1970년까지 방송을 이어나갔다.

대형 애니메이션 제작사인 해나 바베라 프로덕션이 ABC에서 방송할 또 다른 만화영화를 제작했다. 바로 1967년부터 1970년까지 방송된 〈판타스틱 4〉 첫 번째 시리즈였다. 이 새로운 텔레비전 프로그램은 〈스파이더맨〉과 함께 방송되어 관객들에게 수많은 슈퍼히어로를 만날 수 있는 기회를 제공했다. 스탠과 커비가 만든 원작 만화책 내용을 30분 방송 길이에 맞추어 줄였고, 이야기 전개를 부드럽게 수정해서 아이들도 내용을 쉽게 이해할 수 있도록 만들었다. 각 에피소드마다 미스터 판타스틱이 잠깐씩 나와 과학 용어나 개념을 시청자들에게 설명하는 부분도 곁들여서 토요일 아침에 방송된 최초의 교육 만화로 여겨지기도 했다.

커비가 그린 닥터 둠과 갤럭투스Galactus의 음울하고 인상적인 모습이 애니메이션에서는 제대로 묘사되지 못했지만, 리드 리처드 역을 담당한 성우이자 배우인 제럴드 모르Gerald Mohr의 생생한 목소리 연기가 만화영화의 부족한 부분을 채워주었다. 이렇게 캐릭터들의 특징을 제대로 살려내지 못하는 기술적 한계(이 경우에는 투박한 애니메이션의 한계) 때문에 애니메이션 제작사들이 마블 캐릭터를 영화로 만드는 데 어려움을 겪은 것으로 보인다. 스탠 리는 공식적으로는 만화영화 제작을 지지했지만, 실제 작업에는 별로 관여하지 못했다. 그는 제작 과정을 지휘할 수 없는 것이 불편했다. 그리고 만일 마블도 디즈니처럼 텔레비전 프로그램을 직접 만들 수 있다면 슈퍼히어로들이 월트디즈니의 유명한 생쥐나 공주들과 경쟁을 벌일 수 있을 것이라고 믿었다. 마블에서 직접 만화영화를 제작해야 한다는 생각이 스탠을 괴롭히기 시작했다.

1971년, 〈뉴욕 타임스〉의 한 기자가 1년에 출판되는 만화책이 3억 부에 달한다는 사실을 산출해냈다.[12] 보수적으로 생각해서 만화책 1권 당 4명만 돌려 본다고 계산해도, 전 세계 약 37억 명 인구 중에서 한 해 동안 약 12억 명이 만화책을 본다는 것을 의미했다. 어린 독자들에게 끼치는 부정적인 결과에 관한 오래된 문제 제기에도 불구하고, 만화책은 주류 문화의 중요한 요소로 성장했다. 그 성장의 중심축에는 스탠 리가 있었다. 수많은 사람들에게 '스탠 리'라는 이름은 만화책과 동일시되어 조니 애플시드Johnny Appleseed(19세기 초 미국 개척 시대의 선교사로, 미국 각지에서 사과씨를 나누어 주며 복음을 전파했다─옮긴이)처럼 미국 각지에 만화책의 즐거움과 중요성을 전파했다.

STAN LEE

그해 5월, 스탠은 〈어메이징 스파이더맨〉 96편을 통해 만화책이 얼마든지 좋은 일에 쓰일 수 있음을 보여주었다. 이 발행본에서 스파이더맨은 높은 건물에서 뛰어내리는 흑인 아이를 구하면서 이렇게 말한다. "저 불쌍한 녀석이 약에 취해 제정신이 아니군." 아이를 구한 뒤에 다른 캐릭터들이 마약 사용에 대해 비판하는 장면이 나오고, 다시 스파이더맨이 홀로 다짐한다. "스파이더맨으로 산다는 것은 무엇보다 위험하겠지만, 그래도 마약에 절어서 해야 할 일을 남에게 넘기느니 슈퍼빌런들과 싸우면서 사는 게 훨씬 나아." 이후에 노먼 오스본(슈퍼빌런 그린 고블린의 정체이자 피터 파커의 학교 친구 해리 오스본의 아버지 – 옮긴이)이 잠시 나왔다가 사라진 뒤, 이어서 피터 파커의 아프리카계 미국인 친구 랜디가 등장한다. 그는 흑인들이 가장 싫어하는 것이 마약이라고 말하며, 어린 아이들에게 "희망이 없기" 때문에 "밀매자들이 그들을 쉽게 꼬드길 수 있는 것"이라고 덧붙인다.

마블의 일반 독자들은 이 발행본에 담긴 마약 반대 메시지를 보며 그저 자신들이 좋아하는 만화책이 또 한 번 현실 문제를 다룬 것이라고 생각했을지도 모른다. 아마도 스탠이 보건복지부Department of Health, Education and Welfare 산하 국립정신건강연구소National Institute of Mental Health, NIMH로부터 도움을 요청하는 공식 서한을 받은 사실은 몰랐을 것이다. 경영진들은 스탠에게 스파이더맨의 인기를 이용해 만화 속에 직접적으로 약물 남용을 반대하는 내용을 담아보자고 부탁했다. 정부 관계자들은 스파이더맨을 선망하는 고등학생과 대학생들의 마음이 미래의 중요한 인재들로 하여금 이 사실적인 정보를 잘 새겨듣도록 할 수 있다고 믿었다.

스탠은 만화책에 마약에 대한 내용을 넣으면 코믹스 코드를 위반하게 된다는 것을 알고 있었지만, 그럼에도 그 요청을 전적으로 받아들였다. 스파이더맨의 광범위한 영향력을 생각하면서 그는 이렇게 말했다. "위험한 상황을 두고만 볼 수는 없었어요. … 만약 이 이야기로 세상 어딘가에서 마약을 하려는 어떤 아이를 구할 수만 있다면, 하루라도 일찍 마약을 끊게 만들 수만 있다면, 그렇다면 코믹스 코드 검열 기관의 허가를 받을 때까지 기다릴 만한 가치가 충분히 있다고 생각했습니다."[13]

만화 출판사 대부분은 만화잡지협회의 검열에 대응하기 위해 자체적으로 규율을 세웠다. 코믹스 코드 규율에는 성행위 내지 정부 당국에 나쁘게 비칠 만한 요소들에 관한 규정은 있었지만 마약에 대한 정보는 포함되어 있지 않았다. 규율에 명백히 위반되는 늑대 인간이나 뱀파이어가 나오는 만화는 어느 출판사에서도 발행하지 않았다. 그러나 마약은 규정이 모호했다. 결국 〈어메이징 스파이더맨〉 96편은 코믹스 코드 승인 도장을 받지 못한 채 출판되었고, 이 일은 마블과 스탠의 용감한 행보를 보여주었다. 스탠은 96편에 이어서 마약에 중독된 해리 오스본의 이야기를 통해 두 편에 걸쳐 마약 문제를 더 다루었다. 피터는 해리가 마약을 하는 이유를 "너무 나약하기" 때문이라고 보았다. 이후에 해리는 "의사에게 처방받은 약일 뿐"이라고 장담하는 마약 딜러(스탠 리의 만화 캐릭터에 금발을 씌운 인물이었다)에게 속아 약을 건네받은 뒤, 피터와 함께 지내는 아파트로 돌아와 마약을 한 움큼 삼키고는 정신을 잃는다. 집으로 돌아온 피터가 그를 발견해 구하려 하지만 스파이더맨을 공격

STAN LEE

하는 해리의 아버지 그린 고블린과 마주치며 방해를 받는다. 스파이더 맨은 뉴욕의 고층 건물 높은 곳에서 그린 고블린과 결투를 벌인 뒤에야 해리를 병원으로 데려가고, 고블린은 마침내 병원에 입원한 아들의 모습을 보게 된다. 그 충격으로 정신을 잃은 고블린은 이후에 악랄한 행위를 끝내려는 것처럼 그려진다.

정부 관계자들은 스파이더맨과 스탠이 같은 편에 서서 마약 문제에 대항하는 것을 기뻐했지만, 모두가 그런 것은 아니었다. 아치 코믹스의 대표이자 만화잡지협회 창립 회장인 존 골드워터John Goldwater는 마약을 주제로 하는 내용이나 마약과 관련된 장면을 만화책에 넣는 것은 "절대 금기"라고 공식적으로 발표했다.[14] 그러나 마블을 향한 대중들의 엄청난 호응으로 손쓸 수 없게 된 골드워터와 만화잡지협회는 마블과 스탠에게 어떤 제재도 가하지 못했다.

이 특별한 〈스파이더맨〉을 출판함으로써 스탠은 코믹스 코드를 현대 문제로 끌어왔을 뿐만 아니라 같은 주제의 만화를 작업할 계획이라는 소문이 돌던 DC 코믹스를 마블이 앞설 수 있도록 만들었다. 그러나 DC의 편집장 카민 인판티노는 마약에 관한 내용을 다룬 마블을 매도하면서 그런 이야기가 만화책을 읽을 아이들에게 특히 유해할 수도 있다는 점을 신중하게 고려해야 한다고 말했다.[15]

코믹스 코드에 반기를 든 이후로 스탠과 마블은 다른 사회문제들도 적극적으로 만화 내용에 담았고, 이로써 더 많은 젊은 세대 독자들의 마음을 사로잡았다. 만화책에 반영된 사회문제의 한 가지 예로, 백인이 아닌 다양한 인종의 슈퍼히어로들이 소개되기 시작했다. 마블은 1972

년 6월에 〈히어로 포 하이어Hero for Hire〉를 처음 발행하면서 뉴욕 할렘가의 악당들과 싸우는 흑인 슈퍼히어로 루크 케이지Luke Cage를 등장시켰다. 2년 뒤, 파워맨Power Man이 된 케이지는 무술계의 전설 아이언 피스트Iron Fist와 강력한 팀을 결성해 활동해나간다.

이렇게 선구자적인 행보를 이어나간 마블은 블랙 팬서를 세상에 소개한 이후에 주인공 이름을 타이틀로 내세운 아메리카 원주민 슈퍼히어로 이야기 〈레드 울프Red Wolf〉(1972~1973년)를 출간했다. 얼마 뒤인 1972년에 배우 데이비드 캐러딘David Carradine을 스타로 만들어준 텔레비전 방송 〈쿵푸〉가 방영되자, 마블은 무술의 흥행 물결(브루스 리Bruce Lee와 다른 무술인들이 '가라테'로 영화계에 돌풍을 일으켰다)에 편승하기로 했다. 그래서 아시아인 슈퍼히어로 샹치Shang-Chi의 이야기 〈마스터 오브 쿵푸〉를 만들어 〈스페셜 마블 에디션〉 15편(1973년 12월)에 수록했다. 1974년 4월에 제목을 수정해 〈더 핸즈 오브 샹치: 마스터 오브 쿵푸The Hands of Shang-Chi: Master of Kung Fu〉라는 작품으로 본격적인 활동을 시작한 샹치는 이후로 오랫동안 사랑받으며 훗날 마블의 톱 슈퍼히어로들과도 함께 활약을 벌인다.

스탠은 '일개' 만화 작가 겸 편집자보다 더 나은 사람이 되고 싶다는 포부를 항상 품고 있었다. 어렸을 적, 스탠의 어머니는 거의 날마다 그를 칭찬하며 할리우드에서 그녀의 아들을 데리러 올 것이라고 농담하곤 했다. 그는 일러스트레이터들과 다른 작가들 앞에서 대본을 연기하기도 했고, 마블의 1인 마케팅 기계로서 대학 캠퍼스들을 돌아다니며 대학가의 활동적이고 북적이는 분위기도 마음껏 즐겼다. 그런 노력들

STAN LEE

은 더 많아진 충성스런 팬들과 더 많은 곳에서 만화책을 찬양하는 목소리가 되어 그에게 돌아왔다. 그러나 기회를 잡으려는 스탠의 의지가 가끔은 역효과를 낳기도 했다.

1971년 12월 초, 뉴욕의 인기 신문 〈빌리지 보이스Village Voice〉는 1월에 "카네기홀에 서는 스탠 리!"라는 대대적인 광고를 실었다. 팬들은 조기 예매 3.5달러, 현장 판매 4.5달러에 공연을 관람할 수 있었다. 광고에는 "모든 라이브 음악! 마술! 신화가 모두 한자리에!"라는 약속 문구가 쓰여 있었고, 자세한 사항이 적혀 있지는 않았지만 토르와 스파이더맨, 헐크가 그려진 그림을 배경으로 스파이더맨이 이렇게 말하고 있었다(스탠 특유의 말투로). "당신의 친숙한 이웃, 작업실 친구들과 함께 열광적인 무대를 즐기는 훌륭한 밤."[16] 나중에는 공식적인 공연 제목을 '스탠 리와 함께하는 환상적인marvelous 밤'으로 바꾸었다.

그날 밤이 '환상적'이었는지 아니었는지는 아마도 마블과 슈퍼히어로들에 대한 관객들의 기분에 달려 있었겠지만 성인들 대부분, 특히 주요 신문들에 실린 그 떠들썩했던 밤에 대한 관객들의 반응에 따르면, 그날 밤은 훌륭한 밤과는 거리가 멀었으며 "회사 직원들끼리 하는 크리스마스 파티" 내지 "사내 행사" 같았다고 한다.[17] 스탠은 그날의 사회자였지만, 공연이 정말 엉망이었기 때문에 사회자보다는 말썽꾼들의 우두머리였다는 표현이 더 어울렸다. 음악의 수준도 낮았고, 일러스트레이터 로미타와 부셰마의 만화 그림에 대한 토론도 내용이 모호했으며, 신예 인기 저널리스트 톰 울프Tom Wolfe는 흰색 정장에 엉클 샘Uncle Sam(미국 또는 전형적인 미국인을 가리키는 대명사로, 염소수염을 기르고 미국 국기 문양이 그려진 모자를 쓴 백발노인의 모습으로 형상화된다─옮긴이) 모자를 쓴 우스꽝스런 모습으로 무대에 올랐다. 그 밖에도 키가 2.9미터나 되는, 세상에서 가장 키 큰 남자가 등장해 헐크에 대한 시를 읽었고, 호주의 마술사 조프 크로지어Geoff Crozier도 이상한 마술을 선보이고 들어갔다.[18] 결정적인 무대는 스탠이 아내 조앤과 딸 J. C.와 함께 〈갓 워크God Woke〉라는 시를 읽은 것이었다. 팬들은 대체 이 공연을 어떻게 받아들여야 할지 몰라 하며, 무대를 향해 조롱과 불만에 찬 야유를 보냈다.

지속적으로 마블을 특별하게 만들고자 노력해온 스탠은 이제 그곳을 '하우스 오브 아이디어House of Ideas'라고 부르기 시작했다. 이후로 이 이름은 마블의 특징이 되어 저널리스트들 사이에서 자주 쓰였다. 마블 코믹스가 대중들에게 접근하는 과정에서 단 하나 어려운 점이 있다면, 그것은 스탠과 그의 작업실 동료들이 만화의 오락성과 사회문제에 관한 입장, 그리고 수익성 사이에서 균형을 잡는 일이었다. 스탠은 사람들이 만화책을 읽으며 기뻐하는 것을 중요하게 생각했지만, 유익하다고도 느끼길 바랐다. "나는 독자들을 즐겁게 해주면서 유익한 영향도 주고 싶었어요. … 어려운 문제이긴 하지만, 내 능력의 한계 내에서 최선을 다했습니다."[19] 그는 두 가지 반응을 모두 바랐다. 사람들이 만화책을 재미있게 읽으면서도 진지하게 받아들이는 모습을 말이다.

그와 동시에 마블은 만화책을 팔아야만 했고, 그것은 어린아이들과 청소년들이 만화시장의 상당 부분을 점령하고 있음을 뜻했다. 1970년에 스탠이 산출한 것에 따르면, 마블 독자의 60퍼센트가 16세 미만이었다. 성인 독자들도 역사적으로 기록될 만큼 많긴 했지만, 스탠은 규모가 더 큰 독자층에 집중했다. "그래도 사업이니까요." 인터뷰에서 그가 말했다. "책이 팔리지 않으면 아무리 좋은 것을 집어넣어도 의미가 없습니다. … 아이들이 좋아할 만한 이야기를 하지 않으면 아무것도 얻지 못할 거예요. 직업도 잃고, 회사도 문을 닫게 될 테니까요."[20]

스탠이 마블의 얼굴과 목소리로 자리를 굳혀갈수록 굿맨은 불만스러워했고, 두 사람 사이에는 균열이 생겼다. 한편, 너무나 빠른 속도로 돌아가는 만화 산업에서 스탠과 그의 창작 팀은 여전히 전투적으로 마감일에 맞춰 만화책을 만들어내야 했다. 마블이 출간하는 만화의 수만큼 마블의 모든 직원이 끊임없이 제작에 참여했다. 그래서 사무실이나 집에서 일을 할 때면 스탠은 항상 콘텐츠를 만들어내는 일에 전념했다. 만화가 로이 토머스는 스탠을 이렇게 회상했다. "스탠과 나는 모든 작품을 편집했고, 작가들도 자신이 쓴 것을 직접 교정봤어요. 보조 편집자가 얼마 없었는데 모두 아무런 권한도 없는 사람들이었지요. … 그렇게 일했습니다."[21] 이처럼 혼란스러운 작업 환경에서 상사에 대한 적대감이 쉽게 생겼고, 더 깊어지기까지 했다. 스탠이 만화 내용을 표지에 담아야 하는데도 굿맨은 여전히 자신의 뜻대로 표지 그림을 정하고 싶어 했다. 게다가 천천히 진행되어야 하는 작업 과정에도 일일이 간섭했다.

"스탠과 굿맨의 관계가 끝날 때가 다가오자 둘의 주파수는 점점 더 어긋났습니다." 두 사람 사이에 악감정이 쌓이는 과정을 가까이에서 지켜본 토머스가 이어서 설명했다. "굿맨과 그의 아들 칩은 그때도 여전히 결정권을 갖고 있었어요. 굿맨이 회사에서 나간 이후 스탠이 자리를 차지하기 직전인가 얼마 전까지는 칩이 공식적인 출판인이었지요. 그때도 굿맨이 사무실에 있었는지는 잘 모르겠습니다. 그의 사무실이 우리 작업실과 반대편 끝에 있어서 별로 마주칠 일이 없었으니까요."[22]

1972년, 굿맨은 드디어 바라던 퇴직에 성공했다. 카덴스 주식회사가 마블을 인수한 지 4년 만이었다. 굿맨은 카덴스 경영진이 자신의 아들을 새로운 출판인으로 앉혀주길 바랐지만, 굿맨이 회사를 나간 지 얼마 지나지 않아 그들은 칩에게 나가라고 권고했다. 가족 경영은 이쯤에서 그만두길 바란 것이다. 그 대신 카덴스의 CEO 셸던 페인버그는 마블의 출판인이자 대표직에 스탠 리를 지명했다.

새로운 직위를 얻은 스탠은 편집장 자리를 내려놓아야 했다. 자신을 대체할 사람을 결정하기 위해 여러 번 내적 갈등을 겪고 망설였지만, 결국 직접 지목한 후임자 로이 토머스에게 편집장 권한을 넘겨주었다.

'이제 내가 원하던 방식으로 작업할 수 있겠군.' 스탠은 이렇게 생각했지만, 잘못된 생각이었다. 그는 온갖 어지러운 회의에다 남성 잡지를 포함한 모든 출판물들의 수익 상태에 대해 토론하고 전략을 세우는 일에 참여해야 했다. "순간적으로 나보다 이 일을 훨씬 더 잘할 수 있는 사람이 수백만 명은 될 거라는 사실을 깨달았습니다. 진짜 내가 좋아하는 일, 만화를 창작하는 일은 더 이상 하지 못하고 있었지요." 이렇게 깨달은 이후에 스탠은 대표직을 내려놓고 출판인 업무에 집중하기 시

STAN LEE

작했다.[23]

그러는 동안 굿맨은 퇴직 상태에 오래 머무르지 않았다. 아들이 해고 당한 일에 분노한 그는 아틀라스 코믹스Atlas Comics를 설립해 보복할 기회를 만들었다. 그는 칩을 앞세워 공격적인 침범 활동을 시작했고, 심지어 스탠의 남동생 래리를 편집자로 고용하기까지 했다. 게다가 마블에서 일하던 프리랜서와 만화가들 상당수가 굿맨의 더 높은 보수 제의에 자리를 옮겼다. 점점 더 많은 사람들이 마블을 떠나자 스탠은 남아 있는 직원과 프리랜서들에게 그들에 대한 마블의 신뢰를 다시 한번 상기시키는 글을 발행해서 보내기도 했다. 이렇게 좋지 않은 상황이 벌어지긴 했지만 만화 산업은 변화했고, 굿맨의 방식은 오래된 것이었다. 결국 아틀라스는 곧 사업을 접었다.

스탠은 출판인으로서, 토머스는 편집자로서 감당해야 할 어려움이 더 있었다. 스탠은 젊은 동료 직원들과 잘 어울리지는 못했지만 그들에게 전설적인 존재로 존경받았다. "그는 직원들이 새로운 일에 아주 열성적으로 도전하도록 만들었어요." 스탠과 커비 모두와 함께 일했던 작가 마크 에바니어가 말했다. "직원들은 간혹 편집자들을 대할 때 두려워하는 마음을 갖지만, 스탠에게는 그러지 않았습니다."[24] 토머스도 스탠에 이어서 직원들에게 지지를 얻었지만, 한 달에 40여 편에 달하는 작품을 대량으로 만들어내야 하는 상황은 변하지 않았다. 출판 일정은 여전히 먹이사슬 꼭대기에 있었다. "스탠이 편집장으로 있었을 때 발휘하던 힘이 내게는 없다는 사실을 알고 있었습니다." 토머스가 회상하며 말했다. "하지만 난 누구에게도 겁먹지 않았어요. 어느 누가 나보다 더 스탠과 가까이 지내겠어요? 그렇게 생각하면 기분이 아주 편안했고, 그렇게 불안해했던 적은 거의 없었지요."[25]

토머스가 편집을 책임지고 스탠이 관리 업무를 이끌게 되면서 편집의 방향이 바뀌었다. 마치 스탠이 더 이상 하루 종일 글을 쓰지 않는다는 이유만으로 바뀌게 된 것 같았다. "약간의 새로운 시도에 도전해야 할 때였습니다." 토머스가 설명했다. "우리는 마블의 마법을 어느 정도 유지하면서, 다른 예술이나 작법 스타일을 위한 공간도 마련하고 싶었어요."[26] 스탠이 〈어메이징 스파이더맨〉 110편의 인쇄본을 건넸을 때, 가장 공공연한 변화가 일어났다. 1971년 말에 발행된 이 작품의 캐릭터를 직접 쓴 일을 마지막으로 스탠이 게리 콘웨이에게 메인 작가 자리를 넘겨준 것이다. 이 시리즈의 후속편부터 콘웨이는 스타 만화가 존 로미타와 함께 작품을 만들었다.

많은 사람들이 그의 직업을 하찮게 여겼지만, 스탠은 자신만의 거장다운 솜씨를 발전시켜 경쟁자들이나 당대 소설가들이 그를 따라 하도록 만들었다. 그는 이렇게 설명했다.

내가 쓴 모든 캐릭터들은 어떤 식으로든 진짜 나와 같습니다. 심지어 빌런들도 말이지요. 지금 내가 악랄한 사람이라는 말은 아니에요. 오, 말도 안 되지요! 하지만 진짜 같은 악당을 쓰려면 이런 생각은 꼭 해야 합니다. '내가 그(또는 그녀)라면 어떻게 행동했을까? 내가 세계를 정복하려면, 또는 무단 횡단을 하려면 어떻게 해야 하지? … 내가 스파이더맨을 협박한다면 뭐라고 말해야 할까?' 무슨 말인지 알겠지요? 이 방법 말

STAN LEE

고 다른 수는 없어요.[27]

스탠의 독특한 목소리가 만화계를 장악했다.

그는 대중문화에서 성공한 사람들은 극성스러운 유명인 문화celebrity culture(유명인들의 이름이 과도하게 거론되고 사생활까지 관심을 받는 현상—옮긴이)까지 받아들여야 한다는 것도 알고 있었다. 만일 청소년과 대학생 연령대의 독자들이 스탠에게 그들의 리더가 되어주길 원한다면, 그는 기꺼이 그 역할을 받아들이고 그들의 든든한 왕이 되어야 했다. 마블 만화책 속 문장들을 통해서나 미국 전역의 대학교에서 강연을 하며 형성된 이미지로나, 스탠은 자신의 출판사와 직원들보다 더 큰 인지도를 얻게 되었다. 그 결과, 스탠 리는 만화 산업을 바꾸어놓았다.

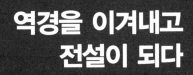

역경을 이겨내고
전설이 되다

3부

MARVEL

11장

고난은
그를 막을 수 없다

회사에서 가장 중요한 홍보 대사를 우울하게 만들기란 쉽지 않을 것 같지만, 사실 1970년대는 스탠과 마블에 문제가 많았던 시기였다. 만화책을 만들어내야 할 책임이 있는 스탠과 창작 팀들, 회사의 내부 지출을 파악하려고 기를 쓰는 회계사들, 그리고 만화책 부서를 축소시키기로 작정한 회사 경영진들 등 마블의 모든 구성원들이 침체된 매출을 다시 끌어 올리려고 서로를 향해 칼끝을 겨누는 것 같았다.

수많은 국가적 상황과 마찬가지로 만화 산업도 불확실성과 불안한 시장, 살아남기 위한 궁극적인 갈등들과 여러 해 동안 대치하고 있었다. 월별 매출이 떨어지자 회사는 더 많은 타이틀의 만화책을 발행하는 것으로 떨어진 매출을 상쇄하려 했다. 이를테면, '마블'이라는 단어가 들어간 만화책이 무려 10개나 되었다(〈마이티 마블 웨스턴〉, 〈마블 트리플 액션〉부터 〈스페셜 마블 에디션〉에 이르기까지 다양했다).[1]

1973년 1월, 스탠은 한 해 동안 발간하는 69권가량의 작품들을 관리 감독했다. 그 안에는 슈퍼히어로물 28권과 미스터리/몬스터 장르 16권, 그리고 서부 만화 장르 10권이 포함되어 있었다. 전체 판매량은 줄었지만, 마블의 많은 작품 수는 회사 내부적으로는 약화된 상태를 가려주는 한편, 만화 산업 전체의 침체 상황은 드러내주었다.[2] 만화시장에 홍수를 내는 것은 마틴 굿맨이 옛 시절에 쓰던 속임수였다. 그 방식은 마블의 전체 수익에 도움이 되기는 했지만 펜을 들어 종이에 글과 그림을 써야 하는 창작 팀에게는 부담만 더해주었다.

그러나 앞에 나서서 마이크를 잡은 채 기자들과 가까이 지내던 스탠은 긍정적인 마음을 유지하며 회사의 성공을 자랑스럽게 알리고 다녔다. 스탠의 솝박스 에세이를 읽다 보면 이 끈덕진 승부사 마블에 문제가 생겼다는 사실을 아무도 눈치채지 못했다. 오랜 시간 만화시장의 선두 주자였던 DC 코믹스를 추월해야 한다는 주요 목표를 성취한 다음에는 특히 그랬다. DC를 쓰러뜨렸을 때 마블은 변화해야 한다고 생각했다. 이제 마블은 더 이상 DC의 하찮은 약자도 아니었고, 영원한 공동 주자도 아니었다. 어떤 조직에서는 선두 주자가 그 문화를 결정하곤 한다. 마블 또한 만화계의 최고 기획자가 되고 나자, 새로운 길을 찾아야 했다.

1970년대 초의 혼란스러운 분위기와 기반을 다지려고 애쓰던 마블의 노력 가운데 작가이자 아트 디렉터, 편집자였던 스탠이 자리를 옮기면서 출판사가 삐걱거리기 시작했다. 창작가였던 그는 사무실 안에서 회사원으로 탈바꿈해 경영의 먹이사슬 꼭대기에 앉아 회사를 운영하고 있는 고집스러운 매출 수익과 기존 체제를 완전히 바꿔버리고 싶은(마치 1970년대 그 자체처럼) 작가와 일러스트레이터들로 가득한 혼란스러운 작업실 사이에서 일종의 다리 역할을 해야만 했다.

스탠은 이 낯선 회사 시스템에서 자기 자리를 찾기 위해 몸부림쳤다. 그는 단 한 번도 동료 '임원'들을 완전히 이해하지 못했고, 그저 경제적 현실과 순응에 콧방귀 끼는 일러스트레이터와 작가들의 상태만 계속 걱정했다. 그는 보스가 되어야 했다. 표지 그림과 국내 및 영국에 발간하는 모든 만화책의 제작 과정을 승인해야 하는 자리였고, 이야기의 흐름과 창작 팀의 과중된 업무량 사이에서 균형을 잡아야 할 책임이 있었다.[3] 한 사람이 모든 것을 관리하기에는 너무 방대한 조직이 되어버렸으나, 출판인이라는 자리는 그에게 사업적 측면과 창의적 기능 모두에 주의를 기울이라고 요구했다.

작업실에 있는 그의 동료들과 후배들(그들 중 상당수가 스탠의 작업을 보고 자라온 젊은 친구들이었다)과 달리, 스탠은 심각한 재정적 상황을 알고 있었고 회사의 미래도 위태롭게 느껴졌다. 그는 한 인터뷰에서 자신의 역할에 대해 이렇게 설명했다. "나는 주로 우리가 선보이는 결과물에 대해 걱정했어요. … 진짜 하나부터 열까지 다 관리하는 편집국장 같았지요."[4] 그는 새로운 잡지와 만화책 출간을 승인받기 위해 카덴스 경영진을 설득했다. 만화책 부서의 이익률이 작았기 때문에 매번 결정할 때마다 중대한 결과가 뒤따르는 일이었다.

스탠과 수많은 내부 관계자들은 스파이더맨에 대한 대중들의 열광이 결국 사그라질 것이라고 생각했다. 마블이 불안정한 상태가 될 경우,

STAN LEE

스탠의 입장에서 최고의 시나리오는 다시 편집자의 자리로 돌아가 겨우 회사를 이끌어가는 일러스트레이터 프리랜서들에게 의지한 채 다음 유행이 무엇이 될지 예측하며 각종 만화책을 만들어내는 것이었다. 하지만 그는 혼자서 만화책 조직을 모두 감당해야 했던 이전 자리로 돌아갈 생각만 해도 몸서리가 쳐졌다. 이러한 두려움은 쉴 새 없이 일하는 그의 원동력이 되어주었다. 언제 어느 때나 스탠은 전략적인 편집 결정을 내릴 수 있었고, 회사 경영진들의 간섭과 기대를 적절하게 관리했으며, 새로운 잡지를 출간하는 동시에 대학 캠퍼스들을 돌아다니며 강연을 하는 홍보 역할까지 수행해냈다.

마블에는 추진력이 필요했다. 슈퍼히어로들의 인기는 고공 행진을 했지만 판매 실적은 떨어졌다. 만화책 독자층은 점점 더 어려져서 〈아치 코믹스〉와 같은 만화를 선호했다. 1970년 당시 〈아치 코믹스〉가 한 달에 51만 5,000권으로 가장 많은 판매량을 보인 반면, 〈어메이징 스파이더맨〉의 판매량은 약 37만 3,000권에 그쳤다.[5] 1971년 말, 신문잡지 발행부수공사기구Audit Bureau of Circulation, ABC의 공식적인 회계감사 결과에 따르면, 만화책의 월별 유통 매출은 지난 3년간 지속적으로 감소하고 있었다. 1968년에 마블은 약 9,600만 부를 판매했지만, 1971년에는 더 많은 책을 발행했음에도 그 수치가 9,180만 부로 떨어졌다.[6] 이후로 1년 반 동안 월 판매 부수가 580만 부로 곤두박질쳤다. 1972년과 1973

년 모두 한 해 동안 겨우 7,000만 부를 밑도는 판매 실적을 낸 것이다. DC의 경우에도, 1968년에는 630만 부에 이르렀던 한 달 판매량이 5년 뒤에는 470만 부로 떨어졌다.[7]

매출 흐름이 역주행하길 기대하며, 만화책 부서는 1970년대 초반 내내 유행을 좇아 이리저리 뛰어다녔다. 마블은 앞뒤를 따져보지도 않고 판타지와 호러물로 머리를 들이밀었고, 그 결과로 〈툼 오브 드라큘라 The Tomb of Dracula〉, 〈몬스터 오브 프랑켄슈타인The Monster of Frankenstein〉과 〈맨 씽Man-Thing〉 등을 발간했다. 숍박스 칼럼에서 스탠은 팬들에게 마블의 새로운 장르를 읽어보길 간청하며 "지금까지 당신이 보아온 소름 돋는 이야기 중 가장 파격적이고, 새롭고, 광적인 몬스터 만화!"라고 〈몬스터 매드니스Monster Madness〉를 소개했다. 칼럼 속에서 호객꾼처럼 다양한 말투를 구사한 스탠은 이번에는 마치 교회에서 설교를 하듯 마블의 첫 번째 계명을 따라달라고 팬들에게 요구하며 이렇게 적었다. "그대들은 반드시 읽을지어다!thou shall not miss it!"[8]

스탠이 보건복지부의 요청으로 마약에 반대하는 〈어메이징 스파이더맨〉 96편을 발행하며 코믹스 코드에 반기를 든 뒤로 코믹스 코드는 사회의 문화적 변화를 받아들였고, 그 결과 호러 장르를 발간할 수 있게 되었다. 1972년에 검열 기관은 호러 만화를 금지하는 규제 사항을, 특히 늑대 인간과 뱀파이어가 등장하는 만화를 제한하는 규정을 공식적으로 없애버렸다.

만화책 부서를 제대로 알지 못했던 카덴스 경영진은 무섭게 변동하는 판매량을 이해하고 만화 수익이 하락하는 것을 막기 위해 노력하며

STAN LEE

힘든 시간을 보냈다. 역사적으로 만화책은 도서 전달 비율이 높았다. 즉, 만화책을 구입한 사람들이 약 3명에서 5명에게 책을 빌려주기 때문에 그 3~5명에 해당하는 사람들은 직접 책을 구입할 필요가 없었던 것이다. 그래서 카덴스는 스탠과 토머스가 소속된 만화책 부서를 완전히 축소하기로 결정했다. 로이 토머스는 스탠과 마찬가지로 원본 이야기를 쓰는 일과 다른 만화책들의 편집 작업까지 모두 해내고 있었다.

토머스는 스탠의 뒤를 이어 마블이 새로운 장르에 초점을 맞추고 나아가는 데 중요한 역할을 했다. 한 가지 예로, 1970년 말에 그는 회의적인 반응을 보이던 스탠을 설득해 검을 휘두르는 이야기 〈코난 더 바바리안Conan the Barbarian〉을 출간했고, 큰 인기를 거두었다.

1972년 말에 마블 코믹스의 출판인이 된 스탠 리는 회사의 전략적인 부분을 공식적으로 담당하게 되었다. "나는 회사가 어떤 책을 출판하고 어느 작품에 집중해야 할지를 결정했습니다. 편집자들과 일하면서 우리가 하는 일들 대부분을 감독했지요."[9] 스탠은 새로운 편집장 토머스와 함께 마블을 위한 특별한 길을 계획했지만, 약화된 만화시장은 더욱 어려워지고 있었다. 토머스는 만화책 부서가 전통적인 슈퍼히어로에서 벗어나 맨 씽, 고스트 라이더Ghost Rider, 드라큘라 등 새로운 캐릭터에 도전하도록 밀어붙였다. 1970년대는 전반적으로 불안정한 만화시장에서 살아남기 위해 온갖 획기적인 캐릭터들이 뒤죽박죽으로 뒤섞여 등장한 시기였다. 그 당시는 스탠에게도 그의 인지도를 높여준 마블의 홍보 대사 역할과 출판인으로서의 임무, 카덴스 주식회사의 경영진들을 뒤흔들 만큼 하락한 매출 관리까지 온갖 역할이 뒤섞인 시기이기도 했다.

굿맨이 회사를 운영할 당시에는 판매와 저작권 문제는 보통 나중에 걱정할 사안들이었다. 그러나 카덴스가 회사를 인수하고 회사 경영진과 만화책 창작 팀 사이에 분열이 생기자 그 문제에 변화가 생겼다. 새로운 정권의 비평가들은 슈퍼히어로들과 만화책의 저작권 수익 가능성은 무시한 채 마블을 그저 홍보 수단으로만 사용해야 한다고 주장했다. 1973년과 1974년, 마케팅 활동의 결과로 컬럼비아 레코드Columbia Records와 호스티스Hostess, 마텔Mattel 등 수많은 장난감 회사와 출판사들과 계약했다.[10] 출판 유통이 침체 상황인 만큼 캐릭터 상품 사업이 중요해졌다. 어느 누구도 1971년이 유행의 선도자가 될 것이라는 기대는 하지 않았지만, 1987년까지도 마블의 월 판매량은 740만 부에 다다르지 못했다.

저작권 문제와 조금 떨어져 있었던 편집자 시절, 스탠은 스파이더맨과 헐크의 모형 장난감을 볼 때면 다른 사람들처럼 어리벙벙한 기분만 들었다. 그러나 출판인이 된 그는 잠재적 홍보 사원들, 특히 그의 만화책을 읽으며 자란 젊은 판매원들과 마블을 연결해주는 역할을 해야 했다. 시사회에서나 카덴스가 다른 회사의 경영진들과 어울리는 모임 자리에서 스탠의 인지도가 큰 매력을 발휘했다. 이로써 출판시장의 침체로 회사 임원진들이 매출 수치를 확인할 때마다 압박을 가하는 상황에서 스탠의 중요성은 더욱 높아졌다. 광고와 저작권으로 벌어들이는 돈이 아무리 적어도 만화책 한 권당 12센트를 받는 시점에 그 수익은 의미가 있었다.

만화시장의 경기 약화에도 불구하고, 마블의 얼굴인 스탠은 겉으로

STAN LEE

봤을 땐 여전히 활기 넘치고 즐거워 보였다. 수없이 많은 팬들이 자신들의 리더 스탠 리가 전국을 돌아다니며 만화책을 전파하는 모습을 보려고 떼 지어 몰려다녔다. 1975년 중반에 더욱 큰 명성을 얻게 된 스탠은 〈시카고 트리뷴Chicago Tribune〉 기자에게 "현대 신화의 창조자"라는 별칭을 얻었으며, 심지어는 "대중문화의 호메로스Homer(고대 그리스의 가장 위대한 서사 시인-옮긴이)"라고까지 불렸다(1966년에 프린스턴대학교 학생들이 스탠에게 붙여준 별명이다).[11]

하루하루 몰아치던 편집 업무를 내려놓자, 스탠은 유럽과 캐나다, 라틴아메리카 등 여러 나라를 여행하며 평균적으로 1주일에 한 번은 강연을 할 수 있었다.[12] 예를 들어, 1975년 처음 두 달 동안 그는 몬트리올에 있는 조지윌리엄스경대학교에서 일리노이의 록아일랜드에 위치한 어거스타나대학교에 이르기까지 총 7개 대학에서 강연을 펼쳤다. 당시에 그는 수없이 많은 라디오 인터뷰에도 응했으며, 활자 저널리스트들과도 대화를 나누었고, 캐나다 텔레비전 방송에도 얼굴을 비췄으며, 뉴욕의 크리에이션 콘Creation Con(미국의 크리에이션 엔터테인먼트 주최로 유명한 창작가들과 그 팬들이 대화할 수 있는 자리를 마련한 행사-옮긴이)에 특별 게스트로 출연하기도 했다.[13] 인기가 높아지면서 그는 1년 뒤 일정까지 미리 꽉 찰 만큼 바빠졌다.

마블이 해결해야 할 문제는 독자 유치뿐만이 아니었다. 스탠의 편집장 자리를 채우는 것은 악몽 같은 일로 변했다. 스탠의 그림자 아래에서 그가 했던 일들을 배우는 과정은 토머스에게 심한 부담감을 안겨주었다. 그런 시련과 더불어 매출이 바닥을 치자, 카덴스 임원진들은 자꾸 만화책 부서에 일일이 간섭했다. 토머스를 시작으로(1974년에 마블을 떠난 토머스는 회사 사다리를 기어 올라가며 직원들 관리할 걱정을 달고 사느니 그냥 만화책이나 쓰면서 사는 게 낫다고 말했다) 편집장이 된 사람이 연달아 바뀌다가 1978년 짐 슈터Jim Shooter가 승진으로 그 자리에 앉은 뒤에야 안정된 것을 보면 경영진과 편집장 사이의 마찰이 얼마나 심각했는지 잘 알 수 있다.

스탠 이후 편집장이 계속 바뀌면서 대대적인 직원 개편이 반복되자 프리랜서들은 겁을 먹었다. 예를 들어, 1976년에 편집장 자리에 앉은 아치 굿윈Archie Goodwin은 만화계 최고의 작가 중 한 명으로 인정받는 사람이었음에도 자신의 역할을 경영진들과 좋은 관계를 유지하는 쪽으로 집중했다. 그러나 카덴스의 사장 짐 갤튼Jim Galton이 만화책 부서의 예산을 삭감하고 지출 내역에 일일이 간섭하며 재정적 압박을 가하자, 굿윈은 일에 흥미를 잃고 편집장이 된 지 얼마 되지 않은 1977년 말에 자리에서 내려왔다.

토머스와 굿윈이 스탠이 예전에 하던 일을 경험하면서 그 일의 사업적이고 전략적인 측면에 학을 떼긴 했지만, 두 사람 모두 회사의 침체된 매출을 위로 끌어 올리는 데 중요한 역할을 했다. 토머스는 마블을 떠나기 전, 조금 알고 지내던 영화 제작자 조지 루카스George Lucas를 만났다. 그는 곧 개봉할 〈스타워즈Star Wars〉라는 공상과학영화를 제작한 감독이었다. 〈스타워즈〉에 대한 이야기를 들은 토머스는 스탠을 찾아가 만화책으로 만들어보자고 제안했지만, 스탠은 영화에 대해 미적지근한 반응을 보이며 그 제안을 거절했다. 그러나 토머스는 포기하지 않

STAN LEE

고 스탠이 좋아하던 알렉 기네스Alec Guinness(〈콰이강의 다리〉, 〈닥터 지바고〉 등의 작품에서 주연 역할을 맡으며 유명해진 영국의 영화배우 ─ 옮긴이)도 영화배우 스타 중 하나라고 말하면서 상사를 설득했다. 존경스런 배우의 이야기를 들은 스탠은 결국 토머스의 제안을 받아들였다.[14]

스탠의 승인을 받은 뒤, 토머스는 상호 간에 이득을 얻을 수 있도록 루커스와 계약을 진행했다. 만화책 그림을 영화 도입부에 사용하고 싶어 했던 영화감독은 마블과의 '담합 거래'에 합의했다.[15]

마침내 세상에 나온 〈스타워즈〉가 전 세계에 돌풍을 일으키자, 마블은 그 놀라운 블록버스터와 관련된 각종 요청을 받으며 즐거움을 누렸다. 토머스가 〈스타워즈〉를 각색해서 만든(비록 굿윈이 편집자로 들어온 시기이긴 했지만) 여섯 권짜리 발행본은 각 편마다 100만 부 이상 판매되었고, 배트맨 마니아들이 1960년대 중반에 전국을 휩쓸었음에도 1940년대 이후로 최고의 판매량을 기록한 작품이 되었다. 〈스타워즈〉 타이틀의 만화를 한 달에 한 번씩 출간하기로 했을 때, 굿윈은 자신이 앉아 있던 편집자의 자리를 순식간에 내려놓고 기쁜 마음으로 작가 업무를 넘겨받았다.[16] 어떤 회사 관계자들은, 특히 짐 슈터는 〈스타워즈〉를 만화로 만들게 된 덕분에 마블이 파산과 폐업이 확실시되었던 위기를 무사히 넘길 수 있었다고 생각했다.

스탠은 메인 작가 자리를 내려놓기는 했지만 단 한 번도 작품 기획을 멈춘 적은 없었다. 자꾸 떠오르는 새로운 아이디어를 주체하지 못했던 그는 종이 위에 그 생각들을 적어놓았다. 생각나는 것들을 옮겨 적기 위해 재킷 앞주머니에 작은 스프링 메모지를 넣고 다녔고, 한밤중에 영감이 떠오를 때를 대비해 침대 옆에 녹음기를 두고 잤다.

출판인이라는 자리에서는 만화책이 아닌 출판물들, 특히 굿맨이 떠나고 남겨진 남성 잡지들에 대한 권한을 더 많이 갖게 되었다. 스스로를 부족하다고 느껴서 그랬는지, 아니면 슈퍼히어로물의 영광이 사라질 게 두려워서 그랬는지는 모르겠지만, 스탠은 잡지 분야 업무에 많은 노력을 쏟아부었다. 그는 언제나 잡지 분야에서 일하는 사람들이 만화책 작가보다 한두 단계는 앞서간다고 생각하고 그들을 과대평가했다.

잡지 업무의 관점에서 들여다보면, 스탠은 〈매드〉지의 성공에 영향을 받아 특히 힘든 시기를 보낸 듯 보였다. 그는 〈매드〉의 출판인인 윌리엄 게인스의 능력을 부러워했는데, 그 이유는 아마도 웨덤 박사(1930년대에 만화책 반대 운동을 일으킨 심리학자. 4장, 5장 참조−옮긴이)의 공격 이후 만화책에서 벗어나기 위해서였거나, 아니면 〈매드〉에 독특한 목소리를 심어준 알 재피Al Jaffee, 윌리 우드Wally Wood 같은 작가 및 일러스트레이터들을 개인적으로 잘 알고 함께 일했기 때문인 것 같기도 하다. 스탠은 기본적으로 마블 코믹스의 직원들을 이끌고 만화책을 만들 때 사용했던 엉뚱한 유머와 풍자적인 위트를 그대로 이용해 자신만의 스타일을 담은 잡지 〈크레이지Crazy〉를 1973년 10월에 출간했다. 참신해 보이긴 했지만, 사실 〈크레이지〉는 1950년대 초반에 〈매드〉를 모방하려던 굿맨의 여러 시도들 중 하나로 출간된 적이 있었고, 그 도전은 실

STAN LEE

패로 끝났다.

　마블의 작품들과 마찬가지로 〈크레이지〉도 '스탠 리' 간판을 전면에 달았다. 〈더 툼 오브 드라큘라〉를 쓴 만화 작가이자 훗날 아프리카계 아메리칸 뱀파이어 헌터 '블레이드'를 탄생시킨 마브 울프먼Marv Wolfman 이 이 잡지를 편집했고, 토머스가 편집부장직을 맡았다. 〈크레이지〉에는 흑백 그림, 사진들과 함께 말장난 섞인 캡션, 풍자적인 문구들이 실렸다. 〈매드〉와 마찬가지로 이 잡지도 인기 문화를 주제로 영화나 유행어를 패러디하는 내용을 실었는데, 예를 들어 제임스 본드 스릴러물 〈007 죽느냐 사느냐Live and Let Die〉를 〈리브 앤 렛 스파이Live and Let Spy〉라고 패러디하며 옷을 제대로 입지 않은 여성 모델들의 사진을 싣기도 했다. 잡지를 감독 관리하는 일과 더불어, 스탠은 당시에 전국의 여러 대학 캠퍼스에서 열풍을 일으켰던 그의 말투 그대로 잡지 속 애매한 사진들 옆에다 말장난하는 문구를 종종 적어 넣기도 했다. 경찰관 두 명이 발가벗은 남자의 어깨와 다리를 각각 잡고 들고 가는 사진에서 스탠 특유의 전형적인 유머가 보인다. "이 사람들이 내 정체를 알아낼 때까지 조용히 해!"[17] 이 잡지는 인종 문제나 리처드 닉슨 대통령, 심지어 마블에 이르기까지 모든 것을 풍자했다.

　어린 시절 스탠은 신문에 실린 연재만화를 좋아했다. 그래서 만화계에서 일하게 되었을 때 다양한 아이디어를 생각해낼 수 있었다. 여러 해가 지나고 그는 〈라이언 부인의 아이들Mrs. Lyon's Cubs〉과 〈윌리 럼킨 Willy Lumpkin〉과 같은 따뜻한 분위기의 연재만화를 만들었지만 오래가진 못했다. 그리고 1976년 10월, 일러스트레이터 프랭크 스프링어Frank

Springer와 팀을 이루어 텔레비전 멜로드라마를 풍자하는 내용을 담은 〈더 버츄 오브 베라 밸리언트The Virtue of Vera Valiant〉라는 제목의 연재만화를 큰 신문들에 종합적으로 싣게 되었다. 이 만화는 신혼여행에서 잠들어버린 뒤 다시는 일어나지 못한 아내를 둔 한 남자를 사랑하게 되는, 이상한 삼각관계에 얽혀버린 여자 주인공 이야기였다.

2차 세계대전으로 군 생활을 하고 돌아온 스프링어는 아트스쿨에서 교육을 받은 뒤 만화책 그림을 그리기 시작했다. 그는 1960년대 중반 들어서야 마블에서 일하기 시작했지만 스탠이 좋아하는 다른 만화가들과 마찬가지로 그 또한 스탠의 지도 아래 다양한 캐릭터를 만들어냈고 각 캐릭터의 스타일을 발전시켰다. 그리고 결국 1970년대 중반에서 1980년대까지 〈스파이더맨〉 만화책의 그림을 담당했다. 1960년대 중반에 스프링어가 스탠과 처음 일하기 시작했을 때, 스탠에게는 상대편을 확고하게 믿어주는 힘이 있었다고 설명했다. "그때, 스탠 리에게는 내가 이 책을 작업했는지 안 했는지, 어떤 식으로 일했는지, 다음 작품에도 참여할 건지를 이야기할 수 있었어요."[18]

〈베라 밸리언트〉는 스탠의 과감한 언사와 무미건조한 위트를 보여주었다. 이 만화는 베라의 남동생 허버트가 자살 시도에 실패하는 내용의 섬뜩한 장면으로 시작된다. 그가 통신학교에서 낙제 위기에 놓인 뒤 좌절한 상태라는 것을 알게 된 베라는 연인인 회계사 윈드롭에게 가서 이렇게 말한다. "허버트는 어떻게 될까요? … 만일 그 애가 통신학교에서 쫓겨나기라도 하면 어쩌죠?" 그러자 윈드롭은 무표정한 얼굴로 대답한다. "우리가 그렇게 놔두지 않을 거야! 세상에는 발병을 고치는 치료사

STAN LEE

*podiatrist*가 필요한 법이니까!" 나중에 베라의 게으른 남동생과 마주치게 된 이 회계사는 그에게 이렇게 말한다. "베라는 항상 가족 중에 발병 치료사가 나오기를 꿈꿨어!"[19] 스탠과 스프링어는 날마다 세 컷, 일요일에는 여덟 컷짜리 만화에 발병 치료사나 외계인 부동산업자, '수면증'으로 괴로워하는 전업주부 등에 관한 엉뚱한 이야기들을 14년 동안이나 연재했다.

1977년, 스탠은 그에게 더 친숙한 〈스파이더맨〉을 연재만화로 내보내기 시작했다. 그 당시 〈스파이더맨〉 단행본이 한 해에 수백만 권이 팔리면서 마블과 스탠은 큰 신문사들과 거래를 할 수 있게 되었다. 스탠이 글을 쓰고 존 로미타가 그림을 그린 〈스파이더맨〉 연재만화는 초반에 전국 100여 개 신문에 실리면서 해당 신문사들이 젊은 독자들을 대거 유치할 수 있게 만들었다. 1978년 중반에는 약 400개의 신문에서 〈스파이더맨〉을 연재하게 되었고, 이 일로 스탠은 성인 독자들을 새롭게 맞이하는 기회를 얻었다.

스탠은 날마다 만화를 연재하면서 적응에 어려움을 겪었다. 넣고 싶은 이야기 배경과 보조 설정들이 많았지만, 하루에 실을 수 있는 만화 컷에 한계가 있었다. 어떻게 여러 장에 걸쳐 표현될 내용을 단 세 컷 속에 집어넣을 수 있을까? 첫 번째 장면에서는 개요를, 두 번째 장면에서는 전개된 내용을, 세 번째에는 독자들의 손에 땀을 쥐게 할 장면을 넣어야 하는 상황에서 말이다.[20] 그러나 이야기를 최소화하는 작업을 꾸준히 해나가면서 스탠은 일일 연재만화를 좋아하게 되었다. 그는 이 일을 통해 플롯 포인트plot point(이야기가 예상치 못한 결론에 이르기 위해 반드시 거치는 전환점—옮긴이)나 캐릭터의 동기 등 다양한 주제에 대해 자신의 의견을 적어 보내는 독자들과 소통했다. "최소 누군가는, 그 만화를 진지하게 읽는 사람이 있는 거죠!"[21] 자신이 연재한 만화를 읽고 신이 난 독자들을 보며 더욱 다양한 생각을 하게 된 스탠은 그 많은 아이디어를 주체하기가 어려웠다.

〈스파이더맨〉 연재만화가 큰 인기를 끌자, 트리뷴Tribune 종합 신문사가 전면 승부를 감행했다. 이 신문사는 DC에 〈저스티스 리그 오브 아메리카〉 시리즈를 위한 작품으로 〈더 월즈 그레이티스트 슈퍼히어로즈 The World's Greatest Superheroes〉를 연재하자고 제안했고, 〈슈퍼맨〉을 쓴 베테랑 작가 마틴 파스코Martin Pasko가 연재물을 쓰기 시작했다. 1959년부터 1967년까지 〈벅 로저스Buck Rogers〉라는 연재만화를 만든 경험이 있고 마블에서 〈아이언맨〉과 〈헐크〉를 그리기도 했던 만화가 조지 투스카 George Tuska가 DC 코믹스를 위해 펜을 쥐었고, 줄리어스 슈왈츠Julius Schwartz가 편집을 맡았다. 이 연재만화는 초반에는 원더우먼과 배트맨, 플래시 등 저스티스 리그 오브 아메리카 히어로들의 모험 이야기가 주를 이루었지만, 나중에는 슈퍼맨 이야기에 집중되었다. 이렇게 경쟁사의 연재만화도 전국 신문에 실리기 위한 방법을 찾아냈다.[22]

스탠은 〈스파이더맨〉 연재물을 창작하는 과정에 대해 이렇게 이야기했다. "먼저 독특하고 인간적인 관심을 끄는 주제를 생각해보거나, 아니면 피터가 해결하지 못할 것처럼 보이는 문제들 같은 흥미진진한 하위 스토리를 구상하려고 노력합니다. 그러기 위해 가장 좋은 방법은 '만약 그랬다면 어땠을까?'라고 질문해보는 거예요."[23] 그는 이야기 속

STAN LEE

에 복잡한 음모나 난관들을 잔뜩 집어넣어서 결론에 이를 때까지 이야기에 탄력을 주는 방식을 좋아했다. 그리고 한 가지 비결을 언급했다. "〈스파이더맨〉 연재물의 창작 비결은 연속극처럼 생각하는 겁니다."[24] 스탠이 직면한 내재적인 문제는 어린 독자들도 일일 연재만화를 보도록 유도하는 동시에 성인 독자들의 흥미도 계속 유지해나가야 한다는 점이었다.

카덴스 경영진은 만화책보다 일반 도서 출판에 더 많은 경험을 가지고 있었기 때문에 자연스럽게 그쪽으로도 고개를 돌렸다. 항상 소설을 쓰고 싶어 했고 경력 초반에는 혼자서 책을 만들어본 경험도 있었던 스탠에게 마블 책 시리즈는 매력적으로 느껴졌다. 간단한 소개 글과 에세이를 덧붙이고 원본 내용을 조금 편집해서 컬렉션을 만들기만 하면 되는 간단한 제작 과정도 마음에 들었다.

마블은 뉴욕의 신망 있는 출판 기업 사이먼 앤 슈스터Simon and Schuster와 함께 '마블 파이어사이드 북스Marvel Fireside Books'라는 마블 책 시리즈를 출간했다. 스탠 리가 쓰거나 편집한 이 '파이어사이드 북스'는 마블의 수많은 슈퍼히어로와 빌런의 원작 이야기들과 짧은 에세이들로 구성되었고, 1974년부터 1979년 말 사이에 《오리진 오브 마블 코믹스 Origin of Marvel Comics》(1974년 9월)부터 《마블즈 그레이티스트 슈퍼히어로 배틀Marvel's Greatest Superhero Battles》(1978년 11월)에 이르기까지 총 11권이 발행되었다.

독자들은 '파이어사이드 북스'에 환호했다. 상대적으로 저렴한 가격에 편리한 방법으로 마블 세계의 탄생에 대해 파헤칠 수 있었기 때문이다(실버 서퍼Silver Surfer에 관한 책 한 권이 7.95달러였을 때 《오리진 오브 마블 코믹스》의 양장본 가격은 11.95달러였다). 그때까지만 해도 마블 세계에 대해 알고 싶으면 재발행본을 사 읽거나 오래된 인쇄본을 구하는 수밖에 없었다. 1978년 5월에 기록된 마블 내부 자료에 따르면, 마블 책 시리즈의 판매량은 나쁘지 않았다. 《오리진》은 16만 부, 《선 오브 오리진 오브 마블 코믹스Son of Origins of Marvel Comics》는 10만 부, 《브링 온 더 배드 가이즈: 오리진 오브 마블 코믹스 빌런Bring on the Bad Guys: Origins of Marvel Comics Villians》은 7만 부, 그리고 일러스트레이터 존 부셰마와 함께 쓴 《하우 투 드로 코믹스 더 마블 웨이How to Draw Comics the Marvel Way》는 양장본 버전만 2만 부가 판매되었다.[25] 스탠은 이 시리즈물 작업을 저녁 시간이 되어서야 시작할 수 있었다. 낮에는 연재만화 〈스파이더맨〉과 〈베라 밸리언트〉 및 다른 글쓰기 업무들을 해야 했기 때문이다.[26]

1977년에 마블은 '파이어사이드 북스' 시리즈 중 한 권으로, 와스프와 레드 손저Red Sonja, 메두사Medusa 등의 여성 히어로와 빌런이 나오는 만화들을 관련 에세이들과 함께 엮은 책 《슈퍼히어로 우먼Superhero Women》을 출간했다. 이 책에는 당시 떠오르는 관심사였던 슈퍼히어로 만화 속의 여성들에 관한 내용이 담겨 있었다. 스탠에 따르면, 마블은 남성 독자와 여성 독자 중에서 한쪽을 특별히 고려해야 하는 규정을 딱히 갖고 있지 않았다. 대신 "판타지와 모험을 좋아하는 캐릭터를 이용해" 이야기를 꾸미는 식이었다.[27] 하지만 스탠은 여러 해에 걸쳐 여성 슈퍼히어로를 좋아하는 독자층을 쌓으려고 노력하면서 그에 따르는 판매량을 주의 깊게 지켜보았다. 그것은 매출 수익에 대한 관심이라기보

다는 여성 독자들을 이끌어 들이기 위한 진심 어린 노력의 일환으로 보였다.

여성 독자들을 위한 책을 쓰고 출판한 일들을 혁명적인 사건으로 볼 수는 없었지만, 스탠은 〈밀리 더 모델〉 및 파생 작품들과 젊은 여성들을 겨냥한 다양한 만화들을 성공적으로 출판한 경험이 있었다. 그가 커비와 함께 다시 마블의 슈퍼히어로물을 창작하기 시작했을 때, 그들은 판타스틱 4의 수전 스톰을 그저 힘 약한 조수나 전형적인 여자 친구 역할이 아닌, 제대로 된 능력을 가진 흥미로운 캐릭터로 만들었다. 그러나 여성 히어로들이 항상 진보적인 모습을 보여준 것은 아니었다. 예를 들어, 〈어벤져스〉 시리즈 초창기에 나오는 와스프는 헨리 핌Henry Pym(슈퍼히어로 앤트맨의 본명으로, 풀 네임은 헨리 행크 핌이다─옮긴이)과 꽤 진지한 사이임에도 대부분 장면에서 멋진 왕자님 토르에 대해 떠들거나 기본적으로 모든 남성 히어로에게 추파를 던지는 모습을 보였다.

여성 히어로들의 역할에 대한 비판적 의견에 스탠을 대신해서 대답해보자면, 1960년대와 1970년대의 만화 산업은 매출 수익에 따라 거의 모든 것이 결정되었다. 어떤 만화책을 출판할지는 판매량으로 결정되었고, 특히 마블의 주요 경쟁사가 전체 유통 라인을 장악하고 있을 당시에는 더더욱 그랬다. 팔리지 않는 책들은 제한된 독자들 가운데서 중요한 자리를 차지하기가 어려웠다.

카덴스 주식회사는 1970년대 판매 전략의 일환으로 '파이어사이드 북스'를 발간했지만, 《마이티 마블 슈퍼히어로즈 펀 북The Mighty Marvel Superheroes Fun Book》(1976년)과 《마블 메이즈 투 드라이브 유 매드Marvel

Mazes to Drive You Mad》(1978년)와 같이 어린 독자들을 유치하기 위한 책들도 출간했다. 도서 판매원들이 판촉용으로 쓸 수 있는 다양한 달력들과 함께 만들어진 컬러링 북과 활동 책, 심지어 마블 요리책들도 같은 목적의 상품들이었다. 마블은 심지어 마블 책들을 전시하기 위해 특수 선반을 제작하기도 했으며, 1977년에는 스탠이 고안한 3면짜리 모형 선반에 책들을 전시했다. 스파이더맨과 헐크에 관한 책들이 처음 출시됐을 당시는 마블 히어로가 나오는 텔레비전 애니메이션이 방영되던 시점이기도 했다.[28]

　스탠 리는 '파이어사이드 북스' 작업과 더불어 날마다 만화책 관련 업무 및 캐릭터 상품과 홍보 문구들을 승인하는 일에 시간을 쏟아부으며 출판인으로서의 스케줄을 감당해나갔다. 게다가 그는 다달이 카덴스의 〈셀러브리티Celebrity〉지에 '출판인의 관점Publisher's Perspective'이라는 칼럼을 썼고, '스탠의 솝박스'에도 지속적으로 글을 올렸다. 뿐만 아니라 원작 만화 담당자로서 '편집 고문 내지 부감독' 자격으로 애니메이션 각색 작업에도 참여했고, 주로 만화영화 "대본을 모두 읽고 의견을 제시했다."[29]

　그는 마블 세계 바깥에서도 책 쓰는 작업에 시간을 투자했다. 1979년에 《스탠 리 프레젠츠 더 베스트 오브 더 워스트Stan Lee Presents the Best of the Worst》를 출간한 것이다. 각종 독특한 그림들과 간결하고 함축적인 문구, 스탠의 불손한 유머들을 모아 만든 《베스트 오브 더 워스트》는 그가 굿맨 시절에 남성 잡지 작업을 하며 익힌 능력들을 발휘한 작품이었다. 예를 들어, 스탠은 이 책에서 호주 작가 윌리엄 골드를 '최악의 작

STAN LEE

가' 로 꼽으면서, 그는 18년간 15권이나 되는 책을 썼지만 팔린 것은 캔 버라의 신문에 기고한 기사 한 편이 유일하다며 그것으로 15센트씩이나 벌었다고 비꼬았다. 스탠이 특별히 신경 쓴 부분은 글 뒤에 나오는 한 문장짜리 농담이었다. "아마 기나긴 협상 끝에 얻어냈을 것이다."[30]

마블의 편집장 자리를 넘겨준 뒤에도 스탠은 여전히 한꺼번에 많은 일을 해냈다. 다른 관점에서 보면, 그는 편집자의 직무에 얽매임으로써 자유를 누렸다. 게다가 다른 유명인들과 마찬가지로 자신의 명성을 자본화하기 위해 최대한 노력해야만 했다. 스탠은 이렇게 말했다. "사람들은 만화책으로 수백만 달러를 벌었을 거라고 생각하지만, 사실 우리 회사는 수년 동안 말 그대로 돈을 날렸어요. … 모든 출판사가 가난한 만화가와 작가들을 짓밟고 수백만 달러를 번 것은 아니라는 말입니다."[31] 마블의 제약을 뛰어넘어 더 많은 일을 할 수 있는 자유를 얻은 스탠은 자기에게 오는 기회를 덥석 붙잡았다.

1960년대 말에 준비 작업을 시작한 애니메이션 방송은 1970년대 초에 처음 방영된 이후 1970년대 후반까지 지속적으로 진행되었다. 그리고 1978년에 만화영화 시리즈 〈뉴 판타스틱 4〉가 방영되었다. 스탠과 토머스는 수많은 대본을 함께 썼지만, 스탠과 커비의 관계와 마블과 커비의 인연은 이 만화 방송을 마지막으로 종지부를 찍었다. 1975년에 스탠은 마블을 떠난 커비를 다시 데려오기 위해 노력할 수도 있었지만,

당시 커비는 굿맨과의 사이도 좋지 않았을뿐더러 공동 창작가인 스탠에게도 수많은 일들(진실과 상상이 반반 섞인 사소한 사건들)로 악감정을 품고 있는 상태였다. 커비의 전기 작가 마크 에바니어에 따르면, 그는 다른 일로 먹고살 수만 있다면 "환멸을 느낀 만화 산업"에서 벗어나고 싶어 했다고 한다.[32]

아무리 커비와 스탠의 마법이 사라지고 커비가 더 이상의 모욕을 견딜 수 없는 상태가 되었다 해도, 마블에서 맡은 그의 마지막 업무마저 거의 시작부터 끝이 나버렸다. 마블과의 재계약을 거부하자 커비는 저작권이라는 명목 아래 지난 작업에 대한 소유권을 제한받았고, 굿맨과 얽혀 있었던 다른 문제들에 대해서도 건의하지 못했다. 그럼에도 1978년에 커비는 새로운 만화영화 시리즈 〈판타스틱 4〉의 그림을 그려달라는 제안을 받아들였다. 처음에는 만화영화 제작사 해나 바베라와 계약했지만 나중에는 〈판타스틱 4〉를 최종적으로 제작한 드파티 프리렝 DePatie-Freleng 스튜디오로 자리를 옮기면서 그의 작품을 깊이 존중해주는 동료들과 그를 아껴주는 상사들, 그리고 만화계에서 빠져나와도 충분히 살아갈 수 있는 돈까지 얻었다.

커비와 스탠의 사이는 험악한 것으로 악명이 높았지만 서로 협력해서 이룬 과거의 성공은 그들로 하여금 갖은 이유를 덧대어 서로에 대한 적대감을 가릴 수 있도록 만들어주었다. 이미 서로에게서 등을 돌린 두 사람은 결코 관계를 개선하려고 하지 않았다. 그러나 감정이 상할 문제들을 외면하면서 〈판타스틱 4〉 애니메이션 시리즈를 함께 잘 이끌어나갔고, 나중에는 〈실버 서퍼〉의 그래픽 노블(만화 소설을 가리키며, 만화책과

STAN LEE

구분되는 문학 장르다—옮긴이) 버전을 제작하기 위해 한 번 더 팀을 이루었다.

커비는 스탠을 비난하는 것으로 노후의 상당 시간을 보냈다. 그 옛날 1941년에 그와 사이먼이 DC를 위해 일한 것을 스탠이 고자질했다고 의심한 것처럼, 마블 임원진 및 다른 사람들과 갈등했던 문제로 스탠을 탓한 것이다. 30년 넘게 상처를 키워온 그의 모습을 상상하는 것은 어렵지 않다. 자기 주변 사람들에게는 따뜻한 애정을 쏟는 사람이었지만, 그는 자신의 작업이 저평가되었던 기억들과 그 아물지 않는 상처 속에서 오랫동안 시달렸다.

커비의 완고한 성미와 누구도 의심할 수 없는 훌륭한 작품관은 잘 알려져 있지만, 그에 대해 사람들이 잘 모르는 것이 하나 있다. 그가 작업 동료들과 다툼이 잦았고, 그로 인해 크고 작은 불화를 빚었다는 사실이다. 오랫동안 작품 활동을 하며 커비와 스탠은 둘 다 추종자들과 비평가들을 모두 얻었다. 커비의 오랜 명성을 별로 또는 전혀 접하지 못한 일부 관계자들도 이 주제에 관해서는 한마디씩 거들었다. 오랫동안 DC에서 작가이자 편집자로 일한 조지 카시던George Kashdan은 이렇게 말했다. "커비는 항상 동료들과 문제가 생겼습니다. 한번은 다 같이 점심을 먹고 있었는데, 그가 조 사이먼과 사이가 나빠졌다고 이야기하더군요."[33] 훗날 커비와 사이먼은 〈캡틴 아메리카〉의 원작 상당 부분에 대해 서로 다른 기억을 드러냈고, 캐릭터 저작권을 가질 자격에 관해서도 조심스럽지만 서로 다른 의견을 내세웠다. 이후에 커비는 모든 마블 캐릭터들에 대한 저작권 및 창작 과정에서 근본적으로 스탠을 밀어내거나 아예 배제해버릴 의향으로 스탠에게 공격을 개시했다.

커비는 할리우드에서 보낸 시간으로 활기를 되찾은 것 같았다. 그를 따르고 그의 작품들을 선망하는 젊은 작가들과 함께 일했고, 예술계의 거물인 그의 지위에 걸맞은 급여와 복지를 제공받았다. 이후에 그는 루비 스피어스 프로덕션Ruby-Spears Productions과 연이 닿아 〈썬더 더 바바리언Thundarr the Barbarian〉(1980~1981년)이라는 만화영화를 작업하기도 했다. 그들은 커비의 그림을 좋아했으며, 그에게 '감독'이라는 직함도 주었다. 커비는 그 직함을 소중히 여겼다.[34]

그 시대에 마블이 스탠-커비의 마법을 이용할 만한 분야가 하나 더 남아 있었는데, 바로 실사촬영 방송 분야였다. 1975년에 스탠이 〈스파이더맨〉 영화를 제작하겠다고 공표하자 각종 신문의 기자들이 기대감에 군침을 흘렸다. 만화책과 스탠을 제대로 인정하지 않던 방송사 한 곳을 제외한 나머지 신문 방송사에서는 스탠을 "스파이더맨 막후에 있는 인물이자, 마블 코믹스 별종들의 우두머리"라고 칭하며 환호했고, 이후에 어떤 기자는 만화를 "괴짜flaky"라고 부르며, 만화에는 "우스운 대화"가 가득하다고 표현했다. 나이를 막론하고 모든 세대가 만화책을 즐겨 읽을 수 있도록 항상 노력했던 스탠 리는 기자에게 이렇게 말했다. "만화는 대학생 친구들에게 먹히는 유머와 어린 독자들이 좋아하는 액션, 모험으로 이루어져 있습니다." 이와 같은 각종 언론의 관심과 호응에도 〈스파이더맨〉 영화는 실현되지 못했다.[35]

1977년, 〈스파이더맨〉 실사방송이 텔레비전에서 처음 방영되었을 때 스탠은 경악을 금치 못했다. "너무 유치했어요. 특별하지도, 재밌지

STAN LEE

도 않은 〈스파이더맨〉이었습니다. 일차원적이었지요." 실제 배우들로 마블 캐릭터를 표현해보겠다는 시도였지만, 당시에는 방송 장면을 실제보다 더 멋지게 보이도록 만들어줄 방송 제작 기술이 없었다. 스탠은 실사방송이 만화책 원작보다 훨씬 재미도 없고 정교하지도 못하다고 느꼈다.[36]

하지만 '스파이디 슈퍼 스토리Spidey Super Stories'라는 코너명으로 PBS 방송의 어린이 프로그램 〈더 일렉트릭 컴퍼니The Electric Company〉에서 방영된 실사판 〈스파이더맨〉은 꽤 좋은 반응을 얻었다. 어린이들이 읽기 능력을 기를 수 있도록 만들어진(댄서 대니 시그렌Danny Seagren이 스파이더맨 복장을 하고 등장했다) 이 짧은 방송 코너는 〈더 일렉트릭 컴퍼니〉의 1974~1975년 시즌에 첫 방송을 탄 뒤, 슈퍼히어로를 아직 잘 이해하지 못하는 아이들에게 '반드시 챙겨 봐야 할' 프로그램이 되었다. 전체 스토리는 스탠의 스타일을 따라 했지만, 주인공인 스파이더맨은 사실상 말을 하지 않는 캐릭터였다. 대신 만화책처럼 말풍선을 이용해 스파이더맨의 대사를 전달해서 아이들로 하여금 읽기 능력을 키울 수 있도록 만들었다.

〈더 일렉트릭 컴퍼니〉에 나오는 스파이더맨 이야기는 대부분 유치한 내용이었다. 이 코너에 나오는 중심 배우인 모건 프리먼Morgan Freeman과 루이스 아발로스Luis Avalos가 별의별 이상한 악당 역을 맡아 연기하면서 캐릭터들을 뒷받침해주었고, 소리를 내지 못하는 주인공을 대신해 이야기의 내레이션을 해주기도 했다. 3년간 매 시즌마다 12개 이야기를 방송하면서 스파이더맨은 버스데이 밴딧The Birthday Bandit 같은 악당들과 대결을 벌였다. 노래하듯 흥얼거리는 말투의 버스데이 밴딧은 (내레이터는 그를 "즐거움과 흥겨움의 적"이라고 불렀다) 허리에 장식을 한 알록달록한 옷을 입고 중산모를 쓴 채 어린이들 생일 파티에 나타나 물건을 훔치는 악당이었다. 한 에피소드에서 이 악당이 케이크를 박살 내자 스파이더맨이 들이닥쳐 몸싸움을 벌이고, 이후 스파이더맨은 몸에 케이크를 덕지덕지 묻힌 채 악당을 제압해 거미줄로 가둔다. 스탠의 익살스런 스타일을 살린 마지막 장면에서는 스파이더맨이 담요로 덮은 세탁기 앞에 의자를 놓고 앉아서 스파이더맨 의상 세탁이 끝나길 기다리고 있다. 이 코너의 테마송은 유쾌한 호른 소리와 함께 이렇게 외친다. "당신의 정체는 아무도 모르지."

1979년이 끝나갈 즈음, 마블 내부 문제가 〈뉴욕 타임스〉에 실렸다. 수많은 내부 관계자들을 만나 익명으로 인터뷰를 한 클라인필드N. R. Keinfield 기자는 작가들을 적대시하는 편집자와 회사 경영 방침에 등 돌린 만화가들로 인해 마블 만화책 부서가 고장 나버렸다고 서술했다. 동료들을 재미있는 별명으로 부르던 스탠 리의 메리 마블 작업실Merry Marvel Bullpen은 이제 먼 옛일이 되어버린 듯했다.

클라인필드 기자는 이 모든 문제의 원인으로 편집장 짐 슈터를 꼽으면서 그가 "권력에 굶주렸다."라고 표현했다. 13세라는 나이에 DC에서 글을 쓰기 시작하면서 만화계에 발을 들인 슈터는 마블 직원들이 좋

STAN LEE

아하는 동시에 싫어하는 편집자였다. 어떤 사람들은 이 2미터 장신의 작가이자 편집자가 본인 역량보다 더 큰 야망을 품고 있다고 비난했다. 마블 직원들 중에는 20대 나이에 마블의 고삐를 움켜쥔 그를 시기하며 좀 더 나이 많은 연장자가 그 역할을 맡아야 한다고 생각하는 사람들도 있었다.

그 밖의 문제 인물로는 "슈퍼히어로보다 캐릭터 저작권으로 돈을 뽑아내는 데 더 관심이 많은" 마블 경영진이 언급되었다.[37] 토머스는 창작 팀 측에 서서 마블이 "냉담"하고 "비인간적"인 곳이라고 말했다.[38] 이 기사를 통해 캐릭터들을 그저 상품화하는 데에만 이용하고 상품 홍보에만 온 힘을 쏟는 회사 운영진 측과 만화책 제작 팀 사이에 깊이 자리 잡은 불신이 세상에 드러났다. 창작 팀이 기술적인 면에만 집중하려는 반면, 운영진은 수익을 요구했다. 예술적 영감과 자본주의 사이의 오랜 결투가 마블을 뒤흔들었다.

스탠은 그동안 대중들과 작가, 일러스트레이터들에게 쌓아온 좋은 이미지 덕분에 비난의 대상에서 벗어날 수 있었다. 기사에서 클라인필드는 스탠을 현실적인 문제를 겪는 "히어로들을 탄생시킴"으로써 유명해진 "창의적인 천재"라고 칭했다. 그러나 한 익명의 작가는 마블의 썩은 문제들 중에는 이 옛 상사가 만들어낸 것도 있다면서 "월트 디즈니"가 되고 싶어 하는 스탠은 만화책을 자기 수준에 못 미치는 것으로 취급한다며 책망했다.[39]

존경의 대상으로 남아 있는 만큼, 스탠도 만화계를 뒤흔든 뜨거운 문제들에서 벗어날 수 없었다. 1970년대 말 당시 만화 산업은 텔레비전이라는 매체와 상대적으로 적은 수의 대상 관객들로 인해 심한 압박을 느끼고 있었다. 2차 세계대전 이후 베이비붐 세대들은 1960년대 초중반 만화 산업을 이끈 주역이었지만 만화라는 매체에 매력을 느끼기에는 나이가 많았다. 게다가 오랜 독자들 중 상당수가 만화책을 그저 불량 식품처럼 생각했다.

이 사태에 대응하기 위해 만화 산업의 두 대들보인 DC 코믹스와 마블은 다달이 발행하는 만화책 작품 수를 줄였다(마블은 40편 이상 발행하던 월간 만화를 32편으로 줄였다). 각 만화 작품은 책 자체 매출보다는 작품에 등장하는 캐릭터를 이용한 상품 저작권 수익으로 더 많은 돈을 벌어들였다. 〈타임스〉와의 인터뷰에서 스탠은 사내 저작권 부서가 새로 생겨서 작가들과 만화가들이 사업적인 부분에도 신경을 써야 했기 때문에 그들의 심기가 불편해졌을 것이라고 말했다. "예전에는 만화가들이 작품 안에만 그림을 그렸다면, 지금은 상품 박스 위에도 그림을 그려야 하니까요."**40** 만화책 순수주의자들이 두려워했던 악몽이 현실이 되었다. 이제 마블은 슈퍼히어로 이야기를 담아내는 만화책보다 스파이더맨 런치박스와 목욕 수건이 더욱 중요해진 것이다.

1970년대를 지나오며 만화책 매출 수익이 하락세를 보이자, DC와 마블은 그 손실을 판매량으로 메꾸기로 결정했다. 그로써 전체 판매 매출은 상승했지만 전반적인 만화 산업은 여전히 불안정해 보였다. 인원 삭감에 앞서, 두 기업은 수익성을 목적으로 한 새로운 만화책을 수십여 종이나 출간해냈다. 1979년에 2,300만 달러가 넘는 총 판매 수익 중에서 마블이 얻은 영업이익은 고작 150만 달러에 불과했다.**41** 이렇게 재

정적인 문제로 위기에 몰린 상황에서 스탠이 진행한 할리우드와의 거래는 다시 마블에 큰 인기를 돌려주고 캐릭터 상품 수익을 더욱 높일수 있는 무한한 가능성을 안겨주었다. 만화책이 상품 수익을 촉진시킬 것이라는 기존 상식이 완전히 뒤바뀌었다. 이제 두 거물 기업 마블과 DC는 출판보다 캐릭터 상품 개발을 더욱 앞세웠다. 그래야 더 높은 수익을 얻을 수 있기 때문이었다.

보는 사람의 관점에 따라 1970년대 말은 스탠에게 총체적 침체기일수도, 큰 도전의 시기일 수도 있다. 그 당시는 그렇게 보일 만한 온갖요소가 있었다. 한쪽에서는 마블 출판인으로서 연봉 15만 달러를 받고있었고, 대학 강연료와 텔레비전 프로젝트로 추가 수익까지 벌어들였다(이 작업에 대해서는 돈을 따로 받았다). 팬들은 스탠을 둘러싸고 떼를 지어 따라다녔으며, 대학생들은 그가 캠퍼스에 나타나면 우레와 같이 환호했다. 그들은 어린 시절에 날마다 듣고 자란 이야기와 히어로들을 탄생시킨 스탠을 조금이라도 가까이에서 보려고 그 주변을 빽빽이 에워쌌다.

그가 가는 방향에는 수많은 길들이 놓여 있었지만, 스탠은 만화책에서 벗어날 수 없다는 생각에 짜증이 났다. 만화들을 영화로 만들길 간절히 원했다. 자신이 함께 만들어낸 캐릭터들을 기쁘게 생각했고, 슈퍼히어로물에 대한 대중들의 열광도 10년 넘게 지속되었지만, 그는 여전히 이 장르가 언젠가는 수면 아래로 가라앉으리라 생각했다. 그는 자신의 직업을 후회하는 마음이 점점 더 커졌다고 기자에게 말했다. "영화 만드는 일을 하고 싶었어요. 노먼 리어Noman Lear나 프레드 실버맨Fred

Silverman처럼 방송 감독이나 시나리오 작가 같은 일을 할 수도 있었지요. 나는 당장에 하고 있는 일을 즐기는 사람이지만, 더 큰 무대에서 뛰고 싶었습니다."[42] 본인의 인지도가 높은 데다 전 세계적으로 마블 히어로 팬들이 늘어나는 상황에 있었음에도 스탠은 더 큰 일을 할 수도 있다는 생각을 떨쳐버리지 못했다.

스탠이 슈퍼히어로들을 더 내보낼 만한 분야를 찾을수록 그 방향은 자꾸 미국의 거대한 영화 스튜디오 할리우드로 향했다. 그가 자신의 미래를 마음에 그릴수록 그 배경에는 캘리포니아 금빛 해변이 들어찼다.

STAN LEE

할리우드,
새로운 미래

론 레인저Lone Range(미국 서부영화 및 드라마 방송의 주인공 캐릭터－옮긴이)가 "이랴, 실버! 달려!" 하고 외치는 소리나 슈퍼맨이 하늘을 날며 공기를 가르는 소리가 귓가에 쟁쟁할 만큼 초창기 텔레비전 방송의 역사는 슈퍼히어로들과 만화책으로 깊이 얽혀 있다. 만화책은 영화에선 불가능한 방식들을 통해 독자들을 만화 캐릭터의 마음속으로 데리고 들어갔지만, 실사영상은 관객들로 하여금 화면 속에서 실제로 살아 움직이는 슈퍼히어로들을 지켜보는 또 다른 전율을 선사했다.

　텔레비전 슈퍼히어로물의 인기가 만화책 시장에 열풍을 일으키는 경우도 잦았으나, 만화책이나 만화 제작 환경의 질을 높여주지는 못했다. 만화시장의 변덕은 대부분 사람들을 정신없게 만들었다. 〈슈퍼맨〉과 〈배트맨〉의 텔레비전 방송으로 1950년대와 1960년대 만화책 수익이 급등했다. 그렇게 경이적인 성공을 거두었던 방송들과 텔레비전 시장의 영향력을 떠올리며, 카덴스 사장 짐 갤튼을 포함한 마블 임원진은 왜 1970년대의 마블은 그때의 성공을 따라 하지 못하는지 의아해했다. 특히 경쟁사 DC의 만화 산업 최정상 자리를 빼앗은 지 이미 오랜 시간이 지난 상황에서 말이다.

만화계의 두 거물은 만화책 판매 수익에서 우위를 차지하기 위해 지난 수십 년간 서로 싸워왔다. 그리고 이제 갤튼은 그 영광을 이용해 영화의 중심지 웨스트코스트에 더 튼튼한 발판을 세우고, 탄력 받은 텔레비전의 인기를 통해 장편 슈퍼히어로 영화에도 승산이 있음을 보여주고 싶어 했다. 그들은 이 노력들이 카덴스에 더 높은 수익을 안겨주고 인쇄물 분야에도 똑같이 좋은 영향을 끼칠 것이라고 생각했다.

스탠에게도 거의 완벽한 시기였다. 그는 관객들을 사로잡는 새로운 방법을 찾고자 수많은 미국인들이 이전에 밟은 길을 따라 걸었다. 전국을 돌아다닌 끝에 캘리포니아의 금빛 해변을 목적지로 삼은 것이다.

1970년대 말은 스탠이 만화 출판계에 발 담근 지 약 40년이 되는 시기였다. 이제 50대 후반이 된 스탠은 10년 전에 전국의 대학 캠퍼스를 돌아다니며 대학생 독자들을 만나기 시작했을 때처럼, 이번에도 자신의 직업에 활력이 생기길 바랐다. 이 출판인과 끈끈한 사이였던 갤튼은 마블 이름으로 할리우드의 영화 제작 스튜디오를 인수하기 위해 스탠과 함께 계획을 세웠다. 그리고 텔레비전 방송국들이 마블의 슈퍼히어로 애니메이션과 실사방송에 관심을 보일 때쯤, 스탠은 마블의 진로를 구상하기 위해 할리우드로 날아갔다.

스탠 리가 탄생시킨 슈퍼히어로물은 전 세계 추종자들에게 사랑받으

STAN LEE

며 대중문화에 혁명을 일으켰지만, 로스앤젤레스에 마련된 그의 자리는 애매했다. 이미 스스로 이름을 떨친 유명인이긴 했으나 바로 그 때문에 새로운 분야에서 하나부터 다시 배우고 시작하기가 어려웠다(불가능하지 않다면 말이다). 그의 뒤에는 마블 콘텐츠가 있었고 그로 인해 수많은 기회를 얻을 수 있었지만, 그와 동시에 카덴스 경영진에게 그가 단번에 성공적인 길을 열어줄 것이라는 기대감을 높여주었다. 스탠은 10대 소년 때부터 마블에서 일하며 사람들을 지휘하는 것에 익숙했지만, 할리우드는 그런 방식이 통하지 않는 곳 같았다. 그는 의심 많은 방송국 관계자들을 설득해 마블 히어로 이야기를 실사영화로 만들면 성인 관객들을 끌어올 수 있을 것이라는 믿음을 주어야 했다.

하지만 이미 변화의 바람이 할리우드를 향해 방향을 틀었다. 만화책 세계의 최정상 자리를 차지하고 있는 스탠이 대중문화 구석구석에 영향력을 끼치자, 공상과학 및 판타지 장르의 영화와 텔레비전 방송이 믿을 수 없을 만큼 큰 인기를 얻게 되었다. 텔레비전 방송에서는 〈6백만 달러의 사나이〉(1974~1978년)를 통해 시청자들이 슈퍼히어로와 같은 캐릭터를 좋아한다는 사실을 확인할 수 있었다. 스티브 오스틴Steve Austin(배우 리 메이저스Lee Majors) 캐릭터로 대중문화가 들썩이자 이 캐릭터를 주인공으로 한 만화책까지 탄생했고(스탠의 친구 하워드 체이킨Howard Chaykin과 닐 애덤스Neal Adams가 그림을 그렸다), 각종 앨범과 캐릭터 상품이 발매되었다. 후속 작품인 〈소머즈〉(1976~1978년)에서는 여자 주인공 제이미 소머즈Jaime Sommers(배우 린제이 와그너Lindsay Wagner)의 이야기가 소개되었고, 이 작품을 통해 사이보그 모험물로 드라마 장르가 확장되었다. 소머즈의 인기로, 캐릭터 상품에서 보드게임, 런치박스 등 관련 제품들도 호황을 누리면서 초등학생들이 반드시 소장해야 할 상품으로 자리매김했다.

1960년대 말은 슈퍼히어로와 공상과학 이야기들이 주류 관객층 사이에서 발판을 다지는 시기였다. 이를테면, 1968년에 방영된 영화 〈2001 스페이스 오디세이2001: A Space Odyssey〉와 〈혹성탈출〉은 관객들을 전율시키며 엄청난 영화 수익을 이끌어냈다. 이로써 영화계에서는 성인을 위한 공상과학과 판타지라는 무대와 함께 새로운 스타일의 이야기를 만들어내기 시작했다. 훗날 만들어진 〈로건의 탈출Logan's Run〉(1976년)이라는 영화를 보면, 혁신 기술과 특수 효과로 영화의 질이 얼마나 달라지는지 알 수 있다. 1977년에는 조지 루카스의 〈스타워즈Star Wars〉가 영화, 텔레비전 관계자들뿐 아니라 전 세계 사람들에게 전파되면서 공상과학과 판타지 장르에 활력을 불어넣었다. 〈스타워즈〉의 캐릭터 루크 스카이워커는 어쨌든 가공할 만한 능력을 갖게 된 아웃사이더, 스파이더맨의 미래 버전으로 보이기도 했다. 그리고 1년 뒤, 〈스파이더맨〉이 영화관을 강타하며 관객들의 마음을 사로잡았다. 이런 장르의 영화를 통해 환상적인 이야기 내용과 캐릭터들을 더욱 생생하게 만들어주는 혁신적인 영화 제작 기술의 힘을 보여주었다. 특수 효과 기술도 결국에는 작가와 예술가들의 상상력을 따라잡았고, 공상과학과 판타지 장르에 영화와 텔레비전 방송으로 향하는 문을 열어주었다. 그야말로 만화책 캐릭터들이 변신하기 좋은 시기였다.

스탠은 미국 전역을 종횡무진하면서도 여전히 만화책 부서에 관심을

쏟았지만, 텔레비전 방송계와 영화계에 자리를 잡는 일에 점점 더 집중하게 되었다. 그는 로스앤젤레스를 천상의 유토피아 '열반Nirvana'으로 생각하면서, 지금껏 이루어온 것들을 그대로 유지한 채 50대 후반인 자신에게 새로운 미래를 열어줄 길이 그곳에 있다고 믿었다.[1] 평생을 살아온 고향 뉴욕을 떠나면서 스탠이 느꼈던 두려움은 앞으로 해야 할 일에 대한 흥분이 일으킨 파도와 웨스트코스트의 장대한 아름다움에 휩쓸려 사라졌다. 그곳은 태평양에서 따스한 바람이 불어오고 각종 숨은 지형들이 울창한 나무와 높은 언덕에 둘러싸인 곳이었다.

사진과 영상이 전 세계를 장악하고 있는 상황에서 텔레비전 방송으로의 전환은 자연스러운 현상처럼 보였다. 스탠은 마블 스타일이 대사와 예술이 결합된 "아주 영화적인 접근법"이라고 말했다.[2] 로스앤젤레스에서의 수많은 활동과 여러 방송국, 영화 제작사와의 거래들은 마블의 사기를 북돋아주었다. 그러나 텔레비전으로 방송된 작품들 중에는 스탠의 기준에 미치지 못한 것도 있었고, 시청자들의 관심을 받지 못한 작품도 많았다. 할리우드 스튜디오의 경영진들과 제작자, 감독, 작가들은 마블 슈퍼히어로의 상징이었던 스탠 리 특유의 목소리를 그다지 중요하게 생각하지 않았다. 솔직히 그들은 영화 전문가인 본인들이 알아서 잘해낼 것이라고 믿었고, 적어도 작품 속에 녹아 있는 함축적이고 정감 어린 농담과 인간의 비애를 자신들이 해석한 대로 잘 모방할 수 있을 것으로 생각했다. 영화와 방송계의 리더들에게 마블 캐릭터는 그저 판매용 콘텐츠로 둔갑할 '소유물'에 불과했다. 슈퍼히어로들의 영혼과 만화책 독자들이 빠른 속도로 마블 상품에 지갑을 열 수 있게 만든 힘은 변환 과정에서 죽어버리기 일쑤였다.

표면적으로 보면 스탠의 캐릭터 상당수가 실사방송에 적합한 특징을 갖고 있는 것 같았지만 그것은 지극히 작은 부분에 불과했다. 그 예로, 녹색 피부를 가진 분노의 괴물 헐크가 텔레비전 방송을 탔다. 전 미스터 유니버스였던 루 페리그노Lou Ferrigno가 195센티미터 키에 몸무게 130킬로그램의 근육 덩어리 주인공 역할을 맡았고, 베테랑 방송 배우 빌 빅스비Bill Bixby가 온순한 성격의 물리학자 겸 과학자 데이비드 배너 David Banner(원작에서는 '브루스 배너'였지만 시나리오 작가들이 이름을 바꿨다)를 연기했다. 비평가들은 여성 시청자들이 페리그노를 보느라 정신없을 것이고, 방송 전반적으로 어린 시청자들보다는 성인들의 감성을 자극할 것이라며 대중들의 반응을 예상했다. 영화 제작자 켄 존슨Ken Johnson은 기자와의 인터뷰에서 이렇게 말했다. "우리는 아이들도 볼 수 있는 성인용 방송으로 만들기 위해 노력했습니다." 그는 작가들이 일부러 "우스운" 요소들을 피했다고 말했다. "최대한 직설적이고 정직한 말투를 쓰려고 했어요."[3] 스탠은 텔레비전 팀이 변화시킨 캐릭터와 스토리에 주목하며, 슈퍼히어로들이 어른 관객들을 사로잡을 수 있도록 각색된 작품을 보는 것을 즐겼다.

어떤 해설가들은 배너가 분노할 때 자신을 벗어던지고 헐크로 변신하는 모습을 즐거워하는 사람들이 많을 것으로 예상했다. 카타르시스

STAN LEE

를 불러일으키는 그 순간에 대해 스탠은 이렇게 정의했다. "우리도 가끔은 '헐크로 변신' 할 때가 있지요. 아무도 헐크를 비하하지 못해요. 사람들 스스로 그와 같다고 생각하니까요."[4] 이 방송은 미국 전역을 강타했지만, 영국에서는 방송 순위 1위를 기록하며 더욱 큰 인기를 끌었다. 1970년대의 영국은 미국보다 "헐크로 변신"하고 싶은 열망이 더욱 강한 것 같았다. 궁극적으로 〈헐크〉는 이후 몇십 년을 통틀어 마블에서 가장 성공적인 실사판 방송이 되었다.

CBS 방송은 스파이더맨과 닥터 스트레인지, 캡틴 아메리카도 텔레비전 방송에 등장시켰다. 니컬러스 해먼드Nicholas Hammond가 피터 파커를 연기한 〈어메이징 스파이더맨〉이 두 시즌 동안 CBS 채널에서 방송되었고, 피터 후튼Peter Hooten이 출연한 〈닥터 스트레인지〉가 1978년 9월에 파일럿 방송으로 처음 방영되었으며, 렙 브라운Reb Brown이 주인공 역을 맡은 〈캡틴 아메리카〉도 그 시기에 텔레비전 영화로 모습을 드러냈다.

3개 방송 중에서 시청자들에게 가장 큰 인기를 얻은 작품은 〈스파이더맨〉이었다. 이 방송은 1978년 가장 높은 방송 시청률 30퍼센트를 기록하며 대중문화에 스파이더맨이 얼마나 깊이 자리 잡았는지를 보여주었다. 그러나 CBS 방송 임원진은 그 시청자들 중에 주요 시청자층인 18세에서 49세의 비율이 높지 않은 점을 걱정했다. 그래서 딱 5개 에피소드만 방송하며 이 주요 시청자층의 비율이 높아지는지 확인해보기로 했다(1978년 4~5월). 〈스파이더맨〉 시리즈의 첫 방송도 주간 시청률 1위와 전체 방송 순위 10위 안에 들면서 나쁘지 않은 결과를 보여주었다.

결국 해당 시즌의 인기 방송 순위 20위 안에 들었지만, 방송국 관계자들은 〈스파이더맨〉을 어린 시청자용 프로그램이라고 판단했다.

팬들은 〈스파이더맨〉을 보려고 채널을 돌렸지만, 스탠은 이 방송 시리즈가 "바보 같고, 유치하며, 만화 같다고" 비난하며 싫어했다. 그는 〈스파이더맨〉이 어른을 위한 이야기로 제작되어야 한다며 방송 제작자 대니얼 굿맨Daniel R. Goodman과 언쟁을 벌였다. "〈스파이더맨〉 시리즈는 임시 방송인 데다 내용도 끔찍했습니다. 아주 고약했지요. 특징도 없고, 재미도 없었어요. 반드시 필요한 요소들이 전혀 들어가 있지 않았습니다."[5] 그런 와중에도 CBS는 다음 시즌으로 7개 에피소드를 더 준비한 다음, 경쟁 방송사의 시청률을 막을 요량으로 아무 때나 마구잡이로 방송했다. 새로운 방송 제작자 라이오넬 시겔Lionel Siegel로 담당이 바뀌면서 내용에도 변화를 주었는데, 스파이더맨이 능력을 발휘하는 부분은 줄이고 여자 주인공과의 사랑 이야기를 늘였다. 고정적인 시청률에도 불구하고, CBS 관계자들은 두 번째 시즌을 마지막으로 〈스파이더맨〉 시리즈를 끝냈다. CBS의 이미지가 너무 많은 슈퍼히어로를 등장시키는 채널로 굳어지게 될까 봐 꺼려졌던 것이다.

스탠은 〈스파이더맨〉 시리즈에는 수십 년 동안 〈스파이더맨〉을 최고의 만화로 만들어주었던 "마블의 특색"이 담기지 않아 "끔찍했다"고 말했다. 방송국에서는 피터 파커와 스파이더맨의 삶에 관한 부분을 내용에 넣지 않았고, 그 부분은 거의 포기해버렸다. 〈캡틴 아메리카〉를 만들 때에도 작업에 거의 참여할 수 없었던 스탠은 "혐오스러운 기분"이었다고 말했다.[6] 방송 제작자들은 스탠과 공동 창작자들이 마블 세계를

STAN LEE

만들면서 가장 중요하게 심어놓았던 요소들을 각 작품에서 멀리 떼어 놓았다.

해변을 거닐며 스탠은 할리우드가 슈퍼히어로들을 방송국과 줄을 대기 위한 임시방편으로 취급하는 모습에 몸서리를 쳤다. 할리우드에는 스탠이 평생 동안 부딪쳐왔던 엘리트주의적 사고를 하는 창작자들이 많았다. 그들은 슈퍼히어로물을 어린이용으로 치부하며 내용에 로맨스와 같은 특약 처방을 첨가하지 않으면 성인들의 관심을 끌 수 없을 것이라고 생각했다. 20년 넘게 셀 수 없이 많은 작품들이 출간되었고, 수십억 번 읽혀왔으며, 수많은 독자들에게 세대를 이어 전해지고 있음에도 할리우드는 슈퍼히어로물이 성인을 대상으로 성공할 것이라는 생각을 하지 못했다. 영화 제작사들의 대표들과 창작 팀들이 그 유명한 마블 세계의 창조자를 만나고 싶어 했지만, 방송 이행 계약에 관한 내용은 전혀 다른 문제였다.

솝박스 칼럼과 대학 강연에서 발휘된 스탠의 익살스런 말투가 마블을 유명하게 해주었지만, 로스앤젤레스에서는 이 과장된 표현 방식이 잘 전달되지 못했다. 스탠이 주로 사용하던 떠들썩한 안내와 과장된 광고식 표현은 대중들의 기대 심리를 자아냈지만 사전 제작 계획이 난관에 부딪히거나 완전히 흐지부지됐을 때에는 역효과만 일으켰다.

스탠은 카덴스의 임원진을 포함해 많은 사람들에게 상황을 설명해야 했고, 본인 스스로도 자신이 만든 유명 캐릭터들과 별개의 독립체로서 혼자 일어서야만 했다. 할리우드에 있는 동안 그는 제대로 된 제작 회의를 하고 있는 건지 구분해야만 했다. 왜냐하면 마블 만화책을 읽고 자란 할리우드 감독과 제작자들은 어릴 적에 만나고 싶었던 히어로들을 생각하며 그저 어린이용 슈퍼히어로물만 기획했기 때문이다.

마블의 할리우드 작업이 계속 진행되어야 했기에, 스탠과 그의 팀은 모든 거래를 종합해보기 시작했다. 스탠은 커비와 함께 만든 《실버 서퍼》 그래픽 노블을 NBC 방송과 손잡고 텔레비전 방송으로 제작하기로 했으며, ABC 방송에서는 〈스파이더 우먼Spider-Woman〉을 위해 홍보를 시작했고, 유니버설 스튜디오에서도 토르와 데어데블, 닥터 스트레인지 등 12개 캐릭터로 방송 제작을 진행하기로 했다.

하지만 새로운 프로젝트들은 할리우드의 수많은 계약들과 마찬가지로 금방 무산되기 일쑤였기에 그 계획이 많아질수록 오히려 걸림돌이 되어버렸다. 할리우드의 일 진행 방식에 대한 스탠의 불만은 사그라지지 않았고, 거래들이 줄줄이 파기되자 그는 낙담했다. "여러 영화 제작자들과 함께 일하면서 그들이 원하는 방식대로 진행해야만 했습니다. 모두가 합의한 사안인데도 일이 제대로 성사되기까지 시간이 너무 오래 걸렸지요."7

할리우드에서의 초기 몇 년 동안 스탠은 계속 같은 문제에만 부딪히고 또 부딪혔다. 하지만 그는 마블의 주요 선수들을 영화에 출연시킬 수 있는 거래를 거절하지 못했다. 스탠이 언론 매체의 관심을 끌어오면 지나치게 많은 프로젝트들이 기획되었지만 그중에서 빛을 보는 것은 극소수에 지나지 않았다. 더 좋지 않은 경우는, 그나마 방송으로 연결되어도 대본에 문제가 있어서 끔찍하게 실패한다든지, 제작사 측에서 캐릭터의 매력을 제대로 이해하지 못한다든지, 아니면 주인공들의 초

능력을 제대로 표현해줄 만한 기술이 아예 존재하지 않을 때였다. "방송국들이 어떤 캐릭터를 선택할지, 선택하지 않을지를 전혀 감도 잡을 수 없었어요." 스탠은 한탄스러워했다.[8]

끊임없이 이어지는 회의들은 스탠이 글을 써야 하는 시간마저 심각하게 방해했다. "여기에선 아이디어가 생기고서 몇 년씩 지나도 여전히 영화로 만들려고 발버둥 치고 있지요. 이곳은, 훨씬 더 큰 산업입니다. 계약도 해야 하고, 협상도 해야 하고, 제작까지 해야 하니까요. 나한텐 조금 힘든 일이에요. 난 빨리 쓰고 빨리 진행하는 걸 좋아하잖아요."[9] 그가 기억하기로, 여러 영화 스튜디오와 출판사들이 영화 대본이나 소설을 제안하려고 스탠에게 접근했지만, 그는 그런 작업에 필요한 "몇 달 동안의 휴식 시간"을 가질 수 없었다. 로스앤젤레스에서의 삶은 마치 공격적인 회의와 대화, 거래, 그리고 기다림의 연속인 것 같았다. 스탠은 창의적인 일을 하는 것보다 창의성에 대해 대화하는 데 더 많은 시간을 들였다.

스탠은 할리우드의 일 진행 방식이 항상 불만스러웠지만, 아예 할리우드로 이사를 온다는 생각에는 구미가 당겼다. 아이러니하게도, 그와 조앤은 DC의 영화가 성공을 거둔 덕분에 로스앤젤레스에서 정식으로 일하며 지낼 수 있게 되었다. 1978년에 워너 브라더스에서 제작한 크리스토퍼 리브Christopher Reeve 주연의 〈슈퍼맨〉이 영화 관객들을 사로잡았고, 저명한 영화 평론가 로저 에버트Roger Ebert의 극찬까지 받았다. 그리고 첫 개봉 당시 수많은 관객을 동원하며 3억 달러를 벌어들였다. 〈슈퍼맨〉의 성공은 유명한 텔레비전 시리즈 〈인크레더블 헐크〉와 함께 대중들에게 더 많은 슈퍼히어로물을 소개하기 좋은 시기를 만들어주었다. 스탠은 웨스트코스트에 사무실을 마련해달라고 마블에 요청했다.

1979년 5월에 스탠은 친구이자 프랑스 누벨바그French New Wave(1950년대 후반 프랑스 영화계를 휩쓴 운동으로, 새롭고 예술적인 영화 제작 양식을 탄생시켰다-옮긴이)를 대표하는 영화감독 알랭 레네Alain Resnais에게 보낸 편지에 로스앤젤레스에 대한 자신의 "사랑"과 "방송 산업과 영화 산업에 스며들 수 있다면 좋겠다."라는 바람을 적었다. 또한 유명 가수 겸 배우인 올리비아 뉴튼 존Olivia Newton-John의 연인이자 영화 제작자인 리 크레이머Lee Kramer와 〈실버 서퍼〉를 영화로 만들 엄청난 제작비를 조성하기로 했다며 이 잠재적인 거래에 대해서도 언급했다.[10]

스탠은 여러 해 동안 대부분의 시간을 로스앤젤레스에서 보내면서 그곳에 완전히 터를 잡는 것을 꿈꾸었다. "로스앤젤레스를 수없이 오가면서 그곳을 사랑하게 되었지요."[11] 하지만 그는 이사가 옳은 결정인지에 관해 조앤을 완전히 설득하지 못했다. 그럼에도 얼마 뒤 조앤이 이사 생각에 마음을 열었는데, 바로 뉴욕에 있는 아파트에서 그녀의 보석과 온갖 귀중품을 몽땅 도둑맞은 뒤였다. 그 사건에 대해 스탠은 이렇게 말했다. "상상도 못 할 만큼 우울하고 고통스러운 경험이었습니다." 두 사람은 할리우드를 새로운 시작의 장소로 여겼다. 스탠은 친구에게 의연한 모습을 보이려고 노력하면서, 알랭과 그의 아내 플로에게 "보석

STAN LEE

들을 단단히 숨겨놔야 한다"고 편지에 적었다.[12]

1979년 7월, 스탠은 로스앤젤레스에서의 업무에 차츰 속도를 냈다. 그는 마블 작법을 영화에 적용해보기 위해 악당들을 처단하는 마녀에 관한 영화 〈나이트 오브 더 위치The Night of the Witch〉의 스토리 구성을 테이프에 녹음했다. 그리고 독립영화 감독 로이드 카우프만Lloyd Kaufman(훗날 영화 〈톡식 어벤저The Toxic Avenger〉로 유명해진다)이 그 녹음테이프를 받아 적은 다음 완전한 대본으로 만들었다. 카우프만은 예일대학교에 다니던 시절 마블에 푹 빠져 있었을 때 스탠을 만났다. 이 청년은 훗날 저예산 영화 스튜디오 트로마 엔터테인먼트Troma Entertainment를 세우고 코미디와 호러 등의 장르를 섞은 독립영화를 제작했다. 스탠과 카우프만은 몇 년간 함께 일했다. 〈나이트 오브 더 위치〉는 방영 후 50만 달러를 벌어들였지만 그 이상 선전하지는 못했다.[13] 훗날 그들은 스탠의 또 다른 아이디어를 알랭 레네에게 건넸고, 이 영화감독은 보수 없이 〈더 맨 후 톡 투 갓The Man Who Talked to God〉을 연출했다.

스탠은 대표적인 슈퍼히어로들을 탄생시킨 전설적인 존재였지만, 영화 시나리오에서만큼은 정말 '초짜'였다. 게다가 대본 하나를 완전히 써낼 만한 시간이 없어서 그의 아이디어에 살을 붙여 제 것으로 만들어내는 다른 작가들에게 휘둘리기 십상이었다. 1970년대 초반에 그는 레네와 팀을 이루어 대본 몇 부를 써보려고 했지만 그 기간 내내 글 쓸 시간을 내지 못했다.

그래서 스탠은 다른 작가들과 함께 자신의 아이디어를 종합해 대본을 만들기로 했다. 빠르게 일을 처리하는 스탠에겐 이 방식이 딱 맞았다. 그러나 이렇게 만들어진 대본은 수준이 떨어지거나 스탠 특유의 마블 목소리와 스타일이 제대로 담기지 않았다. 아무래도 커비나 딧코처럼 그의 상상력을 만족시켜주는 능력을 가진 작가를 찾지 못한 채 마블 작법을 적용시킨 부작용 같았다.

카덴스 경영진으로부터 캘리포니아에서 풀타임으로 일하는 것을 승인받은 스탠은 샌 페르난도 밸리에 사무실을 차렸다. 1980년대 중반에 그는 셔먼오크스의 밴나이스 4610번지에 위치한 작은 건물에 마블 프로덕션Marvel Production을 세웠다. 스탠은 그곳을 "수풀이 우거진 안뜰을 둘러싼 작은 요새"라고 묘사했다.[14] 스탠은 사무실 현관문 앞에 걸어놓은 '엑셀시어Excelsior('높이! 더 높이!'라는 의미로 뉴욕시의 표어이며, 스탠리의 캐치프레이즈이기도 하다―옮긴이)'라는 표어에 진정으로 부응하고자 공격적인 속도로 더욱더 열심히 일했다. 평생 뉴욕에서 살았던 그는 로스앤젤레스의 햇살을 좋아했다. 사람들은 안뜰에 나가 뜨거운 햇빛 아래에서 일하는 그의 모습을 보며 정신 나갔다고 생각했다. 그곳은 회색빛의 차가운 도시 뉴욕과 매디슨가의 마블 사무실과는 확연히 달랐다.

카덴스 임원진들 중 방송과 영화계에서 일한 경험이 있는 사람들이 이 새로운 모험에 합세해서 상대적으로 초심자인 그에게 힘을 실어주었다. 마블 프로덕션의 사장 자리에는 데이비드 디패티David H. DePatie가 앉았다. 디패티는 만화영화계에서 오랜 경험을 쌓은 베테랑으로 '닥터 수스Dr. Seuss(미국의 그림책 작가로, 1900년대에 미국 어린이를 위한 수많은 그림책을 쓰고 그렸으며 칼데콧상과 퓰리처상을 수상했다―옮긴이) 텔레비전 특집

물'을 연출하고 〈핑크 팬더Pink Panther〉로 오스카상을 수상하기도 한 전문가였다. 프로덕션 스튜디오를 세우겠다고 공표했을 때 이미 마블에서는 식품 회사 오스카 마이어Oscar Mayer와 유리섬유 생산업체 오웬스 코닝Owens-Corning을 위한 광고물과 각종 애니메이션 및 실사방송 프로젝트를 진행하고 있었다.[15]

스탠은 대형 블록버스터 영화를 제작하고 싶었지만, 마블 프로덕션 초창기에는 마블 세계를 확장하는 것과 광고 및 새로운 저작권 계약 가능성이 있는 사안들을 처리하는 데 온 신경을 집중했다. 카덴스의 새로운 관리 체계 아래에서 그에게는 기존의 출판인 직위에다 '창작부 담당 부사장' 직이 정식으로 더해졌다. 웨스트코스트에서 맡은 그의 애매한 임무들과 딱 들어맞는 모호한 직책이었다.

갤튼은 마블 프로덕션이 "저작권 인수자들과 도매업자들, 광고주들의 성공에 기여"하게 될 것이라고 설명하면서, 어떻게 하면 그 능력들을 모아 힘을 키울 수 있을지 고민했다. 그는 "마블의 미래가 그렇게 밝아 보인 적이 없었다."면서, 특히 할리우드의 구성 체계를 통해 모든 이득을 취할 수 있다고 파악했다.[16] 스탠은 수많은 프로젝트를 진두지휘하는 동시에 개인적으로나 공식적으로나 마블의 챔피언 역할을 지속했다.

1979년, 〈타임〉지는 스탠 리야말로 텔레비전이 "커다란 전자 만화책"으로 변한 것에 대한 영광을 거머쥘 자격이 있다며 유행에 대한 "책임"이 그에게 있다고 했다. 그리고는 수많은 만화책 프로그램이 CBS 방송을 통해 방송되었으며, 회사 이름을 CBS 대신 "만화책 보급 회사"

로 개명해야 할 것 같다고 언급했다.[17] 그러나 스탠은 질이 떨어지는 텔레비전 방송들과 빅스비/페리그노의 〈헐크〉를 제외한 모든 실사방송 때문에 골치가 아팠다.

마블 프로덕션은 사실 디패티를 선두에 내세워 만화영화를 만들기 위한 스튜디오였다. 그 당시 이 스튜디오는 토요 아침 만화영화가 마블에 더 잘 어울린다고 믿었다. 스탠은 방송국들과 협상할 때마다 디패티에게는 방송국의 한계를 뛰어넘을 수 있는 자격이 있다고 설명하며, 마블의 "능력과 역량, 노하우, 그리고 신뢰성"을 강조했다.[18]

몇 년도 채 되지 않아 마블 프로덕션은 프레드 실버맨과 같은 다른 방송 제작자들과 팀을 이루어 마블 세계 이외의 주제에 관한 방송들을 제작하기 시작했다. 그 결과, CBS 토요 아침 방송이었던 〈미트볼 앤 드 스파게티Meatballs and Spaghetti〉가 탄생했다. 이동 주택으로 나라를 돌아다니면서 온갖 말썽을 일으키는 노래하는 부부에 관한 이야기였다. CBS는 유명한 주사위 역할극 게임을 토대로 마블 프로덕션에서 제작한 애니메이션 〈던전 앤 드래곤Dungeons and Dragons〉을 방영하기도 했다.[19]

1980년 초, 스탠은 대본 자문 위원이자 해설가로서 만화영화 〈스파이더맨〉과 〈헐크〉 제작에 더 깊게 참여했다. 팬들은 스탠의 실제 목소리를 듣는 것을 좋아했지만, 만화영화의 시간 조절 문제로 한번 녹음이 끝나면 다시는 수정할 수 없었기 때문에 스탠은 이 작업을 좀 부담스러워했다. 그래도 그는 "해설가의 말투를 어느 정도 나만의 스타일로 만들기 위해" 노력했다.[20] 〈헐크〉는 그다지 오래가지 못했다. 이 녹색 거

STAN LEE

인이 남자아이들에게는 여전히 인기가 많았지만 여자아이들 사이에서는 관심을 끌지 못했기 때문이다.

속도와 팀워크가 생명인 만화 산업에 몸담았던 스탠은 변덕스러운 특성의 방송과 영화 산업에서 몹시 힘들어했지만, 마블 슈퍼히어로의 캐릭터 상품 판매와 저작권 수익에 관해서만큼은 큰 성과를 거두었다. 스탠이 할리우드에서 이끌었던 일들 중 가장 큰 분야는 아니었지만, 그가 선봉에 나섰던 이런 활동들은 마블 브랜드를 확대시키는 데 중요한 역할을 했다. 프로그램 파생 상품을 통해 캐릭터들은 소비자들의 마음 더 깊은 곳으로 들어갈 수 있었고, 스탠 또한 만화책에도 교육적 이점이 있음을 알고 있는 관객들과 소통할 수 있는 기회를 얻게 되었다.

기업 대표들이 마블을 좋아하도록 만들기 위해 스탠은 만화책에 관한 정보를 공개했다. 전국에 발행된 만화책 2억 2,500만 권이 6세부터 17세에 이르는 독자들의 마음을 사로잡고 있으며, 그중에서 40퍼센트는 여성, 60퍼센트는 남성이라는 통계 수치였다. 스탠은 전체 만화책 독자들 가운데 약 60퍼센트가 중산층 및 고소득층 가정의 일원이며, 젊은이들의 92퍼센트가 만화책을 읽는다고 자랑스럽게 설명했다. 게다가 그가 각종 컨퍼런스에서 발표를 하는 동안 선보인 마블 슈퍼히어로 복장을 보고 기업들은 쇼핑몰 오프닝 행사와 퍼레이드, 컨벤션 및 도시 축제를 위해 대여하고 싶다고 제안해 왔다.[21]

여성 독자들의 마음을 사로잡기 위해 대즐러Dazzler에 이어 쉬 헐크She-Hulk를 대중들에게 소개하며 초능력을 가진 여성 히어로를 한 명 더 늘렸다. 처음 세상에 모습을 드러낸 〈더 세비지 쉬 헐크The Savage She-

Hulk〉 1편(1980년 2월)은 총 25만 부가 판매되었다. 한 인터뷰에서 스탠은 기자에게 "우린 항상 여성 캐릭터에 관한 책을 내고 싶었어요."라고 말하면서, 하지만 출판 결정은 판매 수익에 달려 있었다고 덧붙였다. "그런데 수년간 여성 캐릭터 작품의 판매량을 도저히 높일 수가 없었습니다."[22] 안타깝게도, 다른 여성 슈퍼히어로물과 마찬가지로 〈쉬 헐크〉의 수명도 겨우 2년뿐이었다. 〈쉬 헐크〉는 1982년 2월에 그 막을 내렸다.

1980년대 중후반에 이르러 스탠은 뉴욕에 있는 만화책 부서에서 하루가 멀다 하고 발생하는 사건들에서 완전히 자유로워질 수 있었다. 그동안은 '마블 프로덕션 창작부 부사장'과 같은 직함들 때문에 그곳에 얽매여 있었던 것 같지만 말이다. 사실 그 당시에는 카덴스 부사장 마이클 흡슨Michael Z. Hobson이 스탠의 출판인 업무 대부분을 수행하고 있었고, 스탠은 대본을 쓰고 애니메이션 제작 업무를 지켜보면서 수많은 제작사들과의 잠재적 계약 업무를 진행하는 데 시간을 들이고 있었다. 그는 마블의 만화책들은 볼 시간이 없었다고 털어놓았다. "간혹 책상 위에 산처럼 쌓여 있었지만 겨우 훑어보는 수밖에 없었습니다."[23]

만화책 부서와는 일부러 적당한 거리를 유지했지만, 마블의 대변인 역할에서는 절대 물러나지 않았다. 스탠은 대학에서 받는 강연료를 줄이기 위해 대변인 연설료를 3,000달러로 올렸다.[24] 할리우드에 시간을 들이느라 대학 강연을 다닐 여유가 사라졌지만, 그래도 만화 컨벤션과

같은 대형 이벤트나 텔레비전, 라디오 방송 같은 곳에는 더욱 열심히 참석했다. 케이블 방송국이 많이 생기고 라디오 산업이 번성하자 더 많은 시청자 및 청취자를 유치할 수 있는 기회가 생겼다. 토크쇼 진행자들과 라디오 디제이들에게 스탠은 언제나 실력 있는 게스트였다. 수년 동안 기술을 익힌 덕분에 말하는 속도가 정확했으며, 믿고 듣는 슈퍼히어로들의 탄생 비화도 끊임없이 나왔다. 스탠은 가장 좋아하는 캐릭터나 만화책에 관한 질문을 받을 때마다, 마치 그런 질문은 처음이라는 듯한 반응을 보이며 대답하곤 했다.

1984년에 그는 한 라디오 인터뷰에서 마블이 "만화 작품 추종자들을 탄생시키는 역할을 했으며 20, 30년 전에는 상상도 못 했던 일"이라고 언급하면서, 만화책의 위상이 "그 어느 때보다 높아졌다."라고 당당히 말했다.[25] 또한 열렬한 만화책 수집가와 만화책 서점의 증가, 수년간 지속된 열정적인 마블 팬덤의 연관성에 대해서도 설명했다.

스탠은 라디오 방송에 나와 스파이더맨 복장이 어떻게 변해왔는지 또는 오래된 만화책이 얼마나 가치 있는지 이야기하며 팬들을 즐겁게 해주었지만, 그 모습을 통해 지난 몇 년 동안 슈퍼히어로 캐릭터들의 탄생과 관련해 왜 많은 사람들이 그에게 화를 냈는지도 알 수 있었다. 텔레비전과 라디오 방송의 빡빡한 녹화 일정 때문에 진행자나 만화책에 관해 잘 모르는 방송인들은 녹화 시간을 줄일 요량으로 스탠을 "특정 만화 캐릭터의 창시자"라고 소개하면서 그 캐릭터를 함께 탄생시킨 일러스트레이터에 대해서는 언급하지 않았다. 인터뷰를 진행하는 사람들은 단순히 만화에 대한 지식이 없어서 그랬다 쳐도 스탠은 그 상황에 어떻게 대처했을까? 소개말을 정정하거나 공동 창작자들에 관한 정보를 자막으로라도 올려달라고 요청했어야 하지 않았을까? 가끔은 그랬지만, 그렇게 하지 않은 적도 있었다. 어떻게 보면 진행자의 말을 정정하는 과정에서 시간이 지체될 수도 있고 녹화 분위기를 어색하게 만들 수도 있었다. 그러나 정확한 정보를 알고 있는 사람들 사이에서는 일러스트레이터를 언급하지 않는 모습에 반감이 일었다. 스탠은 지속적으로 방송에 나와 대변인이자 선동가, 상품 판매원, 역사가, 배우로서 다양한 역할을 수행해나갔지만, 그가 쇼맨십을 발휘하거나 관객들을 즐겁게 해주는 과정에서 진실이 희생되는 경우도 생겨났다.

1986년, 신문에 실렸던 〈스파이더맨〉 연재만화 여러 편을 엮어 《더 베스트 오브 스파이더맨The Best of Spider-Man》을 발간한 스탠 리는 책 속에 '스파이디와 나Spidey and Me'라는 장편 에세이를 실었다. 스파이더 캐릭터 묘사와 탄생 스토리 일부가 들어 있는 이 에세이는 그의 미니 자서전이나 다름없었다. 여기서 그는 연재만화 속에 자신만의 생각을 집어넣었다고 설명했다. "사람들이 일반적으로 자신만의 생각을 가지고 있는 상황에서 내 개인적인 확신을 유지하며 글을 쓴다는 것에 어려움을 느꼈다. … 대화를 할 때에도 마찬가지였다."[26] 더불어 그는 캐릭터들에 대해 이렇게 설명했다. "정말로 내 모습이었다. … 그들 하나하나가 나와 같았다. … (하지만) 특히 스파이더맨의 삶은 내 자서전이나 다름없었다."[27]

스탠은 1주일에 3일, 즉 수요일, 토요일, 일요일은 글을 쓰는 데에 집중했고, 각종 회의나 전략적인 업무에 나머지 나흘을 썼다. 뉴욕에서

STAN LEE

와 마찬가지로 그는 집 밖으로 나가서 글을 썼다. 자체 제작한 가림판으로 햇빛을 가려 컴퓨터를 쓰는 데 어려움이 없었으며 웨스트코스트의 태양에도 그의 팔다리가 녹지 않았다. 그는 1주일 내내 바쁘게 살려고 노력했는데, 로스앤젤레스로 이사 온 뒤로는 "창의력이 계속 샘솟는 것" 같았다. 모두가 창작 활동에 전념하는 환경 속에서 그는 "거의 하루 종일 이야기만 생각했다."[28]

스탠이 할리우드에 정착하고 1986년 11월에 카덴스 주식회사는 4,600만 달러를 받고 뉴월드 픽처스New World Pictures에 마블을 넘겼다. 영화 제작사이자 배급사인 뉴월드 픽처스는 마블 캐릭터를 텔레비전과 영화에 사용하고 싶어 했다. 3년 전에 뉴월드 픽처스를 영화감독 로저 코먼Roger Corman과 그의 형제에게서 1,650만 달러에 인수했던 공동 투자자 해리 슬론Harry Sloan은 마블 인수를 계기로 뉴월드가 '제2의 디즈니'가 될 수 있는 전환점을 맞이했다고 사람들 앞에서 발표했다.[29] 마블에 소속된 많은 직원들이 그 말에 감명을 받았지만, 사실 디즈니는 영화와 캐릭터 상품으로 성공을 거둔 것이지 출판물과는 거리가 멀었다. 행복해 보이던 나날들은 사실 불길한 미래로 향하고 있었다.

이사장 로버트 렘Robert Rehm을 포함한 뉴월드의 경영진은 회사의 일원이 된 스탠을 환영하면서 그에게 웨스트우드 본사에 근사한 사무실을 마련해주었다. 표면적으로 그들은 스탠을 존중해주었다. 이사회 구성원 몇 명은 자신들과 아이들을 위해 사인을 해달라고 요청하기도 했다. 그때 스탠은 마블과 슈퍼히어로물을 위해 헌신했던 노력과 만화책을 방송 및 영화로 바꾸기 위해 애썼던 창의적 작업들을 드디어 인정받은 것 같았다.[30] 하지만 그와 동시에, 서로 상충되는 여러 자료에 따르면, 로버트 렘이 마블이나 DC 등의 만화 산업을 제대로 모르고 있었으며 뉴월드 직원과 함께 상품에 대해 논의하던 중에 마블과 DC를(그리고 그들의 슈퍼히어로들을) 구분하지 못했다고 한다. 어쩌면 뉴월드가 슈퍼맨이 아닌 스파이더맨을 사들인 것을 깨달은 렘은 이렇게 소리쳤을지 모른다. "이런, 젠장! 우리, 이거 중단시켜야 해. 캐논Cannon이 〈스파이더맨〉 영화를 가졌잖아(캐논 영화 제작사는 1985년 〈스파이더맨〉을 영화로 제작할 수 있는 권한을 마블에게서 넘겨받았고, 그 권한은 1990년에 종료되었다―옮긴이)."[31] 그는 만화책을 읽어보지도 않았고 캐릭터에 대해서도 잘 몰랐지만, 회사가 새로운 아이디어를 짜낼 수 있도록 밀어붙이는 일은 잘했다.

뉴월드는 슈퍼히어로들, 특히 스파이더맨이 주목받을 수 있는 길을 재빨리 찾아냈다. 얼마 지나지 않아 메이시스Macy's백화점의 추수감사절 퍼레이드에 스파이더맨이 그려진 풍선이 약 830제곱미터 넘는 공간을 가득 메웠으며, 뉴월드는 그것으로 30만 달러를 벌어들였다.

회사 관계자들은 8,000만 시청자가 텔레비전 방송으로 이 퍼레이드 장면을 시청할 것이고 직접 구경을 가는 사람도 200만 명은 되기 때문에, 그 홍보 효과가 초기 비용을 상쇄할 것이라고 예측했다. 그다음으로 회사 홍보 담당자들은 캐릭터들을 현실 속으로 데려오기로 마음먹었다. 1987년 여름, 뉴욕의 야구 경기장 시스타디움에 오른 스파이더맨과 그의 오랜 연인 메리 제인 왓슨은 미국 프로야구팀 뉴욕 메츠의 경기를 관람하러 온 5만 5,000 관중 앞에서 결혼식을 올렸다.[32]

STAN LEE

스탠 리는 이 굉장한 쇼의 중앙에 서서 결혼식 주례를 맡았다. 이 행사로 스탠의 인지도가 더욱 높아졌고, 더불어 신문 연재만화에도 스파이더맨과 메리 제인의 결혼식 이야기가 실렸다(만화책에도 같은 내용이 들어갔다). 뉴월드에서 두 캐릭터의 결혼 생활을 실사방송으로 만들어 브랜드 인지도를 높이는 활동을 이어나가자, 스탠은 유명한 아나운서 마리아 슈라이버Maria Shriver와 포레스트 소이어Forrest Sawyer가 진행하는 아침 방송 〈굿모닝 아메리카Good Morning America〉에 출연했으며, 타블로이드 석간신문 〈엔터테인먼트 투나잇Entertainment Tonight〉과의 인터뷰에도 응했다. 미국 전역의 수많은 신문사들이 스파이더맨과 메리 제인의 결혼 소식을 다루면서 이 슈퍼히어로는 다시금 전국적인 스포트라이트를 받게 되었으며, 그 캐릭터 창작자에 대한 관심 또한 말할 것도 없었다. 결혼식에 대해 이야기하고 싶어 하는 무수히 많은 신문 방송사들에서 열변을 토하면서도 스탠은 힘든 줄을 몰랐다.

대중들의 뜨거운 관심과 수익을 창출하는 마블의 능력에도 뉴월드는 재정적인 위기를 겪으며 침체되었다. 1987년 말에 주식시장이 붕괴하자, 소득 없이 예산만 많이 잡아먹은 영화들 때문에 회사가 빚더미에 앉았고, 뉴월드는 위기에 놓인 회사들을 인수해서 돈이 될 부분만 쏙 빼고 나머지는 버리는 기업 사냥꾼들에게 매우 좋은 먹잇감이 되었다.

영화 제작자들에게 슈퍼히어로물을 전달하기에 급급했던 스탠은 또다시 구석으로 밀려났다. 뉴월드의 한 관계자는 이렇게 말했다. "스탠은 핵심 인원이 아니었습니다. 내부자가 아닌 파트너에 불과했으니까요. 투표권도 없었지요. 하지만 한번 물면 놓지 않는 투견처럼 그냥 물러서려고 하지 않았습니다."³³ 회사 내부 정책이 스탠에게 더욱 불리하게 돌아가는 상황이었지만, 파산 직전에 선 회사가 얼마나 불안하게 휘청거리는지는 아무도 알지 못했다.

점차 모습을 드러낸 기업 사냥꾼들이 잇따라 재정적 술수를 가하자, 뉴월드 픽처스는 결국 마블을 도마 위에 올려놓았다. 그 즉시 수많은 기업들이 스탠이 마블에 남는다는 조건으로 회사 인수에 관심을 보였고, 결국 자본주의 바다에서 가장 강력한 상어로 손꼽히던 로널드 페렐만Ronald O. Perelman이 8,250만 달러로 경매에서 승리했다.

마블에서 일한 지 50주년이 되는 1989년에 스탠은 그간의 경험 중에서도 가장 밀도 높은 혼란을 겪으며 다시금 새로운 국면에 들어섰다. 그러나 그는 끈기와 열정, 그리고 비장의 무기, 즉 세대를 막론하고 모든 팬들에게 마블의 상징으로 여겨지는 능력으로 온갖 격변을 버텨냈다. 스탠 리는 곧 마블이었다. 그가 실제로 어떤 역할을 했는지에 관계없이 모든 세대 독자들과 관객들이 스탠 리를 슈퍼히어로들의 아버지로 생각하는 것처럼, 누가 실제로 회사를 소유했는지는 중요하지 않았다.

STAN LEE

13장

혼돈의
소용돌이로

1989년, 8년이라는 긴 임기를 마치고 일반 시민으로 돌아올 준비를 하던 로널드 레이건 대통령과 영부인은 백악관에서 나와 캘리포니아에 있는 목장으로 떠나기 며칠 전에 CBS 기자 마이크 월리스Mike Wallace가 진행하는 〈60분60 Minutes〉에 출연해 인터뷰를 했다. 그들은 오랜 결혼생활에서 나오는 힘에서부터 미국의 수도에서 노력하며 지냈던 시간들에 이르기까지 다양한 내용에 관해 대화했다. 그러던 중 월리스는 크게 관련은 없지만 시청자들이 즐거워할 만한 재미있는 주제로 화제를 바꾸며 대통령이 나라를 이끄는 와중에도 어떤 일상생활을 하는가에 대해 이야기했다.

그는 대통령에게 이렇게 물었다. "아침에 만화를 보시나요?" 그러자 아침 일과를 이야기하기 시작한 레이건 대통령은 신문을 펴면 가장 먼저 만화부터 보고, 그다음에 "진지한 사안들"을 읽으면서 하루를 준비한다고 말했다. 그러고는 책 없이는 살 수 없을 만큼 독서를 굉장히 즐긴다고 이야기하다가 신문 연재만화들 가운데 〈스파이더맨〉을 가장 좋아한다고 밝혔다.[1] 비평가들은 레이건 대통령이 지적으로 언급한 만큼 〈스파이더맨〉이 더 많은 신문사에 팔리겠다고 비꼬았지만, 캐릭터 탄생 후 오랜 기간 동안 이야기 속에 사회문제를 담고자 기꺼이 노력했던 스탠은 대통령이 자신의 작품을 읽는다는 사실에 기뻐했다.

아침마다 〈스파이더맨〉을 읽는다는 레이건 대통령의 이야기는 지난 수십 년에 걸쳐 성장해온 마블 코믹스와 그 캐릭터들, 그리고 스탠 리가 얼마나 큰 영향력을 갖게 되었는지를 상징적으로 보여준다. 미국의 지도자가 스탠의 글을 읽으며 하루를 시작하다니! 이 소식은 따분한 영화 제작 회의에 참석하는 사람들이라면 누구라도 알 수밖에 없었으며, 유명한 할리우드 스타들로 하여금 앞다투어 마블 슈퍼히어로 역할을 맡고 싶게 만들었다. 대통령이 그의 연재만화를 읽는다는 소식을 전 세계가 알게 되었을 당시, 스탠은 막 66세에 접어든 나이였지만 그의 활력은 30대 못지않았다.

1980년, 필라델피아 출신인 로널드 페렐만은 뉴욕에서 돈이 가장 많은 부자로 손꼽히는 인물이었다. 주변에만 있어도 모든 것이 금으로 변한다면서 그 능력을 '미다스왕의 손'에 비유하는 사람들도 많았다. 금융 다툼과 레버리지 매수leveraged buyout(매수할 기업의 자산을 담보로 조달한 매수

자금, 즉 차입 자금을 이용한 기업 매수—옮긴이), 적대적 매수hostile takeover(매수 대상 기업 경영진의 반대에도 일방적으로 진행하는 기업 매수—옮긴이) 등으로 특징지어지던 당시 시대에 페렐만은 앞날이 불확실한 상태에서도 다른 거물들과 수억 달러를 걸고 도박판을 펼치며 기업 간 전쟁을 벌였다.

방송 및 영화 산업 확장 자금이 필요했던 뉴월드 엔터테인먼트는 1989년 초에 마블을 시장에 내놓았고, 그에 관심을 보인 페렐만은 금융 회사 맥앤드류스 & 포브스MacAndrews & Forbes를 통해 8,250만 달러를 제안했다. 맥앤드류스 & 포브스는 페렐만이 소유한 기업에서 만든 수많은 유령 회사들 중 하나였다. 페렐만은 거래를 성사시키기 위해 개인 돈 1,050만 달러를 들이긴 했지만, 실제로 마블 인수에 들어간 자금 대부분은 체이스 맨해튼 은행Chase Manhattan Bank에서 얻은 빚이었다. 자본주의의 전형적인 기업 인수 방식을 따른 것이었다.

슈퍼히어로 캐릭터들과 그 저작권이 모두 포함된 마블을 1억 달러도 안 되는 가격에 인수한 것은 도둑질이나 다름없었다. 페렐만의 입장에서 이 거래는 재정적으로 확실히 이득이었으며, 잠재적 수익성도 높았다. 그는 이렇게 말했다. "지적재산으로 따지면 제2의 디즈니나 다름없었어요. 이제 캐릭터들을 만들고 홍보에 이용할 수 있는 사업에 발을 들인 겁니다."[2] 서류상으로 보면 이 거물은 마블을 세계적인 기업으로 만들기에 딱 맞는 지도자 같았다. 가장 유명한 캐릭터들을 더욱 발전시켜서 마블을 전 세계 관객들 앞으로 데리고 나갈 견고한 계획을 갖고 있었기 때문이다. 더욱 중요하게도, 페렐만에게는 그 목표를 달성하는 데 필요한 팀을 구성할 수 있는 자원과 재정적 능력이 있었다.

1980년대 말은 만화 산업의 경제파동이 다시 반등을 보이던 시점이었기에 페렐만은 마블에 운을 맡겨보기로 했다. 그러나 이 자본가는 회사 주식을 팔아야만 실제 돈을 만들 수 있다는 사실을 알고 있었다. 주식 공개 상장 IPO(기업이 최초로 외부 투자자들에게 주식을 공개 매도하는 것 – 옮긴이)로 수익을 내기 위해 만화책 서점을 확장하는 것부터 몇몇 작품들의 가격을 공격적으로 높이는 전략까지 여러 가지 요소들을 병합했고, 이 방식으로 독자들을 놓치기보다는 오히려 매출액을 증가시키는 것 같았다. 그와 동시에, 저렴한 잡지였던 만화책은 화려하고 돋보이는 표지를 갖춘 수집용 아이템으로 탈바꿈했다. 그러자 1990년 마블의 권당 매출이 1989년 반년간의 매출보다도 30퍼센트 이상 뛰어올랐다.[3]

1990년 마블은 전체 매출이 7,000만 달러에 달했고, 저작권료 1,100만 달러를 추가적으로 벌어들였다. 페렐만과 같이 마블 주식을 가지고 있는 내부 관계자들은 IPO로 더 많은 돈을 벌었지만, 마블의 순수 수익이 고작 540만 달러에 그쳤기 때문에 외부 투자자들은 위험 부담을 감수해야만 했다. 매출이 늘어서 수익이 올라가긴 했지만, 그 전년도 수익은 240만 달러에 불과했다.[4] 그러나 만화책 판매 수익과 실적은 마블 퍼즐의 일부분에 지나지 않았다. 마블 캐릭터 저작권을 가진 회사만 80곳이었으며, 잠재적 수익성도 있었다. 슈퍼히어로 게임들과 가정용 비디오 개발 등 당시 기술 발전에 힘입어 사업 거래량도 다양하게 증가했다.

페렐만 같은 자본가가 그의 거대한 왕국 중 일부를 차기 디즈니로 성장시키는 일은 엔터테인먼트 산업에서 아무도 필적할 수 없는 업적을

STAN LEE

남기는 것과 다름없었다. 그러나 경제 비평가들은 그의 진짜 의도가 새로운 상품을 홍보하는 데에 있으며, 매출을 올리려는 수법이나 다른 형태의 금융 착취를 그럴싸하게 포장한 것에 불과하다고 비판했다. 물론 페렐만의 주요 관심사는 〈스파이더맨〉 만화책을 읽는 것보다 돈을 만들어내는 데 고정되어 있었다. 미국 최대의 왕국을 세운 디즈니를 모방하려면 강력한 영화 부서가 필요했고, 그래서 마블 필름Marvel Films이 탄생하게 되었다.

페렐만의 최고 경영자이자 터너 브로드캐스팅Turner Broadcasting의 전 최고 재무 관리자CFO였던 빌 베빈스Bill Bevins가 마블의 운영을 맡았다. 베빈스는 독립 사업체인 마블 필름의 대표로 스탠을 지목했고, 당장 그의 연봉을 3배나 올려서 스탠을 놀라게 만들었다. 이런 변화는 뉴월드에 있을 때 할리우드 포식자에 의해 결정권 바깥으로 밀려났던 스탠에게 특히 기쁜 일이 아닐 수 없었다. 사실 스탠은 지난 몇 년간 받았던 급여가 자신이 하는 일에 비해 부족하다고 생각하고 있었다. 베빈스가 급여를 인상해주겠다고 이야기했을 때, 당시 스탠은 그의 말을 흘려들었고, 심지어는 자신이 저 새로운 상사의 말을 잘못 들었다고 생각했다. 그날 밤 스탠은 베빈스와 했던 대화에 관해 조앤과 이야기를 나누면서 중요한 메시지를 놓친 것을 깨달았고, 두 사람은 밤새도록 베빈스가 중얼거렸던 그 메시지가 무엇이었는지 고민했다. 그리고 2주 뒤에 조앤은 우편물을 하나 받았다. 그 안에는 스탠의 급여 수표가 들어 있었다. 봉투를 뜯어 수표에 적힌 숫자를 확인한 그녀는 기절할 지경이었다. 기존 급여의 3배에 달하는 금액이었다. 그날 이후로 스탠은 베빈스를 좋아할 수밖에 없었다. 그러나 스탠은 개인의 재정적 발전보다 급여 인상에 담긴 상징적 의미가 더 중요하다고 생각했다. 회사의 새로운 주인이 마블을 세계 그 어떤 엔터테인먼트 회사와도 견줄 수 없는 강력한 곳으로 만들고 싶어 한다는 사실을 알게 된 것이다.

스탠의 미래가 밝아 보였다. 그는 다시금 마블을 영화와 방송계로 확장시키는 일을 담당하게 되었다. 스탠에게는 마블이 디즈니와 같은 왕국을 건설할 수 있을 것이라는 오랜 믿음이 있었고, 페렐만에게는 그 믿음을 실현시킬 수 있는 자금력이 있었다. 스탠은 이 새로운 동료를 떠올리면서 절대 편안하게 앉아 있을 수 없었다. 몇 달 뒤에도 제대로 된 성과를 보이지 않는다면, 먹이를 찾아 헤매는 포식자 페렐만이 뉴월드에 지불한 현금을 되찾기 위해 어떻게든 응징을 하리라 생각했다. 이제 스탠은 마블의 실사방송과 애니메이션 사업을 키우기 위해 각종 시도를 다 해볼 수 있는 더 넓은 작업실을 갖게 되었다.

수십 년 전 스탠과 딧코가 10대 슈퍼히어로를 탄생시키고 그의 이야기를 통해 무수히 많은 현실적 문제들을 다룬 이래, 스탠과 스파이더맨의 오랜 관계는 한 번도 약해진 적이 없었다. 수년간 스파이더맨이 대중문화의 최정상 자리를 차지할 때마다 그의 옆에는 재미있는 이야깃거리와 재치 있는 말투를 지닌 스탠이 있었다. 그는 언제든지 1973년 6월에 죽음을 맞이한 그웬 스테이시에 관한 이야기나 1987년 6월에 시스타디

STAN LEE

움의 5만 5,000명 관중 앞에서 결혼식을 올린 스파이더맨과 메리 제인에 관한 이야기를 들려줄 준비가 되어 있었다. 스탠의 행보를 보면, 마블이 스파이더맨을 회사의 중심축으로 유지하기 위해 어떤 노력을 했는지 알 수 있다. 스파이더맨의 성장을 지켜보던 사람들 대부분은 이 캐릭터가 세상에서 가장 인기 많은 슈퍼히어로가 되었음을 깨달았다. 그가 경쟁사에서 탄생시킨 빨간 망토 사나이와 검은 마스크를 쓴 거물의 자리를 차지하게 된 것이다.

1990년 8월 마블 코믹스는 토드 맥팔레인Todd McFarlane이 쓰고 그린 〈스파이더맨〉 1편을 출간했다. 기존 만화를 화려한 표지와 매우 예술적이고 아름다운 그림으로 재발행한 것으로, 언론 매체의 관심에 불을 붙이고 만화책 수집가들의 마음을 사로잡기 위한 작품이었다. 이형적인 그림 표지의 만화책이 전국에 발행되자, 약 285만 부가 독자들의 손에 들어가면서 만화책 역사상 최고의 판매량을 기록했다. 맥팔레인은 캐릭터의 외형적 특징에 초점을 맞추어 그림을 그렸다고 설명했다. "사람들이 지난 20년 동안 〈스파이더맨〉을 보던 방식을 깨고 싶었습니다."[5] 다시 말해, 맥팔레인은 스탠 리가 마블 세계의 여명기에 시도할 수 있었던 방식을 이용해 스파이더맨과 새로운 대화를 나누고 싶었던 것이다.

스탠은 할리우드에 있는 누군가가 스파이더맨을 영화계의 히어로로 만들어줄 것이란 희망을 놓지 않았지만, 1990년대에는 다른 캐릭터들과 관련된 일을 먼저 들여다봐야 했다. 그는 할리우드에 붙박이처럼 붙어 있었다. 주로 마블과 관련된 방송에서 이야기 자문 위원 역할을 맡았는데, 이를테면 1990년에는 루 페리그노와 빌 빅스비가 출연한 NBC 텔레비전 영화 〈헐크의 죽음The Death of the Incredible Hulk〉에도 참여했다. 원작 방송이 처음 방영된 지 몇 년이나 지났음에도 〈헐크〉를 통해 향수를 느끼게 된 시청자들은 시간이 지날수록 이 캐릭터를 더욱 좋아하게 되었다. 빅스비와 페리그노의 연기에는, 특히 고통스러울 만큼 외롭고 자기 인생의 이방인으로 살아가는 빅스비의 모습에는 시청자들의 열망을 일으키는 신비하고 고독한 매력이 있었다.[6] 그로부터 몇 년 뒤 슈퍼히어로 만화가 지나친 폭력과 액션으로 점철되자, 〈헐크〉와 그 파생 작품들은 거의 진기해 보이기까지 했다.

1994년에 스탠은 수많은 베테랑 작가들과 일러스트레이터들이 만든 단편 이야기들을 엮어서 《얼티메이트 스파이더맨The Ultimate Spider-Man》을 출간했다. 소개말에서 그는 당시 자신이 생각했던 것들을 이야기하면서 이 캐릭터가 만들어진 계기와 탄생 비화를 소개했다. "스파이더맨이 대중문화의 아이콘이 되리라고는 마블에 있는 그 누구도 예상하지 못했다. … 그 당시 스파이더맨은 그저 끊임없이 만들어지고, 만화 속에 등장하고, 인기가 없으면 버려지고, 결국엔 잊히고 마는 많고 많은 캐릭터들 중 하나에 지나지 않았다."[7] 그래서 그는 스파이더맨의 기원에 대해 물으며 대단한 사연을 기대하는 팬들과 기자들을 실망시키는 대신, 애초에 스파이더맨을 처음 떠올렸을 때 마음속으로 보았던 상상들을 덧붙여 "이야기를 꾸며냈다."라고 털어놓았다. 스파이더맨 앞에 '어메이징'을 붙인 이유는 그저 그 단어가 내는 소리가 듣기 좋아서였다고도 덧붙였다.[8] 이어서 스탠은 자신의 노력이 대단찮다고 말했으며, 독

STAN LEE

자들이 보아온 과하게 자신감 넘치는 모습들은(최소 일부분은) 사실 꾸며 낸 것이었다고 말했다.

스탠과 독자들 사이의 솔직하지만 가볍고 익살스러운 관계는 1940 년대 초에 그가 〈캡틴 아메리카〉 이야기를 처음 썼던 그때부터 수십 년 동안 이어져왔다. 이처럼 한결같고 간혹 끈질기기까지 한 그들의 오랜 인연은 팬들로 하여금 그의 좋은 면만 보도록 만들었다. 믿음으로 똘똘 뭉치게 된 것이다. 그래서 엠파이어스테이트빌딩 14층 사무실에서 발견한 거미를 보고 스파이더맨을 만들게 되었다는 스탠의 이야기가 사실이든 아니든 상관없이, 독자들은 그 말을 덥석 물었다. 공격적인 만화 마니아들과 역사가들이 아무리 목소리를 높여가며 그를 비판해도, 팬들은 '스탠 더 맨Stan the Man'을 믿었다. 〈스파이더맨〉 연재만화의 팬이자 저명한 소설가 존 업다이크는 일간신문 〈보스턴 글로브Boston Globe〉에 〈스파이더맨〉 연재를 중단키로 한 결정을 취소하라는 항의 편지를 보내 미국 전역에 반향을 일으켰다(나중에 중단 결정은 번복되었다). 스탠은 연재만화 그림에 서명을 하고 액자로 만들어 스파이더맨 티셔츠와 함께 그에게 선물을 보냈고, 또 한 번 팬을 감동시켰다.[9]

《얼티메이트 스파이더맨》의 가장 중요한 부분은 스탠이 각색하고 내용을 추가한 스파이더맨의 어릴 적 이야기였다. 벤 삼촌과 메이 숙모에 관해 더 많은 내용이 나오는데, 여기에 스탠의 익살스러운 면이 조금 묻어난다. 집을 청소하던 메이 숙모는 거미를 발견하고는 세게 후려치며 소리 지른다. "거미는 정말 싫어! 징그러운 것!" 그러고는 죽은 거미를 들여다보며 "완전히 찌부러진 게 맞는지" 확인한다.[10]

이 새로운 이야기가 중요한 이유는 스탠과 마블 작가들이 시간의 흐름과 함께 전체 이야기를 발전시키기 위해 스파이더맨의 어릴 적 이야기를 얼마나 수정하고 싶어 했는지 알 수 있기 때문이다. 예를 들어 스탠은 엠파이어스테이트대학에 있는 닥터 옥토퍼스의 실험실에서 방사능을 쬔 악명 높은 거미에게 생각과 기분을 불어넣는다. 닥터 옥토퍼스로 하여금 핵을 방출하게끔 만든 이 거미는 곧 피터 파커를 깨물고 그를 영원히 변신시킨다. 이 사건은 스파이더맨을 탄생시켰을 뿐 아니라, 닥터 옥토퍼스의 몸에도 금속 팔들을 장착시켰다. 스파이더맨은 극적으로 닥터 옥토퍼스를 물리치지만, 벤 삼촌이 죽고서 플래시 톰슨과 대결을 벌인다. 마지막에 나오는 유명한 문구는 새로워진 이야기와 함께 아주 조금 수정되었다. "큰 힘에는 … 큰 책임이 따른다."[11]

《얼티메이트 스파이더맨》 컬렉션은 스탠의 신화를 만드는 역할도 했다. 스탠 리를 소개하는 자서전 부분을 보면, 잭 커비나 스티브 딧코에 관한 언급은 없고 스탠이 했던 역할들만 강조되어 있다. "스파이더맨과 인크레더블 헐크, 판타스틱 4, 아이언맨, 데어데블, 그리고 닥터 스트레인지와 같은 수많은 신화적인 캐릭터들은 모두 그의 풍요로운 상상력에서 만들어졌다."[12] 물론 이 책과 스탠을 홍보하려는 목적으로 쓰인 글이겠지만, 이처럼 승자가 모든 영광을 독차지하는 식의 내용은 위대한 일러스트레이터이자 공동 창작자 두 사람을 칭송하는 '진정한 만화인'들에게 반감을 불러일으켰다. 직접적으로 자신을 드러내려는 의도가 없었던 스탠의 입장도 이해하지만, 만화책 팬들과 독자들은 이 책에 엮은이로 이름을 올린 그가 어느 정도는 겸손한 태도를 보일 것이라고

STAN LEE

기대했다. 그래도 스탠의 헌정사를 발견한 세심한 독자도 있을 것이다. "처음을 함께했던, 스티브 딧코에게"[13]

베빈스의 리더십과 페렐만의 전략적 지시 아래, 마블의 매출과 수익성은 날로 높아져만 갔다. 페렐만의 다음 목표는 회사 주식을 상장하는 일이었고, 이 결정으로 그는 회사 주주로서 더 많은 돈을 챙겨 갔다. 주식 공개 상장으로 8,200만 달러가 페렐만의 금고로 들어갔다. 페렐만은 그중 5,000만 달러를 그가 가진 다른 회사들에 쏟아부었고, 초기 자금의 500퍼센트와 마블의 지분 60퍼센트를 자신의 몫으로 챙겼다. 홍보 활동의 일환으로 스파이더맨 복장을 한 배우가 뉴욕 증권거래소 앞에서 증권 거래자들과 악수를 하거나 거미줄을 뿜는 포즈를 취하는 행사도 벌였다.[14]

이제 주식시장이 회사의 가치를 평가했다. 그리고 페렐만은 이 짐승에게 제임스 카메론James Cameron 감독(당시 영화 〈터미네이터〉와 〈에일리언〉으로 성공을 거뒀다)이 영화 〈스파이더맨〉의 각본과 연출을 맡게 될 것이라는 소식을 먹이로 던져줬다(스탠을 기쁘게 한 이 일을 계기로 두 사람의 오랜 우정이 시작되었다). 마블이 매출액 4억 1,500만 달러를 기록하고 순수익으로 5,600만 달러를 거두어들였다고 보고된 1993년 말, 마블 주가는 2배 이상 뛰면서 한 주당 35달러에 거래되었다.[15] 이로써 페렐만이 또 한 번 엄청난 성공 신화를 쓰는 듯했다.

마블의 앞날이 탄탄하게 보장된 듯 보였지만, 이 호황에는 금이 가고 있었다. 그리고 페렐만이 1992년 중반에 2억 8,600만 달러에 사들인 트레이딩 스포츠 카드 제조 회사인 플리어Fleer도 위기 상황을 맞이했다. 이 소식에 팬들이 뒷걸음질을 치자, 마블은 아이크 펄머터Ike Perlmutter와 아비 아라드Avi Arad가 이끌던 캐릭터 상품 전문 장난감 제조 회사 토이 비즈Toy Biz의 지분 46퍼센트를 받는 조건으로, 토이 비즈에 마블 캐릭터 사용권을 저작권료 없이 무상으로 제공하기로 했다.

페렐만이나 그의 경영진 중 어느 누구도 당시 대유행한 만화책 수집 열풍이 만화책 시장을 얼마나 활기차게 만들어줄지 알지 못했다. 1989년 상영한 마이클 키튼Michael Keaton 주연의 영화 〈배트맨〉과 1992년에 출시되어 600만 부가 판매된 만화책 〈슈퍼맨의 죽음Death of Superman〉으로 만화책 시장에 활기가 돌았지만, 그 열기는 곧 사그라졌다. 그 당시 마블이 누렸던 성공에도 불구하고, 상품 개발에 재투자하지 않고 수익에만 집중하는 페렐만의 사업 방식 때문에 만화시장의 경기 침체와 함께 마블의 힘도 약해졌다. 페렐만의 경영진은 하락세를 바로잡기 위해 또 다른 스포츠 카드 업체인 스티커 제조 회사와 출판사 2개, 즉 웰시 출판 그룹Welsh Publishing Group과 말리부 출판사Malibu Publishing를 사들였다. 웰시 출판 그룹은 어린이 잡지를 발행하던 곳이었으며, 말리부 출판사는 웨스트코스트의 만화책 출판사로, DC도 군침을 흘리던 곳이었다(가격 상관없이 말리부를 반드시 사야 한다고 마블에 지시가 내려왔는데, 그 이유는 DC가 이곳을 손에 쥘 경우 선두 자리를 차지할 것이라는 예측 때문이었다). 이런 식의 기업 인수로 몸집이 비대해지면서 마블은 기초 토대부터 흔

STAN LEE

들거리며 더욱더 약해졌다. 결국 1995년에 마블은 매출액이 8억 2,900만 달러나 됐음에도 4,800만 달러의 손해를 입었다. 페렐만이 경영한이래 첫 손실이었다. 은행 빚이 6억 달러로 불어남에 따라 회사는 은행의 감시를 받게 되었다. 이제 마블에는 인터넷 부서나 수익을 내는 데도움이 될 프로젝트 등 새로운 개발에 투자할 돈이 더 이상 없었다.

페렐만은 기업 쇼핑을 강행하고자 채권을 더 발행받았다. 그러나 페렐만과 같은 기업인이자 더 비대한 자산가인 칼 아이칸Carl Icahn이 마블을 주시했다. 그의 눈에 4,000만 달러 규모의 채권이 있는 마블은 일방적으로 기업 인수를 감행하기에 딱 좋은 상태였다. 결국 마블이 의무를다하지 못하고 빚을 갚는 데 문제가 생기자, 페렐만이 더 많은 주식을발행하기 위해 3억 5,000만 달러의 승인을 요청했으나, 회사 지분의 25퍼센트를 갖고 있던 아이칸이 이를 반대했다. 갑자기 하락세를 타고 있던 만화책 시장 한가운데에서 마블의 미래를 두고 미국에서 가장 돈 많은 부자 둘이 전쟁을 벌이기 시작했다. 아이칸은 마블을 구하고 싶어하는 듯 보였지만, 사람들은 그가 최대한 싼 가격에 마블을 사들여 조각조각 쪼개서 팔아버릴 것이라고 생각했다.[16]

1996년 12월 27일, 스탠의 74번째 생일 바로 전날에 페렐만은 그에게 남은 유일한 방법을 실행에 옮겼다. 아이칸에게 마블을 빼앗기는 것을 막기 위해 지푸라기라도 잡는 심정으로 파산 신청을 해버린 것이다.격동의 시기를 겪어낸 마블 임원 중 한 명인 시렐 로즈Shirrel Rhoades는당시 만화시장 전체가 뒤흔들렸다고 말했다. "짧고, 달콤하지 않은 소식이었습니다. 만화 산업 곳곳에 공포의 물결을 일으켰지요."[17] 양측은 마블의 기업 구조를 개편할 계획을 주고받았지만, 서로 받아들이지 않았다. 파산 소식이 세상에 알려진 뒤, 여전히 스포츠 카드 회사가 전체 예산을 압박하고 광고나 저작권 수익도 사라진 상황이었지만, 아이러니하게도 만화책 출판 조직만 제 역할을 해내고 있었다.

1997년 2월, 법정에서 마블 운영자로 아이칸의 손을 들어주었고, 그해 7월 회사 이사회의 통제권을 넘겨받은 아이칸은 페렐만과 그의 동료들을 영원히 퇴출시켰다. 다양한 경제 전문가들은 페렐만이 마블을 운영하는 동안 자산을 2억 달러에서 4억 달러는 늘렸을 것이라고 예측했다. 아이칸이 자신의 경영진을 회사에 포진시키는 동안 펄머터와 아라드가 이끌던 토이 비즈가 갑자기 협상 중간에 끼어들어 마블을 구하기 위한 계획서를 법원에 들이밀었다. 이 회사는 당사 제품의 절반 이상을 마블 캐릭터 상품으로 생산하기 시작하면서부터 저작권료 없이 상품 캐릭터를 사용할 수 있는 기존 권한을 유지하길 원했다.

1997년 12월, 마블의 운명이 델라웨어 미국 지방법원 판사 로드릭 맥켈비Roderick McKelvie가 지명한 파산 관재인 존 기브스John J. Gibbons의 수중에 들어갔다. 마블 임원진이 토이 비즈의 거래 제안에 이의를 제기하자 더욱 공격적으로 협상에 참여하게 된 펄머터와 아라드는 투자자 그룹을 하나로 묶어서 마블을 인수하기 위한 4억 달러를 마련해냈다. 아이칸의 반대에도 판사 맥켈비는 토이 비즈의 제안을 수락했다. 새롭게 합병된 이 기업은 채권자들에게 진 빚을 먼저 일부 갚은 뒤 잔여 청구권(채권자에게 약속된 금액 지불 이후 남은 자산에 대한 청구권-옮긴이)을 신청했다.[18] 아라드는 마블 인수에 참여한 상당수의 자산가들에게 영화

STAN LEE

사로서의 마블은 이미 성공이 보장된 것이나 다름없다고 설득했다. 훗날, 그의 열정적인 제안은 미래에 대한 예언이 되었다.

기업계의 거물들과 기업 사냥꾼들이 마블을 놓고 싸움을 벌이던 1990년대 말에 스탠은 회사의 병사로서 묵묵히 맡은 일을 해나갔고, 할리우드와 다양한 애니메이션, 텔레비전 방송, 영화 계약을 통해 자신의 길을 엮어나갔다. 제작사들이 미래가 불투명한 마블과의 거래를 점점 더 망설이게 되었지만, 그 부분을 제외하면 스탠은 마블의 파산 문제로 속상해하지 않았다. 이전에는, 베빈스는 보통 스탠이 독립적으로 일할 수 있게 해주었다. 베빈스가 일에 관여했던 유일한 건은 〈블랙 위도우Black Widow〉와 〈데어데블〉의 만화영화 방송사 문제로 스탠과 이견이 있었을 때뿐이었다. 그러나 마블의 운명이 전반적으로 불확실해지자 베빈스는 그 계약을 날려버렸다.[19] 스탠은 편집자로 일했던 지난 시절을 되짚어보기도 했다. 주로 애니메이션 프로그램 작가들로 하여금 마블 캐릭터와 이야기 구성 기준을 제대로 이해하도록 만들기 위해서였다. "나는 사무실에 앉아 영화와 텔레비전 쇼, 애니메이션 작업을 하며 대부분의 시간을 보냈어요."

파산 후, 법원과 판사가 마블 인수 기업으로 누구의 손을 들어주느냐에 따라 마블의 미래가 달라질 듯 보였다. 그러나 스탠은 그 결과에 크게 흔들릴 까닭이 없었다. 누가 기업을 인수해 가느냐에 관계없이 그는 마블에 있어 너무나 중요한 존재였기 때문이다. 그래서 스탠은 유유자적했다. "나는 창작과 관련된 일에 신경 써야 했기 때문에 사업적인 일에는 관여하지 않았습니다."[20] 회사는 스탠의 제작 작업의 중요성을 이해하고 있었다. 그의 감독 아래 〈스파이더맨〉과 〈엑스맨〉, 〈인크레더블 헐크〉가 아이들의 텔레비전 방송 프로그램으로 엄청난 시청자를 끌어모았기 때문이다. 스탠은 이렇게 말했다. "우리 방송은 기본적으로 좋은 반응을 얻었어요. … 나에게는 그게 가장 중요한 문제였습니다."[21]

마블의 사업적 전략으로 사용되는 경우는 별로 없었지만, 스탠이 만들어놓은 회사의 애니메이션 분야는 매우 두터운 팬층을 양성해냈다. 그러나 평생 영화 애호가로 살아온 스탠에게 진정한 성취감을 안겨줄 수 있는 것은 영화뿐이었다. 캐릭터의 영화 판권을 누가 가져갈 것인가를 가리는 법적 분쟁으로 영화 〈스파이더맨〉의 제작이 불투명해졌지만, 엑스맨과 헐크를 포함한 다른 캐릭터들의 영화화 가능성은 더 높아졌다.

마블의 첫 번째 영화 주인공이 된 캐릭터는 놀랍게도 마브 울프먼이 만들고 진 콜런이 그림을 그린, 그다지 유명하지 않았던 보조 캐릭터 뱀파이어 헌터 블레이드Blade였다. 웨슬리 스나입스Wesley Snipes가 주연을 맡아 1998년 늦은 여름에 개봉한 〈블레이드〉는 평론가들에게 다양한 평가를 받았지만, 팬들은 환호했다. 미국 전역과 해외 여러 나라에서 상영되었고, 미국에서만 7,000만 달러, 해외에서는 1억 3,100만 달러를 벌어들였다. 스탠이 카메오로 등장했던 짧은 영상은 편집되었지만, 〈블레이드〉는 마블 캐릭터가 영화와 잘 맞아떨어질 것이라는 스탠

STAN LEE

의 오랜 믿음을 확인시켜준 작품이었다.

1990년대가 막을 내리면서 스탠도 그 힘겨웠던 10년을 마무리했다. 마블 슈퍼히어로들에게 영화와 방송으로 생명을 불어넣겠다는 그의 염원이 이루어지기 시작했다. 하지만 마블은 여전히 흔들리는 지대 위에서 있었다. 마블에는 무수히 많은 캐릭터와 세계적으로 유명한 슈퍼히어로라는 재산이 있었지만, 이들을 소유했던 다양한 기업들은 이 캐릭터들을 어떻게 활용할지, 이들을 자본화하기 위해 어떤 전략을 세워야할지에 관한 감각이 없었다. 저작권료 없이 캐릭터 상품을 생산할 권리를 얻어내고, 이어서 마블의 경영권까지 손에 쥔 토이 비즈의 펄머터와 아라드만이 어떻게 하면 마블 슈퍼히어로들을 현금으로 만들 수 있는지 이해하고 있었다.

70대라는 나이에도 스탠은 어떻게 하면 만화 산업에 기술을 이용할수 있을지에 계속해서 주목했다. 그리고 비디오게임부터 CD-ROM이나 인터넷으로 제공되는 전자 만화책에 이르기까지 모든 가능성에 투자했다. 마블의 최초 인터넷 서비스 작업에 참여하기도 했다. 1990년대 말 AOL 웹 사이트(미국 포털 사이트 및 온라인 서비스 제공업체-옮긴이)에 팬들이 올리는 질문에 답변을 해주는 서비스였다. 그는 웹 서비스가 어떤 식으로 구현되는지는 잘 이해하지 못했지만, 인터넷으로 전 세계를 서핑하는 사람들에게 중요한 엔터테인먼트 매체가 될 것이라는 사실은 알고 있었다.

작가나 음악가, 예술가 등 수많은 창작가들이 스탠의 나이에도 활동하는 경우는 드물었지만, 그는 일을 멈추면 삶의 의지를 잃게 될 것이라며 은퇴를 거절했다. 각종 만화 컨벤션에 참석하고, 방송에 출연하고, 로스앤젤레스에서 유명인들과 어울려 지내면서 얻는 활력은 이 대단한 작가에게 마법의 묘약이 되어주었다. 스탠은 그저 멈추기 싫어서가 아니라 살기 위해 일했다.

14장

쿵! 뒤통수를
정통으로 맞다

1999년 1월, 스탠 리가 창업한 인터넷 회사 '스탠 리 미디어 주식회사 Stan Lee Media Inc., SLM'가 웹 세상을 뜨겁게 달구었다. 기자들은 그 소식을 취재하려고 서둘렀다. 그들은 스탠과의 인터뷰를 통해 새로운 벤처기업에 관한 소식뿐 아니라 전설적인 마블 슈퍼히어로들에 관한 이야기까지 들을 수 있었다. 세계에서 가장 획기적인 이야기 전달 매체와 세계에서 가장 흥미로운 이야기꾼의 만남으로 확실한 성공이 약속된 듯 보였다.

스탠과 함께 SLM을 만든 사람은 피터 폴Peter F. Paul이라는 할리우드의 문제아로, 그는 전설적인 영화배우 지미 스튜어트Jimmy Stewart와 함께 비영리 재단을 처음 설립하고 여러 번 세간의 이목을 끄는 모금 운동을 벌인 경험이 있었다. SLM 홍보 자료에 따르면, 폴은 소니Sony를 위해 메릴린 먼로의 시각적인 이미지를 부각시키는 애니메이션 영상을 만들었던 디지콘 엔터테인먼트Digicon Entertainment를 설립한 과거 경험을 내세우며 "신예 미디어 기획가"로 불렸다.[1] 당시 그는 유명인으로서 이름을 날리며 빌 클린턴 대통령과 영부인 힐러리처럼 힘 있고 돈 많은 친구들을 사귀는 사교적 재능을 과시하고 다니기도 했다.

세계적으로 중요한 매체가 된 인터넷의 발달은 스탠으로 하여금 77세의 나이에도 새로운 미디어를 다룰 수 있음을 세상에 보여줄 기회를 주었다. "피터 폴이 인터넷 회사를 만들자고 제안해 왔을 때, 내가 제대로 알고 있었던 단 하나는 인터넷이 세상에서 가장 거대한 힘을 가진 전대미문의 엔터테인먼트 및 커뮤니케이션 매체가 될 것이라는 사실이었습니다. 그래서 당연한 얘기지만, 기꺼이 그 제안을 수락했지요."[2] 폴은 스탠의 인지도만으로도 3,000만 달러의 브랜드 가치가 있다고 판단했다. 슈퍼히어로들의 저작권이 모두 마블에 있었기 때문에 스탠이 혼자 또는 공동으로 창작한 캐릭터들을 사용할 수는 없었지만, 이 나이 많은 수장에게는 자신의 벤처기업이 저작권을 가질 수 있는 슈퍼히어로들을 완전히 새롭게 탄생시킬 능력이 있었다.

스탠은 기존 슈퍼히어로들의 경쟁 상대를 탄생시켜 마블과 온 세상에 선보일 생각에 힘이 솟았다. 그의 이런 경쟁심은 마블이 그에게 씌워준 '명예 회장'이라는 직위에도 불구하고 최근 마블이 겪었던 시련과 그가 지금껏 계약을 진행하며 느꼈던 감정에서 파생된 것이었다. 스탠은 전 생애를 바쳐 일했음에도 허수아비 신세만 겨우 모면했다는 생각에 신경이 날카로워져 있었다.

게다가 그간 자신의 재정적 안정을 보장해주고 회사를 일으켜 세운

STAN LEE

공로를 인정해주었던 기존의 종신 계약을 무효화하고, 마블의 새로운 대표 아이크 펄머터 앞에서 고개를 숙이고 근무 계약을 다시 체결해야 하는 상황이 속상하고 화났다. 스탠은 펄머터가 처음으로 제안했던 계약서를 보고 모욕감을 느꼈다. 종신 계약이 아닌 2년 계약이었던 데다 급여도 "기존 금액의 정확히 절반"만 주겠다고 한 것이다. 그는 새로운 마블 경영진이 마틴 굿맨에게 교육이라도 받은 게 아닌지 의심스러웠다고 한다.[3]

궁극적으로 마블 임원진은 스탠 리가 만화계의 정신적 지도자로서 가치가 있음을 깨달았고, 만일 이 전설적인 인물이 DC나 다른 출판사로 간다고 할 경우에 일어날 홍보적 손실을 감수할 수 없었다. 변호사 아서 리버먼Arthur Lieberman은 스탠의 급여를 올려줄 것(생계유지비로 연간 80만 달러 이상)과 〈스파이더맨〉 신문 연재만화에 대해 연간 12만 5,000 달러를 지급할 것을 최종 계약으로 성사시켰으며, 더욱 중요한 조앤을 위한 퇴직금 연 50만 달러와 훗날 얻게 될 마블 영화 및 방송 수익의 지분 10퍼센트도 함께 받아냈다.[4] 이 새로운 계약서는 스탠에게 빠져나갈 구멍도 만들어주었는데, 특히 그가 원한다면 조직이나 출판사에 관계없이 어떤 프로젝트에든 참여할 수 있다는 조항이 들어 있었다.

이제 SLM을 창업하게 된 스탠은 이전의 작업 방향과 달리 "날카롭고, 무척 재미있으면서도 놀라운"[5] 온라인 만화책과 슈퍼히어로물을 선보일 것이라고 발표하면서 마블에 어느 정도 충격을 줄 수 있었다. 스탠의 말에 따르면, 이 새로운 회사는 온라인 제작사와도 협약을 맺어 컴퓨터용 만화책과 대화형 게임을 할 수 있는 웹페이지를 만들었으며,

사업에 참여하고 싶어 하는 사람들을 위해 만화책 전설과 함께하는 인터넷 수업 서비스를 제공하기도 했다.

1999년 초에 설립된 SLM은 캘리포니아 엔시노의 벤투라 블러바드에 위치한 빌딩의 전형적인 사무실에서 시작했다. 겉으로 봐선 로스앤젤레스에서 30여 킬로미터 떨어진 곳에 위치한 수많은 빌딩숲 속 다른 사업체들과 다를 것 없었지만, SLM의 보도 자료들은 화려하다 싶은 색깔들로 스탠을 홍보했고, 새로운 투자자들을 성공적으로 모은 그의 과거는 SLM이 주식 공개 상장을 빨리 할 수 있도록 도와주었다. 주식 공개 상장은 지난 몇 년간 부자가 된 인터넷 회사들이 밟아온 필수 코스였다. SLM을 보도하는 자료에서는 스탠이 "그 누구보다 만화 산업에 가장 큰 영향을 끼쳤다."라고 말하며, "그가 탄생시킨 20억 권 넘는 만화책들은 25개 언어로 번역되어 75개 국가에서 발간되었다."라고 강조했다.[6] SLM의 가장 중요한 정보는 새로운 캐릭터와 상품들을 모아놓은 웹 사이트 주소 www.stanlee.net이었다.

만화계의 우상이 활동 지역을 인터넷상으로 옮겼다는 소식은 각종 신문의 머리기사를 장식했다. 사람들은 어떻게 인쇄 자료가 가상 세계로 변환될 수 있는지 궁금해했다. 무수한 인터뷰와 대중들의 관심을 통해 스탠의 진심과 열정이 세상 밖으로 쏟아져 나왔다. 미국 공영방송 NPRNational Public Radio과의 인터뷰에서 그는 인터넷 만화책은 "정말 영화의 축소판입니다. 대사를 읽는 배우가 따로 있지요. 여기엔 말풍선이 없어요."[7]라고 말했다. 새로운 슈퍼히어로로 세계를 창조하겠다는 스탠의 말에 여러 투자자들과 팬들이 강한 호기심을 보였다. SLM은 다른

STAN LEE

경쟁사들마저 온라인 시장에 뛰어들도록 만들었고, 그 결과 투자자들은 또 한 번 이 회사에 투자할 마음을 갖게 되었다. 어떤 기자에 따르면, SLM에 대한 폴의 비전은 스탠이 과거에 이루어놓은 명성을 이용해 인터넷 서비스라는 새로운 콘텐츠를 판매하는 것이었다. 다시 말해, "인터넷이라는 유동하는 토대 위에 세워진 가상의 공간, 새로운 '하우스 오브 올드 아이디어House of Old Ideas(스탠은 마블을 '하우스 오브 아이디어'라고 부르곤 했다—옮긴이)'에서 만들어낸 콘텐츠들을 열렬한 팬들과 캐릭터 상품 파트너들에게 던져주는 것"이었다.[8]

1999년 8월, 폴과 증권 인수업자 스탠 메들리Stan Medley는 SLM의 주식을 상장하길 원했지만 전형적인 주식 공개 상장 방식은 피하고 싶었다. 그래서 볼더 캐피털 오퍼튜니티 주식회사Boulder Capital Opportunities, Inc.라는 주식 공개 회사를 이용해 역합병reverse merger(한 회사가 다른 회사를 인수해 기업합병이 이루어진 경우 인수 회사는 소멸되고 피인수 회사를 유지하는 경우를 일컫는다—옮긴이)을 진행해, 이 새로운 독립 회사로 하여금 SLEE라는 주식 종목 코드 아래 SLM을 대신 거래되게끔 만들었다. 폴이나 다른 임원진과 마찬가지로, SLM의 회장이자 창작 분야를 이끄는 리더 스탠에게도 600만 주가 넘는 스톡옵션(자사 주식 매입권—옮긴이)이 주어졌다. 이 스톡옵션은 처음엔 가치가 크지 않았지만, 미래에는 엄청난 부를 안겨줄 가능성이 있었다(당시 스탠의 연봉이 27만 2,500달러였다). 엔시노 빌딩의 꼭대기 층에서 보낸 처음 한 해 동안(그리고 폴이 어둠 속에서 수많은 물밑작업을 열심히 하는 동안), 이 회사는 150명의 직원을 둘 만큼 성장했다.

SLM은 보이지 않는 문을 통해 지구를 휘젓고 다니는 빌런들과 맞서 싸우는 슈퍼히어로 팀 〈더 세븐스 포털The 7th Portal〉을 주력 서비스 상품으로 만들었다. 창작 팀 부사장이었던 버즈 딕슨Buzz Dixon에 따르면, 스탠은 직접 참여하는 방식을 취했다. 딕슨은 사업 초반에 스탠이 이야기 아웃라인과 캐릭터들에 관한 글을 쓰면서 6개 내지 7개 프로젝트에 집중적으로 참여했다고 말했다. "내가 본 모든 작품들에 스탠의 아이디어가 담겨 있었습니다."[9] 스탠과 새로운 작업실의 작가 및 일러스트레이터들은 다양한 아이디어를 주고받으며 캐릭터들을 개발하고 있었지만, 회사 관계자들은 인터뷰를 통해 SLM이 진정으로 판매하는 것은 스탠 리 그 자체라고 이야기했다. "중요한 사실은 스탠 리가 세계 시장에서 인정받는 브랜드라는 것입니다."[10] 심지어 폴과 다른 임원진은 스탠이 탄생시킨 수많은 유명 문구들과 새롭게 만들 상표를 이용한 '스탠 리 의류 상품'까지 고려했다고 한다. 이 회사 관계자들은 스탠이 매일 아침 9시 30분에 그의 검은색 승용차 메르세데스 벤츠 E320을 타고 출근해서 보통 저녁 8시가 되어서야 퇴근한다고 말했다.[11]

2000년 2월 29일, SLM은 폴의 지휘 아래 노스캐롤라이나의 롤리 스튜디오Raleigh Studios에서 유명 연예인들을 초청해 〈세븐스 포털〉의 데뷔식을 열었다. 방송인 딕 클라크Dick Clark가 행사를 진행했으며, 배우 제리 루이스Jerry Lee Lewis와 음악가 레이 찰스Ray Charles와 샤카 칸Chaka Khan도 무대에 올랐다. 그리고 3개월 뒤, SLM은 연간 방문자 수가 1,200만 건에 육박하는 〈세븐스 포털〉 테마의 입체 영상관 '3D 라이드'를 개발하기로 파라마운트 파크Paramount Parks(파라마운트사에서 운영하는 5개 테마

STAN LEE

공원을 관할하는 기관−옮긴이)와 합의했다고 발표했다.

SLM의 브랜드 인지도는 높았지만, 폴이 따내는 상당수의 계약들을 자본화할 만한 콘텐츠는 아직 충분하지 않았다. 스탠은 작가들과 일러스트레이터들이 아이디어를 내는 일은 도와줄 수 있었지만, 실제로 영향력을 끼칠 만한 일에 관해서는 그의 공동 창업자의 견제를 받았다. 심지어 폴은 스탠이 중요한 결정권을 발휘할 만한 일에는 접근하지 못하도록 만들었다. 회사 내부자에 따르면, 스탠이 "사업 회의에 참석해서 간혹 무슨 말을 하긴 했지만, 주로 딴생각을 하거나 잠을 자곤 했다."라고 한다.[12] 폴은 마케팅 전략들을 전속력으로 가동시키며 지속적으로 스탠과 SLM에 관한 내용을 소식란에 올렸지만, 실제로 만들어지는 콘텐츠나 상품은 조금씩 줄어들었다.

스탠 리라는 이름에 이끌려 다른 유명인들도 SLM의 행사에 뛰어들었다. SLM은 남성 보컬 그룹 백스트리트 보이즈Backstreet Boys와 R&B 가수 매리 제이 블라이즈Mary J. Blige 같은 수많은 스타들과 함께 대중들의 이목을 집중시키는 다양한 일들을 벌였다. 스탠이 오랜 만화 인생 가운데 정점에 서 있다고 본 전문가들은 SLM이 그의 감독 아래에서 인터넷계의 디즈니가 될 것이라고 믿었다. 일반 대중들의 눈에 '스탠 리'라는 이름이 새겨진 이 회사는 마블과 동일하거나, 또는 훗날 마블과 같은 성공을 거두게 될 기업으로 보였으며, 언론 매체나 증권 전문가, 그리고 같은 노선에 발을 들인 다른 업체들도 마찬가지로 생각했다. 신경제New Economy(정보 통신 기술 기반 산업을 중심으로 돌아가는 경제−옮긴이) 주위에 부풀어 오른 과도한 거품들이 SLM의 조잡한 요소들이나 이 회사에 드리워진 어두운 운명을 파악하는 언론 매체의 능력까지 덮어버린 것이다.

새너제이와 샌프란시스코부터 뉴욕의 실리콘앨리Silicon Alley에 이르기까지 미국 전역이 인터넷 세상에 열광했고, 더블린과 텔아비브, 모스크바 같은 도시들은 세계적인 기술 중심지로 급성장했다. 인터넷으로 소비 상품을 판매하겠다는 단순한 아이디어에도 수백만, 수천만 달러를 투자하겠다는 모험심 강한 자본가들이 모여드는 과열된 환경에서 SLM은 누구보다 확실한 승리자처럼 보였다. 인기가 절정에 치달은 2000년 초반, 월 스트리트에서 산정한 SLM의 주가는 한 주당 31달러에 달했고, 이 주가를 기준으로 계산해보면 SLM의 자산은(3억 5,000만 달러) 마블 코믹스를 당장 살 수 있을 정도였다. 당시 마블의 인수를 고려하고 있던 팝스타 마이클 잭슨은 개인적으로 스탠을 만나서 만일 마블을 사면 당신이 회사를 운영할 수 있겠냐고 물었다. 스탠은 당연히 그러겠다고 답했지만, 마이클 잭슨의 회사 인수는 이루어지지 않았다.

스탠은 자신이 항상 잘해오던 일을 멋지게 해냈다. 회사의 얼굴이 된 것을 넘어서, 심지어 온라인 만화책과 인터넷 매체를 즐기는 신세대까지 대변하는 더욱 중요한 역할을 맡게 된 것이다. 가공할 만한 수준의 광고들과 타당성을 따지지 않는 맹목적인 믿음은 스탠이 오랫동안 바라왔던 "진정한 만화인"들의 진정한 신뢰(와 '스탠 더 맨' 기업에 첫발을 디딜 수 있는 기회)를 얻을 수 있는 완벽한 환경을 만들어냈다. 기술 컨퍼런스나 다양한 행사에서 강연을 할 때마다 그는 열렬한 만화광들이자 슈퍼히어로 이야기를 들으며 자란 스탠 리 추종자들에 둘러싸여 있었다.

STAN LEE

SLM 직원들 중 일부가 회사에서 진행하는 수많은 거래와 협업의 적합성에 대해 비밀스레 의문을 제기했지만, 폴과 극소수의 공모자들 말고는 회사 자본과 주식이 얼마나 빨리 타오르고 있는지 아는 사람이 없었다. 훗날 법정 서류를 통해 알려진 내용에 따르면, SLM은 설립 초기부터 2000년 9월에 이르기까지 간신히 2,600만 달러를 자산으로 유지하고 있었다. 하지만 그간의 사업 활동으로 벌어들인 수익은 약 100만 달러에 불과했다.[13]

'폭탄'이 되어버린 수많은 인터넷 회사들과 마찬가지로 SLM도 속 빈 강정이었다. 대부분이 허황된 광고였으며, 온라인에서 만화 세상을 펼치겠다는 기막힌 생각은 마케팅 수완 아래에 묻혀버렸다. 수익성보다는 사업체의 규모를 더 중시하는 풍조와 곳곳에 만연한 주식시장의 거품을 이용해 수많은 인터넷 기업 '폭탄'들이 탄생했고, 그런 환경에서 SLM도 계획적인 사기와 주식 조작에 연루된 것이다.[14] 2000년 12월에 회사가 파산을 결정하자 150명의 직원이 직장을 잃었다. 증권거래위원회 SEC와 미 연방수사국 FBI가 폴과 스탠 등 SLM 경영진 조사에 착수했다. 스탠은 재정적 범법 행위를 벌이지 않았다는 사실이 밝혀지자, 폴이 집중 수사 대상이 되었다. 그리고 얼마 뒤에 온 세상 사람들이 그의 이름을 알게 되었다. 폴은 당대 가장 지독한 폰지 사기Ponzi scheme(신규 투자자들의 투자금으로 기존 투자자들에게 배당금을 지급하는 금융 사기―옮긴이)에 스탠 리를 이용한 사기꾼이었던 것이다.[15]

스탠의 일흔여덟 번째 생일을 2주 앞두고 SLM의 직원들은 회사의 몰락에 관한 불길한 소식과 일자리를 잃을지도 모른다는 걱정에도 불구하고 자신들의 리더를 위해 독일에서 2미터가 넘는 스파이더맨 조각상을 들여왔다. 그들은 조각상을 조립해 세운 뒤 스파이더맨 스타일로 손가락을 꼬아 행운을 빌었고, 스탠은 그 덕분인지 곤경을 면할 수 있었다. 어쩌면 이 스파이더맨이 마법처럼 살아 움직여 고된 사건에 앞장선 것인지도 모른다.

직원회의 당일, 남아 있던 SLM 임원진이 회의실에 들어와 회사가 문을 닫게 되었으며 모든 직원이 더 이상 일을 할 수 없게 되었다고 발표했다. 망연자실한 표정과 울음소리가 회의실을 가득 메웠다. 상당수 직원들이 이미 회사의 재정 상태가 악화되었음을 인지하고 있었지만, 그래도 그들은 방금 들은 소식이 믿기지 않았다. SLM은 2년도 안 되는 기간 동안 수천만 달러의 돈을 공중에 날려버렸고, 그렇게 또 하나의 벤처기업이 역사의 쓰레기통에 던져졌다. 소식을 듣고 그 자리에서 쓰러져버린 스탠은 부축을 받고서야 건물 밖으로 나올 수 있었다. 굿맨의 압박으로 동료 직원들과 프리랜서들에게 불행한 소식을 전해야 했던 옛 기억이 아직도 그의 마음을 아프게 했다.[16]

만약 폴을 진짜 슈퍼빌런으로 만든다면, 매끈하게 턱시도를 차려입은 남자가 끈적거리는 거대 뱀으로 변신하거나 돈과 보석을 초능력 연료로 삼는 모습이 그려질 것이다. 손에 꼽을 수도 없을 만큼 수많은 유명인과 정치인이 폴에게 사기를 당했다. 심지어 경제 언론사들도 그에게

STAN LEE

속았다. 이를테면 〈로스앤젤레스 비즈니스 저널Los Angeles Business Journal〉은 그를 "스파이더맨의 비즈니스 브레인"이라고 부르며 스탠의 새로운 캐릭터들이 그가 하는 일을 통해 "기업 왕국으로" 입성할 것이라고 보도하기도 했다. 폴은 SLM이 "21세기형 디즈니"라며 큰소리치곤 했다.[17]

폴은 분명히 장엄한 비전을 갖고 있었다. 그가 세운 전략은 단순하면서도 인터넷 열풍 속에서 탄생한 다른 벤처기업들이 수행한 방식을 똑같이 따른 것이었다. 일단 그는 회사와 스탠 리를 알리기 위해 마케팅과 홍보 전술을 힘껏 발휘했다. 그런 다음에는 상품과 수익이 부족하더라도, 제품이나 콘텐츠 등 실제로 제공할 서비스가 별로 없더라도 회사를 대중들 앞에 화려하게 선보였다. 이렇게 대중 앞에서 몸집을 과시함으로써 폴은 회사의 주식으로 적자 상태를 더욱 악화시켰다(동시에 자신의 주머니를 채웠다). 결국 회사의 재정적 손실에 대한 책임이 주주들에게 넘어가는 동안 폴과 그의 동업자들은 가지고 있던 스톡옵션을 어마어마한 돈으로 환전해 자신들의 배를 불렸다.

조사 당국은 폴과 SLM 부사장 스티븐 고든Stephen M. Gordon을 포함한 그의 심복들이 주식 사기를 벌였음을 밝혀냈다. 그들은 공수표 발행 사기죄로 2003년부터 6년 6개월 징역을 선고받고 연방 교도소에서 복역하게 되었다.[18] 폴은 SLM의 거품 낀 주식을 담보로 은행에서 대출을 받은 뒤 주식들을 불법으로 팔아넘겼다. 그의 폰지 사기는 전말을 밝혀내기까지 몇 년이 걸릴 만큼 광범위했지만, 폴은 스탠에게 개인적으로 25만 달러를 빌리고 갚지 않는 등 그보다 단순한 불법행위를 벌이기도 했다. 심지어 여러 계약을 진행하면서 스탠의 서명을 위조하기도 했다(스탠 리가 계약 서류에 직접 서명한 것이 아니라는 사실을 훗날 필적감정 전문가들이 증명해주었다).[19]

2001년 2월 16일, SLM은 캘리포니아 지방의 연방 파산법원에 파산 신청서를 제출했다. 그리고 2002년 8월에는 콜로라도 국무 장관이 기업 해산을 명했고, 수탁 수수료를 지불하지 않아 이 사건의 소송 진행이 기각되었다.[20] 법적으로 그를 묶어놓을 방법을 모색하는 동안 도주에 성공한 폴은 2000년 12월 브라질에서 모습을 나타내며 기소에서 빠져나가려 애썼다. 그러나 2001년 8월 브라질 경찰국은 이 범죄자를 체포해 2년간 구금했다. 범죄인 인도 절차를 밟은 미국 당국은 2003년 9월이 되어서야 그를 본국으로 소환할 수 있었다.

폴은 법적 문제에서 빠져나가려고 온갖 방법을 시도했지만, 그가 소송 관계자들을 매수하기 위해 최소 2,500만 달러를 사용했다는 고소장만 그 앞에 난무했다.[21] 2005년, 기소되었던 범죄 혐의에 대해 유죄를 인정한 그는 첫 4년간 가택 연금을 당했고, 2009년부터는 텍사스주 앤서니에 있는 연방 교도소에서 나머지 형기를 마쳤다. 그리고 2014년 말에 가석방되었다.

여러 세대가 호의를 갖고 힘을 합쳐 스탠이 처참한 위기에서 빠져나올 수 있도록 도왔다. 2000년대 초반, 사람들은 스탠을 불쌍한 괴짜 할아버지로 봐주었을 뿐 아니라 투자자들도 그가 동업자에게 사기를 당한 것이 확실하다고 믿어주었다. 그러나 스탠을 저격하는 이야기도 있었다. 그가 회의 때마다 내내 잠만 잤다는 것과 일반적으로 회사의 재

STAN LEE

정적 문제에는 관심을 기울이지 않았다는 이야기가 경제 언론계에 떠돌아다녔다. 스탠이 회삿돈을 관리한 것은 아니지만, 자신의 이름을 내세워 개최한 행사들 꼭대기에 앉아 있었던 그가 모종의 대가를 받았을 것이라는 의견에 반대할 수 있는 사람은 없었다.

스탠에게 한 가지 다행스러운 점이 있다면, 그것은 폴이 말도 못하게 부패한 인물이었으며 수많은 사람들을 속였다는 사실이었다. 그에게 사기를 당한 사람은 빌 클린턴, 힐러리 클린턴, 무하마드 알리Muhammad Ali와 같은 권력자부터 배우 지미 스튜어트에 이르기까지 광범위했다. 한 저널리스트는 폴을 "날카로운 눈매와 야심 찬 행동으로 간혹 미스터리해 보이는 인물"이라고 평가했는데, 폴은 자신이 한때 비밀 정부 요원이었으며 그 때문에 연방수사국이 자신의 입을 막으려고 사건을 꾸민 것이라고 주장하면서 인터넷 사업 시대의 더욱 기상천외한 인물로 거듭났다.[22]

SLM의 대실패는 스탠의 인생 중 3년을 통째로 지워버렸고, 그의 기본적인 가치관도 변화시켰다. "그 어떤 말로도 이미 깊게 팬 상처를 치료할 수는 없을 겁니다. 나에게도, 무수히 많은 사람들에게도 마찬가지예요. 하지만 한 가지는 확실해요. 앞으로는 절대 바보처럼 누군가를 믿어버리지는 않을 겁니다."[23] 인터넷 사업의 몰락 후, 스탠을 지켜보는 사람들과 전문가들 대부분은 그가 조금씩 활동량을 줄이다가 사라질 것이라고 생각했다. 어쩌면 이 슈퍼히어로계 최고의 쇼맨은 대중들에게 관심을 받은 지 40년을 채우고서 대중적인 삶에 마침표를 찍을지도 몰랐다. 비록 정부 조사 기관에서 그가 SLM의 불법적인 사건들과 연관이 없다고 밝혀주었지만, 사람들 대부분은 아무리 정신 회복력이 좋은 스탠이라도 그토록 수치스러운 일은 견딜 수 없으리라 생각했다.

하지만 더 넓은 관점에서 보면, 인터넷 사업의 열기 속에서 벌어진 이 사건을 통해 수십 년간 사업계를 주물러온 수많은 상위 계층 기업가들도 무방비 상태라는 사실을 알게 되었다. 그들의 그런 약점 때문에 스탠이 겪은 문제가 곳곳에 만연했다. 세계 경제를 뒤흔드는 사건들이 자주 일어나자 SLM 실패 정도는 그저 인터넷 사업의 악몽이 또 한 번 일어났을 뿐인 듯 여겨졌다. 게다가 피터 폴의 과거 범죄 경력과 월 스트리트를 속이기 위한 기상천외한 계획, 그리고 비밀 군사작전에 참여했었다며 공개적으로 주장한 일들을 보면, 이 사기꾼이 스탠을 계획적으로 속인 것이 틀림없었다. 자신의 주머니를 채우려고 음흉한 작전을 세우고서 스탠과의 우정을 이용해 그 계획을 실행에 옮긴 것이다.

자신의 이름을 건 사업의 실패는 경쟁력을 쌓겠다는 그의 의지를 조금씩 더 강화시켰다. 그 잠재적 결과가 어떻든 간에 지치지 않는 힘을 지닌 스탠은 SLM 실패 이후에도 활동량을 줄이지도, 은퇴를 하지도 않았다. 스탠은 영화 〈배트맨〉의 제작자이자 영화 관계자 마이클 유슬런Michael Uslan과 함께 일하면서 오랜 경쟁 상대였던 DC와 계약을 맺고 DC의 유명 캐릭터들을 그의 눈으로 재해석해보기로 했다. 스탠은 〈저스트 이매진 스탠 리Just Imagine Stan Lee〉라는 이 시리즈를 통해 슈퍼맨과 배트맨, 원더우먼을 포함한 DC 신전의 주요 캐릭터들을 다시 쓰고 그들의 이미지도 다시 잡아보았다.

이 시리즈를 계기로 DC와 그 모회사인 타임 워너Time Warner는 스탠

STAN LEE

과의 관계를 되도록 사업 분야에까지 확장하기 위해 그에게 사적인 거래 협상을 제안했다. 한 관계자에 따르면, 그 거래 내용에는 가능한 한 "스탠의 어깨에 지워진 불안의 멍에를 없애기" 위해 고급 출판 조직을 만드는 일까지 포함되어 있었다. SLM의 파산 후 몇 달 동안 스탠과 그 주변 사람들은 SLM 실패에 따른 부정적 여론을 없앨 수 있는 방법을 찾아 헤맸다.[24]

2001년 말, 곧 79세가 되는 나이에도 스탠은 계속해서 슈퍼히어로를 기획하고 새롭고 신나는 프로젝트에 참여할 것이라고 다짐했다. 그리고 평소대로 그 끝을 알 수 없는 창의력을 발휘해 대중문화의 원로이자 만화계의 대부라는 새로운 이미지를 만들어냈다.

15장

나이는
숫자에 불과

2000년 7월 〈엑스맨〉이 개봉하기 전, 스탠 리는 〈엑스맨〉의 감독 브라이언 싱어Bryan Singer를 만나 각 캐릭터들의 특징과 캐릭터에 어떤 식으로 생명을 불어넣을지 논의했다. 싱어는 당시 상황을 이렇게 이야기했다. "아무런 형식도 없었어요. 만화책 영화들이 모두 죽은 상태였기 때문에, 그저 재미있으면서도 섬세하게 표현하는 것 말고는 별다른 방법이 없었습니다." 그는 스탠과의 대화를 통해 영화의 방향을 새롭게 잡았다. 스탠은 싱어가 캐릭터들을 직접 연구해보도록 독려했고, 폭스사의 의뢰로 새로 쓰기 시작한 〈엑스맨〉 초기 대본을 볼 수 있도록 도와주었다.[1]

대규모 마케팅 전략을 펼친 뒤, 〈엑스맨〉은 개봉 첫 주말에만 5,450만 달러의 수익을 벌어들이며 당시 만화책 영화로서는 최고 기록을 세웠다. 스탠은 핫도그 노점상 역으로 영화에 출연했다. 대사는 없었지

STAN LEE

만, 바다에서 걸어 나온 정치인 캐릭터 켈리 의원을 멀찍이서 바라보는 역할이었다. 푸른 데님 셔츠 차림에 밝은 빨간색 앞치마를 두른 스탠의 모습이 화면에 비친 것은 잠시뿐이었지만, 이 영화의 성공을 계기로 슈퍼히어로 영화들이 다시 극장가에 모습을 나타내면서 스탠은 자신이 창조한 캐릭터들이 주인공으로 나오는 영화에 연달아 모습을 보이기 시작했다.

〈엑스맨〉이 전 세계적으로 2억 9,600만 달러의 수익을 거두면서 스탠의 부흥기가 다시 시작되었다. SLM 대참사가 역사 속으로 사라지고 한참이 지난 뒤, 마블 영화 팬들은 영화 속에 나오는 스탠의 얼굴을 친숙하게 여기게 되었다. 스탠은 아무리 짧게 등장하는 역할이라고 해도 영화에 출연하는 일이 결국 "나의 존재를 다시 부각시켜주었다."라고 말했다. 곧 "마블 영화 속에서 배회하고 있는 '스탠 더 맨'을 찾는 것이 팬들 사이에 전통이 되었다."[2] 이후로도 스탠은 7년간 8편의 슈퍼히어로 영화에 등장했다.

2001년 11월, 스탠은 변호사 아서 리버먼과 영화 제작자 길 챔피언 Gill Champion과 함께 파우! 엔터테인먼트POW! Entertainment를 설립하고 창작 실장 자리를 맡았다. 그가 파우! 엔터테인먼트를 시작한 이유 중 일부는 자존심 때문이 분명하다. 스탠은 이렇게 말했다. "그저 내가 성공할 수 있다는 걸 보여주고 싶었을 뿐이에요. … 특히 정직하고 유능한 사람들과 일할 때 말이지요." 그와 동업자들은 스탠 리 미디어의 사치스러운 방식은 지양했다. 그 대신 직원을 적게 두고 작은 조직을 잘 관리했다. 하지만 작업 방식 대부분은 SLM과 똑같았다. 스탠의 아이디어를 중심으로 캐릭터들을 기획하는 데 집중한 것이다. 가장 중요한 것은, 이 새로운 회사는 인터넷 서비스 상품과 캐릭터에만 모든 힘을 쏟아붓지 않았다는 점이다.[3]

스탠과 관련된 일마다 적용되는 과장법이 이 새로운 회사에서도 계속 사용되었다. 설립 초기에 나온 한 보도 자료는 파우! 엔터테인먼트가 사이파이 채널Sci-Fi Channel(과학 및 공상 영화를 전문으로 하는 방송 채널 사이파이Syfy의 전신—옮긴이)과 영화 세 편을 계약했다고 알리면서, 스탠을 "현대 슈퍼히어로들의 발명가이자 창조자"라고 칭하고, 그가 "초능력을 지니고 있음에도 불구하고 일반 사람들이 겪는 의심과 어려움을 똑같이 경험하며 괴로워하는" 캐릭터들을 통해 "만화 산업계에 혁명"을 일으켰다고 설명했다.[4] 이 자료는 마블에서 가장 유명한 히어로들을 탄생시킨 스탠의 역할을 강조했으며, 스파이더맨과 헐크, 엑스맨의 이름을 열거하며 이 히어로들이 그의 "불후의 캐릭터"라고 표현했다. 캐릭터들 대부분이 1960년대부터 활동을 시작했기 때문에 파우의 홍보 담당자들은 스탠의 주요 역할을 독자들에게 상기시키고 상세히 알리려고 노력했다.

이어서 파우는 대중문화의 원로인 스탠의 인기를 활용할 수 있는 방송 계약과 새로운 프로젝트들을 연달아 진행했다. 그러나 완성된 결과물이 부족하고 겉치레만 요란하자 파우를 지켜보던 사람들이 고개를 내젓기 시작했다. 결국 비평가들은 이 신예 기업에 이렇게 스탠의 창의성과 능력에만 의존해서 어떻게 살아남을 것인지 의문을 제기했다.

대중문화의 바람이 스탠을 재평가하기 좋은 방향으로 불었다. 1960

STAN LEE

년대 초반에 스탠과 그의 동료들이 당시 문화적 시대정신을 잡아냈던 것처럼 2000년대 초반에도 같은 일을 반복했다. 무엇인가 특이한 문화가 인터넷과 케이블 텔레비전, 각종 영화계를 사로잡은 것이다. 그것은 바로 별종 캐릭터들이 인기를 얻는 괴짜 문화geek culture였으며, 슈퍼히어로물이야말로 그 문화의 핵심이었다.

마블 영화의 성공으로 마블과 그 캐릭터들은 오래전 스탠과 커비, 딧코의 전성기 시절과 다름없이 엄청난 인기를 누렸다. 팬들은 플라스틱 커버와 두꺼운 종이로 포장된 소중한 만화책에다 스탠의 사인을 받거나 잠깐이라도 스탠을 보려고 몇 시간 동안이나 줄을 섰다. 수많은 영화감독과 시나리오 작가, 예술가, 영화 제작사 대표 및 스탠의 작품들을 경외하는 만화책 작가가 스탠의 주변에 모여들어 그를 지지했다. 시간은 그에게 큰 이익을 안겨주었다. 스탠의 작품을 읽고 자라면서 그를 우상처럼 여기던 사람들이 각종 대중매체와 유통 산업에서 힘과 권력을 얻게 된 것이다.

예를 들어, 평생 동안 만화책 팬이었으며 만화책 서점까지 운영한 인기 독립영화 감독 케빈 스미스(대표작: 〈점원들Clerks〉, 〈도그마Dogma〉)는 〈스탠 리의 돌연변이들, 몬스터와 마블Stan Lee's Mutants, Monsters and Marvels〉이라는 영화를 제작해 2002년에 개봉했다. 이 영화는 스탠 리 중심의 작품들과 그의 영광스러웠던 날들, 그리고 슈퍼히어로물이 미국 문화에 끼친 영향에 대해 스미스와 스탠이 함께 나눈 대화들을 모아놓은 것이었다. 두 사람은 스탠이 마블 작가로 일하던 1995년에 스미스의 영화 〈몰래츠Mallrats〉 작업에 참여한 이후로 수년 넘게 우정을 나누었다. 스탠은 스미스의 지지를 받음으로써 이후에 좋은 기회들을 얻었을 뿐 아니라 자신이 대중문화의 후손들, 즉 뉴욕시와 '미소 짓는 스탠 리'를 흠모하며 자라온 창작가와 예술가, 영화 제작자 등 무수히 많은 사람들에게 얼마나 존경받고 있는지 보여줄 수 있었다.

2002년에는 스탠이 오랫동안 기다려온 자서전 《엑셀시어! 어메이징 라이프 오브 스탠 리Excelsior! The Amazing Life of Stan Lee》(조지 메이어George Mair 공저)가 발간되었다. 이 책에서 스탠은 명석한 두뇌와 성실하고 영민한 성격으로 아메리칸 드림을 이룬 영웅처럼 그려졌다. 그가 어떤 길을 밟아왔는지 이전에는 이야기하지 않았던 세세한 내용들이 수없이 담겨 있는 이 책은 스탠의 추종자들에게 값을 매길 수 없는 귀중한 자료였다.

스탠은 마블 만화책 사업과 거리를 두기 위해 자신의 높은 명성과 인지도를 이용했다. 그리고 스탠 리 미디어 시절처럼 방송 프로젝트에 주로 매진했다. 그는 자신이 탄생시킨 슈퍼히어로들과 절대 헤어질 수 없었다. 마블에서 나오는 신작 만화책들을 읽을 시간은 별로 없었지만, 그래도 슈퍼히어로들의 아버지로서 해야 할 역할을 이어나갔다. 대중문화의 원로인 스탠의 대중적인 이미지는 그로 하여금 SLM 이후에 새로운 인생을 써 내려갈 수 있도록 도와주었다.

그와 동시에 스탠과 파우! 엔터테인먼트는 혁신적 신기술에 관심을 집중했다. 2003년 말, 스탠은 업계 최고의 비디오게임 제작사로 손꼽히는 액티비전Activision의 자문 위원으로 일했다. 여기에서 그는 미래의 슈퍼히어로 비디오게임 개발에 참여했다. 그에게 가장 알맞아 보이는

STAN LEE

일이었다. 마블과 액티비전이 스파이더맨과 아이언맨, 엑스맨, 그리고 판타스틱 4 등 캐릭터 활용에 관한 판권 계약에 합의한 뒤, 스탠은 게임에 들어갈 디자인과 이야기에 아이디어를 제공하고 캐릭터 개발을 도왔다.

이런 종류의 자문 업무들을 통해 창작가이자 아이디어맨인 스탠의 강점이 발휘되었고, 다른 사람들은 그가 만들어놓은 윤곽에 살을 붙여 더 큰 영상으로 만들어냈다. 액티비전과의 협약서에 서명한 지 6개월도 지나지 않아 그는 영국에 근거지를 둔 멀티미디어 기업 피크 엔터테인먼트 홀딩스Peak Entertainment Holdings와도 계약을 맺었다. 피크 엔터테인먼트는 스탠이 자신들의 애니메이션 캐릭터들을 방송과 영화의 실사판으로 만드는 데 도움을 주는 대가로 그와 파우! 엔터테인먼트에 영화 스튜디오와 유통 매체를 제공했다.

스탠을 위한 상당수의 계약과 협약이 진행되었다. 그러나 1970년대부터 그에게 달라붙어 있던 문제가 여전히 그를 괴롭혔다. 콘텐츠를 만들고 생산하기까지 시간이 너무 오래 걸린다는 것이었다. 가끔은 파우에서 시간을 너무 잡아먹는 바람에 다른 계약들은 그냥 없던 일이 되어버리기도 했는데, 엔터테인먼트 세계에선 흔한 일이었다.

2000년대 초중반에 스탠은 너무 많은 계약서에 서명함으로써 시련을 겪었고, 그 문제로 언론 매체의 관심을 받았다. 그는 다양한 소식으로 신문 1면을 장식했지만, 그 소식들 중 나중에도 모습을 드러내는 경우는 별로 없었다. 스탠이 협약한 사업가들 중에는 스탠이 자신의 이름과 과거 성공을 이용해 부당하게 돈을 벌려 한다고 목소리를 높이며 험악한 모습을 보이는 사람들도 있었다.

　스탠은 많은 사람들의 눈에 부정직해 보이거나 자신의 인지도에만 편승하는 프로젝트들에 자주 참여했고, 그런 면 때문에 관객들은 그의 행보를 불편해하고 비판하게 되었다. 한 가지 예로, 2003년에 그는 〈플레이보이〉 모델이자 〈SOS 해상 구조대Baywatch〉(1990년대에 해상 구조를 주제로 방송된 드라마 시리즈로, 해변을 배경으로 미남 미녀 배우들이 출연해 화제가 되었다—옮긴이)의 출연 배우이자 파파라치를 몰고 다니던 파멜라 앤더슨Pamela Anderson과 성인용 애니메이션 시리즈 〈스트리퍼렐라Stripperella〉를 제작했다. 앤더슨이 목소리를 맡은 캐릭터가 말 그대로 성관계를 갖는 장면이나 기타 이상한 성인용 콘텐츠들이 들어 있는 이 애니메이션은 조잡했다. 이런 상업적인 분위기는 스탠이 그저 돈을 벌려는 목적으로 작품에 참여하는 것처럼 보이게 만들었다.

　스탠은 앤더슨이 유명인들의 보디가드 역할로 출연하는 텔레비전 시리즈 〈V.I.P.〉에서 직접 그녀에게 방송을 제안했다. 두 사람은 같이 일하기 시작하면서 공동 작업에 대한 관심사보다 더 많은 것을 함께 나누었다. 앤더슨은 스탠이 "별종"이고 "정말 이상한 사람"이라면서도 스트리퍼가 정의의 수호자가 되는 만화영화 내용에 점차 매료되었다.[5] 〈스트리퍼렐라〉를 방영한 스파이크Spike 방송의 애니메이션 부서에는 "남성을 위한 첫 번째 방송"이라는 슬로건을 내세운 파트가 있었다. 야한 말장난과 성적인 내용들로 가득한 〈스트리퍼렐라〉는 성인용 방송에 확실히 부합했다. 앤더슨이 목소리 연기를 한 주인공 캐릭터 에리카 존스Erica Jones(에이전트 0069)는 노출이 심하고 가슴이 훤히 드러나는 야한 옷

STAN LEE

을 입고 다녔다.

스탠이 〈스트리퍼렐라〉 내용을 쓴 것은 아니지만, 그는 이 방송의 공동 제작자이자 아트 디렉터, 스토리 편집자로 일했다. 그는 이 만화의 외설적인 면을 부끄러워하지 않았다. "그건 더러운 방송이 아니에요. 섹시하지만 재미있고, 음흉한 취향을 감각 있게 다룬 작품이지요." 심지어 일종의 "〈심슨네 가족들〉의 야간 버전"이나 다름없다고 이야기했다.[6] 이 성인용 만화는 13번째 에피소드를 마지막으로 단 한 시즌 동안만 방송되었지만, 호주와 영국, 독일, 브라질, 이탈리아 등 전 세계 여러 나라의 방송국에 수출되어 모자이크 처리 없이(스파이크 방송에서는 상반신 노출 장면을 흐릿하게 처리했다) 방영되었다. 복사기로 사람들을 세뇌시켜 범죄자로 만드는 투박하고 서투른 빌런 클린코Klinko나 악마 캐릭터인 퀸 클리토리스Queen Clitoris에 대한 외국인 시청자들의 반응이 어떠했을지 궁금하다.

〈스트리퍼렐라〉 시리즈의 성공으로 스탠은 MTV 및 그 자매 방송사들과 연달아 계약을 맺었다. 그는 MTV에서 방영한 애니메이션 〈스파이더맨〉의 책임 프로듀서로도 일하게 되었다. 이 방송사는 어린 세대들의 마음을 사로잡는 콘텐츠가 필요했고, 스탠은 그 분야의 전문가였다.

2004년 말, 그는 〈헤프스 슈퍼버니Hef's Superbunnies〉라는 애니메이션 방송을 위해 〈플레이보이〉지의 설립자 휴 헤프너와 함께 일하게 되었다. 여배우 파라 포셋Farrah Fawcett이 이름을 알리기 시작한 ABC 방송의 히트작 〈미녀 삼총사Charlie's Angel〉와 비슷한 작품으로, 여기서 헤프너는 민주주의 세상을 지키려고 플레이메이트playmate(〈플레이보이〉지에 나오는 여성 모델들을 일컫는 말-옮긴이)들을 출동시킨다. 스탠은 특유의 과장된 표현법으로 헤프너와 이 프로젝트를 극찬했다. "1953년에 출간된 〈플레이보이〉 첫 발행본을 구입하고 소중하게 간직한 팬으로서 우리가 사는 시대의 문화를 만드는 데 커다란 공헌을 한 사람과 함께 일하게 되어 정말 벅찬 감정을 느낍니다."7

이 만화가는 언제나 헤프너를 향한 호감을 가지고 있었다. 두 사람에게는 아주 중요한 공통점이 있었다. 둘 다 미국의 주요 도시에서 같은 시대에 태어난 것이다(헤프너는 1926년 4월 9일 시카고에서 태어났다). 스탠보다는 전형적인 길을 밟아온 헤프너는 고등학교에서 활동적으로 정치와 언론에 참여했고, 교내 신문과 만화책을 발간했다. 두 사람 모두 2차 세계대전의 전투를 목격했고, 세계적인 충돌 속에서 온전한 활력과 낙관주의로 세상에 나타났다. 잠깐 동안 〈에스콰이어〉지에서 일했던 헤프너는 수십 명의 투자자에게 돈을 빌려 단 8,000달러를 가지고 〈플레이보이〉를 처음 발행했다. 애초에 그는 잡지 제목을 〈스태그 파티Stag Party〉로 하고 싶었지만 이미 굿맨이 〈스태그.Stag.〉라는 이름으로 저작권 등록을 해버린 뒤였다. 1953년 12월 스탠이 로맨스와 카우보이, 사랑스러운 동물 캐릭터로 만화책을 쓰고 편집할 때, 헤프너는 센터폴드 centerfold(잡지 중앙에 있는 대형 컬러 누드 사진-옮긴이)에 메릴린 먼로의 사진을 넣은 〈플레이보이〉 1호를 세상에 내보냈다. 이 잡지는 발간되자마자 대성공을 거두었고, 추종자들은 이 잡지가 억압적인 전쟁 이후 시대에 신선한 충격을 주었다고 말했다. 헤프너는 세련되고 섬세하며 지적인 독자들을 겨냥했고, 놀기 좋아하면서도 포부를 가진 사람들이 사는

STAN LEE

모습을 보여주었다. 1950년대가 끝나기도 전에 〈플레이보이〉는 월간 판매량 100만 부를 기록하며 〈에스콰이어〉를 뛰어넘었다.

어쩌면 스탠은 자신이 만화책 부서에서 고생하지 않고 굿맨의 남성 잡지 중 하나에 온 힘을 쏟아부었다면 어떤 인생이 펼쳐졌을지 상상했을지도 모른다. 그는 당시 많은 사람들에게 무시당하던 출판업계 구석에서도 신용을 얻고 인정받았던 헤프너의 능력을 감탄하며 바라본 것이 틀림없다. 비평가들은 〈플레이보이〉가 누드 잡지에 불과하다며 끊임없이 비난했고, 스탠도 마블에서 1960년대에 슈퍼히어로를 탄생시키기 전까지는 웨덤 박사와 종교 단체 같은 수많은 보수 집단과 대면해야만 했다. 시간이 흐르면서 잡지와 만화책에 대한 호감이 높아지고 두 사람 다 각종 프로젝트에 자주 거론되었지만, 그들이 각자의 업계에서 대중문화를 변화시키는 동안 함께 일할 기회는 한 번도 생기지 않았다.

그로부터 수십 년이 지나고 스탠 리는 잔뜩 흥분해서 〈플레이보이〉의 거물을 "우리 사회의 위대한 소통가"라고 극찬하며 "헤프너 말고는 함께 일하고 싶은 사람을 생각할 수 없다."라고 말했다. 이어서 스탠에 대한 헤프너의 칭찬도 따라왔다. 헤프너는 평생 동안 만화책에 열정을 느끼고 있었다면서 스탠은 "현대 만화책 슈퍼히어로의 대부"이며, "창의적인 천재" 스탠 리와 함께 일하는 것이 무척 기대된다고 말했다.[8] 그러나 MTV에서 〈헤프스 슈퍼버니〉의 파일럿 방송을 내보내겠다고 발표했음에도 이 프로그램은 한 번도 방영되지 못했다.

SLM 사건 이후, 아마도 스탠은 팬들과 비평가들, 심지어 마블 그 자체에도 활기 넘치는 창작가의 모습을 계속해서 보여줘야 한다는 간절함 때문에 이러한 찜찜한 프로젝트들을 계속해서 이어나갔을 것이다. 언제나 미소 짓는 표정과 익살스러운 말투 뒤에 진심을 감추고 있었지만, 그에게는 증명하고 싶은 것이 있었고 마침내는 자신만의 사업체를 탄생시키고 싶었다. 그럴 수만 있다면 웬 신생 기업이 나타나 자신의 아이디어와 고된 노동으로 엄청난 수익을 거두어 가는 모습을 지켜보지 않아도 되었다.

스탠은 틀림없이 잇따르는 계약 퍼레이드와 스포트라이트, 그와 함께 따라오는 열광적인 언론 매체의 반응을 즐겼다. 하지만 마블에 있을 때와 달리 그에게 없는 것이 있었다. 그건 바로 스탠을 도와 그 아이디어를 완벽한 프로젝트와 영화 작품으로 탈바꿈시켜줄 창작가와 예술가, 그리고 이야기를 시각화하는 능력자들이었다.

스탠이 마블 세계 바깥에서 새로운 캐릭터와 회사와 영웅적 이야기들을 만들려고 노력했던 이유의 상당 부분은 무수히 많은 다른 작가나 만화가와 마찬가지로, 혼자 또는 공동으로 탄생시킨 캐릭터들에 대한 저작권을 쥐고 있지 않았기 때문이다. 좋든 싫든, 이것이 초기 만화 산업이 운영되던 방식이었다. 스탠이 슈퍼맨을 만든 제리 시겔과 조 슈스터와 다른 점은 그가 마블의 얼굴이었다는 사실이다.

스스로 본인의 역할은 "회사원"이라고 말했지만, 스탠은 마블이 자신의 아이디어로 많은 아이템들을 만들어내는 모습에 분개했다. 그가

수십 년간 할리우드에서 외치고 다니던 것들을 영화 산업이 이해하게 된 뒤에는 특히 더 심해졌다.

2002년 10월 말, 유명 뉴스 프로그램 〈60분 II〉에서 만화책의 위상과 슈퍼히어로 영화의 엄청난 인기에 대해 보도했다. 방송에서는 스탠이 마블과 체결한 계약 내용과 적절하지 못한 보상으로 겪었을 갈등을 상당 시간 동안 다루었다. 여기서 마블은 작가들과 만화가들 뒤에서 그들의 창작물로 상상도 못 할 수익을 벌어들이고 있는 탐욕스러운 기업으로 그려졌다. 스탠의 계약은 단순해 보였지만, 그 계약이 성사되었을 당시에는 그 누구도 마블이 영화로 그만큼 크게 성공할 것이라고는 예상하지 못했다. 〈엑스맨〉(2000년)은 전 세계적으로 약 3억 달러를 벌어들였고, 〈스파이더맨〉(2002년)은 8억 2,100만 달러를 긁어모으며 세계적인 열풍을 일으켰다. 〈60분 II〉의 기자 밥 사이먼Bob Simon은 이 저명한 CBS 방송에서 약간 날카로운 언어를 구사하며, 혹시 마블로부터 "압박당하고 있다."고 느끼는지 스탠에게 물었다. 그러자 스탠은 평소의 익살스런 말투를 지우고 고용주를 고소한 일에 대해 회한을 느끼는 듯한 모습으로 이렇게 말했다. "그것에 대해선 생각하고 싶지 않아요."9 결론적으로, 수많은 마블 팬들이 이 분쟁에서 스탠의 편에 서게 되었다.

이 방송이 나간 지 얼마 되지 않아 스탠은 1998년에 합의한 계약 내용 중 영화와 텔레비전 방송 수익의 10퍼센트를 지불하겠다는 조항을 이행하지 않았다며 마블을 고소했다. 스탠이 명예 회장직에 대한 급여로 연봉 100만 달러를 받고 있음에도 스탠의 변호사는 그 조항을 이행하라며 항의했다. 마블과 마블에서 가장 유명한 직원 사이에 벌어진 거대한 결투는 보는 사람들에게 충격을 주었고, 전 세계 뉴스의 헤드라인을 장식했다. 이 논란에 대한 대중들의 일반적인 반응을 한 기자가 한 마디로 요약했다. "그 누구도 당당히 서서 자신의 권리를 주장하는 사람을 비난할 수는 없습니다."[10]

스탠의 계약과 세부 조항들(한 주에 고작 15시간 일하는 대가로 받는 두둑한 연봉과 1등석 보장, 조앤과 J. C.에게 지급되는 엄청난 퇴직금)에 대해 공개된 내용은 일부 만화책 관계자들로 하여금 마블(더 나아가 스탠)이 만화책 일러스트레이터들과 공동 창작자들, 특히 잭 커비를 어떻게 취급했는지에 관한 논쟁에 다시금 불을 붙였다.[11] 어떤 사람들은 이러한 견해와 더불어 스탠이 영화의 성공을 이용해 돈을 버는 데 혈안이 되어 있다는 생각에 스탠에게서 등을 돌렸다. 비평가들의 눈에 스탠은 부자가 되었지만 커비와 다른 창작가들은 그렇지 못했다. 불공평한 일이라고 생각한 이들은 스탠의 계약이 어떻게 규정되어 있는지는 상관하지 않은 채 자신들의 의견을 바꾸지 않았다.

2005년 초에 법원은 스탠에게 우호적인 판결을 내렸고, 그는 다시 〈60분〉에 출연했다. "감정이 복받쳤어요. 지금 일어난 상황에 너무 속상했던 것 같아요. 우린 지금까지 아주 좋은 관계를 유지하고 있었습니다. 내가 회사의 일부라고 느꼈었죠."[12] 이 소송은 언론 매체에 보도되면서 세간의 이목을 집중시켰지만, 마블은 분기별 수익 공개로 스탠과 맺은 분쟁 합의 규약을 묻으려고 노력했다.

2005년 4월, 마블은 1,000만 달러를 지급하겠다고 제안하면서 스탠과의 분쟁이 잘 마무리되었다고 발표했다. 물론 스탠이 평생 몸담아온

STAN LEE

곳이자 전 세계를 돌아다니며 홍보해온 회사를 고소해야만 했던 상황은 저널리스트들에게 특종을 선사해주었다. 게다가 분쟁 합의 금액이 엄청나긴 했지만 영화 〈스파이더맨〉의 판매 수익과 저작권료로 순이익 1억 5,000만 달러를 벌어들인 마블에게 그 정도는 얼마 되지 않는 돈이었다.

그러나 마블이 이 사건으로 얻은 것은 이 분쟁을 계기로 자체 영화 제작에 시동을 걸기 시작하고, 주요 정책들을 대폭 수정한 것이다. 1960년대 초부터 마블과 그 이전 회사들은 슈퍼히어로 캐릭터들의 상품 제작권을 다른 제조 회사에 넘겨주었다. 당시 그 전략은 텔레비전 방송과 영화 제작 참여에 따르는 위험 부담을 외부로 넘기기에는 좋았지만, 동시에 창작물에 대한 수입을 현저히 떨어뜨리기도 했다. 마블은 이번 변화를 통해 영화 그 자체뿐 아니라 훗날 수익을 창출할 케이블 방송과 비디오 상품들까지 관리할 수 있게 되었다.

미국 금융 회사 메릴린치 앤드 컴퍼니Merrill Lynch & Co.는 새로운 시도를 감행하기 위해 마블의 신용 한도를 5억 2,500만 달러로 상향 조정했고(10개 마블 캐릭터의 일부 권리를 담보로), 영화 제작사 파라마운트 픽처스 Paramount Pictures에서도 마케팅 비용과 광고비를 포함해 최대 10개 영화를 8년간 배급하겠다는 계약에 서명했다.[13] 흥미롭게도, 이 협약의 상세 조항들로 인해 할리우드가 회계 처리 시 영화 수익성을 인위적으로 떨어뜨리기 위해 영화 제작사를 이용한다는 혐의가 밝혀졌다. 예를 들면, 2000년대 초반 마블은 영화들의 성공을 통해 2000년부터 2005년까지 총 20억 달러가량의 수익을 기록했고, 저작권료로도 약 5,000만 달러를 벌어들였다. 하지만 그에 앞서 마블과 계약했음에도 스탠은 영화의 성공에 대한 수익료를 한 푼도 받지 못했다.[14]

언제나 자기 홍보를 해온 스탠은 마블과의 법적 분쟁 과정 중에 이 세상이 대중문화와 그 문화에 열광하는 팬들의 영향력에 좌우된다는 사실을 깨달았고, 마블과 슈퍼히어로들만큼 손쉽게 자기 자신을 상품화할 수 있겠다고 생각했다. 스스로를 캐릭터 상품화하겠다는 이 아이디어는 2004년에 그가 개인 비서이자 이벤트 매니저인 맥스 앤더슨Max Anderson과 기업인 토니 캐롤Tony Carroll과 함께 스탠 리 컬렉터블Stan Lee Collectible을 설립하면서 실행되었다. 스탠의 친근한 얼굴이 상품으로 제작되었고, 수집가들은 스탠의 서명이 들어간 수집품을 구입하고 가게에서 정품 인증을 받았다. 마블 코믹스와 영화 팬들에게 스탠의 이미지는 스파이더맨과 아이언맨만큼이나 친숙했다. 팬들은 스탠 리 컬렉터블을 통해 '더 맨'의 제품을 소장할 수 있게 되었다.

2006년에 마블에서는 스탠이 일하기 시작한 지 64년째 되는 해(부정확하게도, 그의 입사 연도를 1938년이나 1939년이 아닌 1941년으로 계산했다)를 기념하기 위해 〈스탠 리 밋츠…Stan Lee Meets…〉라는 만화책 시리즈를 출간했다. 이 시리즈에서는 스탠 리가 이야기 속에서 자신이 만든 캐릭터들과 만나는 내용을 다루었다. 첫 번째 만화책은 스탠이 직접 특정 히어로를 선정해 내용을 썼고, 조스 웨던Joss Whedon이나 제프 로브Jeph Loeb 같은 작가들이 다른 작품에 채울 이야기들을 선사했다. 재미있게도 이 시리즈에서 스탠과 만나는 히어로와 빌런 대부분이 그를 많이 또는 완전히 싫어했다.

STAN LEE

스탠이 쓴 에피소드들은 자기들끼리만 아는 농담과 스탠 특유의 느끼한 개그로 가득했다. 예를 들어 〈스파이더맨〉 편을 보면, 스탠이 판타스틱 4 앞치마를 두르고 주방에서 쿠키를 굽고 있는 장면으로 이야기가 시작된다. 그 전경에 있는 텔레비전 화면에는 헐크 모습의 배우 루 페리그노가 나오고, 이후에 '평범한' 삶을 살고 싶은 스파이더맨이 나타나 스탠에게 다가가 조언을 구한다. 이 히어로가 고민하고 있을 때 스탠이 농담을 던진다. "다음에 문제가 생길 땐 딧코한테 갔으면 좋겠네." 스탠이 더 씽과 만나는 에피소드에서는 진 콜런이나 부셰마 같은 마블의 전 만화가들의 옥외광고와 스탠이 스스로 "페르소나 맨"이라고 외쳤던 1976년 페르소나 레이저 광고가 뉴욕 시내 곳곳을 가득 메웠다.

스탠은 '카메오의 왕' 타이틀로 마블을 넘어 다른 제작사의 영화에까지 진출하게 되었다. 2002년 4월 28일, 그는 〈심슨네 가족들〉의 '화가 난 노랑이I Am Furious (Yellow)' 에피소드에 만화 캐릭터로 특별 출연을 했다. 만화 속 캐릭터 '바트 심슨'의 반에서 만화책 열풍이 불자 학생들은 모두 자기만의 히어로를 만드는 데 혈안이 된다. 이어서 만화책 선반 위에 〈슈퍼맨〉 앞에 〈엑스맨〉이 교묘하게 진열되어 있는 '코믹북 가이'의 만화책 가게로 스탠이 들어선다. 스탠은 바트가 만든 만화책 〈위험한 녀석Danger Dude〉을 비판하지만, 그래도 계속 노력해보라며 격려한 뒤에 이런 농담을 던진다. "실패하면 언제든 만화책 가게를 열면 되지." 그러고는 다른 아이가 갖고 있던 배트 모빌(배트맨 전용 자동차-옮긴이) 자동차 장난감을 빼앗아 그 안에 더 씽 모형을 억지로 욱여넣고는 자동차가 부서져서 우는 아이에게 이렇게 말한다. "망가졌지만, 나아졌구나." 이후에 그는 헐크로 변신하겠다며 셔츠를 찢으면서 약간 정신이 나간 모습을 보인다.

리얼리티 방송 열풍에도 합류한 스탠은 2006년 7월 27일에 첫 방송된 사이파이 채널의 〈후 원츠 투 비 어 슈퍼히어로?Who Wants to Be a Superhero?〉 시즌 1을 만들고 진행하면서 자신만의 슈퍼히어로 캐릭터를 창조해낸 참가자 12명을 소개했다. 그중에는 사람들이 진실을 말할 때만 들을 수 있기 때문에 거짓말을 가려내는 능력과 초능력을 갖게 된 타이베큘러스Ty' Veculus(캘리포니아 베이커즈필드에서 온 34세 남성 E. 퀸시 슬론) 같은 슈퍼히어로도 있었다.

리얼리티 쇼 〈빅 브라더Big Brother〉나 〈서바이버Survivor〉와 비슷하게 참가자들은 누가 가장 영웅적인지 가려내는 시합에 연달아 참여했다. 스탠은 각 에피소드가 끝날 때마다 그들이 대회에서 보여준 모습을 평가한 다음 가장 영웅답지 않았던 사람을 탈락시켰다. 첫 시즌 우승자는 피드백Feedback(뉴멕시코 출신 34세 컴퓨터 전문가 매튜 애서턴)이었으며, 그는 비디오게임의 힘을 흡수하고 반경 45미터 내에 있는 전류를 교란시키는 초능력을 갖고 있었다. 피드백은 우승자로서 스탠이 2007년 7월에 쓴 만화책 〈다크 호스 코믹스Dark Horse Comics〉에 출연했고, 사이파이의 텔레비전 영화 〈메가 스네이크Mega Snake〉(2007년 8월 25일)에도 등장했다. 애서턴은 만화 컨벤션과 모금 행사에서도 히어로의 모습으로 여러 차례 참석했다. 〈후 원츠 투 비 어 슈퍼히어로?〉의 두 번째 시즌은 2007년 7월 26일에 방송을 시작했으며 8개 에피소드를 선보였다.

스탠은 마블과 1998년에 체결한 계약으로 그의 캐치프레이즈인 '엑

STAN LEE

셀시어Excelsior'와 '스탠 리 프레젠츠Stan Lee Presents'의 독점권을 갖게 되었고, 파우! 엔터테인먼트는 이 독점권을 2007년에 방영된 새로운 슈퍼히어로 만화영화에 사용했다. 〈모자이크Mosaic〉는 1월 9일에 처음 소개되었으며, 이후 3월에 카툰 네트워크The Cartoon Network 채널에서 방송을 내보냈다. 여배우 안나 파킨Anna Paquin(〈엑스맨〉에서 로그 역할을 맡았다)이 매기 넬슨의 목소리를 맡으며 〈모자이크〉에 참여했다. 매기 넬슨은 다양한 초능력을 지닌 출세 지향적인 배우 캐릭터로, 주로 모습을 변형하는 능력과 초인적인 힘, 투명 능력을 발휘한다. 스탠은 1960년대 마블의 전성기 시절에 기본적으로 사용하던 공식대로 스토리의 윤곽을 구상한 다음 과거에 일러스트레이터들에게 맡겼던 다음 작업을 이제는 영화 시나리오 베테랑들에게 넘겼다. 배우 윌머 발더라마Wilmer Valderrama가 참여한 만화영화 〈더 콘도르The Condor〉는 DVD 버전이 먼저 발매되었고, 며칠 뒤인 2007년 3월 24일에 카툰 네트워크에서 처음으로 방영되었다.

SLM이 실패하고 많은 사람들이 스탠의 경력이 끝나기 일보 직전 같다고 생각했다. 만일 정말 그랬다면, 그는 오래 버티지 못했을 것이다. 하지만 근본적으로 자유로운 정신을 가진 스탠은 자기만의 슈퍼히어로로 체인점을 갖기 위해 창작의 자유를 얻을 수 있는 새로운 기반을 다지려고 노력했다.

SLM과 관련해 오랫동안 거론되는 그의 오점들과 당시 만들었던 SLM 광고가 여전히 남아 있는 시점에서 파우! 엔터테인먼트의 프로젝트에 관해 질문을 던지는 사람들은 자연스럽게 무엇이 진짜이고 무엇이 마케팅용 속임수인지 파악하는 데 집중했다. 하지만 스탠과 그의 동료들은 사람들의 그 미세한 변화를 무시하는 것 같았다. 어쩌면 스탠은 프로젝트를 실행에 옮기는 일보다 새로운 계약을 쫓아다니는 일을 더 즐겼는지도 모른다. 또 다른 오래된 질문은 아무리 에너지 넘치는 스탠이라 해도 이 80세 노인에게 대중문화가 기대하는 것은 무엇일까 하는 점이다. 다양한 작가와 예술가, 디자이너, 웹 전문가 없이는 파우! 엔터테인먼트는 골치 아픈 수많은 계약들과 대책 없는 자문 위원 업무, 하다 만 프로젝트들로 가득 찰 수밖에 없었다.

예상대로, 스탠과 파우! 엔터테인먼트는 스파이더맨이나 엑스맨 같은 블록버스터급 캐릭터보다 한참 떨어지는, 기억도 나지 않는 캐릭터들만 만들면서 일부 팬들을 실망시켰다. 다시 말해, 스탠은 21세기 초에 그의 경력을 다시 정의 내려줄 중대한 창조물을 탄생시키지 못했다. 하지만 그의 오랜 활동을 고려해보면 이런 식의 규탄은 적절하지 않은 것 같다. 게다가 다른 저명한 작가나 배우, 또는 예술가들 중에 80대 나이에 중요한 작품을 남긴 이들은 그리 많지 않다. 그들 중 그만큼 오래 산 인물들은 진작에 은퇴를 했거나 창작을 포기한 경우가 많았다.

2007년 말, 85세가 되어서야 스탠은 일을 멈추고 창의력의 아이콘으로 여생을 보낼 수 있었다. 이미 예전에 인터넷 사업 실패로 그를 비난하던 사람들이 권했던 편안한 길이었다. 하지만 스탠은 파우! 엔터테인

STAN LEE

먼트의 새로운 프로젝트에 진지하게 임했고, 마블과의 계약을 충실히 이행하기 위해 각종 만화책 행사에도 참석했으며, 영화와 방송 카메오로도 출연했고, 수많은 글쓰기 프로젝트에도 참여했다. 그의 오랜 활동 기간도 전설이 되었다. 2000년대 초중반에 스탠이 보여준 끈기는 그 성격의 깊이를 보여주었다.

16장

전 세계가
사랑한 남자

유명하고 잘생긴 남자가 매력적인 여성이 던지는 추파를 무시하고 레드 카펫 위를 당당하게 걷는다. 그리고 금발의 젊은 여성 셋에게 둘러싸인 말쑥한 노인에게 다가가서는 그의 어깨를 툭 치며 이렇게 말한다. "좋아 보이네요, 헤프(헤프너의 애칭―옮긴이)!" 그의 말에 뒤돌아선 이 노인은 〈플레이보이〉지를 창간한 인물이자 완벽한 나쁜 남자 휴 헤프너가 아니라 파이프를 입에 물고서 헤프너의 모습을 따라 한 스탠 리였다. 로버트 다우니 주니어Robert Downey Jr.가 토니 스타크/아이언맨 역을 맡은 〈아이언맨〉(2008년)에서 그가 카메오로 나온 장면이다. 이 영화는 전 세계에서 약 5억 8,500만 달러를 벌어들였다.

스탠은 마블 영화에 잠깐씩 모습을 내비침으로써 새로운 수준의 명성과 인지도를 얻었다. 많은 영화 팬들이 기다리고 고대하는 그의 카메오 출연은 마블 세계를 탄생시킨 스탠의 역할과 마블의 과거를 인정해

주는 일종의 표현 방식이었다. 그에 대해 잘 몰랐던 영화팬들, 그리고 스탠 리가 어떻게 생겼는지 몰랐던 사람들은 갑자기 그 유명한 이름(과 역대 최고로 높은 관객 수를 기록한 영화들)에 스탠의 얼굴과 사진을 대입해 보기 시작했다. 마블 팬들은 그가 나오는 장면을 반드시 확인했고, 그들 중 대부분이 영화 자체만큼이나 스탠의 카메오 장면 하나하나를 즐겁게 기다렸다.

카메오 출연으로 팬들뿐 아니라 유명인들 사이에서까지 그의 인기가 기하급수적으로 높아졌고, 이러한 현상으로 스탠이 얼마나 유명해졌는지를 알 수 있었다. 그 예로, 〈아이언맨〉 출연진 대부분이 영화 홍보와 마케팅을 위해 2007년 샌디에이고 코믹콘Comic-Con(매년 미국 샌디에이고에서 열리는 국제 만화 박람회―옮긴이) 무대에 참석한 적이 있다. 영화감독 존 파브로Jon Favreau가 특별 게스트를 소개하자 다우니 주니어는 자기 왼편을 바라보고는 팔을 들어 올려 반기며 그 매력적인 얼굴에 환한 미소를 지었다. 이 주연 배우는 깜짝 손님 스탠 리를 지체 없이 꺼안았고, 이어서 기네스 펠트로와 다른 출연진들도 그를 안아주며 환영했다. 관객들의 천둥 같은 환호 소리가 홀을 가득 메웠다. 세계에서 가장 인기 많은 연예인들도 다른 관객들처럼 열렬하게 반응했다.

팬들이 다우니 주니어나 펠트로 주변에 가까이 가는 일은 어렵겠지만 스탠에게는 쉽게 다가갈 수 있었고, 그 접근 가능성이 스탠의 인기 비결 중 하나였다. 관객들은 화면을 통해 현실과 동떨어진 듯한 그의 모습을 보면서도, 지역 만화 행사에 가서 그를 직접 만나기도 했다. 그 덕분에 스탠은 팬들이 무수히 많았지만 그들과 거리를 두었던 유명 예술가(밥 딜런Bob Dylan이나 브루스 스프링스틴Bruce Springsteen)들과 다른 대우를 받을 수 있었다.

사람들이 그에게 너무 가까이 다가와서 제대로 된 질문이나 "고마워요."라고 말할 수 없을 때조차 스탠은 자신과 잠시라도 함께 있고 싶어 하는 이 열광적인 신세대들과 지속적으로 만나고 손을 맞잡았다. 스탠과 같은 나이의(또는 그보다 몇십 년은 젊은) 유명인 중에 그처럼 군중들을 사로잡은 인물은 많지 않다. 90세를 훌쩍 넘은 나이에 트위터 팔로어가 무려 242만 명에 이르는 사람이 과연 얼마나 될까?

마블 세계의 원로이자 일종의 명예 회장직에 있으면서도 새로운 캐릭터들과 이야기를 계속 만들어나가려는 열정 덕분에 스탠은 21세기 초반에 자신만의 유일한 자리를 차지할 수 있었다. 그는 걷고, 말하고, 농담하고, 익살을 부리고, 자신을 안주 삼아 사람들을 웃게 만드는 만화계의 유산이었다.

2008년 11월 17일, 조지 부시 대통령은 백악관 행사에서 스탠 리에게 미국 국가예술훈장National Medal of Arts과 국가인문훈장National Humanities Medal을 수여했다. 이 훈장은 미국 정부에서 인류애적인 기여를 인정하는 가장 고귀하고 명망 높은 상이었다. 정말 재밌는 일이 있었는데, 수여식 당시 스탠은 아카데미상을 수상한 여배우 올리비아 드 하빌랜드Olivia de Havilland의 바로 다음 차례로 수상하기 위해 기다리고 있었다. 대

통령이 하빌랜드의 목에 메달을 걸어주고는 허리를 굽혀 〈바람과 함께 사라지다Gone with the Wind〉의 주연배우 볼에 키스를 했다. 그다음으로 스탠이 앞으로 나오자 대통령은 팔을 뻗어 그의 손을 잡았다. 그러자 스탠은 웃으면서 불쑥 이렇게 말했다. "나한테는 키스해주지 않을 거죠?" 부시는 말 그대로 빵 터졌다. 다음 날 언론 매체들은 스탠과 대통령이 껄껄 웃는 모습을 전 세계에 내보냈고, 사진에는 바로 그 순간이 정확하게 찍혀 있었다.[1]

스탠은 지나온 길을 점점 더 자주 회고하면서도 동시에 새로운 프로젝트에 몰두했고, 그저 체력이 떨어지는 만큼 조금씩 일하는 속도를 줄였다. 파우! 엔터테인먼트와 일하게 되었을 당시 마블 체제 밖으로 밀려나 있었지만, 그래도 그는 마블 영화의 카메오 출연으로 가장 눈에 띄는 활동을 했고, 모든 참석자들이 과거를 반복하길 바라는 만화 컨벤션 행사에도 자주 참여했다.

스탠의 얼굴은 언제나 환하게 웃고 있었다. 하지만 그가 공동 창작자들과 함께 세상 사람들이 너무나 깊이 사랑하는 캐릭터들을 만들었던 1960년대 중반의 그 경이로웠던 시대를 흔들리지 않도록 지켜내기란 굉장히 어려웠을 것이다. 예를 들면, 마블이 디즈니에 인수되면서 열렸던 2009년 기자회견에서 한 기자가 스탠에게 만일 〈슈퍼맨〉의 저작권이 그 작가들인 조 슈스터와 제리 시겔에게 돌아간다면 슈퍼맨을 마블 세계로 영입할 생각이 있는지 질문했다. 스탠은 그 아이디어가 마음에 든다고 말하면서도 이렇게 이야기했다. "내가 마블에 있기는 하지만, 사실 마블에서 어떤 결정을 내릴 때 관여할 수 있는 사람은 아닙니다.

… 마블이 날 잊지 않았다는 증거로 이렇게 영화 속 카메오로 출연하는 건데, 꽤 좋아요."[2]

지난 10년간 스탠은 생산적인 활동을 하려고 꾸준히 노력하는 데 평생을 헌신한 사람의 표본이 되었다. 2007년 말과 2008년에 만화업계 간행물 출판사 두 곳에서 스탠과 관련된 모든 사건들을 집중해서 알아보았다. 그 결과, 스탠의 전 직장 후배 로이 토머스가 편집한 〈알터 에고〉 74호가 2007년 12월에 발간되었고, 대니 핑거로스Danny Fingeroth의 〈라이트 나우!Write Now!〉 18호가 2008년 여름에 발행되었다. 이 간행물들에는 스탠과의 인터뷰 내용이 실려 있었고, 역사가, 만화책 마니아, 그리고 스탠과 함께 일했던 작가들, 만화가들이 만화책 역사에서 스탠이 어떤 역할을 했는지에 관해 토론한 내용이 담겨 있었다. 각 잡지는 스탠이 새로운 세대의 독자들을 위해 얼마나 탁월한 일들을 해왔는지 상세한 내용을 제공하려 노력하면서도 사람들이 궁금해할 만한 날카로운 쟁점들도 자세하게 다루었다.

2008년 스탠은 〈일렉션 데이즈Election Daze〉를 출간했다. '스탠 리 프레젠츠' 라는 문구 아래 정치 지도자들을 풍자하는 잡지였다. 1940년대와 1950년대에 직접 만들었던 책 속에 유명인들의 재미있는 사진과 우스꽝스러운 자막을 넣고 골프와 이상한 취미를 가진 그들의 모습을 비웃었던 경험을 되살린 것이었다. 이를테면 이 잡지의 표지에는 조지 부시가 '핵nuclear' 을 잘못 발음했던 것을 풍자하는 사진과 인턴 공약의 가능성을 암시한 힐러리의 모습이 실려 있었다. 이 책은 스탠 특유의 비꼬는 말투를 활용한 게 분명한 그만의 색깔을 띠고 있었다. 그러나 하

STAN LEE

루 24시간 내내 서로를 향해 날선 비판을 터뜨리는 정치인들의 속도를 따라가기엔 역부족이었다.

스탠은 마블에서 만든 작품들과 겨룰 만한 슈퍼히어로로 세계를 창조해낼 사업체를 찾기 위해 계속 노력했다. 2009년, 파우! 엔터테인먼트 팀은 월트 디즈니 스튜디오 홈 엔터테인먼트Walt Disney Studios Home Entertainment와 협약해 인터넷 서비스와 모바일 서비스 전용 만화책 애니메이션 시리즈 〈타임 점퍼Time Jumper〉를 제작했다. 익살스러운 재담꾼이자 만화책 시대 대변인의 역할을 담당한 스탠은 각종 캐릭터들뿐 아니라 자기 자신의 캐릭터 '리 엑셀시어Lee Excelsior'를 만들어 헌트H.U.N.T. 라는 범죄 단속 조직의 리더 역을 맡겼다.

〈타임 점퍼〉 프로젝트에서 스탠은 그만큼 영향력 있는 사람이 맡아야 할 직책인 '제작자'가 되었으며, 창작 팀에서 대본과 스토리보드를 한데 합쳐놓으면 그가 필요한 대사들을 집어넣는 방식으로 일했다. 어느 인터뷰에서 그는 성우들이 연기를 할 때는 관여하지 않았고, 그저 자기 파트 녹음을 위해서만 때때로 녹음 작업실을 방문했다고 말했다. 그러나 이 만화영화의 여주인공 역을 맡은 나타샤 헨스트리지Natasha Henstridge는 스탠이 자신과 농담을 하거나 만화 내용 중 재밌는 부분에 대해 수다를 떨었다면서 짓궂게 이야기했다.[3]

카메오 출연작이 늘어나면서 스탠은 자연스럽게 늦은 밤에 하는 토크쇼에서 유명 시트콤에 이르기까지 다양한 프로그램에 출연하게 되었다. 2010년 3월에는 당시 유행하던 '괴짜' 문화를 다룬 시트콤 〈빅뱅 이론The Big Bang Theory〉의 '엑셀시어 에퀴지션The Excelsior Acquisition' 에피소드에 본인 역할로 출연했다. 1,600만 시청 횟수를 기록한 이 에피소드는 주인공 캐릭터가 스탠 리를 만나기 위해 만화책 서점 사인회에 가고 싶어 하는 이야기에서 시작된다. 이후에 이런저런 복잡한 사정으로 사인회에 가지 못하게 되자, 이론 물리학자인 쉘든이 스탠의 집으로 찾아간다(파란색 판타스틱 4 가운을 입은 스탠이 문을 열어준다). 쉘든은 스탠을 밀치고 집 안으로 들어가고 스탠은 경찰을 부른다. 결국 쉘든은 접근금지 명령서를 받는다. 방송 말미에서 이 별종 과학자는 금지 명령서를 영화 〈스타트렉Star Trek〉의 배우 레너드 니모이Leonard Nimoy에게서 받은 금지 명령서 옆에 나란히 붙여놓겠다고 자랑하며 사라진다.

2012년 4월, 스탠은 〈팬 워즈Fan Wars〉라는 프로그램과 함께 〈스탠 리즈 월드 오브 히어로즈Stan Lee's World of Heroes〉라는 유튜브 방송을 시작한다. '히어로의 삶과 열렬한 팬 문화'를 다룬 이 방송은 만화책 행사 및 새로운 만화계 소식, 미리 녹화된 이야기, 그리고 대본 없이 즉흥적으로 진행하는 쇼까지 선보였다. 처음에는 구글에서 비디오 서비스를 위한 고급 콘텐츠를 만드는 일환으로 방송 첫 자금의 일부를 지원해주었고, 마돈나와 전 농구 스타 샤킬 오닐을 포함해 여러 유명인들과 연예인들이 후원금을 보태주었다. 스탠의 파우! 엔터테인먼트는 디즈니의 전 최고 경영자 마이클 아이즈너Michael Eisner가 창립한 멀티미디어 제작사 부구루Vuguru와 협약을 맺어 방송을 제작했다.

〈스탠 리즈 월드 오브 히어로즈〉에서 가장 인기가 많은 코너는 '스탠의 랜츠Stan's Rants('외침'이라는 의미-옮긴이)'로, 그의 전성기 시절 마블 코믹스에서 선보였던 '솝박스' 칼럼의 실사 버전이었다. 각 방송에서

STAN LEE

스탠은 그만의 잘난 체하는 스타일에 적당히 심술궂은 매력을 얹어서 그를 불편하게 하는 주제들을 살펴보는 모습을 보여주었다. 예를 들어, 한 방송에서는 자신에게 '광팬'이라고 외치는 사람들을 나무라기도 했고, 다른 방송에서는 영어로 만화책을 표기할 때 '코믹 북comic book'으로 쓰지 말고 본인이 선호하는 대로 단어를 붙여서 '코믹북comicbook'으로 써달라고 애원하기도 했다. 그는 고풍스러우면서도 익살스러운 특유의 말투로 자기 자신을 비디오게임으로 만들면 어떨지에 관해 이야기했다. "누구든지 스탠 리가 될 수 있어요! 그럴 만한 가치가 있냐고요? 난 꽤 특별해요! 다시는 본래 있던 자리로 돌아가고 싶지 않다면, 그럴 가치가 없다고 느껴진다면, 그럼 내가 될 수 있습니다!"[4]

꽤 빠르게 시작한 뒤 초기 반응은 좋았지만(2016년 말 구독자 수가 약 50만 명이었으며 조회수는 1억 6,300만 뷰에 달했다), 스탠의 유튜브 방송은 결국 좌절되었다. 유튜브에 끝도 없이 새로운 콘텐츠가 밀려들자, 그에 익숙한 관객들은 계속해서 신선한 자료를 요구했다. 스탠은 꾸준히 방송하겠다고 약속했지만 휘몰아치는 압박에 속도를 조절할 수가 없었다. 파우! 엔터테인먼트의 다른 프로젝트와 마찬가지로, 이 유튜브 방송도 시작은 폭발적이었지만 스탠의 관심이 다른 데로 돌아가자 말라죽고 말았다. 이 일은 당시 그가 일하는 방식을 거의 그대로 보여주었다. 스탠이 시간이 있을 때는 빠르게 몰아치다가 더 진전하지 못하고 도중에 포기해버리는 식이었다. 그의 원맨쇼는 다음 계승자에게 고삐를 넘기지 못하는 어려움 때문에 변덕만 죽 끓듯 했다.

이 유튜브 방송은 팬들에게 스탠을 볼 수 있는 방법을 제공해주었지만, 다른 프로젝트에서는 팬들이 직접 그들의 히어로가 될 수 있게 해주었다. 2012년에 액티비전은 이 만화책 창작자를 영화 개봉일과 같은 날 처음 발매된 〈어메이징 스파이더맨〉 비디오게임 속 애니메이션 슈퍼히어로로 탈바꿈시켰다. 스탠 리가 된 플레이어는 마치 스파이더맨처럼 빌런들과 싸우며 거미줄을 타고 뉴욕 시내 높은 곳을 돌아다닐 수 있었다. 목소리로 참여한 스탠은 전자 세계의 모험을 시작하면서 자신이 "카메오의 왕King of Cameos"이라고 말하며 이렇게 외쳤다. "히치콕을 사수하라!"5 (역사적인 영화감독 알프레드 히치콕Alfred Hitchcock은 스탠 리와 자주 비교 거론되었는데, 그도 자기 영화에 카메오로 자주 출연해 '카메오의 왕'으로 불렸다. 여기서 스탠 리는 스스로를 히치콕에 대입시킨 것으로 보인다-옮긴이)

2013년 말, 스탠은 그가 제작에 참여한 게임 〈레고 마블 슈퍼히어로즈Lego Marvel Super Heroes〉의 캐릭터들과 함께 다시 한번 모습을 드러낸다. 이 롤플레잉 게임은 〈배트맨〉이나 〈스타워즈〉 같은 유명한 영화와 캐릭터들의 레고 버전이 대중들에게 굉장한 인기를 얻자, 그 인기에 편승해 만들어진 것이었다. 마블 버전 게임에서는 게임 플레이어가 스탠 리를 포함한 180개 캐릭터 중 무엇이든 선택해 변신할 수 있었고, 레고로 만들어진 뉴욕 시내를 돌아다닐 수 있었다. 이 게임에서 스탠은 위험한 상황에 처한 '스탠 리'를 구해야 하는 미션 '위험에 빠진 스탠Stan in Peril'에 참여했다.

마블 게임 속에서 그는 휴먼 토치나 사이클롭스처럼 레이저 빔을 쏘는 능력과 스탠 리 버전으로 헐크로 변신하는 능력 등 다양한 초능력을 가지고 있어서 플레이하기 좋은 캐릭터였다. 이 게임은 토니 스타크로

STAN LEE

분한 로버트 다우니 주니어와 닉 퓨리 역의 사무엘 잭슨Samuel Jackson과 같이 마블 영화에 나오는 연예인들의 모습도 캐릭터로 만들었다.

2014년 1월, 스탠은 〈심슨네 가족들〉의 25번째 시즌에 방송된 '덩치의 아내Married to the Blob' 에피소드에 다시 등장했다. 2002년의 에피소드에서와 마찬가지로 또 한 번 코믹북 가이와 팀을 맺었다. 이야기 초반에 스탠은 만화책 가게 주인에게 미국에서 가장 우울한 도시 스프링필드(심슨네 가족들이 사는 마을)를 여행하던 일본 만화 작가 쿠미코에게 데이트 신청을 하라고 부추기고, 결국 가게 주인과 쿠미코가 이 전설적인 만화책 가게에서 결혼식을 올리는 것으로 이야기가 마무리된다.

2016년 초, 레고Lego사는 〈어벤져스〉 시리즈의 성공에 편승하고자 〈레고 마블즈 어벤져스Lego Marvel's Avengers〉를 발매했다. 스탠은 다시 비디오게임 캐릭터와 본인 캐릭터 목소리로 이 프로젝트에 참여했다. 이 비디오게임에서 스탠은 '아이언 스탠(아이언맨과 비슷한 갑옷을 착용한다)'으로 변신할 수 있었고, 재미있게도 갑옷의 마스크에는 수염이 장착되어 있었다.

스탠의 이러한 활동들은 어쩌면 그저 상술로만 보였을 수도 있지만, 어린 세대는 비디오게임을 통해 처음으로 스탠과 소통했고, 이로써 스탠과 슈퍼히어로 캐릭터들에 대해 어른 세대보다 더 잘 알게 되었다. 새로운 팬 군단이 〈기타 히어로Guitar Hero〉(2005년에 액티비전에서 처음 출시한 리듬 액션 게임으로, 에어로스미스Aerosmith가 2008년에 이 게임을 위한 곡을 발표했다-옮긴이)의 인기에 휩쓸려 고전 록 밴드 그룹 에어로스미스에 열광하게 된 것처럼, 젊은 비디오게이머들은 〈스파이더맨〉 게임을 통해 스탠 리를 알게 되었다. 그들은 스탠 리가 되어 뉴욕 도시의 고층 건물 사이사이를 누볐고 건물 꼭대기에서 뛰어올랐으며 빌런들과 맞서 싸웠다. 스탠 캐릭터로 〈스파이더맨〉 비디오게임을 하는 유튜브 영상이 300만 뷰를 기록하기도 했다.

스탠의 팬들은 비디오게임을 통해 스탠이 될 수도 있었지만, 40센티미터짜리 작은 조각상에서부터 2015년에 출시되어 250달러에 판매된 실물과 똑같이 생긴 모형에 이르기까지 다양한 스탠 리 캐릭터 상품도 소장할 수 있었다. 겨우 1,000개 정도밖에 판매되지 않은 이 실물 모형은 흥미롭게도 몇몇 부분이 스탠의 안경처럼 교체가 가능했고, 스탠의 1970년대 버전으로 보이는 교체용 얼굴도 따로 들어 있었다.

2016년 1월, 행운을 다룰 수 있는 문제투성이 살인 범죄 수사관의 이야기를 그린 드라마 〈스탠 리의 럭키맨Stan Lee's Lucky Man〉이 영국 방송 채널 스카이 1Sky 1에서 처음 방영되었다(스탠은 행운도 초능력이며 욕심나는 능력이라고 인터뷰 기자들에게 수십 년간 이야기해왔다). 각 에피소드마다 약 190만 명의 시청자 수를 기록하면서 스카이 1 방송에서 가장 크게 성공한 드라마로서 2017년 두 번째 시즌으로 이어졌다.

2016년 7월, 스탠은 현대 시대에 지구인들 틈에 몰래 섞여 살고 있는 고도 지능을 가진 종족 '니트로니안Nitronians'의 이야기를 중심으로 한 새로운 만화책 시리즈 〈니트론Nitron〉을 발표했다. 이 만화책을 영화와 방송, 디지털 서비스로 변환하기 위해 그는 이 프로젝트에 5,000만 달러를 투자하고 기획 개발을 담당하기로 한 베나로야 픽처스Benaroya Pictures의 케야 모건Keya Morgan과 마이클 베나로야Michael Benaroya와 협약

STAN LEE

을 맺었다. 세 사람은 만화책을 쓰기로 계획한 다음 이어지는 영화 프로젝트에서 기획을 담당하기로 했다. 베나로야 출판사에서도 만화책을 발간할 계획이었다. 모건은 이렇게 말했다. "스탠은 언제나 가장 위대한 이야기꾼이었습니다. 그의 이야기가 영화 박스 오피스에서 창출해내는 수십억 달러가 그 천재성을 증명해주지요."[6]

2016년 중반에 미국 연예 잡지 〈할리우드 리포터The Hollywood Reporter, THR〉는 해당 잡지사에서 제작한 만화영화 〈스탠 리즈 코스믹 크루세이더스Stan Lee's Cosmic Crusaders〉의 첫 방송 데뷔를 보도했다. 마블 슈퍼히어로 〈데드풀Deadpool〉의 공동 원작자 파비안 니시에사Fabian Nicieza가 이 온라인 애니메이션 시리즈의 이야기를 썼고, THR 잡지사와 지니어스 브랜드 인터내셔널Genius Brands International 엔터테인먼트가 파우! 엔터테인먼트와 함께 공동 제작했다. 스탠은 이 시리즈를 마음속으로 그려본 다음 대본 편집 작업에 참여했고, 주인공을 맡은 자기 캐릭터의 목소리를 녹음했다.

〈코스믹 크루세이더스〉에서 스탠 리는 지구에 떨어진 외계인 7명으로 구성된 그룹의 리더가 되었다. 그들은 지구에 와서 초능력을 잃었지만, 스탠의 지도 아래 지구에서도 사용이 가능한 능력을 끌어낼 수 있게 된다. THR과의 협약은 〈할리우드 리포터〉의 코믹콘 특별호 〈스탠 리, 업계에서 75년〉의 발간과 동시에 이루어졌다. 이 시리즈는 마블 밖에서 스탠의 브랜드를 확장할 수 있는 또 다른 기회가 되었다. 코믹콘에 참여함으로써 이 행사에 참석한 사람들에게 나누어 준 스마트폰 서비스를 통해 첫 번째 에피소드가 가상 공간에서 방송되었다. THR은 자체 홈페이지와 유튜브 채널, 페이스북, 트위터 등 THR의 다양한 매체를 통해 이 만화 시리즈를 홍보했다. THR의 소셜 미디어를 방문하는 월간 방문자 수를 다 합하면 총 1,500만 명에 달했다.[7]

2016년이 끝나갈 무렵, 크리스마스가 며칠 지난 어느 날 스탠은 자신의 94번째 생일을 준비했다. 쉬는 날이 거의 없던 그는 당시 현대 대중문화에 기여한 자신의 역할을 상징화하는 새로운 프로젝트 두 가지를 발표했다. 그중 첫 번째 프로젝트는 미국 내 인종 간의 끔찍한 관계에서 착안한 것이었다. 흑인과 백인 사이의 불화를 완화하기 위해 예술가인 딸 J. C.와 함께 진행하던 '핸즈 오브 리스펙트Hands of Respect' 캠페인을 대체할 길을 찾고 싶었던 그는 딸의 조언과 도움으로 검은 손과 하얀 손이 악수하는 모양으로 된 라펠 핀을 만들었고, 악수하는 그림 위에 '존중respect'이라는 단어를 새겨 넣었다. 그리고 기자에게 말했다. "인간 내면의 선함을 믿는 사람으로서, 그 핀이 사람들에게 미국이 다양한 인종으로 이루어진 곳이라는 사실을 떠올리도록 도와줄 수 있기를 바랍니다. … 우리는 모두 지구라는 우주선에 함께 탑승한 동반자들이며 서로를 존중하고 도와야만 합니다."[8] 스탠이 핸즈 오브 리스펙트를 설명하면서 표현한 그 정서는 과거에 그가 탄생시킨 아프리카계 미국인 히어로와 마블의 여성 캐릭터들뿐 아니라 엑스맨 및 다른 시리즈에 속해 있는 다양한 인종과 관련된 이야기들을 또렷하게 상기시켜주었다. 인류의 '선함'에 대한 언급은 그가 갖고 있는 가장 근본적인 믿음이 무엇인지 보여주었다.

2016년이 끝나면서 파우! 엔터테인먼트는 '더 스탠 리 박스The Stan

STAN LEE

Lee Box'를 제작하기 위해 박스 블러바드Box Blvd와의 계약을 공표했다. 더 스탠 리 박스는 스탠이 "개인적으로 선별한" 수집품들을 상자에 담아 8주에 한 번씩 정기적으로 배송해주는 서비스로, 그 상자 안에는 마블이나 DC 및 기타 출판사에서 출판된 특이한 만화책과 더불어 다른 캐릭터 상품들과 예술적인 아이템들을 집어넣었다. 배송 한 회당 50달러 미만 가격이었는데, 스탠은 상자에 담긴 물건들의 총 소매가가 125달러는 넘을 것이라고 장담했다. 이 정기 배송 서비스는 월간 배송 서비스 업체인 너드 블록Nerd Block과의 협업에서 만들어진 또 다른 상품 '더 리미티드 에디션 스탠 리 블록The Limited Edition Stan Lee Block'에서 유래한 것이었다. 이 49.99달러짜리 블록에는 "공식적으로 상표 등록된" 스탠 리 티셔츠와 기타 수집품들(150달러 이상의 가치가 있는 물건들)이 포함된 "직접 선별한 특별 제품들"이 들어 있었다. 스탠이 온갖 좋은 것으로 가득한 이 상자 서비스에 관해 짧은 공지를 올리자, 1시간 만에 2만 7,000명이 넘는 사람들이 그 글을 확인했다.

거대한 컨벤션 홀 구석 자리에서 데드풀 복장을 한 다섯 명이 이 캐릭터가 선보였던 이상한 칼싸움과 격투 신을 흉내 내며 신나게 놀고 있다. 캡틴 아메리카 방패가 그려진 티셔츠를 입은 어린 소녀 두 명은 그 작은 손으로 만화책을 꼭 움켜쥔 채 줄 서 있고, 백팩을 등에 멘 채 물병을 쥐고 스마트폰으로 셀프 카메라를 찍어대는 수많은 참석자들이

에스컬레이터를 오르내리거나 구내매점에서 마실 것을 사기 위해 인내심 있게 기다리고 있다. 테이블 뒤에는 로고가 쓰인 셔츠를 입은 젊은 남성들이 상기된 표정으로 캐릭터 모형들과 포스터, 만화책과 기타 수많은 상품들을 홍보한다. 100만 명은 족히 될 것 같은 수많은 사람들이 사방에 가득했다. 어떤 사람들은 유명 만화 캐릭터 랜도 캘리시언Lando Calrissian을 연기했던 배우 빌리 디 윌리엄스Billy Dee Williams를 만나기 위해, 또 어떤 사람들은 자신이 좋아하는 슈퍼히어로 캐릭터를 그린 만화가를 만나기 위해 줄지어 서 있었다. 3일간, 한 캐릭터당 수만 명의 사람들이 몰려드는 이곳은 바로 만화 컨벤션 세상이었다.

93세의 나이에 그 어느 때보다 유명해진 스탠 리는 프로 경기 선수들이 미국 전역의 스타디움이나 원형 경기장에서 마지막 경기를 벌이는 것처럼, 그간의 오랜 여행을 끝낼 '마지막 출연'을 위한 긴 프로젝트 시리즈를 2016년 내내 진행했다. 로스앤젤레스와 캔자스 등 수많은 도시가 스탠에게 경의를 표하며 그가 개최한 컨벤션 날을 '스탠 리 데이Stan Lee Day'로 선언했고, 그에 대한 관심을 아낌없이 쏟아부어 더욱더 많은 사람들이 컨벤션 센터에 모이도록 도와주었다. 마블 영화의 어마어마한 성공과 괴짜 문화의 폭넓은 수용 범위, 그리고 업계의 저명한 원로인 그의 인지도는 대중들로 하여금 스탠 리의 전국 투어를 응원할 뿐아니라 스탠을 직접 만나 그의 사인을 받기 위해서라면 뭐든지 하고 싶도록, 그러니까 얼마든지 지출할 수 있도록 만들었다. 스탠은 이렇게 말했다. "이 만화 컨벤션들은 그 어떤 것도 따라 하지 못할 만큼 사람을 흥분시킵니다. 여기에 모인 사람들은 만화책의 대중문화를 너무나 사

STAN LEE

랑해요."9

　2016년 하반기에 스탠은 신시내티 코믹 엑스포 같은 상대적으로 작은 규모의 만화책 컨벤션들에 뛰어들었지만, 이어서 10월 초에 열린 거대 규모의 뉴욕 코믹콘에도 나타났다. 뉴욕 코믹콘은 전 세계에서 18만 명이 넘는 참가자가 모이는 컨벤션이었다. 그의 출생지이자 오랜 시간 본거지로 지낸 뉴욕에서 스탠은 〈뉴욕 데일리 뉴스New York Daily News〉 기자에게 이렇게 말했다.

　세상에서 가장 멋진 일이었어요. 왜냐하면 내가 가는 곳마다 사람들이 사인을 부탁하면서 "당신 덕분에 즐거움을 얻게 되었어요. 고마워요."라고 말해주었거든요. … 난 분명히 세상에서 가장 운 좋은 사람일 거예요. … 사람들이 날 원하고, 사람들이 내가 해온 일들을 진심으로 고마워해준다는 건 정말 굉장한 일이에요.10

　2016년 10월, 스탠은 자신이 주최하는 컨벤션 '스탠 리의 로스앤젤레스 코믹콘'에 참석하기 위해 전국 투어를 잠시 멈추었다. 원래는 '스탠 리의 코미카지Comikaze'라는 이름으로 그가 2012년부터 진행해오던 행사였지만, 2016년에 행사명을 바꾼 것이었다.11 이 3일짜리 괴짜 문화 행사는 로스앤젤레스에서 '스탠 리 데이'라고 명명한 금요일부터 시작되었고, 모두 9만 1,000명에 이르는 사람들이 방문해 신기록을 세우기도 했다. 2016년 연말에 그는 도쿄 코믹콘에 방문하기 위해 일본으로 투어를 떠났다. 그곳 팬들은 미소 짓는 그의 그림 아래에서 플래시를 터뜨리며 "스탠 리를 대통령으로Stan Lee for President"를 외쳤다. 스탠은 2017년 5월에 케레타로주에서 열리는 멕시칸 코믹콘 콩크ConQue에 참석하겠다고 알렸다.

1970년대에 뉴욕을 떠나 캘리포니아로 건너간 스탠 리는 그가 탄생시켰거나 공동 창작한 사랑하는 슈퍼히어로들과 빌런들, 그리고 마블을 홍보하기 위해 힘들 새도 없이 일했다. 그 노력의 결과, 마블 슈퍼히어로들은 영화와 방송계를 지배했다. 더욱 중요하게, 슈퍼히어로 이야기가 영화계를 가득 메우면서 현대 세계의 엔터테인먼트 문화를 근본적으로 바꿔버렸다. 그리고 스탠이 그 변화의 중심에 서 있었다.

세기의 예술가들이 부딪히는 시련은 그들이 나이를 먹을수록 과거에 이루어놓은 업적을 뛰어넘기가 어려워진다는 데 있었다. 이 어려운 문제는 밥 딜런이나 로버트 드니로, 롤링 스톤에게도 적용되었다. 그러나 최근 몇 년 사이에 스탠은 손쉽게 팬들이 좋아하는 마블 영화의 신 스틸러 '카메오의 왕' 자리에 올랐지만, 엔터테인먼트 사업 활동을 할 때에는 필수적으로 다른 업체들과 협약하거나 협력하며 일해야만 했다. 이렇게 그가 하는 일은 음악을 만들거나 책을 쓰는 개인적인 예술 활동과는 성질이 달랐다.

영화와 방송, 인터넷, 그리고 비디오게임 산업들은 각자 고유의 특징을 지니고 있으면서도 아이디어를 완전한 프로젝트로 만들기까지 그

STAN LEE

과정이 굉장히 어려웠다. 스탠은 이렇게 말했다. "정말 평생 걸립니다. 나는 다달이 새로운 작품이 나오는 만화책을 만드는 방식에만 익숙했고요! 영화 산업은 그런 방식이 아니라는 사실을 알게 되었지요. 절대 빠르게 진행되지 않습니다."[12] 솔직히 엔터테인먼트 시장에서는 언제나 수천 개의 프로젝트가 진행 중이었지만, 영화 스크린이나 극장 또는 다른 배급 채널에서 실제로 상영되는 작품은 거의 없었다. 스탠이 파우! 엔터테인먼트와의 업무를 정말 천천히 진행하는 것 같았지만 사실은 그저 엔터테인먼트 산업의 흐름 속에서 일하는 것뿐이었으며, 이 상황을 스탠이 더 작은 조직을 운영했던 1960년대 마블 전성시대와는 비교할 수 없었다. 비록 그 당시 결과물이 현대 문화에까지 영향을 끼친 작품이라 해도 말이다.

결론적으로, 스탠을 비방하는 사람들은 마블 이후에 그가 했던 일들을 손가락질하며 스탠이 과거의 성공(또는 커비와 딧코의 작품)을 이미 오래전에 해변에 묻어버렸다고 결론지었을지도 모른다. 그러나 더 가까이에서 살펴보면, 여전히 자신의 팬들 가운데 당당히 서서 자신의 유산이 미국 역사상 가장 중요한 창의적 결과물로 자리매김하도록 만들면서 90여 년 인생을 여전히 멋지게 설계하고 있는 이 예술가의 모습을 더욱 정확하게 볼 수 있다.

2016년 말, 신시내티 코믹 엑스포에서는 몇백 명에 달하는 사람들이 스탠을 만나 사인을 받으려고 컨벤션 홀 밖에서 줄을 서서 기다렸다. 경계선 안쪽에서 조금씩 앞으로 이동하며 사람들은 가슴 한가득 기대를 품은 채 같은 마음으로 서 있는 주변 사람들과 이야기를 나누었다.

드디어 스탠과 만나게 된 그 엄청난 순간, 팬들은 너무 놀란 나머지 그들의 히어로에게 말 한마디 건네지 못했다. 어떤 사람들은 겨우 이렇게 속삭였다. "고맙습니다."

겉으로 보면 용두사미 격인 상황이었지만, 팬들은 그저 스탠과 함께 있었다는 사실만으로도 충분한 듯 보였다. 〈스파이더맨〉 포스터나 〈닥터 스트레인지〉 만화책에 스탠에게서 사인을 받고서 돌아서는 그들의 얼굴에는 마치 엄청난 승리를 얻은 듯 커다란 미소가 번졌다. 드디어 인파 밖으로 나와서 쉴 수 있는 시간이 생기자, 팬들은 바로 함께 온 가족들이나 친구들을 찾았다. 그러고는 자신들에게 벌어진 일을 이야기하며 기쁨을 나누고 싶어 했다. 어떤 사람들은 스탠의 사인을 받은 소중한 만화책을 보며 평생 마블 및 슈퍼히어로들을 좋아하면서 얻게 된 최고의 기쁨이라고 생각했다.

어떤 사람들은 산타 모니카에 있는 파우! 엔터테인먼트 사무실을 스탠 리 박물관으로 착각할지도 모른다. 그 밝은 공간에는 만화책의 전설과 그의 창조물들을 본떠 만든 다양한 인형과 모형 등 온갖 캐릭터 상품들로 가득 차 있었다. 책상 앞에 놓인 구식 캡틴 아메리카 의자가 방문객들에게 가까이 앉으라고 권했고, 덩치 큰 헐크가 컴퓨터 모니터를 지키고 있었다. 〈빅뱅 이론〉 출연진과 함께 찍은 여러 장의 사진들부터 클락 켄트가 되어 셔츠를 찢으며 슈퍼맨 복장의 빨간 S자를 드러내는 스탠의 모습을 그린 그림까지, 벽면에는 스탠 리를 주인공으로 한 사진들이 줄줄이 걸려 있었다. 또 할리우드 행사에 초대되어 레드 카펫을 밟았던 스탠과 조앤의 사진도 있었고, 또 어떤 사진에서는 스탠이 레이

STAN LEE

건 대통령과 악수를 하고 있었다. 책상 뒤쪽에는 청록색 줄무늬가 새겨진 서핑 보드를 탄 채 짙은 푸른빛을 내뿜으며 벽 바깥으로 탈출하려는 듯한 커다란 실버 서퍼의 그림이 걸려 있었다.

스탠 리 컬렉터블의 공동 설립자이자 스탠의 개인 비서로 오랫동안 일했던 맥스 앤더슨이 스탠과 조앤 부부가 자신을 집으로 초대했던 날에 대해 들려주었다. 두 사람은 그날 몇십 년 전에 로스앤젤레스로 이사 온 이후부터 모아왔던 온갖 기념품과 수집품들을 다른 곳으로 옮겨 줄 수 있는지 앤더슨에게 물었다. 스탠은 그냥 다 버리고 싶어 했다. 하지만 앤더슨은 스탠 리의 과거가 담긴 물건들의 중요성을 깨달았고, 그래서 그 물건들을 잘 옮겨 보관해두었다. 이렇게 갑작스런 대청소로 얻게 된 물건들은 훗날 스탠 리 단기 박물관의 토대가 되었고, 스탠의 코미카지 만화책 컨벤션에 전시되었다. 그 뒤에 앤더슨은 스탠과 그의 유산을 영구히 보관할 수 있는 박물관이 생길 경우에 대비해 물건들을 안전한 곳에 보관해놓았다.[13]

만화책과 대중문화 역사에 깊이 스며든 인물이자 색다른 감수성으로 이야기를 만들어낸 창조자로서 스탠은 그의 과거를 섬세하게 기억하고 느꼈다. 그러나 그리워한 것은 아니었다. 기자들과 팬들 대부분이 그에게 무의미한 질문들을 던졌다. 단순히 그가 가장 좋아하는 슈퍼히어로는 누구인지, 또는 캐릭터들을 만들었을 몇십 년 전 당시 어떤 생각을 하고 있었는지 같은 질문들이었다. 그는 그때마다 항상 정중한 태도로 슈퍼히어로의 탄생 기원에 대해 이야기하고 또 이야기해주었다. 새로운 세대의 기자들과 진행자들, 팬들은 계속해서 그 이야기를 듣고 싶어

했다. 하지만 스탠의 가치관은 끊임없이 앞을 향해 나아가는 것이었고, 다음 창작물과 새로운 생각을 추구하는 것이었다. 여전히 그는 어떤 생각이 떠오를 때마다 평생 그래왔듯이 셔츠 앞주머니에서 작은 수첩을 꺼내 그 생각들을 적어놓았다.

스탠을 만나보니, 10대 시절부터 배우가 되기를 꿈꾸었던 열망으로 그의 대중적인 이미지가 성장했으며, 그것이 훗날 유명인으로서의 정체성으로 변화되었다는 사실을 알 수 있었다. 그리고 그 결과, 스탠은 어릴 적에 주변에서 보아왔던 뉴욕 특유의 자신만만한 태도를 발휘할 수 있게 되었다. 하지만 그 가면은 일대일로 이야기하는 도중에 벗겨졌다. 대화를 나누는 내내 그는 신중했고, 사려 깊었으며, 마치 그 모든 세월 동안 그가 얻은 행운을 믿지 못하겠으며 어째서 수백, 수천 명이나 되는 팬들이 자신을 보려고 줄을 서 있는 것인지 알 수 없다는 듯한 모습으로 질문에 대답했다. 스탠의 젊고 긍정적인 가치관은 허풍을 떨며 과장스럽게 보이던 대중적 이미지를 상쇄시켰다. 90대 중반에 접어든 그는 이제 귀도 잘 들리지 않았고 2012년에 삽입한 심박 조율기가 그의 심박 속도를 조절해주는 상황이었다. 하지만 그는 계속해서 대중들 앞에 나왔고 마블 세계의 정신적 지도자 역할을 즐거워했다.

2016년 어느 날, 여러 세대에 걸친 수많은 팬들과 예술가들에게 결함을 지닌 히어로 이야기로 영감을 준다는 것은 어떤 기분이냐고 스탠에게 물어보았다. 그는 잠시 말을 멈추었다. "생각해보면, 정말 굉장한 기분이에요. 그것에 대해 별로 생각해본 적은 없지만, 생각을 해보

STAN LEE

면…."[14] 그의 목소리는 차츰 잦아들었다. 세기의 창작가들이 가진 특징은 절대 창작을 멈추지 않는다는 것이다. 스탠의 세계관은 그가 1960년대에 이루어놓은 것을 기반으로 하지 않았다. 그는 다음에 일어날 불꽃과 새로운 일을 믿었고, 언제나 미래를 향해 계획을 세웠다.

위대한 스탠 '더 맨' 리

〈캡틴 아메리카: 시빌 워〉(2016년)의 마지막 부분에서 페덱스FedEx 우편 배달부가 어벤져스의 본부 스타크 엔터프라이즈 앞에 나타난다. 그리고 유리문을 두드리며 묻는다. "토니 스탱크stank('지독한 냄새'라는 뜻 — 옮긴이) 씨 계신가요?"

토니 스타크의 절친 제임스 '로디' 로즈가 손가락으로 친구를 가리키며 외친다. "네, 이쪽이 토니 스탱크예요. … 제대로 찾아왔어요. 고마워요!"

이 페덱스 직원을 연기한 배우는 스탠 리로, 슈퍼히어로 영화에 스물아홉 번째 카메오 출연이었다. 이 장면은 재미있는 분위기로 영화를 마무리해주는 역할도 하지만, 마블 세계 안에서 스탠이 어떤 위치에 있는지를 보여준다는 점에서 더욱 의미가 깊다. 우편물 안에는 캡틴 아메리카가 아이언맨에게 보내는 편지가 들어 있었다. 어벤져스의 리더 자리

STAN LEE

를 아이언맨에게 넘겨주겠다는 내용이었지만, 지구에 위험이 닥치면 언제든 돕겠다는 것을 스타크에게 알려주는 내용이기도 했다. 스탠이 잠시 나왔다 사라진 것 같지만, 그 상황 자체는 이야기의 핵심적인 부분이자 마블 세계가 앞으로 어떻게 펼쳐질지를 알려주는 장면이었다. 로디의 말대로 스탠의 캐릭터는 확실히 "제대로 찾아왔다." 액션의 중심으로 말이다.

스타크와 로디 사이에 오가는 가벼운 대화는 그 전에 나왔던 장면과 균형을 이루었다. 베테랑 군인 히어로이자 워 머신War Machine 전투원 로디가 앞서 벌어진 슈퍼히어로 난투극에서 척추를 다친 뒤 다시 걷기 위해 고통스런 시간을 보내고 있었기 때문이다. 극적인 장면이었음에도 영화의 톤과 목소리는 마치 1960년대 초반에 스탠이 쓰던 대사 같았다. 로즈와 스타크는 서로 히죽거리며 농담을 던졌고, 로디가 웃으며 이렇게 말한다. "테이블 위에 올려주세요. 스탱크 씨 거니까, 화장실 근처에다가." 이들의 대화는 스탠의 마블 세계에서, 스탠이 카메오로 등장하는 장면에 쓰인, 스탠 방식의 대사였으며, 이렇게 스탠의 특성이 대규모 무대에 각인되었다. 그는 마틴 굿맨이 예전에 내린 지시를 충실히 이행했다. 수많은 슈퍼히어로를 탄생시킨 것이다. 하지만 굿맨이 내렸던 그 지시가 미국의 대중문화와 이야기의 흐름을 바꾸어놓았다는 사실은 그 누구도 알아채지 못했다.

스탠리 리버에서 스탠 리로 이름을 바꾸었던 당시, 저급문화 산업에 종사하는 그의 일을 하찮게 바라보며 멸시하는 사람들에게서 스스로를 보호하고 싶었던 그는 이 필명 뒤에 진짜 모습을 숨겼다. 그때의 상황을 스탠은 이렇게 설명했다. "일을 시작했던 초반, 〈판타스틱 4〉 이전에는 힘들었어요. 절대 아무 데도 못 갈 것 같았지요. 그 뒤로도 내가 생계를 위해 만화책 이야기를 쓴다는 걸 말하기가 창피했습니다. 정말 부끄러운 일이었지요."[1] 스탠은 수십 년에 걸쳐 자신이 날마다 하는 작업이 전혀 위대한 일이 아니라고 생각했다.

그러다가 스스로 자괴감이 몰려오자(그의 아내 조앤이 부추기기도 했다), 결국 스탠은 가치관을 바꾸고 자신이 누구인지, 무엇을 탄생시킬 것인지를 주체적으로 알아낸 다음 자신이 쓰고 싶은 글을 쓰기 시작했고, 그 아이디어를 위대한 예술가들에게 넘겨 시각적으로 탄생시키고 만화로 만들었다. 그렇게 판타스틱 4가 태어났고, 헐크가 탄생했으며, 곧이어 토르가 하늘에서 떨어졌다. 비현실적인 초능력과 가공할 만한 사악함을 지닌 무수히 많은 캐릭터들이 초기 슈퍼히어로들 틈에 추가로 끼어들었다. 무엇보다 중요한 것은 스탠은 주변에서 흔히 볼 수 없는 히어로를 탄생시켰다는 점이다. 방사능 거미에 물려 인생이 완전히 바뀌어버린, 개인적인 문제를 한 트럭은 갖고 살아가던 별종 10대 소년이었다. 어메이징 스파이더맨이 태어난 것이다.

마블 세계가 스파이더맨에서 시작된 것은 아니었지만, 스파이더맨은 팬들의 마음을 가장 강력하게 사로잡는 캐릭터였다. 스탠처럼 말이다. 스탠에게 스파이더맨은 이런 존재였다.

스파이더맨은 단순한 만화 히어로가 아니에요. 마음의 상태를 대변해주는 존재이죠. 우리 모두가 가지고 있는 비밀스런 꿈, 두려움, 불안함을

상징합니다. 사람들은 누구나 자신만의 백일몽을 남몰래 갖고 있어요. 그 백일몽 속에서 우리는 현실에서보다, 우리가 상상하는 것보다 더 강해지고, 빨라지고, 용감해지지요. 하지만 스파이더맨에게는 그런 꿈들이 현실이 된 거예요.[2]

스파이더맨은 슈퍼히어로에 대한 색다른 시각을 제공함으로써 만화책과 이야기 세계에 혁명을 일으켰다. 그리고 결점을 가진 슈퍼히어로들은 결국 주변 어디에서나 볼 수 있는 진짜 사람들처럼 보이기 시작했다. 마블의 캐릭터들은 감정적으로 취약했다. 그들은 슈퍼맨의 약점인 외계 운석처럼 단순한 것이 아닌, 인간적인 감정들을 감당해야만 했다. 스탠 리는 스파이더맨이 처음 등장한 〈어메이징 판타지〉 15편의 마지막 컷에 그 유명한 글귀를 적어 내렸다. "그는 결국 깨달았다. 큰 힘에는 반드시 큰 책임이 따른다는 사실을!" 이것은 스파이더맨이 유명해진 뒤에도 꾸준히 걸어온 방식이자, 미국 문화 전역에 길이 남을 유산이며, 스탠을 전설적인 작가로 영원토록 공고히 만들어줄 단 하나의 글귀다.

스탠은 슈퍼히어로들이 서로 맞물리는 네트워크를 순식간에 만들어냈고, 비범한 능력을 가진 사람들이 현실 세계에서 살게 된다면 일어날 법한 일들을 보여줄 수 있도록 캐릭터들을 움직였다. 만화책을 읽으며 자란 사람들이 과거를 돌아보며 스탠이 광범위한 문화에 어떤 영향을 끼쳤는지 깨닫게 된 것은 시간이 한참 더 흐른 뒤의 일이었다. 마블 시대를 열게 해준 그의 천재성은 캐릭터들이 말하고 느끼는 방식과 그들이 직면한 상황들을 설득력 있게 만드는 데에 초점이 맞추어져 있었다. 이 공식은 굉장히 단순해 보였다. 만일 슈퍼히어로가 당신과 같은 존재라면, 당신도 슈퍼히어로와 같은 존재인 것이다. 독자들은 스탠의 아이디어에 반응했고, 그의 작가적 특징이 대중문화의 중요한 모습으로 발전해나갔다.

그러나 마블의 재능 있는 일러스트레이터들과 작화가, 채색가들과 함께 캐릭터들을 창작하고 이야기를 만들어내는 일은 끝이 없었고, 스탠의 손길도 계속 필요했다. 게다가 스탠은 창작 팀과의 작업을 훨씬 뛰어넘는 일들, 즉 만화책 편집과 아트 디렉터 역할, 출판 산업이 요구하는 마감 시간을 준수하도록 직원들과 프리랜서들을 독려하는 일 등 다른 중요한 역할도 수행해야만 했다. 그렇게 자신의 임무가 창작에서만 끝나는 것이 아니라는 사실을 깨닫게 된 그는 마블의 대변인이 되어 처음에는 기자들 앞에서, 이후에는 활기 넘치는 전국의(훗날에는 전 세계의) 대학 캠퍼스와 각종 대중적인 무대에서 이야기를 하게 되었다. 슈퍼히어로 이야기가 세계로 뻗어나갔고, 스탠은 온갖 청중들 앞에서 그 이야기를 하고 또 했다.

스탠은 슈퍼히어로의 인기도 경기변동처럼 태세를 바꿀 날이 올 것이라고 확신하면서 언제쯤 이 슈퍼히어로 열풍이 사그라지고 다른 장르로 옮겨 가게 될지 종종 궁금해했다. 이런 관점에서 봤을 때, 만화책 산업의 창의적인 면은 재정적인 문제로 상처를 받기 일쑤였다. "만일 〈스파이더맨〉이 팔리지 않았다면 모두 그를 잊어버렸을 거예요. 우리에게 스파이더맨은 그저 상품에 불과했으니까요. 만화책을 만들고

STAN LEE

나면 그것들이 잘 팔리길 바랐고, 다른 것들보다 잘 팔리는 작품이 있으면 그 작품을 계속 이어나갔지요."[3]

그러나 슈퍼히어로물은 논란이나 위기를 겪지 않았다. 재능이나 성공도 아닌, 슈퍼히어로를 향한 대중들의 힘은 오히려 대중문화에 활력을 심어주는 것 같았다. 스탠은 수십 년간 다양한 종류의 비난을 받아왔다. 비평가들은 그가 하는 많은 일들을 가식적으로 보았고, 영광을 함께 누려야 할 사람들을 잃어가면서 자신만의 명성을 드높이는 데만 몰두하고 있다고 생각했다. 바로 지금도, 그에게 반감을 가진 사람들은 스탠의 최근 행보를 보며 그가 오래 지속될 가치 있는 일보다는 돈을 버는 데만 급급하다고 생각했다. 그뿐 아니라 마블 세계를 실제로 창조한 사람이 누구인지 따지기 위해 '커비' 파와 '딧코' 파의 사람들이 스탠에게 대응하며 팽팽한 전투 진영을 만들어냈다.

마블이 하나의 조직으로서 겪는 이 모든 시련들은 종종 스파이더맨에서 해답을 얻었다. 이 캐릭터의 끈질긴 인기가 마블로 하여금 곤경을 면하게 해주었다. 슈퍼히어로들을 더 많이 알리겠다는 스탠의 의지는 마블 또한 전국 대중문화 시장에 안전하게 남아 있도록 만들어주었다. 결국 스탠의 모든 노력들이 문화계의 신이라는 그의 자리를 더욱 공고히 해준 것이다.

사람들이 주로 신뢰하는 스탠의 활동 영역이 만화계에서 방송 매체로 조금씩 옮겨 가고, 마블의 지위도 세계적인 위대한 기업으로 격상되면서 스탠은 이제 단순히 작가로만 인정받는 단계를 넘어섰다. 소설가나 영화 제작자들이 언제나 그래왔던 것처럼, 스탠도 마치 공중에 손을 집어넣은 다음 미국의 시대정신을 한 움큼 잡아당긴 것 같았다. 작가로서 그는 다른 모든 위대한 창작가들과 같은 일을 했다. 더 나은 작품을 계속 추구했고, 기술을 더 연마했다. 그리고 남아 있던 문화 산업과 전 세계에까지 영향을 끼칠 만한 완전히 새로운 스타일의 작품들을 만들어냈다.

스파이더맨이 등장한 당시, 스탠은 이미 만화업계에서 20년 이상 근무한 상태였다. 그때 그가 이용하던 작법 방식은 대화의 매력에서 발전한 것이었다. "온갖 종류의 이야기를 쓸 때마다 나는 보통 글을 쓰는 내내 그 모든 대화들을 소리 내어 읽었습니다. … 내가 발휘할 수 있는 모든 감정을 끌어내어 강한 어조로 소리를 내면서 연기를 했지요." 위대한 작가들은 모두 이렇게 글을 쓰는 방식과 이때 나오는 서사적인 힘을 이해한다. "자연스러운 소리가 나와야 해요."[4] 현실적인 대화에 집중하고, 독자들에게 직접 말을 건네며, 생각풍선을 통해 독자들로 하여금 캐릭터의 머릿속에 들어오게 만드는 혁신적인 시도들은 곧 만화계를 장악하게 된 마블만의 스타일을 창출해냈고, 이어서 영화계와 방송, 문학 및 다른 형식의 이야기 세계에도 영향력을 뻗쳤다.

몇 세대에 걸친 예술가, 작가, 배우, 기타 창의적인 직업에 종사하는 사람들이 스탠 리가 탄생시키고 목소리를 부여한 세계에서 영감을 느끼고 감동을 받았으며 용기를 얻었다. 결함 있는 히어로들을 아직 발명하지 않았을 당시(누군가는 그런 히어로들이 호메로스 시대와 그 이전부터 존재했다고 따질 수도 있다), 그는 뭔가 새로운 것을 갈망한다는 메시지를 수많은 독자들에게 전달했다. 어느 괴짜가 히어로가 된 이야기는 지구

STAN LEE

가 갓 형성된 그 옛날부터 전해 내려온 듯 진부하게 느껴질 수도 있지만, 스탠은 빠른 속도로 증가하는 독자들에게 히어로가 어떤 존재인지를 새로운 방식으로 생각할 수 있게 해주었고, 누가 어떤 면에서 영웅적인지에 대한 편견을 뒤집어주었다. 독자들은 주머니를 탈탈 털어 스탠의 슈퍼히어로들을 먹어치웠다. 스파이더맨의 인기는 결함 있는 히어로가 사람들의 마음을 사로잡는다는 사실을 증명해주었지만, 그와 동시에 이 캐릭터가 신문 가판대에 오른 시점이 2차 세계대전 이후에 태어난 베이비부머 세대가 성장한 데다 존 케네디 대통령의 카멜롯(아서왕의 전설 속에 나오는 이상적인 왕국으로, 존 케네디 대통령의 정권이 카멜롯 왕국에 비유되곤 했다—옮긴이)에 대한 국민들의 낙관적인 기대로 만화시장이 두 번째 황금기를 맞이한 시기이기도 했다.

반대론자의 의견이 어떻든 간에, 스탠 리에게는 무언가 영웅적인 면이 있었다. 미국 대중문화의 최정상에 오른 다른 사람들과 마찬가지로 스탠 리도 활동 영역을 바꾸었고, 훗날 이 분야에서 더 광범위한 영향을 끼쳤다. 그는 마블의 미치광이자 대변인이었고, 무려 60년 동안 만화책의 얼굴을 담당했던 다재다능한 지휘자였다. 위대한 미국 소설을 쓰고 싶어 했던 이 남자는 그보다 훨씬 더 큰 일을 잘 해냈다. 누구도 의심할 여지없이, 스탠 리는 당대 미국 역사에서 가장 중요한 창작의 아이콘으로 자리매김했다.

주
—

프롤로그

1. *Stan Lee's Mutants, Monsters, and Marvels*, directed by Scott Zakarin (Burbank, CA: Sony Pictures, 2002), DVD.
2. Ibid.
3. Ibid.
4. David Anthony Kraft, "The Foom Interview: Stan Lee," in *Stan Lee Conversations*, ed. Jeff McLaughlin (Jackson: University Press of Mississippi, 2007), 63.
5. Ibid.
6. Stan Lee, *Origins of Marvel Comics*, revised edition (New York: Marvel, 1997), 12.
7. Quoted in Stan Lee and George Mair, *Excelsior! The Amazing Life of Stan Lee* (New York: Simon and Schuster, 2002), 113.
8. Lee, *Origins*, 12.
9. Lee and Mair, *Excelsior!*, 114.

1장

1. The sum equates to about $3,500.
2. Gur Alroey, *Bread to Eat and Clothes to Wear: Letters from Jewish Migrants in the Early Twentieth Century* (Detroit: Wayne State University Press, 2011), 10.
3. Dana Mihailescu, "Images of Romania and America in Early Twentieth−Century

STAN LEE

Romanian-Jewish Immigrant Life Stories in the United States," *East European Jewish Affairs 42*, no. 1 (2012): 28.

4. Ibid., 29.

5. Ibid., 32.

6. Alroey, *Bread to Eat and Clothes to Wear*, 12.

7. 인생 대부분 기간을 대중적인 무대에서 살아온 남성으로서, 두 편의 다른 회고록을 쓴 스탠은 그의 부모와 친척, 민족성, 종교에 대해서는 별로 언급한 것이 없다. 그의 첫 번째 회고록에서, 스탠은 그의 부모 "두 분이 모두 루마니아 이민자"라고 썼으나, 그래픽 노블 회고록(2015년 출간)에서 그는 그의 아버지만 루마니아 이민자이고 어머니는 "뉴욕에서 태어났다."라고 했다. 실제로는 그의 첫 번째 회고록이 맞는다. 그의 어머니도 루마니아에서 태어났지만 그녀가 고향에서 어떤 삶을 살았는지는 현재 우리에겐 수수께끼로 남아 있다. 스탠의 어린 시절에 대해 알아보고 싶다면 다음 자료를 참고하길 바란다: Stan Lee and George Mair, *Excelsior! The Amazing Life of Stan Lee* (New York: Simon and Schuster, 2002), 5; Stan Lee, Peter David, and Colleen Doran, *Amazing Fantastic Incredible: A Marvelous Memoir* (New York: Touchston, 2015), n.p.

8. 수만 명에 관한 미국 인구 조사 기록을 확인해보면, 스탠의 부모와 그의 친척에 대해 가장 기본적인 부분을 예측해볼 수 있다. 비록 이런 기록들이 스탠이 별로 언급하지 않는 그의 인생의 일부를 파헤친다 해도, 그 당시 인구 조사 기록 담당자들에게 의존한 문서 보존 내용을 통해 자료들을 정밀하게 번역할 수 있다. 그러나 인구 조사 기록 담당자들이 직면한 문제들 때문에 정밀성이 떨어지기도 한다. 그 문제들에는 언어 장벽, 사생활 우려 및 기타 갈등이 포함된다. 조사원들은 그들이 얻은 정보를 입증할 수 있는 증거를 요청하는 것이 금지되어 있었기 때문에 그들은 최대한 적절하고 정확한 세부 내용을 얻기 위해 노력했으며, 인터뷰 대상자가 진실을 이야기하고 있는지 파악하려 애썼다. 그들의 노력은 뉴욕시에서 특히 더 어려움을 겪었는데, 이 도시에서는 수많은 가족들이 친척이나 하숙생들과 함께 같은 아파트 빌딩에서 같은 일상을 공유하며 지냈다. 그 결과, 어떤 기록들은 성과 이름 정보가 바뀌어 있기도 했고, 그 때문에 전자 기록으로 옮기는 과정에서 정보가 왜곡되기도 했다. 어떤 경우에는 전체 가족 정보가 서류에서 빠져 있기도 했다. 이 서류들은 모두 손으로 직접 쓴 것이었기에 가독성이 낮았다. 조사원들이 정보를 완벽하게 얻어도 그에 대한 성과금은 별로 없었다. 그들이 일에 대한 보상으로 받는 급여는 낮았으며, 정확성보다는 속도를 더 중요하게 여겼다. 조사원 중 상당수가 정치적으로 지명된 사람으로, 지역 권력 구조상 일을 구해줄 수 있는 사람을 찾아가 일자리를 얻는 법을 알고 있었다.

9. 스탠의 가족과 함께 20세기 초반에 미국에 상륙한 수많은 사람들과 마찬가지로 가장 기

본적인 사실에 관해서도 부정확성은 존재한다. 한 가지 예로, 인구 조사 기록에서는 스탠의 아버지 이름이 1910년 하이먼에서 1920년 제이콥으로 변경되었으며, 그의 생일은 1886년 또는 1888년으로 기록되어 있다. 만일 후자가 맞는 기록이라면, 그가 대서양을 횡단하던 당시 그의 나이는 겨우 17세였다. 그의 친척인 아브라함은 1910년에 하숙집에서 함께 살았으며 더 연장자인 러시아계 루마니아인 커플과 그들의 아이들과도 같이 살다가 이후 기록은 사라졌다. 추정에 따르면, 제이콥의 남동생은 훗날 고향으로 돌아가는 수천 명의 루마니아 이민자 속에 포함되어 있었을 것으로 보인다. 아니면, 아브라함은 뉴욕에서 빠져나와 서부로 향하는 이민자 단체에 들어갔을지도 모른다. 이후에 스탠은 그의 남동생의 자매들(베키와 버사)에 대해 언급했지만 추가 서류에는 그들에 관한 정보가 보이지 않았고, 스탠도 회고록에는 그들에 관해 언급하지 않았다. Joanna Lieber to Stan Lee, e-mail message, April 26, 1998, Correspondence, 1998, Box 196, Stan Lee Papers, American Heritage Center, University of Wyoming.

10. 안타깝게도 실리아와 잭의 연애나 결혼에 관한 기록은 남아 있는 것이 없다. 그 관계가 섬세했는지 단순했는지, 아니면 그 중간이었는지 알 수 없다.

11. 아이들 4명만 집에 남았으며, 4명 중 실리아만이 고용되지 않은 상태라고 명단에 쓰여 있었다. 한 인구 조사 기록에는 실리아의 생년이 1894년으로 기록되어 있는데, 이전에 확인된 정보보다 2년이 늦은 연도였다. 하지만 당시 26세의 나이에도 왜 일을 하지 않았는지에 대해서는 정보가 없다. 스탠리 리버의 가족 역사에 대한 더 큰 미스터리는 1930년 기록에서 나타난다.

12. 기본적으로 리버 가족은 1930년 인구 조사 기록에서 사라졌다. 이 가족의 기록이 사라진 원인으로 다양한 이유가 추정되는데, 일단 일을 제대로 하지 못한 인구 기록 조사원이 원인일 수 있다. 그들은 철자가 틀리는 일도 잦았고 정보도 상당수 빼먹었다. 그러나 이 경우는 기록 누실의 원인으로 결정되기가 쉽지 않다. 다른 원인으로는 대공황 기간에 이들 가족이 겪은 분노로 잠시 기록에 응하지 않았을 수 있다. 어려운 환경이었기 때문에 조사원들은 이웃들이나 어린아이들, 또는 영어를 하지 못하는 가족 구성원에게까지 정보를 요청했을 수도 있다. 이런 환경에서 수많은 사람들이 공식적인 기록에서 사라졌다. 그 결과, 도시를 구성하는 일부분이었던 이 가족은 그들의 어려운 사정이 창피해서 조사원의 방문을 무시했을 수도 있다.

13. Mark Lacter, "Stan Lee Marvel Comics Always Searching for a New Story," *Inc.*, November 2009, 96.

14. Stan Lee, "*Excelsior!*" Outline, July 30, 1978, Box 96, Stan Lee Papers, American Heritage Center, University of Wyoming.

15. Lee and Mair, *Excelsior!*, 7.

STAN LEE

16. Lee, David, and Doran, *Amazing Fantastic*.

17. Lee and Mair, *Excelsior!*, 8.

18. Lee, "Excelsior!" Outline.

19. Jordan Raphael and Tom Spurgeon, *Stan Lee and the Rise and Fall of the American Comic Book* (Chicago: Chicago Review Press, 2003), 4.

20. Lee and Mair, *Excelsior!*, 11.

21. Quoted in Raphael and Spurgeon, Stan Lee and the Rise and Fall, 4.

22. Lee and Mair, *Excelsior!*, 12.

23. Ibid., 9.

24. Lee, "Excelsior!" Outline.

25. Lee and Mair, Excelsior!, 10.

26. Stan Lee, "Comic Relief: Comic Books Aren't Just for Entertainment," Edutopia, August 11, 2005, www.edutopia.org/comic-relief.

27. Lee and Mair, Excelsior!, 13.

28. Lee, "Excelsior!" Outline.

29. Quoted in Mike Bourne, "Stan Lee, the Marvel Bard," in Alter Ego, ed. Roy Thomas, vol. 3, no. 74 (2007): 26.

30. Quoted in *With Great Power: The Stan Lee Story*, directed by Terry Douglas, Nikki Frakes, and William Lawrence Hess (Los Angeles: MPI Home Video, 2012), DVD.

31. Stan Lee, "History of Marvel (Chapters 1, 2, 3)," unpublished, 2. Marvel Comics—History (Draft of "History of Marvel Comics"), 1990, Box 5, Folder 7, Stan Lee Papers, American Heritage Center, University of Wyoming.

32. Quoted in Raphael and Spurgeon, *Stan Lee and the Rise and Fall*, 8.

33. Ibid.

34. Lee and Mair, Excelsior!, 15.

35. Raphael and Spurgeon, Stan Lee and the Rise and Fall, 7.

36. United States, Bureau of the Census, 1940 U.S. Census, New York, Bronx County, New York, enumeration district 3-1487, household 61, Jacob Lieber Family, Sheet 6-B. Barb Sigler, HeritageQuest Online, http://www.ancestryheritagequest.com: accessed March 30, 2016.

37. Lee and Mair, Excelsior!, 6.

38. David Hochman, "*Playboy* Interview: Stan Lee," *Playboy*, April 11, 2014, http://www.playboy.com/articles/stan-lee-marvel-playboy-interview.

39. Lee and Mair, *Excelsior!*, 7.

40. Mark Alexander, "Lee and Kirby: The Wonder Years," in *The Jack Kirby Collector* 18, no. 58 (Winter 2011): 5.

2장

1. Blake Bell and Michael J. Vassallo, *The Secret History of Marvel Comics: Jack Kirby and the Moonlighting Artists at Martin Goodman's Empire* (Seattle: Fantagraphics, 2013), 98.

2. Quoted in Kenneth Plume, "Interview with Stan Lee (Part 1 of 5)," *IGN*, June 26, 2000, accessed June 1, 2016, http://www.ign.com/articles/2000/06/26/interview-with-stan-lee-part-1-of-5.

3. 어린 스탠리가 타임리에 고용된 내용은 해가 지날수록 반복적으로 변경되었다. 출판되지 않은 마블의 역사 초안에서, 스탠은 "1940년 초"라고 썼지만, 다른 출판물 및 발언 자리에서는 1939년이라고 말하거나 암시했다. Stans Lee, "history of Marvel (Chapters 1,2,3)," unpublished, 1. Marvel Comics-History (Draft of "History of Marvel Comics") 1990, Box 5, Folder 7, Stan Lee Papers, American Heritage Center, University of Wyoming.

4. Gerard Jones, *Men of Tomorrow: Geeks, Gangsters, and the Birth of the Comic Book* (New York: Basic, 2004), 97.

5. Ibid., 108.

6. Ibid., 158.

7. Ibid., 159.

8. Sean Howe, *Marvel Comics: The Untold Story* (New York: Harper, 2012), 14.

9. Ibid.

10. Quoted in Mark Evanier, *Kirby: King of Comics* (New York: Harry N. Abrams, 2008), 45.

11. Joe Simon, *Joe Simon: My Life in Comics* (London: Titan, 2011), 92.

12. Howe, *Marvel Comics*, 20.

13. "The Marvelous Life of Stan Lee," *CBS News*, January 17, 2016, http://www.cbsnews.com/news/the-marvelous-life-of-stan-lee.

14. Stan Lee and George Mair, *Excelsior! The Amazing Life of Stan Lee* (New York:

Simon and Schuster, 2002), 26.

15. "Stan Lee Speaks at the 1975 San Diego Comic-Con Convention," YouTube, uploaded January 6, 2010, https://youtu.be/MhJuBqDTM9Q.

16. *Captain America Comics #3*, May 1, 1941, 37.

17. Simon, *Joe Simon*, 114.

18. Ibid., 113.

19. Ibid.

20. Ibid., 114.

21. Quoted in Stan Lee, Peter David, and Colleen Doran, *Amazing Fantastic Incredible: A Marvelous Memoir* (New York: Touchstone, 2015), n.p.

22. Lee and Mair, *Excelsior!*, 30.

23. Lee, "History of Marvel (Chapters 1, 2, 3)," 9.

24. Quoted in Shirrel Rhoades, *A Complete History of American Comic Books* (New York: Peter Lang, 2008), 36.

25. Jim Amash, "The Goldberg Variations," *Alter Ego* 3, no. 18 (October 2002): 6.

26. Arie Kaplan, *Masters of the Comic Book Universe Revealed!* (Chicago: Chicago Review Press, 2006), 49.

27. Quoted in Rhoades, *A Complete History*, 36.

28. Lee and Mair, *Excelsior!*, 30.

3장

1. Rebecca Robbins Raines, *Getting the Message Through: A Branch History of the U.S. Army Signal Corps* (Washington, DC: Center of Military History, U.S. Army, 1996), 256.

2. Mike Benton, *The Comic Book in America: An Illustrated History* (Dallas: Taylor, 1989), 35.

3. Ibid., 35–41.

4. Sean Howe, *Marvel Comics: The Untold Story* (New York: Harper, 2012), 24.

5. Catherine Sanders, et al., eds., *Marvel Year by Year: A Visual Chronicle* (New York: DK, 2013), 20.

6. Quoted in Howe, *Marvel Comics*, 25.

7. 스탠이 포트 먼마우스에 머물 당시 줄리어스 로젠버그(Julius Rosenberg)가 러시아를 위해 비밀 스파이 임무를 수행했다고 밝혀졌다. 그가 뉴저지에서 운영하던 스파이 본거지에서 과학자들과 엔지니어들을 고용하고 수천 장에 달하는 최고 기밀 서류를 러시아 담당 요원에게 보냈다. 로젠버그와 그의 아내 에델은 체포되어 기소된 뒤 1953년에 처형당했다.

8. Quoted in Steven Mackenzie, "Stan Lee Interview: 'The World Always Needs Heroes,'" *Big Issue*, January 18, 2016, http://www.bigissue.com/features/interviews/6153stan-lee-interview-the-world-always-needs-heroes.

9. Stan Lee, "Excelsior!" Outline, July 30, 1978, Box 96, Stan Lee Papers, American Heritage Center, University of Wyoming.

10. Quoted in Stan Lee and George Mair, *Excelsior! The Amazing Life of Stan Lee* (New York: Simon and Schuster, 2002), 37.

11. Ibid., 40.

12. Stan Lee, "Comic Relief: Comic Books Aren't Just for Entertainment," *Edutopia*, August 11, 2005, www.edutopia.org/comic-relief.

13. Lee and Mair, *Excelsior!*, 44.

14. Ibid., 45.

15. Blake Bell and Michael J. Vassallo, *The Secret History of Marvel Comics: Jack Kirby and the Moonlighting Artists at Martin Goodman's Empire* (Seattle: Fantagraphics, 2013), 158.

16. Stan Lee, "Only the Blind Can See," *Joker* 1, no. 4 (1943-1944): 39, reprinted in ibid., 159.

17. Lee and Mair, *Excelsior!*, 43-44.

18. Lee, "Excelsior!" Outline.

4장

1. Stan Lee and George Mair, *Excelsior! The Amazing Life of Stan Lee* (New York: Simon and Schuster, 2002), 56.

2. 타임리의 스크립트 에디터였던 알 술만은 스탠에게 원더우먼 같은 여자 주인공을 만들면 어떨지 물어보고서 자신이 그 캐릭터를 만들었다고 주장했다.

3. Joe Simon, *Joe Simon: My Life in Comics* (London: Titan, 2011), 166-67.

STAN LEE

4. 만화책의 발행 번호나 제목, 그 번호와 제목의 수정 등이 어떻게 이루어지는지에 대한 정보가 굉장히 불확실하다. 출판사의 인쇄 및 배급 과정이 그 해답의 일부일 수 있다. 또한 잡지를 발송하는 우편 규정에 영향을 받았을 수도 있다는 예측도 있다. 마지막으로, 전통이나 유산이 이어져 내려온 것이라는 설도 있다. 수많은 잡지 출판사들이 이런 식으로 발행해왔고, 만화책 사업에도 비슷한 전술이 사용되었다. 더 많은 정보가 필요하다면 다음을 참고하라. John Jackson Miller, "Where Did Comics Numbering Come From?" *Comichron*, July 10, 2011, http://blogcomichron.com/2011/07/where-did-comics-numbering-com-from.html.

5. Lee and Mair, *Excelsior!*, 64.

6. Stan Lee, *Secrets behind the Comics* (New York: Famous Enterprises, 1947), 6.

7. Ibid., 22.

8. Blake Bell and Michael J. Vassallo, *The Secret History of Marvel Comics: Jack Kirby and the Moonlighting Artists at M*artin *Goodman's Empire* (Seattle: Fantagraphics, 2013), 72.

9. David Anthony Kraft, "The *Foom* Interview: Stan Lee," in *Stan Lee Conversations*, ed. Jeff McLaughlin (Jackson: University Press of Mississippi, 2007), 68.

10. Stan Lee, "*Excelsior!*" Outline, July 30, 1978, Box 96, Stan Lee Papers, American Heritage Center, University of Wyoming.

11. Ibid.

12. Stan Lee, "Where I Span a Hero's Yarn," *Sunday Times* (London), May 12, 2002, F3.

13. Jordan Raphael and Tom Spurgeon, *Stan Lee and the Rise and Fall of the American Comic Book* (Chicago: Chicago Review Press, 2003), 38.

14. Lee, "Where I Spun a Hero's Yarn."

15. Lee, "Excelsior!" Outline.

5장

1. "Urges Comic Book Ban," *New York Times*, September 4, 1948, 16.

2. Quoted in Thomas F. O'Connor, "The National Organization for Decent Literature: A Phase in American Catholic Censorship," *Library Quarterly: Information, Community, Policy* 65, no. 4 (1995): 390.

3. Ibid., 399.

4. Ron Goulart, *Great American Comic Books* (Lincolnwood, IL: Publications International, 2001), 210–12.

5. See Lee's glib discussion of the debates in Stan Lee and George Mair, *Excelsior! The Amazing Life of Stan Lee* (New York: Simon and Schuster, 2002), 92–94.

6. Ibid., 91.

7. Ibid., 92, 93.

8. Quoted in David Hajdu, *The Ten-Cent Plague: The Great Comic-Book Scare and How It Changed America* (New York: Farrar, Straus and Giroux, 2008), 264.

9. Ibid., 269ff.

10. Ibid., 270–73.

11. Goulart, *Great American Comic Books*, 217.

12. Lee and Mair, *Excelsior!*, 93

13. Ibid., 94.

14. Alexandra Gill, "Captain Comics," *Globe and Mail*, September 29, 2003, R1.

15. Jim Amash, "The Goldberg Variations," *Alter Ego* 3, no. 18 (October 2002): 9.

16. Richard Harrington, "Stan Lee: Caught in Spidey's Web," *Washington Post*, February 4, 1992, D1.

17. Lee and Mair, *Excelsior!*, 99.

18. Quoted in Sean Howe, *Marvel Comics: The Untold Story* (New York: Harper, 2012), 32.

19. Lee and Mair, *Excelsior!*, 87, 88.

20. Blake Bell and Michael J. Vassallo, *The Secret History of Marvel Comics: Jack Kirby and the Moonlighting Artists at Martin Goodman's Empire* (Seattle: Fantagraphics, 2013), 158.

21. Quoted in Howe, *Marvel Comics*, 35.

6장

1. John Romita, "Face Front, True Believers! The Comics Industry Sounds Off on Stan Lee," *Comics Journal* 181 (October 1995): 83.

2. Roy Thomas, "All-Schwartz Comics: A Conversation with Editorial Legend Julius Schwartz, *Alter Ego* 3, no. 7 (2001), http://www.twomorrows.com/alterego/

STAN LEE

articles/07schwartz.html.

3. Shirrel Rhoades, *A Complete History of American Comic Books* (New York: Peter Lang, 2008), 70−71.

4. Ibid., 72−73.

5. Blake Bell and Michael J. Vassallo, *The Secret History of Marvel Comics: Jack Kirby and the Moonlighting Artists at Martin Goodman's Empire* (Seattle: Fantagraphics, 2013), 75.

6. Quoted in ibid., 45.

7. Stan Lee and George Mair, *Excelsior! The Amazing Life of Stan Lee* (New York: Simon and Schuster, 2002), 112.

8. Stan Lee, *Origins of Marvel Comics*, revised edition (New York: Marvel, 1997), 10.

9. Craig Tomashoff, "Move Over Batman..." *Los Angeles Reader*, January 26, 1990.

10. *Stan Lee's Mutants, Monsters, and Marvels*, directed by Scott Zakarin (Burbank, CA: Sony Pictures, 2002), DVD.

11. Roy Thomas, "A Fantastic First," in *The Stan Lee Universe*, ed. Danny Fingeroth and Roy Thomas (Raleigh, NC: TwoMorrows, 2011), 17.

12. Stan Lee and Jack Kirby, *Marvel Masterworks: Fantastic Four, Nos. 1-10* (New York: Marvel, 2003), n.p.

13. *Stan Lee's Mutants.*

14. Stan Lee, Peter David, and Colleen Doran, *Amazing Fantastic Incredible: A Marvelous Memoir* (New York: Touchstone, 2015), n.p.

15. Quoted in Les Daniels, *Marvel: Five Fabulous Decades of the World's Greatest Comics* (New York: Harry N. Abrams, 1995), 87.

16. 〈판타스틱 4〉의 인기로 굿맨은 모든 만화책을 한 편당 10센트였던 기존 가격에서 12센트로 인상할 수 있었다. 가격 인상은 1962년 3월 발행된 3편부터 적용되었다.

17. "*Fantastic Four #1* Synopsis," reprinted in Thomas, "A Fantastic First," 16.

18. Ted White, "Stan Lee Meets [Castle of] Frankenstein: An Early Marvel Age interview with Stan," in *The Stan Lee Universe*, ed. Danny Fingeroth and Roy Thomas (Raleigh, NC: TwoMorrows, 2011), 11.

19. Lee and Mair, *Excelsior!*, 124.

20. Stan Lee and Jack Kirby, *Marvel Masterworks: Fantastic Four, Nos. 11−20* (New York: Marvel, 2003), n.p.

21. Quoted in Daniels, *Marvel: Five Fabulous Decades*, 85, 87.

22. Stan Lee, *Bring on the Bad Guys*, revised edition (New York: Marvel, 1998), n.p.

23. Ibid.

24. Lee and Kirby, *Marvel Masterworks, Nos. 11–20*, n.p.

7장

1. Mark Lacter, "Stan Lee Marvel Comics Always Searching for a New Story," *Inc.*, November 2009, 96.

2. Don Thrasher, "Stan Lee's Secret to Success: A Marvel-ous Imagination," *Dayton Daily News*, January 21, 2006, sec. E.

3. Lacter, "Stan Lee, Marvel Comics Always Searching," 96.

4. Quoted in ibid.

5. Stan Lee and George Mair, *Excelsior! The Amazing Life of Stan Lee* (New York: Simon and Schuster, 2002), 126–27.

6. Ibid., 126.

7. Roy Thomas, "Stan the Man and Roy the Boy: A Conversation between Stan Lee and Roy Thomas," in *Stan Lee Conversations*, ed. Jeff McLaughlin (Jackson: University Press of Mississippi, 2007), 141.

8. Ibid.

9. Lee and Mair, *Excelsior!*, 127.

10. Thomas, "Stan the Man," 141.

11. Lee and Mair, *Excelsior!*, 127.

12. Ibid., 128.

13. Ibid., 128.

14. Leonard Pitts Jr., An Interview with Stan Lee, in *Stan Lee Conversations*, ed. Jeff McLaughlin (Jackson: University Press of Mississippi, 2007), 96.

15. Quoted in Lee and Mair, *Excelsior!*, 128.

16. Stan Lee, Peter David, and Colleen Doran, *Amazing Fantastic Incredible: A Marvelous Memoir* (New York: Touchstone, 2015), n.p.

17. Lee and Mair, *Excelsior!*, 135–36.

18. Stan Lee, "That's My Spidey," *New York Times*, May 3, 2002, http://www.nytimes.com/2002/05/03/opinion/that-s-my-spidey.html.

STAN LEE

1. Stan Lee and George Mair, *Excelsior! The Amazing Life of Stan Lee* (New York: Simon and Schuster, 2002), 120.

2. Stan Lee, *Son of Origins of Marvel Comics*, revised edition (New York: Marvel, 1997), 69.

3. Pierre Comtois, *Marvel Comics in the 1960s: An Issue by Issue Field Guide to a Pop Culture Phenomenon* (Raleigh, NC: TwoMorrows, 2009), 20.

4. Stan Lee, *Origins of Marvel Comics*, revised edition (New York: Marvel, 1997), 165.

5. Larry Lieber, interviewed by Danny Fingeroth, *Write Now!* 18 (Summer 2008): 5.

6. Quoted in Will Murray, "Stan Lee Looks Back: The Comics Legend Recalls Life with Jack Kirby, Steve Ditko, and Heroes," in *Stan Lee Conversations*, ed. Jeff McLaughlin (Jackson: University Press of Mississippi, 2007), 182.

7. Lee and Mair, *Excelsior!*, 160.

8. Quoted in Les Daniels, *Marvel: Five Fabulous Decades of the World's Greatest Comics* (New York: Harry N. Abrams, 1995), 99.

9. Lee, *Origins of Marvel Comics*, 215.

10. Lee, *Son of Origins*, 110.

11. Ibid., 10.

12. Quoted in Dick Cavett, "*The Dick Cavett Show*: An Interview with Stan Lee," in *Stan Lee Conversations*, ed. Jeff McLaughlin (Jackson: University Press of Mississippi, 2007), 15.

13. Quoted in Dewey Cassell, ed., *The Art of George Tuska* (Raleigh, NC: TwoMorrows, 2005), 57.

14. Ibid., 58.

15. Gene Colan, interviewed in Tom Field, "The Colan Mystique," *Comic Book Artist* 13 (May 2001), http://twomorrows.com/comicbookartist/articles/13colan.html.

16. Dennis O'Neil, interviewed in Danny Fingeroth, *The Stan Lee Universe*, ed. Danny Fingeroth and Roy Thomas (Raleigh, NC: TwoMorrows, 2011), 53.

17. Ibid.

18. *Stan Lee's Mutants, Monsters, and Marvels*, directed by Scott Zakarin (Burbank, CA: Sony Pictures, 2002), DVD.

19. Ibid.

20. Quoted in Chris Gavaler, "Kirby vs. Steranko! Silver Age Layout Wars," *Hooded Utilitarian*, July 12, 2016, http://www.hoodedutilitarian.com/2016/07/kirby-vs-steranko-silver-age-layout-wars/.

21. Ibid.

22. Lee, *Origins of Marvel Comics*, 164.

9장

1. *Stan Lee's Mutants, Monsters, and Marvels*, directed by Scott Zakarin (Burbank, CA: Sony Pictures, 2002), DVD.

2. Ibid.

3. Quoted in Paul Lopes, *Demanding Respect: The Evolution of the American Comic Book* (Philadelphia: Temple University Press, 2009), 65.

4. Craig Tomashoff, "Move Over Batman…" *Los Angeles Reader*, January 26, 1990.

5. David Kasakove, "Finding Marvel's Voice: An Appreciation of Stan Lee's Bullpen Bulletins and Soapboxes, *Write Now* 18 (Summer 2008): 57

6. Mark Alexander, "Lee & Kirby: The Wonder Years," in *The Jack Kirby Collector* 18, no. 58 (Winter 2011): 8.

7. Ibid.

8. Quoted in Danny Fingeroth, *The Stan Lee Universe*, ed. Danny Fingeroth and Roy Thomas (Raleigh, NC: TwoMorrows, 2011), 52.

9. Ibid.

10. Stan Lee interview in Dan Hagan, "Stan Lee," *Comics Interview*, July 1983, 55.

11. Leonard Sloane, "Advertising: Comics Go Up, Up and Away," *New York Times*, July 20, 1967.

12. Ibid.

13. Quoted in ibid.

14. Lopes, *Demanding Respect*, 66.

15. Mike Benton, *The Comic Book in America: An Illustrated History* (Dallas: Taylor, 1989), 71.

16. Stan Lee, "Excelsior!" Outline, July 30, 1978, Box 96, Stan Lee Papers, American

STAN LEE

Heritage Center, University of Wyoming.

17. Stan Lee and George Mair, *Excelsior! The Amazing Life of Stan Lee* (New York: Simon and Schuster, 2002), 142.

18. Quoted in Dick Cavett, "*The Dick Cavett Show*: An Interview with Stan Lee," in *Stan Lee Conversations*, ed. Jeff McLaughlin (Jackson: University Press of Mississippi, 2007), 16.

19. Ibid.

20. M. Thomas Inge, "From the Publisher's Perspective: Comments by Stan Lee and Jenette Kahn," in *Stan Lee Conversations*, ed. Jeff McLaughlin (Jackson: University Press of Mississippi, 2007), 105.

21. Stan Lee, Peter David, and Colleen Doran, *Amazing Fantastic Incredible: A Marvelous Memoir* (New York: Touchstone, 2015).

22. Lee and Mair, *Excelsior!*, 179.

23. Quoted in Sean Howe, *Marvel Comics: The Untold Story* (New York: Harper, 2012), 92.

24. Ibid., 100ff.

25. Quoted in ibid., 104.

26. Quoted in Cavett, "*The Dick Cavett Show*: An Interview with Stan Lee," 18.

10장

1. Norman Mark, "The New Super-Hero (Is a Pretty Kinky Guy)," in *Alter Ego* 3, no. 74 (2007): 20.

2. Michael Goldman, "Stan Lee: Comic Guru," *Animation World Magazine*, July 1997, 8.

3. Quoted in Mark, "The New Super-Hero," 20.

4. Ibid.

5. Quoted in ibid., 21.

6. Quoted in Brian Cunningham, ed., *Stan's Soapbox: The Collection* (New York: Marvel, 2009), 16.

7. Quoted in Mike Bourne, "Stan Lee, the Marvel Bard," in *Alter Ego*, ed. Roy Thomas, vol. 3, no. 74 (2007): 30.

8. Quoted in Cunningham, *Stan's Soapbox*, 31.

9. Mark Evanier, *Kirby: King of Comics* (New York: Harry N. Abrams, 2008), 157.

10. Joe Simon, *Joe Simon: My Life in Comics* (London: Titan, 2011), n.p.

11. Ibid., n.p.

12. Lawrence Van Gelder, "A Comics Magazine Defies Code Ban on Drug Stories," *New York Times*, February 4, 1971, 37.

13. Quoted in ibid., 38.

14. Ibid.

15. Ibid.

16. "Stan Lee," Billy Ireland Cartoon Library & Museum Biographical Files, The Ohio State University Billy Ireland Cartoon Library & Museum.

17. "Comics Come to Carnegie," *New York Post*, January 6, 1972, 44.

18. Ibid.

19. Quoted in Van Gelder, "A Comics Magazine Defies Code Ban," 28.

20. Ibid., 33.

21. Roy Thomas, interviewed in Jon B. Cooke, "Son of Stan: Roy's Years of Horrors," in *Comic Book Artist* 13 (May 2001), http://twomorrows.com/comicbookartist/articles/13thomas.html.

22. Ibid.

23. *Stan Lee's Mutants, Monsters, and Marvels*, directed by Scott Zakarin (Burbank, CA: Sony Pictures, 2002), DVD.

24. Quoted in Thomas J. McLean, "Unique Collaborations Set Marvel Apart," *Variety*, July 19–25, 2004, B12.

25. Quoted in Cooke, "Son of Stan."

26. Ibid.

27. Stan Lee, *The Best of Spider-Man* (New York: Ballantine, 1986), 10.

11장

1. Memo, "*Marvel Comics*, Classification and Frequency of Titles," January 16, 1973, Memoranda 1969–1976, Box 7, Folder 1, Stan Lee Papers, American Heritage Center, University of Wyoming.

STAN LEE

2. Ibid.

3. Stan Lee, Memo, "Approval of Covers, Etc.," n.d., Memoranda 1969–1976, Box 7, Folder 1, Stan Lee Papers, American Heritage Center, University of Wyoming.

4. Quoted in David Anthony Kraft, "The *Foom* Interview: Stan Lee," in *Stan Lee Conversations*, ed. Jeff McLaughlin (Jackson: University Press of Mississippi, 2007), 65.

5. Mike Benton, *The Comic Book in America: An Illustrated History* (Dallas: Taylor, 1989), 74.

6. "ABC Audit Report–Magazine: Marvel Comic Group," Memoranda 1969–1976, Box 7, Folder 1, Stan Lee Papers, American Heritage Center, University of Wyoming.

7. Jonathan Hoyle, "Comic Sales (Monthly Average in Millions) for Marvel and DC, 1950 to 1987," *The Fantastic Four 1961–1989 Was the Great American Novel*, http://zak-site.com/Great-American-Novel/comic_sales.html.

8. Quoted in Brian Cunningham, ed., *Stan's Soapbox: The Collection* (New York: Marvel, 2009), 59.

9. Quoted in Les Daniels, *Marvel: Five Fabulous Decades of the World's Greatest Comics* (New York: Harry N. Abrams, 1995), 156.

10. Memo, "We Must Be Doing Something Right!" Memoranda 1969–1976, Box 7, Folder 1, Stan Lee Papers, American Heritage Center, University of Wyoming.

11. Peter Gorner, "Stan Lee's Superheroes," *Chicago Tribune*, July 17, 1975, B1.

12. Stan Lee and George Mair, *Excelsior! The Amazing Life of Stan Lee* (New York: Simon and Schuster, 2002), 183.

13. Sherry Romeo, "Inter-Office Memo," December 17, 1974, Memoranda 1969–1976, Box 7, Folder 1, Stan Lee Papers, American Heritage Center, University of Wyoming.

14. Stan Lee, "Introduction," in George Lucas, *Star Wars* (New York: Del Rey, 1977), 1.

15. Daniels, *Marvel*, 177.

16. Ibid.

17. Stan Lee, "Streaking," *Crazy*, July 1973, 16. San Francisco Academy of Comic Art Collection, The Ohio State University Billy Ireland Cartoon Library & Museum.

18. Quoted in David Hench, "Maine Artist Recalls Spider-Man Work," *Portland Press Herald*, May 5, 2007, A1.

19. Stan Lee and Frank Springer, *The Virtue of Vera Valiant* (New York: Signet, 1976), 9, 10.

20. Dan Hagan, "Stan Lee," *Comics Interview*, July 1983, 57.

21. Stan Lee, *The Best of Spider-Man* (New York: Ballantine, 1986), 6.

22. Dewey Cassell, ed., *The Art of George Tuska* (Raleigh, NC: TwoMorrows, 2005), 105.

23. Lee, *Best*, 8.

24. Stan Lee interviewed in Jim Salicrup and David Anthony Kraft, "Stan Lee," *Comics Interview*, July 1983, 57.

25. Memo, "S&S Sales," *Marvel Comics* Group—Facts and Figures 1976–1978, Box 6, Folder 4, Stan Lee Papers, American Heritage Center, University of Wyoming.

26. Kraft, "The *Foom* Interview, 67.

27. Stan Lee, *The Superhero Women* (New York: Simon and Schuster, 1977), 8.

28. "Fireside Paperbacks Marketing Flyer," Articles—1977, Box 32, Folder 2, Stan Lee Papers, American Heritage Center, University of Wyoming.

29. Quoted in Kraft, "The *Foom* Interview, 67.

30. Stan Lee, *Stan Lee Presents the Best of the Worst* (New York: Harper & Row, 1979), 10.

31. Quoted in Mike Gold, Jenette Kahn, "Stan Lee, and Harvey Kurtzman Discuss Comics," in *Stan Lee Conversations*, ed. Jeff McLaughlin (Jackson: University Press of Mississippi, 2007), 43.

32. Mark Evanier, *Kirby: King of Comics* (New York: Harry N. Abrams, 2008), 189.

33. George Kashdan interviewed in Jim Amash, "Sales Don't Tell You Everything," *Alter Ego* 3, no. 94 (June 2010): 49.

34. Evanier, *Kirby*, 191.

35. "'Spider-Man' to be Featured in Action Film," *New Castle (PA) News*, April 16, 1975, 8.

36. Lee Stewart, "Spinner Takes All," *Sunday Times* (London), May 12, 2002, accessed February 21, 2015, http://www.stewartlee.co.uk/written-for-money/spinner-takes-all/.

37. N. R. Kleinfield, "Superheroes' Creators Wrangle," *New York Times*, October 13, 1979, 25.

38. Quoted in ibid.

39. Ibid.

40. Quoted in ibid., 26.

41. Paul Lopes, *Demanding Respect: The Evolution of the American Comic Book* (Philadelphia: Temple University Press, 2009), 71.

42. Quoted in Sean Howe, *Marvel Comics: The Untold Story* (New York: Harper, 2012), 215.

12장

1. Stan Lee and George Mair, *Excelsior! The Amazing Life of Stan Lee* (New York: Simon and Schuster, 2002), 202.

2. "Marvels of the Mind: The Comics Go Hollywood," *Time*, February 5, 1979.

3. Quoted in Paul Weingarten, "*The Hulk,*" *Chronicle-Telegram* (Elyria, OH), October 30, 1978, B-9.

4. Ibid.

5. Craig Tomashoff, "Move Over Batman..." *Los Angeles Reader*, January 26, 1990.

6. Pat Jankiewicz, "The Marvel Age of Comics: An Interview with Stan Lee," in *Stan Lee Conversations*, ed. Jeff McLaughlin (Jackson: University Press of Mississippi, 2007), 108.

7. Tomashoff, "Move Over Batman."

8. Quoted in Jim Salicrup, and David Anthony Kraft, "Stan Lee," *Comics Interview*, July 1983, 48.

9. Tomashoff, "Move Over Batman."

10. Letter, Stan Lee to Alain Resnais, May 23, 1979, Correspondence—1977–1980 (Folder 1 of 2), Box 14, Folder 1, Stan Lee Papers, American Heritage Center, University of Wyoming.

11. Stan Lee, Peter David, and Colleen Doran, *Amazing Fantastic Incredible: A Marvelous Memoir* (New York: Touchstone, 2015), n.p.

12. Letter, Stan Lee to Alain Resnais, Stan Lee Papers.

13. Letter, Michael Herz to Sam Arkoff, July 5, 1979, Correspondence—1977–1980 (Folder 1 of 2), Box 14, Folder 1, Stan Lee Papers, American Heritage Center, University of Wyoming.

14. "Marvel Entertainment Group Forms Marvel Productions Ltd.," *Marvel Update*, Summer 1980, 6, Scrapbook Feb. 1980–Nov. 12, 1984, Box 129, Stan Lee Papers, American Heritage Center, University of Wyoming.

15. "Marvel Entertainment," 1, Stan Lee Papers, American Heritage Center, University of Wyoming.

16. Quoted in ibid., 2.

17. "Marvels of The Mind."

18. Salicrup and Kraft, "Stan Lee," 47.

19. Ibid., 48.

20. Ibid.

21. "Comic Characters Put a Zing in Product Promotion," *Sales Executive*, April 1, 1980, 4.

22. Quoted in Judy Klemesrud, "Savage She-Hulk New Comic Heroine," *New York Times News Service*, January 20, 1980.

23. Terry Young, "Spider-Man's About to Get Real, Says His Creator," *Toronto Star*, July 6, 1986.

24. Stan Lee to Francelia Butler, November 21, 1980, Correspondence, Box 14, File 4, Stan Lee Papers, American Heritage Center, University of Wyoming.

25. Stan Lee interviewed by Margaret Jones and John R. Gambling, "Good Afternoon New York," WOR/Radio, June 22, 1984, Interviews with Stan Lee 1970–1989, Box 3, Folder 10–11, Stan Lee Papers, American Heritage Center, University of Wyoming.

26. Stan Lee, *The Best of Spider-Man* (New York: Ballantine, 1986), 9.

27. Ibid., 10, 12.

28. Ibid., 12–16.

29. Quoted in Scan Howe, *Marvel Comics: The Untold Story* (New York: Harper, 2012), 294.

30. Lee and Mair, *Excelsior!*, 209–10.

31. Quoted in Howe, *Marvel Comics*, 295.

32. Ibid., 309.

33. Quoted in ibid., 311–12.

STAN LEE

1. Mike Wallace, "Ronald Reagan Remembered," *CBS News 60 Minutes*, June 6, 2004, http://www.cbsnews.com/news/ronald-reagan-remembered.

2. Quoted in Dan Raviv, *Comic Wars: How Two Tycoons Battled over the Marvel Comics Empire—and Both Lost* (New York: Broadway, 2002), 12.

3. Floyd Norris, "Boom in Comic Books Lifts New Marvel Stock Offering," *New York Times*, July 15, 1991, http://www.nytimes.com/1991/07/15/business/market-place-boom-in-comic-books-lifts-new-marvel-stock-offering.html.

4. Ibid.

5. Quoted in Les Daniels, *Marvel: Five Fabulous Decades of the World's Greatest Comics* (New York: Harry N. Abrams, 1995), 225.

6. Michael E. Hill, "Where Does The Hulk Buy Clothes? Anywhere He Wants, of Course," *Washington Post*, February 18, 1990, O8.

7. Stan Lee, ed., *The Ultimate Spider-Man* (New York: Berkeley, 1994), 10.

8. Lee, *Ultimate*, 11, 13.

9. John Updike, "Cut the Unfunny Comics, Not 'Spiderman,'" *Boston Globe*, October 27, 1994, July 1994 to November 1994, Coll. 8302, Box 137, Stan Lee Papers, American Heritage Center, University of Wyoming.

10. Lee, *Ultimate*, 22.

11. Ibid., 110.

12. Ibid., 342.

13. Ibid., 7.

14. Adam Bryant, "Pow! The Punches That Left Marvel Reeling," *New York Times*, May 24, 1998, http://www.nytimes.com/1998/05/24/business/pow-the-punches-that-left-marvel-reeling.html.

15. Ibid.

16. Shirrel Rhoades, *A Complete History of American Comic Books* (New York: Peter Lang, 2008), 153-54.

17. Ibid., 155.

18. Ibid., 160-61.

19. Raviv, *Comic Wars*, 230.

20. Michael Goldman, "Stan Lee: Comic Guru," *Animation World Magazine*, July

1997, 8.

21. Ibid.

14장

1. Stan Lee Media Press Kit, 1999, Stan Lee Media Publicity Folder 1999, Box 127, Stan Lee Papers, American Heritage Center, University of Wyoming.
2. Quoted in Gary Dretzka, "At 77, 'X-Men' Creator Stan Lee Is as Busy as Ever," *Chicago Tribune*, July 19, 2000.
3. Stan Lee and George Mair, *Excelsior! The Amazing Life of Stan Lee* (New York: Simon and Schuster, 2002), 223.
4. Figures noted in Sean Howe, *Marvel Comics: The Untold Story* (New York: Harper, 2012), 398.
5. Quoted in Dretzka, "At 77."
6. Stan Lee Media Press Kit, 1999, Stan Lee Media Publicity Folder 1999, Box 127, Stan Lee Papers, American Heritage Center, University of Wyoming.
7. Quoted in Madeleine Brand, "Growing Trend of Online Comics," *Morning Edition*, NPR, January 20, 2000.
8. Michael Dean, "If This Be My Destiny," *Comics Journal* 232 (April 2001): 8.
9. Quoted in ibid., 8.
10. Ibid., 10.
11. Jordan Raphael, "The Invincible Stan Lee?" *Los Angeles Times Magazine*, July 16, 2000, 20.
12. Quoted in Howe, *Marvel Comics*, 408.
13. Anthony D'Alessandro, "Lee Bounces Back into Business with POW!" *Variety*, July 19-25, 2004, B14.
14. "Co-founder of Comic Company Pleads Guilty," *Los Angeles Times*, March 10, 2005, http://articles.latimes.com/2005/mar/10/business/fi-rup10.4.
15. Ibid.
16. Howe, *Marvel Comics*, 408-9.
17. Shelly Garcia, "Spider-Man's Business Brain," *Los Angeles Business Journal*, August 21, 2000, 29.

STAN LEE

18. "Ex-Exec of Stan Lee Media Sentenced," *Los Angeles Times*, August 5, 2003, http://articles.latimes.com/2003/aug/05/business/fi-stanlee5.

19. Jon Swartz, "Stan Lee Rises from Dot-Com Rubble," *USA Today*, May 12, 2004.

20. Lee v. Marvel Enterprises, *Inc.* and Marvel Characters, *Inc.*, 02 Civ. 8945 United States District Court for the Southern District of New York 765 F. Supp. 2d 440 (S.D.N.Y. 2011) LEXIS 11297 February 4, 2011, Decided February 4, 2011, Filed.

21. United States of America v. Peter Paul, Stephen M. Gordon, Jeffrey Pittsburg, Charles Kusche, Jonathan Gordon, Docket Nos. 09-3191-cr (L), 09-4147-cr (con) United States Court of Appeals for the Second Circuit, 634 F.3d 668 (2011 U.S. App.) LEXIS 4473, February 17, 2011, Argued. March 7, 2011, Decided.

22. Swartz, "Stan Lee Rises."

23. Lee and Mair, *Excelsior!*, 233.

24. Larry Schultz, e-mail message to Stan Lee, January 12, 2001, Correspondence, 1995-2010, Box 106 (2016-09-22 142037), Stan Lee Papers, American Heritage Center, University of Wyoming.

15장

1. Adam Chitwood, "The Epic Bryan Singer Interview: 'X-Men Apocalypse,' the Superhero Genre, Timelines, and More," *Collider*, April 21, 2016, http://collider.com/bryan-singer-x-men-apocalypse-interview/.

2. Stan Lee, Peter David, and Colleen Doran, *Amazing Fantastic Incredible: A Marvelous Memoir* (New York: Touchstone, 2015), n.p.

3. Anthony D'Alessandro, "Lee Bounces Back into Business with POW!" *Variety*, July 19-25, 2004, B14.

4. "POW! Entertainment Partners in the Production of Three Live Action Flicks," *PR Newswire*, October 6, 2004.

5. Quoted in Virginia Rohan, "Stan Lee's Project with Pam Anderson Looks Like a Bust," *Record* (Bergen County, NJ), June 26, 2003: F5.

6. Ibid.

7. "Alta Loma Entertainment & POW! Entertainment to Develop Animated Series *Hef's Superbunnies*," *PR Newswire*, July 18, 2003.

8. Ibid.

9. Quoted in Michael Dean, "Stan Lee's Hour of Glory," *Comics Journal* 267 (April/May 2005): 23.

10. Brent Staples, "Marveling at Marvel: You Say Spider-Man, but I Say the Thing," *New York Times*, March 25, 2005, A16.

11. "Who Deserves the Credit (and Cash) for Dreaming Up Those Superheroes?" *New York Times*, January 31, 2005, C8.

12. Quoted in David Kohn, "Superhero Creator Fights Back," *60 Minutes*, October 30, 2002, http://www.cbsnews.com/news/superhero-creator-fights-back/.

13. "Marvel Settles Suit with Lee," *Los Angeles Times*, April 29, 2005, http://articles.latimes.com/2005/apr/29/business/fi-marvel29 (accessed November 7, 2015).

14. Ibid.

16장

1. Joel Garreau, "Stan Lee and Olivia de Havilland among National Medal of Arts Winners," *Washington Post*, November 18, 2008, http://www.washingtonpost.com/wp-dyn/content/article/2008/11/17/ AR2008111701659.html.

2. Stan Lee, "Stan Lee Talks about *Time Jumper* at San Diego Comic-Con 2009," You Tube, posted July 2009, https://www.youtube.com/watch?v=hixwR_c_R_4.

3. Ibid.

4. Stan Lee, "Stan Lee Is Spider-Man," *Stan Lee's World of Heroes*, June 21, 2012, https://youtu.be/I-lL8LD8SJQ?list=PL027ADE83FF495FA3.

5. Matt Clark, "Amazing Spider-Man Game Features Playable Stan Lee," *MTV*, May 9, 2012, http://www.mtv.com/news/2600338/amazing-spider-man-game-stan-lee/.

6. "Stan Lee Launches New Comic Franchise 'Nitron' with Keya Morgan and Michael Benaroya's Benaroya Pictures, Press release, July 20, 2016, http://www.broadcastingcable.com/thewire/stan-lee-launches-new-comic-franchise-nitron-keya-morgan-and-michael-benaroya-s-benaroya-pictures/158188.

STAN LEE

7. "Stan Lee's POW! Entertainment Teams with *Hollywood Reporter* on New Series 'Cosmic Crusaders,'" *Hollywood Reporter*, June 21, 2016, http://www.hollywood reporter.com/ heat-vision/stan-lees-pow-entertainment-teams-904586.

8. Quoted in Michael Cavna, "Stan Lee Has a New Plan to Unite Police and Black Lives Matter," *Washington Post*, October 6, 2016, http://wpo.st/-ET42.

9. Quoted in Ethan Sacks, "Stan Lee Muses on His Final New York Comic Con," *New York Daily News*, October 10, 2016, https://www.youtube.com/watch?v =52vrHUNyFc4.

10. Ibid.

11. Peter Larsen, "Comic-book Legend Stan Lee Likes the 'Con Game,'" *Orange County Register*, October 28, 2016.

12. Quoted in Blair Marnell, "Stan Lee Talks *Lego Marvel's Avengers*, Marvel Movies, and More," *Nerdist*, November 18, 2015, http://nerdist.com/interview-stan-lee-talks-lego-marvels-avengers-marvel-movies-and-more.

13. Max Anderson in discussion with the author, Cincinnati Comic Expo, September 24, 2016.

14. Stan Lee in discussion with the author, Cincinnati Comic Expo, September 24, 2016.

에필로그

1. Quoted in David Hochman, "*Playboy* Interview: Stan Lee," *Playboy*, April 11, 2014, http://www.playboy.com/articles/stan-lee-marvel-playboy-interview.

2. Memo, *Marvel Comics* Group—Manuscript Information, 1974, Box 6, Folder 8, Stan Lee Papers, American Heritage Center, University of Wyoming.

3. Quoted in Jeff McLaughlin, "An Afternoon with Stan Lee," in *Stan Lee Conversations*, ed. Jeff McLaughlin (Jackson: University Press of Mississippi, 2007), 211.

4. Stan Lee and George Mair, *Excelsior! The Amazing Life of Stan Lee* (New York: Simon and Schuster, 2002), 135.

스탠 리, 상상력의 힘
더 마블 맨

제1판 1쇄 발행 | 2019년 4월 24일
제1판 3쇄 발행 | 2021년 4월 15일

지은이 | 밥 배철러
옮긴이 | 송근아
펴낸이 | 윤성민
펴낸곳 | 한국경제신문 한경BP
책임편집 | 노민정
교정교열 | 한지연
저작권 | 백상아
홍보 | 서은실 · 이여진 · 박도현
마케팅 | 배한일 · 김규형
디자인 | 시소영
본문디자인 | 디자인 현

주소 | 서울특별시 중구 청파로 463
기획출판팀 | 02-3604-590, 584
영업마케팅팀 | 02-3604-595, 583   FAX | 02-3604-599
H | http://bp.hankyung.com   E | bp@hankyung.com
F | www.facebook.com/hankyungbp
등록 | 제 2-315(1967. 5. 15)

ISBN 978-89-475-4469-6 03320

MARVEL